U0550093

思想觀念的帶動者

文化現象的觀察者

本土經驗的整理者

生命故事的關懷者

心靈工坊 |PsyGarden|

Holistic

探索身體，追求智性，呼喊靈性
攀向更高遠的意義與價值
是幸福，是恩典，更是內在心靈的基本需求
企求穿越回歸眞我的旅程

Powerful Archetypes in Women's Lives

從神話原型看見女性的生命召喚

尋找內在女神

GODDESSES IN EVERYWOMAN

Jean Shinoda Bolen, MD

琴·篠田·博倫——著

王慶蘋、林熒——譯

目次

—推薦序一— 妳生命中的女神／林晴晴 010
—推薦序二— 女神使用說明書／蔡怡佳 014
—推薦序三— 完善榮格理論，愉快又激勵人心的女性心理學作品／鐘穎 017
—序　言— 妳或許會發現一個能喚醒妳內在真實的神話／葛羅莉亞．史坦能 021

致謝 026
二十週年版序 028
三十週年版序 031
登場女神介紹 035
女神的心理類型、困境與優勢 037
希臘神話人物簡介 039

前　言　女神就活在每個女人心底 …… 045
以立體視野透視女性心理 048／神話作為洞察工具 049

第一章　以女神為內在意象 …… 057
以女神為原型 059／系譜 062／歷史與神話 064／史上女性眾神與原型 067／希臘女神與

當代女性 069

第二章 啟動女神……070
內在既有傾向 071／家庭環境與女神 072／文化對女神的影響 073／荷爾蒙對女神的影響 075／人與事喚醒女神 076／「行為」會喚起女神 078／召喚女神 079／女神與人生階段 080

第三章 處女神——阿特米絲、雅典娜，及赫絲蒂雅……082
處女神原型 083／意識特性：銳利的聚光燈 084／生活與行為模式 086／新理論 088／女神模式 091／陽性阿尼姆斯或是女性原型？ 092

第四章 阿特米絲——狩獵與月之女神、競爭者及姐妹……095
女神阿特米絲 095／系譜淵源與神話 096／阿特米絲原型 098／心理困境 119／成長之道 125

第五章 雅典娜——智慧與工藝女神；策略家和父親的女兒……129
雅典娜女神 129／系譜與神話 130／雅典娜原型 133／心理困境 158／成長之道 163

第六章 赫絲蒂雅——爐灶與寺廟女神；智慧女性和獨身姑姑……167
女神赫絲蒂雅 167／系譜與神話 168／赫絲蒂雅原型 171／赫絲蒂雅與荷米斯：原型的二元性 177／赫絲蒂雅和荷米斯：神祕的連結 178／心理困境 191／成長之道 193

第七章 脆弱女神——赫拉、狄米特、波賽芬妮……198
意識特質：如同漫射的光 199／脆弱、受害，以及發散的感知 201／存在與行為模式 203／跨越脆弱女神的限制 204
第八章 赫拉——婚姻女神；承諾者和妻子……205
女神赫拉 205／系譜與神話 206／赫拉原型 209／赫拉型女性 216／心理困境 228／成長之道 234
第九章 狄米特——穀物女神；撫育者與母親……240
女神狄米特 241／狄米特原型 244／狄米特型女性 251／心理困境 264／成長之道 270
第十章 波賽芬妮——少女與冥后；善於接納的女性和媽媽的女兒……273
女神波賽芬妮 273／系譜與神話 274／波賽芬妮原型 275／波賽芬妮型女性 283／心理困境 294／成長之道 300
第十一章 煉金女神……304
阿芙蘿黛蒂 304／意識特質：如同「舞台燈光」 306／阿芙蘿黛蒂意識、創造力和溝通 308／共同承載願景的人 310／畢馬龍效應 312

第十二章 阿芙蘿黛蒂——愛與美的女神；富創造力的女性和戀人 …… 314
女神阿芙蘿黛蒂 314／系譜與神話 315／阿芙蘿黛蒂原型 320／阿芙蘿黛蒂型女性 326／心理困境 340／成長之道 344

第十三章 哪位女神拿到金蘋果？ …… 349
帕里斯的裁判 349／新版「帕里斯的裁判」 351／換檔：女神們「輪流」當家 362／意識和選擇 364

第十四章 每個女人內在的女英雄 …… 366
路徑 369／旅程 372／取回蛇的力量 372／抗拒熊的力量 374／抵禦死亡與毀滅 375／撐過失去與悲傷 378／通過黑暗和窄徑 379／喚起超驗功能 380／從受害者到女英雄 383／旅程的終點 385

—附錄一— 深入閱讀
女人如何活出神性？——博倫《尋找內在女神》臺灣版序／李孟潮 387

—附錄二— 每章參考文獻 424

—附錄三— 其他參考文獻 429

獻給我的母親，山口篠田惠醫師，
她一心一意地幫助我長大成人
——不像她自己的成長過程那般。
她深感我有幸身為女，
能夠從事我作為女性想成就的任何志業。

—推薦序一—

妳生命中的女神

林晴晴（財團法人臺北市磁山社會福利基金會董事）

在我過去的工作經驗裡，曾見證過許多女性的生命故事。她們可能是小女孩、青少女、母親、老年婦女；她們擁有各種職業，是社會中的各種階層，正在經歷人生中的各種風景，修煉著彼此生命的功課。

但是這麼多年來，直到今天，我依然沒辦法清楚定論任何一位女性的個性或喜好，我無法肯定地說：這個人是這樣、那個人是那樣。彷彿女性的一切都是變動的，從來不會只有一種向度，從來不會只有一種故事的可能。

她們的多變經常是有原因的，我們看見女性能依循著外在環境和內在感受不斷調整、不斷成為新的樣貌。

從很早年開始，她們就學習在關係脈絡裡形塑自己的模樣。她們可能是聽話的女兒或叛逆的女兒；可能是迷人的情人或比男人或堅強的女人；可能是善解人意的朋友，但也可能像冰山一樣冷漠。如果她們成為母親，肯定不會是「某一種母親」，她們有時候具有無限的耐心，但霎時之間，你會發現她們變得非常嚴格，對原則非常堅持。然而有時候，她們看重事業遠大於孩子。

女性的千姿萬態經常非常吸引人，但有時也令人苦惱。吸引人的是我們總覺得她們深不可測，似乎永遠都具有豐富的能量與情感；但令人苦惱的是，她們可能正苦於自己內在的衝突，或者苦於身分和定位的不穩定。在很多時候，她們真心感覺自己「為別人而活」，當這樣的衝突和焦慮超出了負荷，甚至會影響她們的生活和健康。

作者琴・篠田・博倫（Jean Shinoda Bolen）是一位美國精神科醫生、女性主義運動先驅以及榮格分析師，她在這本經典《尋找內在女神》（*Goddesses in Everywoman: Powerful Archetypes in Women's Lives*）裡闡述了非常精彩的論點：女性的內在世界裡擁有豐富的女神原型，有時候是善於溝通的女神、有時候是善於感受的女神，有時候，甚至是競爭的女神。

作者在書裡也提到：「當這些女神所屬的意象與特定女性的感受相符時，以她們為原型名稱才有意義，因為原型並不真正具有名字。」換言之，能被人們創造，並且加以命名並且具象的女神，都是人類集體內在底層的縮影。

因此，當一位女性充滿著多變的表現時，可能並非因為「混亂」，而是豐富的女神原型正透過她在表達自己。原型本身就擁有驅動力，它會透過一個人的生活方式、情感表達、人際互動引起我們注意，而女性的生命本身就是女神們的原型舞台，她透過展現原型的樣貌，讓她自己的生命朝向更深刻完整、更有意義的方向走去。

我們要做的，並非試圖「控制」原型，而是理解它，並將它編入生命的故事裡。由於女神原型並不為了社會評價而存在，因此在原型的世界裡，不會有過度陽剛的女人、過度馴化的女人、不對或不好的女人。她們永遠都有在轉化的道路上，永遠都在豐富生命的道路上前進著。

這個過程不是封閉在女性的內心，而是完全包含著他人的。在這本書第十章〈波賽芬妮——少女與冥后：習於接納的女性和媽媽的女兒〉裡面，作者描述了農業母神狄米特（Demeter）與女兒波賽芬妮（Persephone）的連結。她在豐富的故事背後看見女神原型的影響，它可能讓一位依賴孩子的母親雖看起來強悍，但卻是用強悍的母性弱化了孩子獨立的能力，而在女兒身上喚起「脆弱女神」的原型樣貌。女兒成為一位更依賴的女性，她沒有自己的名字、沒有自己要做的事，生命全然奉獻給他人的眼光。她可能表現成「媽媽的女兒」、「父親的寶貝」或者「男人的阿尼瑪」，所有人都愛她的同時，她卻失去自己的聲音。

但值得注意的是，脆弱女神的脆弱恰好也是她強大的接納能力，能夠精準調整自己適應關係、讓自己符合他人的需要。因此，脆弱女神真正需要的並非「切割脆弱」，亦非否認自己的接納性，而是像波賽芬妮女神一樣，需要深刻的嚮導。冥界、地底下、心靈埋藏之處正是那個嚮導所在，正是讓波賽芬妮轉變為冥后的煉金爐。

那麼，女神不只在女性的生命裡顯化她自己，祂甚至讓女性成為自己生命的指引。脆弱女神的力量同樣能夠補足其他女神原型的能力，祂的不確定性正好也是可塑性的來源，而祂的脆弱，正好成為流動的可能。

所有妳展現的特質都是如此珍貴。

而生命遇到的所有功課，都是為了讓妳展現自己的獨一無二。我們會在經驗裡一遍又一遍練習，直到不需要與現實和他人對抗，而是能夠反過來，自由穿梭現實與理想之間。

到那個時候，周遭的一切人事物都成為妳故事的養料。而妳，將走在上自己的道路，通向本該屬於妳的幸福與自在。
所有的女神都將為妳祝福，很久很久以前，直到很久很久以後。

——推薦序二——

女神使用說明書

蔡怡佳（輔仁大學宗教學系教授）

一九八四年出版的《尋找內在女神：從神話原型看見女性的生命召喚》是榮格分析師博倫在接近五十歲的著作，可以被視為女英雄書的先驅。本書對西方女性靈性運動的開啟有重要的意義，啟發了許多女性團體以藝術和儀式的方式與女神原型連結，發揮生命的內在力量。博倫在二十週年發行的紀念版中將這些透過其著作所開啟的影響稱之為「安靜的草根女性運動」。二十週年的紀念版見證了本書如何在英文讀者心中帶來持續的強烈共鳴。本書的中文版在下一個二十年之後出版，正值台灣社會對榮格心理學有越來越多的認識之際，來得正是時候。

博倫是日裔美籍的榮格分析師，在美國女權運動開端的時刻開始踏入精神醫學的領域。在寫下這本書時，她說自己就像在女性主義與榮格心理學之間穿梭，希望透過雙重視野的交織來打開理解的深度。博倫以希臘神話中的七位女神為素材，來介紹那些影響女性、但尚未被覺察與認識的強大力量。這是從榮格心理學出發的內在視野，能夠提供一條覺察未知的途徑。這些未知是關於自己的重要事物，透過女神原型而得以被揭露。而女性主義所指出的禁錮女性的社會文化力量，則關乎外在力量的認識。雙重視野意味著看見兩股力量的交織：一方面是社會文化鼓勵了哪些內在力量，以及如何抑制了其他內在力量。另一方面則是內在力量的覺察如何提升女性意識，並提供打破外在禁錮的勇氣。

博倫認為女神神話可以成為女性進行內在洞察的工具，這是全書最核心的關切，也是新視野的開啟。這個視野首先要克服的是現代心靈與古老神話之間的距離：古老的神話何以能夠成為現代人洞察內在的工具？除此之外，序言的作者還指出讀者可能的疑惑：「從古老父權神話出身的女神們，怎麼可能幫我們分析當前現實，或實現平等的未來？」博倫引用考古人類學者對古歐洲大母神文化的理解，指出希臘神話如何反映母系宗教被尊崇宙斯與男性英雄之父權神話所取代的樣態。大母神創造與豐饒生產的生命力在父系家長制的宗教中被弱化，女神成為男神的順從配偶或女兒。然而，大母神的力量沒有完全消失，過去大母神所擁有的象徵與力量被打散分配到眾女神身上；大母神也仍以原型的樣態存在於人類的集體無意識中。因此，探討希臘神話中的女神意象也就是從已被打散的一片片原型之中辨識自己，以及找回與大母神連結的力量。對古老神話的認識意味著理解自我心靈的根底，對於女神的認識因此也就成為女性認識自己的方法。我們都像是那些從大母神的完整性中被擊散的眾女神碎片，透過女神神話辨識內在的傷痕與力量。

博倫將希臘神話中的七位女神分為三種類型：處女神、脆弱女神，以及煉金女神。這樣的分類宛若一張勾勒女性心靈地貌的豐富地圖。有些地方很熟悉，以令人會心的方式引起深深的共鳴。有些地方讓人想要逃離，因為那是傷痕累累的所在。有些地方很陌生，卻揭示了未曾想像的奇妙風景。博倫將過去神話中被崇拜的女神轉化為現代心靈自我認識時的引路標的。從「崇拜」到「使用」，其實是讓古老神話持續對當代心靈說出重要事物的一種禮讚。

作為引路標的的女神因此不是路徑的終點，「發現自己內在的女神」也不是自我增能的口號。「發現」是為了「抉擇」而準備，而抉擇則意味著直面所有抉擇都要承擔的得與失。博倫在全書的最後談到了女英雄的抉擇：「任何事物的真正代價，是我們為了擁有而放棄的東西」。不願意選擇，是因為不想放棄選擇必須付出的代價。成為女英雄，也就意味著做個抉擇者。抉擇者在前行的道路上會遭遇許多障礙和危險，需要抵禦死亡與毀滅、撐過失去與悲傷、通過黑暗與窄徑，並學習呼喚比自己更強大的力量來幫助自己。每位女英雄所經歷的抉擇之旅，是不是就像在為大母神撿拾被擊落的碎片呢？每個碎片中都可以照見關於自己尚未完整活出的可能性。博倫這本女英雄之書，是提供當代心靈「使用女神」的極佳說明書。透過古老神話說出的那些真實，也有待我們提出當代心靈的回應。

推薦序三

完善榮格理論，愉快又激勵人心的女性心理學作品

鐘穎（心理學作家、愛智者書寫版主）

這本一九八四年出版的著作一直被視為女性主義與心理學的經典。作者琴．篠田．博倫用希臘神話將女性的原型分為七類，並歸為三組：處女神、敏感女神（vulnerable goddess，本書譯為脆弱女神）、煉金女神。

因為分類方式的簡明好懂，本書一直以來有很高的評價。作者不僅熟悉神話，尤其熟悉神話情節在各種人際關係中所展現出的行為，這使得本書有很高的可讀性與應用性。

如果仔細觀察，你會發現作者是以關係為軸線來為女性原型作分類的。要之，可用「獨立與聯合」來總括。

趨近獨立端，追求個人價值的是處女神阿特米斯、赫絲蒂雅、與雅典娜；趨近聯合端，嚮往建立關係的是敏感女神赫拉、狄米特與波賽芬妮。而愛神阿芙蘿黛蒂則同時兼具兩者。

用白話文來說，就是既有想擁有家庭的女性，也有想追求事業的女性。她們都是女性經驗的一部分。

作者在書中挑戰了榮格所提出的阿尼瑪與阿尼姆斯理論，她用女神原型賦權了那些看重內在價值，追求個人獨立的女人，不再以她們有著強大的阿尼姆斯（陽性能量）來稱呼。作者認為，這樣的特質並不是男性的專屬。

它根植於神話，展現為個性。

這無疑將榮格心理學的原型理論往前推了一步，其重要性堪比於榮格本人對「昇華」（sublimation）觀點的改革。

在佛洛伊德的觀點裡，心理本能主要即是性本能，人類對文化、藝術的創作欲源於對性本能的昇華。但榮格不作如是觀，他認為，文化與藝術的創作欲獨立於性本能之外，它是人類的心理本能之一，並不是從性本能轉化來的，這兩種本能並列。心理本能的多元觀後來使他與佛洛伊德分道揚鑣。

同樣地，琴．篠田．博倫在原型的基礎上繼續拓展了阿尼瑪—阿尼姆斯理論，不再將女性原型與接納、關係、生命畫上等號，而是認為女性原型中也同樣有獨立、競爭、與目標集中的類型存在。換言之，那些愛好體育運動、智力活動、追逐世俗成就的女性並不是低配版的男性，他們只是活出了不同的女性原型。

明乎此，讀者們就能曉得，為何本書能引起這麼高度的重視，因為它修正了榮格心理學的性別偏見，並豐富了原型理論。

當然，這本書的觀點不是沒有缺點。用希臘神話來代表女性原型的批評之一，就是書中所列的七類女性原型是否具有普世的基礎？它適用於歐美地區以外的女性嗎？這會不會是白人女性或其附隨者的專屬？

舉雅典娜女神為例，聰慧又具謀略的女性為何會擅長縫紉、編織這樣的手工藝？這純粹是因為雅典娜女神本人喜歡編織嗎？這樣的附會稍嫌牽強，令人懷疑其客觀性。

從這個觀點來說，榮格所提的阿尼瑪—阿尼姆斯理論並沒有失效，它並不是狹義的生理男女性，而是廣義的陰陽差異性。而奠基於希臘神話的七類女性原型，則主要是一種對神話的象徵性解讀，它濃縮了七類女性的主要經驗，並以擬人化（personification）的方式表達出來。縱然互有優劣，但這兩種觀點並非不能並存。

或許這七種女性原型不能包含亞非地區乃至所有女性的經驗，但雖不中，亦不遠矣！

此外，由於這個理論是沿著人際關係的軸線去建構起來的，我認為它不僅適用於多數女性，也適用於男性。男性之中同樣也有較追求獨立自主，或更傾向建立人際關係的個別差異存在。因此這本書對男性的適用性絕不低於女性。

事實上，我在閱讀這本書的時候就發現了，除去性別特徵之外，自己一直有很強烈的狄米特原型在作用。此外，我也不由自主地會將身邊的女性與書中的女神原型作配對。

原來那些女人並不是不夠女人（或者太像男人），而是她們本來就是這樣的人，主導她們生命經驗的，是不同的女性原型。

有些女人因為孩子而關切丈夫，有些女人因為丈夫而關切孩子。有些女人傾向接納身邊他人的投射，有些女人則專注地追求自己的目標。

重點不是讓某個原型成為我們的主宰，而是辨識它，並清楚知道內心還有其他的原型在運作，它們在不同的時間點都可能跟我們說話。有時我們需要的是家庭，有時我們想要的是事業。這些需求都跟我們索要承諾，要求我們的自我讓出主導權。

無論性別，只要想成為英雄，就意味著人必須擺脫受害者情結，反覆去經驗那些我們還不能駕馭的事物，不管那是性、職涯、需要培養的才華、還是單純的嫉妒心。

榮格心理學發現，原型具有超越個人的力量。所以在你感到脆弱時，請記得向內心的女神原型祈禱，祈求你能展現更多的勇氣，直到獲得超越性的洞見，擺脫眼前的困境。

這本書大大增進了我對女性及自身的了解，讀來愉快又激勵人心。市面上多數的兩性書籍在它面前猶如糟粕，我相信它會給你一樣多的衝擊。

現在請翻開這本書，帶著意識走向完整，並帶著謙卑去認識你內在的女神。

妳或許會發現一個能喚醒妳內在真實的神話

葛羅莉亞・史坦能（Gloria Steinem）

讓我邀妳一同進入本書，特別是如果妳跟我一樣，曾是那種抵制本書題材的人。畢竟，從古老父權神話出身的女神們，怎麼可能幫我們分析當前現實，或實現平等的未來呢？就如我們常因信賴的友人推薦而購買某些書，我則是因為認識作者本人，而激起我閱覽本書的念頭。

我和琴・篠田・博倫博士是在她為《平權修正案》（ERA）動員精神科醫師時相識的。美國精神醫學學會（American Psychiatric Association）裡的一群人，因專業經驗使他們相信，在法律下受到平等的對待，對於女性的心理健康至為重要。他們因此支持通過《平等權利修正案》（Equal Rights Amendment）。

所有的團體之所以能成形，是許多精力投注其中的成果，而琴顯然是該團體中既有效率又鼓舞人心的組織者。她不僅預見這類團體的存在，更激發了她同儕的想像；她還堅持克服各項繁瑣細節，與一群生活忙碌、彼此間差異甚大的人，共同打造一個具凝聚力的全國性組織。在過程中，她成功跨越並銜接了世代、種族與專業間的差異，建立精確及相關的資訊研究，甚至讓她最頑強的競爭者保有其尊嚴，並獲得新的認知。

目睹琴工作，證實了她是一位務實認真的專業組織者、一名溫柔的革命者，她療癒般充滿平和與包容的精神，證明了女權革命可能為我們帶來一個更美好的世界。她在全國最具權威與影響力之一的組織中建立了改革中心：她不僅是以一位女性的身分辦到這件事，而且是以一個在百分之八十九皆為男性、絕大多數為白人，且仍受佛洛伊德陽性理論主導的專業領域中的弱勢女性身分辦到。有一天，當美國精神醫學學會的歷史或是有精神科醫師的社會之責任史被寫下時，我相信這位身材嬌小、柔聲細語的女性，將成為一股重要力量。

在閱讀《尋找內在女神》最初幾章時，我彷彿可以從這清晰樸實的字裡行間，聽到琴那令人信賴的聲音；但是對於即將來到的女神們，我依然預想著會來上一段那浪漫或令人壓抑的宿命。因為榮格與其他將這些女神納入集體無意識中的學者們，導致了非此即彼、陽性／陰性對立的兩極化結果——這同時抑制了男性與女性的完整性，並讓女性無可避免地處於回報較少的這一端——我不免擔憂其他人會利用這些原型、或是女性自己被鼓勵模仿這些原型，而接受自己宿命的限制。

但透過每位女神的現身說法，我的疑慮不僅得到消解，更開啟了新的理解途徑。

首先，我們需要審視七種複雜的原型並以多種方式加以組合，而每一種女神原型的內在皆有無數的變化。她們帶領我們遠遠超越父權體系箝制下的女性角色中的處女／妓女、母親／情人等簡單二分法。沒錯，某些女神們的自我認同完全來自於與有權有勢的男性建立關係——畢竟，她們和我們一樣，活在父權體系當中——但她們也透過計謀鬥爭，甚至光明正大地展現她們的力量。她們並有各式獨立自主的模式，從情慾面與知性面，到政治面與靈性面上一應俱全。其中最特別的是女性們拯救彼此，情誼相繫的這類例子。

其次，這些原型能依女性的處境，或是她內在尚未開發的部分的需求，加以結合運用。光是看到媒體上的女性典範們會對女人的生活有多大的影響，一旦女性啟動內在的原型並召喚使之現身，所造成的影響豈不是更加深遠嗎？

最後，沒有任何規定限制每個人只能適用於一種或幾種女神。當女神們同在一起，才能構成圓滿的人性特質。的確，這裡的每位女神都反映了大母神（Great Goddess）這位存在於前父系時代裡——至少是存在宗教與想像中——圓滿的女性人類特質。或許，當時的世界與現在一樣，對圓滿性進行想像便是實現它的第一步。

至少，這些女神原型對於描述與分析各種行為模式及人格特徵，是一項有用的工具。在發揮極致的狀態下，我們可以運用這種方式預見、並召喚內在所需力量及特質。就如詩人與小說家艾麗思・沃克（Alice Walker）在小說《紫色姐妹花》（*The Color Purple*）中清晰且動人地描述了：我們想像上帝的存在，並賦予她／他那些我們賴以存活與成長的特質。

本書最大的價值，在於它給了我們突如其來的頓悟。作者稱這為「啊哈！」時刻：那在我們理解與內化時所產生的瞬間洞察；當我們從中辨識出自己的經驗，因書中提出的真相而對其感到信賴，並進一步地有所了悟：「沒錯，就是這回事。」

每位讀者從書中得到的體會因人而異，那種頓悟必然與我們自己切身相關。我的頓悟是在閱讀阿特米絲（Artemis）時發生的：她與其他女性建立了深厚情誼；拯救自己母親的同時，卻也期望自己別成為她。我感到被認可，同時以自己能被視為這個在父權社會中稀有的原型的例子為傲。但我也清楚我還未發展出不畏衝突或阿特米絲真正的自主性。波賽芬妮（Persephone）反映了我們大多數人在青春期的經驗。她的長處與弱點是我的另一個「啊哈！」時刻：那種等待別人——不管是特定的男生或是社會的——將其形象與期待投射到我們身上的熟悉感；那種「披上」不同身分認同的嘗試。還有雅典娜（Athena）無時無刻在閱讀與活在腦內心思的習慣；赫拉（Hera）、狄米特（Demeter）與波賽芬妮開放與感受性強的意識；還有阿芙蘿黛蒂（Aphrodite）在關係與創造力中，比起長遠穩定，更重視刺激與隨興。

其他的女神們，對我們自己所缺乏而需培養的特質，或我們在週遭人身上看到卻不理解的特性，具指導價值。例如，赫絲蒂雅（Hestia）處理日常瑣事時的沉靜態度，從象徵與靈性的角度可視為安排事物的優先順序。我羨慕雅典娜和阿特米絲高度的專注意識，也對身邊男性對周遭事物不予以「注意」或理會的態度有所了解。我從這兩位獨立的女神例子中學到，衝突與敵對有時是必要、甚至是正面的，並且不必視之為針對個人。

作者對女神原型的敏銳分析，將她們從父權制度簡化的剝削思維中解放，還給我們燦爛真實的女性面貌。

舉例來說，現在每當我嚮往那種奇妙、即興的對話，且交流的過程本身比所有內容加總起來更具份量，每個人有如演奏音樂般能即興發揮，我便會想到阿芙蘿黛蒂的特質。當我需要圍爐獨處靜思時，赫絲蒂雅便為我帶路。當我缺乏勇氣為自己或其他女性挺身而出面對衝突，便會想起阿特米絲。

現實或想像的現實，哪個在先已經不重要了。就像琴・休斯頓（Jean Houston）在《可能之人》（*The Possible Human*）一書中所說：「我始終認為神話是未曾發生，卻一直在發生的事。」

我們帶領自己脫離不平等的社會時，眾男神和女神或許最終都合而為一。與此同時，本書提供了我們新的途徑：新的視角與新的轉化方式。

妳或許會發現一個能喚醒妳內在真實的神話。

致謝

本書每章內都有許多未具名的貢獻者——個案、朋友、同事——他們為每種女神原型的各個面向提供了最佳示範，或者為這些面向提供了洞察。所以大部分的描述，是從我在各式情境下所認識的眾多女性產生的綜合體；特別是我在精神治療領域執業二十年間所認識的人們。能得到他們所信賴，並將內在深處向我坦誠以對，是我莫大的榮幸。這使我能更妥善地理解他們的心理狀態，透過他們，我也更瞭解包括我自己在內的其他人的心理狀態。個案是我最佳的導師。我感謝他們所有人。

在本書撰稿的三年間，我受到許多編輯給予的祝福與託付，他們每位都為本書及我身為一名作家的成長有所貢獻：提供編輯方向與評論的克斯登・葛林斯塔（Kirsten Grimsta）、金・錢寧（Kim Chernin）、瑪莉琳・藍道（Marilyn Landau）、傑瑞米・塔爾契（Jeremy Tarcher）、史蒂芬尼・伯恩斯坦（Stephanie Bernstein）以及琳達・普林頓（Linda Purrington），協助我進行文案編輯。身處於他們彼此相左的觀點中，我也學會了信賴自己的聲音與視野，這段過程為我上了一課，並促使我更換出版商。金・錢寧在這件事上給我的鼓勵尤其可貴。

同時要感謝南西・貝瑞（Nancy Berry），每逢我求助時，她便展現她飛快熟練的電腦打字技巧；謝謝我兩位經紀人——約翰・布洛克曼（John Brockman）和凱婷卡・麥特森（Katinka Matson），在「誕生一本書」（book birthing）的艱難歷程上貢獻他們專業的觀點；也謝謝我的出版商——哈潑（Harper & Row）出版社的克雷頓・卡爾森（Clayton Carlson），他憑個人直覺與對我第一本書《心理學之道》（*The Tao of Psychology*）的敬重，對我和《尋找內在女神》（*Goddesses in Everywoman*）充滿信心。

當我在家庭生活中投入於本書創作時，家人是我最忠實的支柱。很早之前我便決定，即便我要寫作，也不會從家人的生活中缺席，或是在我們之間隔一道門。我會現身參與家人的生活，同時我也需要他們的體諒。我的丈夫吉姆（Jim）與孩子美樂蒂（Melody）及安迪（Andy），在這次專案中他們全程與我相伴。除了在情感上給予支持，吉姆會不時就我的寫作提供他身為編輯的專業見解，鼓勵我相信自己的直覺，留下能喚醒感受的例子與意象。

我也衷心感謝每當我感到灰心，或需要被提醒一聲本書將對世人有益時，總會適時出現、支持我完成《尋找內在女神》的各方人士。我的任務是堅持不懈到本書完成。一旦書出版，我知道它將擁有獨立的生命，會尋覓到任何一位它該觸及的對象。

二十週年版序

《尋找內在女神》二十週年版的出版是值得慶祝的盛事。這本書引介了以「女神」作為原型的概念，成為新時代運動和書店心理書區的暢銷書。如今短暫的上架期限對大多數書籍已是常態，而本書仍然是要備有庫存的主力書。二十週年版提供了一個機會，為全新世代的女性介紹她們個人的女神，以及女神在我們內心發揮的能量、意義和力量，也為直覺型的男性們提供了一種方式，讓他們得以了解自己以及他們生命中重要的女性們內在的女性特質。

當本書對於女性的靈性運動產生開創性影響時，我感到很訝異。我以古典希臘神話和榮格描述的集體無（潛）意識為基礎，將女神作為心理模式和象徵性人物介紹給讀者，這個概念強而有力，撥動了讀者的心弦，引發共鳴。被某位希臘神話中的女神吸引的女性發現，這個原型影響了她們作夢的內容或清醒時的想像力。女神有時候會在這些夢裡以努祕或令人敬畏的神祕人物的意象出現。這讓女性能夠將原型的意義和美麗賦予在個人的象徵和聖物之上。女性開始為自己定義何謂靈性，這對於自我定義的精神而言是合理的延伸，是女性運動的特徵。蟄伏於集體無意識深處的象徵性人物和神話主題浮現至意識層面上。女性團體創造了儀式來榮耀女神，慶祝四季，聚在一起圍成圓圈，同時各自把聖物放在中央的一塊祭壇布上。隨著女性更清楚意識到女神是原型，是考古史，是被壓制的神學，是跟這大地之母的連結，一種草根的女性運動便安靜地展開了。

《尋找內在女神》也成為創作的繆斯。我聽說這本書啟發了詩、雕塑、舞蹈、音樂、繪畫、寫作和戲劇。這些沒有一項在我的預期之中，不過既然創作的靈感是由感受、夢境和心靈深處的意象所激發，很合理地，當藝術家或音樂家或說故事的人受到啟發，而且他們擁有表達技巧，藝術便就此被創造出來。我開始看見女神能量的湧現，最戲劇化的例子之一，是在中國的天安門廣場，在學生示威被暴力鎮壓之前，他們在那裡豎起了名為「自由女神」的巨大雕像。在西方，女神出現在表達性藝術中是關乎個人、而非政治。然而，既然父權制和三大主要宗教都是奠基於男性權威和一神論，任何以女神為基礎的創造性表達，就某方面來說，都是相當政治性的藝術。

《尋找內在女神》引領我又去寫作《尋找內在男神》（*Gods in Everyman*），該書在五年後出版，其中我以古希臘男神做為男性原型。《尋找睿智女神：五十歲以上女性內心的原型如何當個有趣的老太婆》（*Goddesses in Older Women: Archetypes in Women over Fifty—How to Be a Juicy Crone*）必須等到我年紀夠大了才能撰寫。我在《渡海到阿瓦隆：一名女性的中年朝聖》（*Crossing to Avalon: A Woman's Midlife Pilgrimage*）裡述說的個人旅程，也是跟《尋找內在女神》同步開始撰寫的。儘管我對自己的專業認同依舊是榮格分析師，不過這本書的成功改變了我的人生道路。

如果認同於一個女神原型，揭露出某些妳先前沒有認知到的關於自己的事，本書會成為對妳影響深遠的經驗。妳或許會明白，對妳真正重要的，並非如妳過去那樣地去取悅他人。妳或許會原諒自己未能成為家人期待的樣子。妳或許會領悟到，妳需要挺身維護存在妳內心、卻被妳忽視的某位女神。妳可能因為認同某位女神陰影的部分而受到啟發，去改變自己不怎麼美麗的部分。當我在書寫《尋找內在女神》時，心裡便希望讀者會欣然接受這些心理洞察。二十年後，我知道女神會發揮她們的力量。

琴・篠田・博倫，加州米爾谷，二〇〇四年

三十週年版序

《尋找內在女神：從神話原型看見女性的生命召喚》於一九八四年首度出版，其以古希臘女神為基礎，提出了一套嶄新的女性心理學。這些女神的名字和神話源遠流長已超過三千年之久。這本書大為暢銷，之後就成為不曾絕版的經典；正如骨架優美的女性，其風采歷久彌新。

《尋找內在女神》匯聚了我身為精神科醫師暨榮格分析師，以及身為女性主義時代女性的所知所學。我曾見識女性獨特的存在和行為方式是如何遭到父權審判的獎勵或排斥。我也看出了那些決定一名女性如何回應逆境和機會的潛在人格模式。我發現，自己會求助於文學作品裡的希臘神話，在其中我找到了驚人的相似性，那徹底轉化了我的思維。在關於希臘女神的神話裡，每位女神都有不一樣的特質和價值，而整體來說，她們涵蓋了人的所有特質，包括競爭心與聰慧。能夠建立起這樣的連結，讓我感到非常興奮。我的感受就像是考古學家能夠看見一整片的圖案浮現，而不再需要拼湊陶器碎片來解謎，因為她已能預看完整的器皿，並根據所屬時代的脈絡，它的用途變得清晰。對於我的讀者也是如此。多年來，許多讀者回饋說，閱讀本書、並透過這些來自過去的女神來審視自己的現代生活經驗時，會感到「啊哈！」一而對自己產生恍然大悟的了解。《尋找內在女神》認可了她們真實的自我，因此改變了她們的人生。

《尋找內在女神》透過翻譯將書中的訊息傳播於歐洲、南美、日本、南韓和臺灣，最近的則是俄羅斯和許多前蘇聯的共和國。這本書也被私下翻譯成波斯文，讓伊朗女性在地下傳讀。世界上有許多地區並不承認女性的權利就是人權（反過來說也成立）。在這些地區女性飽受壓迫，被當成財產來對待。民主和人權理念的分布範圍有地理上的重疊，而這些理念自然也必定導向女性的賦權和平等的觀念。儘管有些地區還在等待這些理念的來臨，但它們已經在路上了。支持每一位女性做出自己的選擇、並且把自己看成是人生主角的一套心理學，會改變她們。而這會掀起漣漪，擴散到全世界。

在受西方文化影響的世界裡，對女性來說，現在正是歷史上最美好的時刻，她們可以在社會上實現自己的潛能，同時過著圓滿、健康和長壽的生活。要活出有意義的人生，與個人在乎些什麼息息相關：對我們所從事活動的熱愛、我們誰愛以及被誰所愛，並且根據我們的價值觀來生活。當這些價值是勇氣、和善、同情、正義和服務時，我們便能促進自己生活的世界成為更美好的地方。在這樣一個時代，人類不但可能自我毀滅，並且可能拖著地球上的生命跟我們同歸於盡；我們的所做所為，不只是關乎我們自身而已。

《尋找內在女神》提供了我稱之為「雙視野」的女性心理學。我們透過兩隻眼睛來看，然後兩個影像在大腦中合而為一，形成一幅三度空間的立體意象。在心理認知上，就等同於了解有兩股強大的力量形塑每一名女性的人生：我們內在的原型，以及外在的家庭、社會和宗教的文化。我們每個人都需要清楚覺知這兩股力量，才能做出通達的選擇，好好對待自己唯一的寶貴生命。

在《尋找內在女神》這本書裡，我描述了每位女神所體現的特質、她們的象徵和系譜，也重述了關於每位女神的古代神話。接著我描述了每位女神代表的原型，以及這些原型如何顯現在女性身上，成為她們的人格特徵，並且在女性的各個人生階段中表現出來。所有的女神原型都有其潛在的陰影特質，有些可能成為病徵，其他的可能造成別人的困擾，或是導致與他人間的衝突。由於只往一面倒、或是完全認同某種特定的原型，可能會限制或阻礙女性成為的全人發展，而且陰影面向是負面的，因此在關於每篇女神章節中的最後一段，是其「成長之道」。

任何一種特定原型在個人身上會呈現出不一樣的優點，就好像我們每個人天生的潛能，例如音樂天賦、智力類型或身體協調性也不一樣。發展或表現出深植於我們內在的事物，會為我們帶來喜悅。女神原型代表了深層的慾望，每位女性的追求都不相同：自主、創造力、權力、知性挑戰、靈性、性愛或關係。這些強烈的衝動會帶領我們朝向生涯、專業、政治行動、靜心冥想或藝術表達；原型使得當事人產生各種熱切的渴望，想要擁有戀人、成為母親、結婚或是獨身。意義是我們主觀的體驗，當我們耗費人生去從事的活動與我們原型的衝動與渴求密切接合時，我們感受到了意義，喜悅和悲傷便源自於此。

《尋找內在女神》上市五年後，《尋找內在男神》（*Gods in Everyman*）於一九八九年出版。在聽聞我講述女神原型之後，我聽到男士們詢問：「那我們呢？」。許多人閱讀了《尋找內在女神》後，現在比較了解自己生命中的女性了。許多男士能夠看出自己受到某種特定女神原型所吸引；讓他們著迷的女性身上有某種特質深深吸引著他們的情感投射。甚至有某些男士們表示，他們發現某種女神原型曾活躍於他們身上。等到我撰寫《尋找內在男神》時，我想到了一個更精確的書名以及一本兩倍厚的書應該是《尋找每個人內在的男神與女神》（*Gods and Goddesses in Everyone*）。

琴・篠田・博倫，二〇一四年三月

登場女神介紹

女神	類型	原型角色	重要他人
阿特米絲（Artemis，羅馬名：黛安娜〔Diana〕） 狩獵與月亮女神	處女神	姊妹 競爭者 女性主義者	姊妹淘（寧芙〔nymphs〕；居於山水澤的精靈） 母親（樂托〔Leto〕） 兄弟（阿波羅）
雅典娜（Athena，又稱：米涅瓦〔Minerva〕） 智慧與工藝女神	處女神	父親的女兒 策略家	父親（宙斯〔Zeus〕） 選擇的英雄
赫絲提雅（Hestia，又稱：維絲塔〔Vesta〕） 爐灶與寺廟的女神	處女神	未婚的女性長輩 智慧女性	無
赫拉（Hera，朱諾〔Juno〕） 婚姻女神	脆弱女神	妻子 承諾者	丈夫（宙斯）
狄米特（Demeter，席瑞絲〔Ceres〕） 穀物女神	脆弱女神	母親 滋養者	女兒（波賽芬妮）或孩子

女神	類型	原型角色	重要他人
波賽芬妮（Persephone，普洛瑟庇娜〔Proserpine〕） 少女以及冥后	脆弱女神	母親的女兒 習於接受的女性	母親（狄米特） 丈夫（黑帝斯〔Hades〕／戴奧尼索斯〔Dionysus〕）
阿芙蘿黛蒂（Aphrodite，維納斯〔Venus〕） 愛與美的女神	煉金女神	戀人（性感女性） 富創造力的女性	情人（阿瑞斯〔Ares〕、荷米斯〔Hermes〕） 丈夫（赫菲斯特斯〔Hephaestus〕）

女神的心理類型、困境與優勢

女神	榮格學派的心理類型	心理困境	優勢
阿特米絲	通常是外傾型 通常是直覺型 通常是情感型	情緒疏離、無情、憤怒	有能力設定和達成目標；獨立、自主；與女性的友誼
雅典娜	通常是外傾型 絕對的思考型 通常是感官型	情緒疏離、機靈詭詐、缺乏同理心	有能力好好思考，解決實際問題和想出策略；跟男性聯手組成強大聯盟
赫絲蒂雅	絕對是內傾型 通常是情感型 通常是直覺型	情緒疏離、缺乏社會人格面具	有能力享受獨處；感受到靈性意義
赫拉	通常是外傾型 通常是情感型 通常是感官型	善妒、報復心強、憤怒；沒有能力離開毀滅性的關係	有能力許下一輩子的承諾；忠實

女神	榮格學派的心理類型	心理困境	優勢
狄米特	通常是外傾型 通常是情感型	憂鬱、精疲力竭、培養出依賴性、非計劃中的懷孕	有能力擔當母親的責任和滋養他人；慷慨大度
波賽芬妮	通常是內傾型 通常是感官型	憂鬱、操縱、退縮到非現實裡	有能力接受；懂得欣賞想像力和夢想；潛在的心靈能力
阿芙蘿黛蒂	絕對的外傾型 絕對的感官型	一連串的愛情關係、性伴侶眾多、不善於考慮後果	有能力享受愉悅和美；性感又富創造力

希臘神話人物簡介

阿奇里斯（Achilles）：特洛伊戰爭中的希臘英雄，獲得雅典娜的偏愛。

阿芙蘿黛蒂（Aphrodite）：愛與美的女神，以維納斯（Venus）之名為羅馬人所知。她是跛腳的火神赫菲斯特斯不忠的妻子，戀情不斷，在多次外遇中生下了眾多小孩。她的戀人中最引人注目的包括：戰神阿瑞斯、信使神荷米斯，以及安奇塞斯（Anchises），他是伊尼亞斯（Aeneas）的父親；羅馬人聲稱自己是他們的後代。她也是煉金女神。

阿波羅（Apollo）：羅馬人也稱之為阿波羅，是英俊的太陽神，也是掌管藝術、醫學和音樂的神祇。他是十二位奧林帕斯神之一，宙斯和樂托之子，阿特米絲的孿生兄弟。有時候也以希利昂斯（Helios）來指稱。

阿瑞斯（Ares）：羅馬人稱之為馬爾斯（Mars）。他是好戰的戰神。十二位奧林帕斯神之一，宙斯和赫拉之子。根據荷馬所言，他因為與母親相像，遭到父親鄙夷。阿瑞斯是阿芙蘿黛蒂的戀人之一，兩人育有三名子女。

阿特米絲（Artemis）：羅馬人稱她為黛安娜，是狩獵與月亮的女神。她是三名處女神之一，宙斯和樂托之女，太陽神阿波羅的孿生姊妹。

亞特蘭塔（Atalanta）：凡間女子，善於狩獵和跑步。希波梅涅斯（Hippomenes）在阿芙蘿黛蒂賜予三顆金蘋果相助之下，在賽跑中擊敗了亞特蘭塔，得以娶她為妻。

雅典娜（Athena）：以米涅瓦（Minerva）之名為羅馬人所知。她是智慧和手工藝的女神，與她同名的雅典城的守護神，也是無數英雄的保護神。通常被描繪為穿戴盔甲，以最幹練的戰略家而聞名。她只承認一位父母，那就是宙斯，但是一般認為她也是睿智的美蒂絲（Metis）的女兒；美蒂絲是宙斯的元配。雅典娜是處女神。

克洛諾斯（Cronos）：羅馬名為薩頓（Saturn）。他是位泰坦巨人神，蓋婭和烏拉諾斯的幼子，閹割了父親，成為統領眾神的主神。他是瑞亞的丈夫，七位奧林帕斯神（赫斯蒂雅、狄米特、赫拉、黑帝斯、波賽頓和宙斯）的父親；他在兒女出生時把他們吞到肚子裡，最終又被他最小的兒子宙斯推翻。

狄米特（Demeter）：以席瑞絲（Ceres）之名為羅馬人所知。狄米特是穀物或農業的女神。在她最重要的神話裡，強調的是她身為波賽芬妮之母的角色。脆弱女神。

戴奧尼索斯（Dionysus）：以巴克斯（Bacchus）之名為羅馬人所知，酒與狂歡之神，他的女性崇拜者每年會尋求與他在山裡透過狂歡作樂或縱情酒色交融為一體。

愛洛斯（Eros）：愛神，也以愛默爾（Amor）之名為羅馬人所知。他是賽姬的丈夫。

蓋婭（Gaea 或 Gaia）：大地女神。烏拉諾斯（天空）的母親和妻子，他們生下了泰坦巨神。

黑帝斯（Hades）：羅馬名為普魯托（Pluto），冥界的統治者，瑞亞和克洛諾斯的兒子，波賽芬妮的劫持者和丈夫，也是十二名奧林帕斯神之一。

黑卡蒂（Hecate）：十字路口的女神，她有三張臉朝著三個方向。她跟詭異和神祕的事物相關，是智慧女巫的化身。黑卡蒂和波賽芬妮相關，她陪伴這位少女從冥界返回人間。她也跟月神阿特米絲有關。

赫菲斯特斯（Hephaestus）：以沃爾坎（Vulcan）之名為羅馬人所知，是鍛造之神和工匠的守護神。他是被阿芙蘿黛蒂戴綠帽的丈夫，也是被赫拉所鄙視的跛腳或畸形足的兒子。

赫拉（Hera）：也以朱諾（Juno）之名為羅馬人所知。赫拉是婚姻女神。身為宙斯正式的王后和妻子，她是奧林帕斯山上地位最高的女神。既是克洛諾斯和瑞亞的女兒，也就是宙斯和其他第一代奧林帕斯神的的姊妹，在荷馬筆下描繪為善妒的潑婦，被尊崇為婚姻女神來崇拜。她是三名脆弱女神之一，也是妻子原型的化身。

荷米斯（Hermes）：他更為人知的是他的羅馬名墨丘利（Mercury）。他是眾神的信使，貿易、通訊、旅者和小偷的守護神。他引領亡者的靈魂進入冥界，接受宙斯的派遣把波賽芬妮帶回給狄米特。他與阿芙蘿黛蒂曾有段戀情，在家庭與神廟的宗教儀式中，他和赫絲蒂雅相關。

赫絲蒂雅（Hestia）：也以維絲塔（Vesta）之名為羅馬人所知。她是處女神、爐灶女神，是最不為人知曉的奧林帕斯神祇。她的火焰賦予了住家和寺廟神聖的特質。「自我」原型的化身。

帕里斯（Paris）：特洛伊的王子，因為阿芙蘿黛蒂以人世間最美麗的女人海倫來賄賂他，他便判定將刻有「給最美麗的」金蘋果獎賞給阿芙蘿黛蒂。帕里斯把海倫帶回特洛伊，因此引爆了特洛伊戰爭，因為海倫早已嫁給希臘一位國王梅涅勞斯（Menelaus）為妻。

波賽芬妮（Persephone）：希臘人也以珂兒（Kore）或是少女來指稱她，羅馬人稱之為普洛瑟庇娜（Proserpina）。狄米特被綁架的女兒，後來成為冥后。

波賽頓（Poseidon）：海神。奧林帕斯神之一，更為人知的是他的羅馬名涅普頓（Neptune）。在狄米特尋找她被綁架的女兒波賽芬妮時，他強暴了狄米特。

賽姬（Psyche）：凡間英雌，她完成了阿芙蘿黛蒂指定的四項任務，與丈夫愛洛斯團圓。

瑞亞（Rhea）：蓋婭和烏拉諾斯的女兒，克洛諾斯的姊妹與妻子。赫絲蒂雅、狄米特、赫拉、黑帝斯、波賽頓和宙斯的母親。

烏拉諾斯（Uranus）：也以天神、天空父神或蒼天之神為人所知。他與蓋婭生下泰坦巨神，被兒子克洛諾斯閹割。克洛諾斯把他的陰莖投入大海裡，由此誕生了阿芙蘿黛蒂（根據許多故事版本之一的描述）。

宙斯（Zeus）：羅馬人稱之為朱庇特（Jupiter）或宙夫（Jove），是天空與大地的統治者，也是統領奧林帕斯眾神的主神。他是瑞亞和克洛諾斯最小的兒子，推翻了泰坦巨神，建立奧林帕斯神成為宇宙統治者的霸權。他也是赫拉的花心丈夫，擁有許多妻子又到處留情，由此生下無數私生子女——其中許多人成為第二代奧林帕斯神，或者是希臘神話中的英雄。

種子生根，接著發芽；芽長葉；葉生莖；莖周圍生出枝條；枝條頂端開花……我們不能說是種子導致生長，也不能說是土壤所致。我們只能說生長的潛能已存在種子內，在奧妙的生命力量中，經過適當的培育，長成特定的樣貌。

——瑪莉．卡洛琳．李察斯（M. C. Richards），
《定中心：陶藝、詩與個人完滿之道》
（*Centering: In Pottery, Poetry and the Person*）

前言

女神就活在每個女人心底

每個女人皆是自己生命故事的主角。作為一名精神科醫生，我聽過數以百計的個人故事，同時我意識到每則故事裡都具有神話的面向。有些女性在自信心低落或生活不能正常運作時來求助於精神科醫師，其他人則在明智地感受到自己陷於困境、需要加以認識與改變時來看醫生。無論是哪種狀況，對我而言，女性似乎是藉由尋求治療師的幫助，以學習如何更恰當地扮演自己人生的主人翁或女主角。要辦到這點，女性必須有意識地進行抉擇，好塑造他們的生活。就像女性們過去一向對文化的刻板印象影響她們人生之鉅這一點缺乏意識，她們也可能沒意識到內在那些影響她們所作所為與感受的強大力量。在本書中，我便以希臘女神作為包裝來介紹這些力量。

這些強大的內在模式——或原型——造成了女性彼此間的主要差異。例如，某些女性需要單一配偶、婚姻或小孩才會感到圓滿，當這些目標無法實現，便導致她們悲傷憤怒；傳統的角色對她們具有個人意義。這樣的女性與另一種重視獨立自處、以實現個人重大目標的女性截然不同，也和那種追求熱烈的情感與新的體驗，因而從一段關係或一項創造性的努力跳到下一個的女性有所不同。另一類女性則尋求孤獨，並發現靈性對她個人至為重要。能滿足某類女性的事物、對另一類女性可能毫無意義，這要看正在發揮影響力的「女神」類型是哪一種。

此外，一名女性身上不只會有一位「女神」存在。越是複雜的女性，越可能有多位女神發揮著影響力。而令她內在某一部分感到滿足的，對另一部分的她而言可能不具意義。

這些「女神」知識，提供女性們一種方法去了解她們自己，還有她們和男女間、父母、愛人與孩子間的關係。這些女神類型也讓某些女性深刻理解什麼能激勵（甚至強力吸引）、打擊或滿足她們，而對其他女性則沒有這種效果。

對男性而言，「女神」的知識也是有用的資訊。想要更妥善了解女性的男性，可以藉這些女神類型而學習認識各種不同的女性。它們也能夠幫助男性認識複雜度高的女性，或表現看似矛盾的女性。

「女神」的知識也為有著女性個案的治療師提供臨床上的實用見解，協助其了解病患在人際與內在的衝突。女神類型有助於解釋人格間的差異；它們為潛在的心理困境與精神症狀提供資訊，它們也為具有特定女神類型的女性說明可以讓她們成長的方式。

本書依據希臘女神提供的、活躍於人類想像當中已超過三千年的女性形象，描述了新的女性心理學觀點。這種女性心理學不同於所有將「正常」女性定義為符合單一「正確」模型、人格類型或心理結構的理論。這是個以觀察女性當中正常變化的多樣性為基礎的理論。

我對女性的認識，大多來出自於我的專業背景：我本身作為一名精神科醫師及榮格分析師、在加州州立大學以精神醫學臨床教授的身分教學和督導實習生，並擔任舊金山榮格學院的督導級分析師。但是我在本書中發展出的女性心理學，不僅僅來自於我個人的專業經驗而已。我所知的一切，其中有許多都來自於我身為一名女性所扮演的不同角色——我作為女兒、妻子，以及一對子女的母親。我對女性的認識，也透過與女性友人及在女性團體中的對談而增長。在這兩種狀況下，女性會在彼此身上反映出自己某些面向——我們會在其他女性的經驗中看見自己的影子，這使我們開始意識到自身所具有而從未察覺的那一面，或是我們作為女性的共通點。

我對女性心理的了解，也藉由我在這個歷史時間點上身為女性的經歷，而有所成長。一九六三年我開始在精神科擔任住院醫師。同年，有兩大事件導致了一九七〇年代的女權運動。首先，貝蒂・弗利丹（Betty Friedan）出版了《女性的奧祕》（*The Feminine Mystique*）一書，內容描述了一個純粹為他人而活的女性世代中所充斥的空虛與不滿。弗利丹將這種不快樂的源頭描述為身分認同的問題，其核心是成長過程中的阻礙或逃避。她強調此問題受到我們的文化所助長：不許女人接受或滿足其基本的成長及成就自我潛能的需求。她的書揭露了文化刻板印象、佛洛伊德式的教條與媒體對女性的操弄，詔告了新觀念的時代已來臨——這些觀念使得女性潛抑已久的憤怒傾瀉而出，引發女性解放運動，接著促使全國婦女組織（NOW, the National Organization for Women）的組成。[1]

同年，即一九六三年，約翰・甘迺迪總統的婦女地位委員會（Commission on the Status of Women）發表報告，紀錄了美國經濟體系中的不平等現象：女性與男性同工不同酬、女性被剝奪求職與升遷的機會。這種明顯的不公平現象近一步證明了女性角色如何受到貶低與限制。

因此，我在美國正處於女權運動開端的時刻踏入精神醫學的領域，並在一九七〇年代提升了我

1 原註：Betty Friedan, *The Feminine Mystique* (New York: Dell, 1963), p. 69.

的意識。我開始意識到女性受到的不公平與歧視待遇，並學到由男性制定的文化標準是如何針對服從或拒絕刻板印象角色的女性們進行獎懲。最後，我和少數的女性主義同儕一起加入北加州精神醫學協會以及美國精神醫學學會。

以立體視野透視女性心理

在我取得女性主義視角的期間，我同時成為了一名榮格分析師。一九六六年我完成精神科住院醫師職務後，進入舊金山榮格學院成為培訓計畫學員，並於一九七六年成為認證分析師。我對女性心理的觀點在這段期間穩步增長，它們融合了女性主義見解與榮格原型心理學。

闖蕩於榮格分析師與女性主義精神科醫師們之間，我感到自己彷彿在橋接兩個世界。我那些榮格分析學派的同事們對正在發生的政治與社會事件漠不關心。他們大部分僅模糊地意識到女權運動的相關性。我在精神科領域的女性主義友人，若想到我是一個榮格分析師，便把我這一面視為我個人對玄學與神祕事物的嗜好，或者是一種可敬但與女性議題完全無關的第二專長。我在兩者間穿梭的同時發現，當榮格與女性主義兩者的視野並用時，會讓我的理解深度達到新的層次。兩者共同提供了透視女性心理的立體視野。

榮格的觀點使我意識到，女性受內在強大的力量或原型所影響，而那些原型可藉由希臘女神們的特質來作為象徵。而女性主義的視角，使我了解外在力量或刻板印象——社會期待女性遵從的那些角色——如何增強某些女神類型而抑制其他類型。這讓我視每位女性皆為「中間地帶的女人」

（woman-in-between）：其行為由內受女神原型影響，由外受文化刻板印象影響。

一旦女性開始意識到那些影響她的力量，她便得到那份認知所給予的力量。這些「女神們」是塑造行為、影響情緒感受的強大無形的力量。認識女性內在的「女神們」是提升女性意識的新領域。當一名女性了解哪些「女神們」為她內在的主導力量，她便對自己特定本能的力量、生命的優先事項與能力，以及從他人不盡贊同的選擇中仍能尋獲個人意義的可能性有所認識。

女神類型也影響到女性與男性之間的關係。它們有助於解釋某些女性在面對某些特定男性時，會產生的一些困難與親近感。她們會選擇的，是在世界世上功成名就、有權有勢的男人嗎？是身體殘缺卻有充滿創意的人嗎？是孩子氣的人嗎？哪一種女神是驅使女性選擇某一特定類型男人的無形動力呢？這些類型影響了選擇與關係的穩定性。

關係模式同時帶有特定女神的印記。父女、兄妹、姐妹、母子、情侶，或是母女——每一對都代表了特定女神所屬的自然組合。

每個女人皆擁有「女神所賜」（goddess-given）的天賦值得我們認識與感激接受。每個女人也都有「女神所賜」的責任，需要她了解並克服以便改變。除非她能意識到內在的這女神原型模式存在，而且企圖透過她完成自己的使命，否則她將永遠受制於這原型所決定的模式度過一生。

神話作為洞察工具

我在神話的模式與女性心理間所見到的第一個重要關聯，是來自於榮格分析心理師埃利希·諾伊曼（Erich Neumann）所著的《愛神與賽姬》（*Amor and Psyche*）一書。諾伊曼以神話作為描述女性心理學的工具。我發現諾伊曼結合神話與心理學分析的方式是強有力的「洞察工具」。

例如，在希臘神話的《愛神與賽姬》中，賽姬的第一個任務是將一大堆混雜在一起的種子分門別類各自成堆。對此與之後的三個任務，她最初的反應都是絕望。我注意到這個神話和我某些為了許多重要工作拚命努力的女性個案相符。其中一位是個為了期末論文不知所措的女研究生，面對成堆的參考資料她不知從何整理起。另一位是憂鬱的年輕母親，她得釐清自己時間運用的優先順序，以便能空出時間繼續從事繪畫。每個女人都像賽姬一樣，在自己選擇的道路上，被要求去做超出她自認能力所及的事。她們倆人都從這個與自己狀況相呼應的神話中找到勇氣，理解她們該以何種方式面對新挑戰，並賦予她們的努力更大的意義。

當一名女性對她正從事的工作感受到一種神話性的面向，這種認知便觸動和激發她內在的創造力核心。神話會喚起我們的感受與想像力，並觸及屬於人類集體傳承中的某些主題。希臘神話——和其他所有說了數千年仍繼續流傳的童話與神話——仍然持續流行，並且與個人之間有所聯繫，正因它們道出了人類共有經驗中的真實之處。

當一則神話經過詮釋，便會讓人產生知性或直覺上的理解。一則神話就像一場夢，即使我們不理解，但我們仍舊會想起它，因為它具有重要的象徵意義。神話學家喬瑟夫・坎伯（Joseph Campbell）說：「夢是個人的神話，神話是眾人的夢。」[2] 難怪神話總令人感到似曾相識。

當一場夢被正確地詮釋，隨著夢境所指涉的處境變得清晰，作夢者便會有——「啊哈！」——那靈光乍現的洞見。作夢者會直覺地把握並保有這樣的知識。

當一個人對某則神話的詮釋出現了「啊哈！」的反應，代表那個神話以象徵的方式講述了對他／她個人具有重要性的事。現在這個人便會掌握到其中某些含義，並且看清真相為何。這種更深層的領會，曾在我講述神話與解釋它們的含義時，發生在我的聽眾們身上。這是一種引發共鳴的學習，使得關於女性心理學的理論可能成為一種自我認知，或者成為與在場男女觀眾相關的特定女性的知識。

一九六〇年代末到七〇年代初，我開始將神話運用在女性心理學的研討會中，首先在加州大學醫學中心的蘭利波特精神醫學研究所，接著在加州大學聖塔克魯茲分校和舊金山榮格學院。在接下來的十五年間，演講給我進一步的機會發展這套思想，並且從西雅圖、明尼阿坡利斯、丹佛、堪薩斯市、休士頓、波特蘭、韋恩堡、華盛頓特區、多倫多、紐約，以及我的居住地舊金山灣區的觀眾中得到回饋。無論我到哪裡講學，所得到的迴響皆一致：當我結合神話與臨床資料、個人經驗，以及來自女權運動所得的洞察，總能產生嶄新而更深入的理解。

我以賽姬的神話開始，這段神話所講述的對象是首重人際關係的女性。接著我講述第二則神話，這段神話的意義是由我自己所發展出來的，故事描述了每當有障礙或新任務出現得去克服與達成時，受到了挑戰但未被擊倒，因而能在學校中與這世上表現優越的女人們。這個神話的女英雄是亞特蘭塔（Atalanta）——一名成功的跑者與狩獵者，總是超越那些想擊敗她的男人們。她是一位

2 原註：Joseph Campbell, *The Hero with a Thousand Faces*, 2nd ed., (Bollingen Series 17 Princeton, N.J.: Princeton University Press, 1968), p. 19.（台灣譯為《千面英雄》，漫遊者文化出版。）

美麗的女性，被比擬為希臘的狩獵女神與月神——阿特米絲。

這種教授方式自然會引發聽者們針對其他女神的提問，因此我開始閱讀並想了解她們的範疇與所代表的類型。我開始有屬於自己的「啊哈！」反應。例如，某位心生嫉妒、滿腹怨恨的女子走進我辦公室時，我立刻從她身上辨識出了那憤怒、受辱的赫拉原形，她是婚姻女神與宙斯（Zeus）的妻子。風流不止的宙斯激怒赫拉，讓她不斷地試圖找出並摧毀「另一個女人」。

這位個案是名剛發現丈夫出軌的女性。從那之後，另一個女人便完全佔滿她心思。她心頭充滿了復仇的幻想，還曾經暗中監視她；她激烈的報復心讓她都覺得自己瘋了。跟典型的赫拉一樣，她並未把憤怒指向那個欺騙她的不忠丈夫。對她來說，能看見丈夫的不忠在她身上所引爆的赫拉反應，有著很大的助益。現在她能夠了解自己為何會感到被憤怒所「支配」，以及這種憤怒對她造成的破壞性。她了解到，她必須和丈夫對質、討論他的行為，並面對他們之間的婚姻問題，而不是變成復仇的赫拉。

然後，我一位女同事出乎意料地對我當時正在支持的《平權修正案》表示反對意見。在憤怒與受傷之餘，我突然對這整個狀況「啊哈！」地有了頓悟。這種衝突來自於我們兩人內在心靈的女神類型的差異。在那當下，我對這個議題的行為與感受就像阿特米絲一般，她是大姊姊的原型，是女性的保護者。至於我的對手，則像雅典娜，那個從宙斯頭頂生出來便已長大成人的女兒，後來她成為男性英雄的守護神，父權制度的捍衛者，可說完全是個「爸爸的女兒」。

在另一個場合中我讀到派蒂．赫斯特（Patty Hearst）[3] 遭到綁架的消息。我發現波賽芬妮的神話故事——被冥界之王黑帝斯（Hades）綁架、強暴與俘虜的少女——再度上演，而這次是在社會頭條上。當時，赫斯特是加州大學學生，一位受到現代版奧林匹亞級富人雙親所保護的女兒。她遭到共生解放軍的首領所綁架而進入地下社會中，被囚禁在漆黑衣櫥中並屢遭強暴虐待。

很快的，我看到「每個女人身上的女神們」的存在。我發現，了解哪個「女神」現身，會加深了我對日常事件以及較戲劇化事件的理解。例如：哪位女神較能在下廚與家務上發揮她的影響力呢？

我發現一個簡單的測試方法：當一位女性的丈夫一整個星期都不在家，她會怎樣打點自己的用餐呢？又是怎麼打點家務呢？當一名赫拉型的女人（象徵「此特定女神具主導的影響力」）或阿芙蘿黛蒂型的女人獨自用餐，可能是件悲慘的事：大概就是吃盒裝的茅屋乾酪（cottage cheese）。當她獨自一人的時候，在冰箱或櫥櫃裡有什麼她就吃什麼；這和丈夫在家時會有的精緻美味餐點大相逕庭。妻子做菜是為了丈夫。當然，妻子做的是丈夫愛吃的菜，而不是她自己想吃的，因為她是燒得一手好菜的好太太（赫拉），她的母性動機促使她想好好照顧他（狄米特）、取悅他（波賽芬妮），或是吸引他（阿芙蘿黛蒂）。但如果赫斯蒂雅是影響她的主要女神，她就算獨自一人的時候也會為自己好好準備一頓飯，並且房子會跟平常一樣井然有序。如果主導的是其他女神，家務可能會被她擱在一旁，直到丈夫快回來前她才匆忙整理恢復。赫斯蒂雅型的女人會為自己買鮮花，不在

3　譯註：派蒂・赫斯特（Patty Hearst）為美國報業大王威廉・赫斯特的孫女。她於一九七四年二月四日在加州柏克萊被美國極左派激進組織共生解放軍（Symbionese Liberation Army）綁架。被綁架期間她宣布加入該組織並參與該組織的犯罪，於十九個月後被找到並被逮捕。（來源：Wikipedia）

家的男人永遠不會看到。她的公寓或房子總有家的感覺，因為這是她的居所，她不為任何其他人來打造她的家。

接下來的問題是：「其他人是否也會發現這種透過神話來認識女性心理的方式是有益的呢？」當我演講〈尋找內在女神〉時，答案便揭曉了。觀眾們對以神話作為提供洞察的工具充滿好奇並感到興奮。這是用以讓人理解女性的一種方式，一種動人的方式。我在分享這些神話時，人們能看到、聽到，並感受到我所說的內容；當我解釋這些神話，他們紛紛出現頓悟的「啊哈！」反應。無論男女都視這些神話的意義為個人的真理，其驗證了他們一直以來所知、並且當下實際上所意識到的觀念。

我也曾在專業組織的會議中演講，與精神科醫師和心理學家討論我的想法。這本書部分內容，最初是為了在國際分析心理學協會、美國精神分析學院、美國精神醫學協會、美國矯正精神醫學協會婦女研究所，和美國超個人心理學協會當中進行演講，所發展出來的。我的同事們發現這種方式有助於臨床工作，也讚賞對於「女神們」的理解能提供對人格模式與精神病徵的洞察。對他們大部分人來說，這是他們第一次聽到由榮格分析師演講的女性心理學。

只有我在榮格圈的同事知道我當時（現在也是）正在推廣有別於榮格某些概念的女性心理學新觀點，同時將女性主義觀點與原型心理學加以整合。雖然本書是為了一般讀者所撰寫，熟悉榮格的讀者應該會注意到，以女性原型為基礎的女性心理學挑戰了榮格所提出的阿尼瑪－阿尼姆斯理論的普遍適用性（參見第三章，〈處女神〉）。許多榮格學派作家都視希臘男神與女神為原型人物。我受益於他們所貢獻的知識與見解，並引用他們的作品（參見「章節註釋」）。但是，在挑選出七位希臘女神，並依她們在心理上的機能而將她們分為三類群組的同時，我也創造了新的類型學與理解內在衝突的新方式（這整本書）。在這個類型學裡，我將阿芙蘿黛蒂意識的概念作為第三種模式，並將其加入在榮格理論中已被討論過的聚焦型意識和擴散型意識中（參見第十一章，〈煉金女神〉）。

本書中也介紹了兩種新的心理學概念，由於要更進一步發展這些概念可能會偏離本書主旨，所以我並未加以詳細闡釋。

首先，這些「女神」解釋了存在於女性行為與榮格的心理類型理論間的不一致性。根據榮格的心理類型來說，一個人的人格類型是非此即彼：態度外傾或內傾；以情感或思考為評估的模式；依直覺或感官（透過五官能力）感知。此外，這四種功能（思考、情感、直覺、感官）中的一種應該是最有意識地被發展和仰仗的；不論優勢的功能是哪一種，相對的另一半其功能應該是最不可靠或最少被意識到的。榮格心理學家瓊·辛格（June Singer）和瑪莉·魯米斯（Mary Loomis）曾描述過榮格的「非此即彼、最高度發展／最不被意識到」模式中的例外個案。我相信女神原型能解釋發生在女性的例外。

例如，當一個女人「換檔」似地從某一面的她切換到另一面向，她很可能從某一種女神模式跳到另一種：在某一情境中她是外傾、留意細節的理智雅典娜；在另一種情境中，她又成了內傾顧家的赫斯蒂雅，對她而言「靜水流深」。這種切換說明了一名具多重面向的女人很難確定她是哪種榮格人格類型。或者，她很可能注重美感細節（阿芙蘿黛蒂的影響），卻沒留意到爐子是不是還開著，或是瓦斯快用完了（雅典娜不會忽略的細節）。具主導優勢的「女神」說明了一種功能（在本例中為「感官」）既可以高度發展，又同時處在無意識狀態下（見第十三章，〈金蘋果落在哪位女神手中？〉）的矛盾狀況。

其次，從臨床觀察中，我意識到女神原型壓倒了女性的自我、進而引發其精神病徵的力量，與該女神在歷史上所被賦予的力量相類似——從古歐洲的大母神（Great Goddess）歷經不同階段到希臘女眾神，其影響力逐漸式微，變成女兒神或是處女神（參見第一章，〈以女神為內在意象〉）。

雖然本書促進了理論的發展，並且提供治療師們有益的資訊，但事實上本書是寫給每位想要更妥善了解女性的人士——特別是他們的至親、深愛或最讓他們感到神祕的女人們——同時，對女性讀者而言，本書可以讓她們發現自己內在的女神。

第一章

以女神為內在意象

一名脆弱的女嬰被放到我朋友安（Ann）的懷中，那是個有著先天心臟缺陷的「藍嬰」。安摟著小嬰兒，看著她的臉，不禁動容。同時她感到胸腔中央胸骨下方處那深沉的痛楚。很快地，她和小嬰兒間已建立連結。在那之後，安會定期探訪嬰孩，盡可能多和她保持親密接觸。小嬰兒沒能撐過開心手術。她只有短暫幾個月的生命，但她在安身上留下深刻印象。當她們第一次接觸，她便觸碰到安靈魂深處裡蘊藏深厚情感的內在意象。

一九六六年，精神科醫師暨作家安東尼・史蒂芬斯（Anthony Stevens）在希臘靠近雅典的米特拉嬰兒中心（Metera Babies Centre）研究嬰兒期的依戀關係。他從護士與這些孤兒們間所觀察到的狀況，和安的經歷類似。他發現嬰兒會和特定的護士透過共有的喜悅與吸引力而在彼此之間產生緊密連結，過程彷彿墜入愛河一般。

史蒂芬斯的觀察與「餵養生愛理論」（cupboard love theory）完全相反，該理論認為母嬰關係是透過照顧與餵食逐漸建立起連結。他發現至少三分之一的嬰兒對護士們產生依戀，而那些護士在此連結建立之前，很少或是從未對這孩子進行日常照料。之後，護士總會為孩子付出更多，通常是因為她開始回報孩子的依戀，但也因為只要「他／她的」護士在附近，孩子便會拒絕受其他護士的照顧。[1]

某些母親對她們的新生兒立即發生依戀；當她們抱著自己剛生下的珍貴無助的嬰兒，一種強烈地要保護這小嬰兒的母愛與深邃柔情在她們內心泉湧出來。我們會說，這嬰兒喚起了這些女性內在的母親原型。但是對其他新手母親，母愛則是逐月滋長，並在寶寶八到九個月大時變得明顯。

當一名女性並未因生下孩子而激起內在的「母親」（The Mother），她通常會知道她缺乏了其他母親會有的感受，或缺乏了她對其他孩子所產生的感覺。當「母親」這原型未被啟動，這孩子便失去一個重要的連結，並且會一直渴望這種連結的發生。（雖然，母－子的原型模式跟希臘孤兒院裡的護士例子一樣，也能透過非親生母親的女性所實現。）而對這種對於失落了的連結渴望會一直持續至成年期。一名與我屬於同一個女性團體的四十九歲的女性，在談到她死去的母親時哭了出來，由於她母親的過世，讓這種連結的希望落空，從此永無發展的可能。

就如「母親」是一名孩子可以從女性內在觸發出的、一種令人感受深刻的存在方式，每個小孩也都被「設計」成要尋求「母親」。在母子間（也就是全人類中），母親的意象與母性的行為和情感相關。在心靈中運作的這種內在意象——一種無意識地決定了行為與情感回應方式的意象——是一種原型。

「母親」只是女性內在能被啟動的眾多原型之一，或是說潛在、內定的眾多角色之一。在本書中，我將介紹活躍於女性心靈中以希臘女神形象出現的眾多原型。例如，母性女神狄米特便是母親原型的具體化身。其他則包括波賽芬妮（女兒）、赫拉（妻子）、阿芙蘿黛蒂（情人）、阿特米絲（姊妹與競爭者）、雅典娜（策略家），以及赫斯蒂雅（持家者）。當這些女神所屬的意象與特定女性的感受相符時，以她們為原型名稱才有意義，因為原型並不真正具有名字。

榮格將原型的概念引進心理學。他視原型為被涵蓋於集體無意識中的本能行為模式。集體無意識是無意識中非個人而與普遍全體有關的部分，其內容與行為模式則適用於所有個體。[2]

神話與童話是原型表達的方式，夢中出現的意象與主題也是。在所有人之中出現共通的原型模式，說明了為何不同文化間的神話有相似之處。作為既存的模式，原型影響我們的行為模式與對他人的反應方式。

以女神為原型

我們當中大部分都曾在學校學過奧林帕斯山上的那些男神與女神，也看過與他們有關的雕像和繪畫。羅馬人崇拜同樣的神祇，為他們冠上拉丁名字。奧林帕斯神祇們相當人性化：他們的行為、情緒反應、外貌和神話提供我們與人類行為和特性相似的模型。我們對他們感到熟悉是因為他們是原型；也就是說，我們從人類共享的集體無意識中，辨識出他們所代表的存在與行為模式。

他們之中最有名的是這十二位奧林帕斯神：六位男神——宙斯、波賽頓（Poseidon）、黑

1　原註：Anthony Stevens, *Archetypes: A Natural History of the Self* (New York: Morrow, 1982), pp. 1–5.

2　原註：C. G. Jung, "The Concept of the Collective Unconscious" (1936), CW, vol. 9, part 1 (1968), p. 44, and "Archetypes of the Collective Unconscious" (1954), CW. vol. 9, part 1 (1968), pp. 3–4.

帝斯、阿波羅（Appolo）、阿瑞斯（Ares）、赫菲斯托斯（Hephaestus），和六位女神，赫絲蒂雅、狄米特、赫拉、阿特米絲、雅典娜和阿芙蘿黛蒂。其中赫絲蒂雅（爐灶女神）被狄奧尼索斯（Dionysus；酒神）所取代，改變了男／女平衡而成為七位男神和五位女神。我在本書舉出的女神原型則為這六位女神——赫絲蒂雅、狄米特、赫拉、阿特米絲、雅典娜和阿芙蘿黛蒂——再加上波賽芬妮，她的神話故事與狄米特密不可分。

我將這七位女神分為三大類別：處女神、脆弱女神，以及煉金女神（或轉化女神）。處女神在古希臘時便已被歸類。其他兩類是我自己的命名。區隔每一組女神的是她們鮮明的意識模式、偏好扮演的角色，以及性格因素這些特徵。對待人接物的態度、對愛的需求，以及人際關係的重要性在每一類中也明顯不同。代表了這三類特質的女神們需要在女性的生命中找到表達的空間——她才能深刻地去愛、有意義地工作，並且充滿情慾而具有創造力。

第一組是處女神：阿特米絲、雅典娜和赫絲蒂雅。阿特米絲（羅馬人稱之為黛安娜）是狩獵女神與月神，荒野是她的領土。她是箭無虛發的神箭手，並且是所有幼小生物的保護者。雅典娜（羅馬人稱之為米涅瓦，Minerva）是智慧與工藝女神、是以她為名的雅典城邦守護神，也是無數英雄的守護者。她常被描繪為身穿盔甲，並以戰場上最佳的戰略家著稱。赫絲蒂雅為爐灶女神（為羅馬神話中的維斯塔女神，Vesta），是奧林匹亞眾神中最不知名的一位。她化身為爐灶中心的火焰，出現在家庭和廟宇中。

處女神代表的是女性內在獨立、自給自足的特質。和奧林匹亞其他神祇不同的是，這三位女神不容易墜入愛河。情感依附不會使她們分心偏離她們認為重要的事。她們不會變成受害者，而且也不會因此受苦。作為原型，她們所傳達的是女性對自主性的需求，以及女性專注意識於對個人具重要意義的事情上的能力。阿特米絲和雅典娜代表目標取向與邏輯思維，這使得她們成為成就導向的原型。赫絲蒂雅則是聚焦於女性內在精神的核心的原型。這三位女神是積極追求個人目標的女性原型。她們納入能力與自立的特色，擴展了我們對女性特質的概念。

第二組——赫拉、狄米特和波賽芬妮——我稱之為脆弱女神。赫拉（羅馬人稱之為朱諾，Juno）是婚姻女神。她是奧林帕斯眾神之首宙斯的妻子。狄米特（羅馬神話的席瑞絲，Ceres）是穀物女神。在她主要的神話故事裡，特別強調她的母親角色。波賽芬妮（拉丁文為普洛瑟庇娜；Proserpina）為狄米特的女兒。希臘人也稱她珂兒（Kore）——「少女」之意。

這三位脆弱女神代表傳統的女性角色：妻子、母親和女兒。她們是人際關係導向的女神原型，其自我認同與幸福來自於擁有一段有意義的關係。她們表達了女性對連結與歸屬的需求；她們與他人保持和諧，並且脆弱易受傷害。這三位女神曾被男神們強暴、綁架、壓迫或羞辱過。一旦她們依存的重要關係被打破或被玷污，每位女神皆以其特有的方式遭受苦難，並表現出類似心理疾病的症狀。她們每位也都進化成長，同時提供女性一種洞察，理解自己面對失落時其反應的本質與模式，以及這三位女神原型透過痛苦煎熬進而成長的固有潛能。

阿芙蘿黛蒂，愛與美的女神（羅馬人稱之為維納斯，Venus）則獨自形成第三類的煉金女神。她是最美麗、最令人難以抗拒的女神。她風流韻事數之不盡、並因此產生許多後代。她創造了愛與美、性吸引力、感官歡愉、性欲與新生命。她選擇自己想要的情感關係，而且從不成為受害者。因此，她和處女神一樣維持自己的自主性，又和脆弱女神一樣擁有親密關係。她的意識既專注又擴散，容許雙向的交流來影響她與對方。阿芙蘿黛蒂原型促使女性尋求濃烈但不持久的關係，她重視創造歷程，並樂於接受改變。

系譜

為了能對這些女神的身分與她們和其他神祇間的關係有更完善的認識，讓我們先將她們放進神話的脈絡中。在這我們要感謝赫希爾德（Hesiod；約公元前七百年），他是第一位試圖將關於眾神的各種傳統加以系統組織化的學者。他的主要作品《神譜》（*Theogony*）便敘述了眾神的起源與傳承。[3]

根據赫希爾德的描述，一開始世界是一片混沌（Chaos）。在混沌中出現了蓋婭（Gaea；地球）、黑暗的塔塔入斯（Tartarus；冥界的最深處），還有愛洛斯（Eros；愛）。

蓋婭是女性的地球，她生了代表天空（Heaven）的兒子烏拉諾斯（Uranus）。然後她與烏拉努斯共同創造後代，其中有十二泰坦（Titans）——他們是史上希臘人崇拜的古老、原始之自然力量。在赫希爾德的神譜中，泰坦們是早期的統治者，是奧林匹亞眾神的父母與祖父母。

作為希臘神話中第一個大家長或父親角色的烏拉諾斯，開始對他和蓋婭所生的小孩們產生厭惡，因此孩子一出生他馬上又把他們塞回蓋婭的肚子裡。這造成蓋婭極度痛楚與憤怒。她召喚泰坦孩子們來幫她。除了最年幼的克洛諾斯（Cronos；羅馬神話中的薩頓〔Saturn〕），其他泰坦們都不敢介入。克洛諾斯回應了蓋婭的呼救，依她之計帶著她給的鐮刀埋伏，等待父親出現。

當烏拉諾斯現身要與蓋婭交媾，張開身體要趴在她身上時，克洛諾斯便拿起鐮刀將他父親的生殖器割下後丟進海裡。克洛諾斯從此成為最強有力的男性神祇。他和泰坦們統治宇宙並創造新的神祇。他們之中許多代表自然界裡的元素，像是河流、風，以及彩虹。其他人則是怪物，是邪惡與危險的化身。

克洛諾斯與他的姊姊瑞亞（Rhea）交媾，生下了第一代的奧林匹亞神——赫絲蒂雅、狄米特、赫拉、黑帝斯、波賽頓，以及宙斯。

再一次地，這個家族的大家長——這次輪到克洛諾斯——試圖消滅自己的孩子。由於有預言說他會被自己的小孩所征服，為了不讓這種事發生，每當孩子一出生他便吞下自己的小孩，至於男嬰或女嬰他連看也不看。他總共吞下了三個女兒和兩個兒子。

為孩子的命運悲痛不已並再度懷孕的瑞亞，請求蓋婭與烏拉努斯幫忙解救最後這個小孩，並懲罰克洛諾斯閹割烏拉努斯和吞掉自己五個孩子的罪。她的雙親要她在臨盆時到克里特島去，並在襁褓布中放進石頭來騙克洛諾斯。情急下不察的克洛諾斯以為他吞下的石頭是自己的小孩。

最後活下來的這個孩子便是宙斯，之後他的確推翻了他父親主宰眾生與眾神。被祕密養大的宙斯，騙過他的父親克洛諾斯，讓克洛諾斯把他的兄弟姐妹都吐出來。宙斯在手足的協助下，與父親展開一段漫長的權力鬥爭，結局是克洛諾斯和泰坦們抵抗失敗，並且被打入冥界深淵的牢獄中。

獲得勝利之後，三位兄弟——宙斯、波賽頓，以及黑帝斯——抽籤分配各自管轄的宇宙區域。

3 原註：Hesiod, *Theogony*, in Hesiod, trans. Richard Lattimore (Ann Arbor, Mich.: The University of Michigan Press, 1959).

宙斯獲得天界，波賽頓管轄海洋，而黑帝斯統治冥界。地球與奧林帕斯山本屬於共享的區域，但宙斯將他的統治範圍延伸到這兩塊領土上。他的三位姊姊——赫絲蒂雅、狄米特，還有赫拉——則沒有任何財產權，這與希臘宗教的父系結構性質一致。

眾多的姦情使宙斯成為下一代眾神的父親：阿特米絲和阿波羅（太陽神）為宙斯與樂托（Leto）所生；雅典娜為宙斯與美蒂絲（Metis）之女；波賽芬妮為狄米特和宙斯的女兒；荷米斯（Hermes，神的信使）為宙斯與邁亞（Maia）的兒子，而阿瑞斯（Ares，戰神）和赫菲斯托斯（Hephaestus，鑄造之神）則為他的王后赫拉所生。關於阿芙蘿黛蒂的誕生有兩種版本：一種是她為宙斯與戴奧妮（Dione）之女；在另一版本中，她的誕生則早於宙斯。[4]宙斯與一名凡間女子賽莫莉（Semele）生下戴奧尼索斯（Dionysus）。

本書開始前已提供人物列表，並依英文字母順序記載男神與女神傳記大略，以便讀者對照，更加了解這些希臘眾神。

歷史與神話

希臘男神與女神所登場的這篇神話，源自於歷史事件。這是篇尊崇宙斯與男性英雄的父權神話，所反映的是崇拜母系宗教的人們遭遇一群崇拜戰神與父系神學的侵入者，並被其征服。

加州大學洛杉磯分校的歐洲考古人類學教授—瑪利亞．金布塔斯（Marija Gimbutas）描述了歐洲的第一個文明「古歐洲」（Old Europe）。[5]遠在男性宗教崛起的五千年之前（甚至可能是兩萬五千年前），古歐洲以母系為中心，是平靜祥和、愛好藝術、擁抱大地與海洋並敬拜大母神的文化。從墓葬遺址挖到的證據顯示，古歐洲為無階級制度的平等社會，被來自遙遠北方與東方、騎馬的半遊牧印歐民族所滲透，最終遭到了摧毀。這些侵略者以父系為中心，行為機動好戰，意識形態上崇尚知性天空，但是對藝術無感。

這些侵略者因征服了文化較發達、敬拜大母神的早期定居者，而認為自己較其更優越。大母神被喚作不同的名字——包含了阿斯塔特（Astarte）、依希塔爾（Ishtar）、依娜娜（Inanna）、努特（Nut）、埃西斯（Isis）、艾許托瑞斯（Ashtoreth）、歐賽特（Au Set）、哈索爾（Hathor）、尼娜（Nina）、納母（Nammu），以及寧蓋爾（Ningal）。大母神被敬拜為與自然和豐饒生產緊密相連的陰性生命力，她既創造生命也摧毀生命。蛇、鴿子、樹，以及月亮皆為她神聖的象徵符號。根據史學暨神話學家羅伯・葛瑞夫斯（Robert Graves）的研究，在父系家長制的宗教出現前，大母神被視為不朽、不變動與萬能的存在。她擁有愛人，但這並非為了給孩子們一個父親，而是為了自己的享樂。父職的概念那時還未被引進宗教思維，也沒有男神的存在。[6]

---

4 譯註：根據赫希爾德，阿芙蘿黛蒂是從烏拉努斯的精液中所誕生：「當克洛諾斯將烏拉諾斯的生殖器丟到海裡，……這不朽的肢體周邊產生白色的泡沫，與之在海上漂流許久。從這泡沫中誕生了一位美少女……，最終她被海水帶到塞普路斯島，這位女神便是在這裡出現的，她輕盈的腳下長滿嫩綠青草。」（《神譜》，190-195）

5 原註：Marija Gimbutas, "Women and Culture in Goddess-Oriented Old Europe," in *The Politics of Women's Spirituality: Essays on the Rise of Spiritual Power Within the Women's Movement*, ed. Charlene Spretnak (New York: Doubleday. 1982), pp. 22–31.

6 原註：Robert Graves, *The Greek Myths*, vol. 1 (New York: Penguin, 1982), p. 13.

印歐民族一波接一波陸續的入侵，開始將大母神從其寶座下架。各方權威估計這些浪潮興起的時間，大約發生於西元前四千五百年到西元前二千四百年之間。女性神祇們並未被完全打壓，而是被融合到入侵者的宗教之中。

侵略者強迫被征服者歸化到他們的父權式文化與戰士宗教中。大母神成了入侵眾男神的順從配偶，女性神祇不僅原有的屬性或能力一概被剝奪，並且被獻給了男性神祇。強暴首度出現在神話之中，而男性英雄殺戮象徵大母神的蛇的神話也開始出現。同時，就如希臘神話中所反映出的現象，過去被賦予在大母神身上的一切特質、象徵與力量，都被打散分配到不同女神身上。神話學家簡·哈莉森（Jane Harrison）注意到大母神被分割成為地位較低的眾女神，每位女神都具有某些大母神曾擁有的特質：赫拉獲得神聖婚姻的儀式，狄米特得到了她的神祕性，雅典娜得到了她的蛇，阿芙蘿黛蒂則得到她的鴿子，而阿特米絲得到她作為「野生動物女王」（Lady of the Wild Things）的能力。[7]

根據《當上帝還是女人時》（*When God Was a Woman*）一書的作者梅林·史東（Merlin Stone），大母神的被推翻始於印歐侵略者，最終葬於希伯來人、基督徒，及後來崛起的穆斯林宗教之手。男性神祇接管了最重要的位置，女神們則退隱到背景去，而女性在社會中的地位也跟著倒退。「我們不禁要猜想，對於女性儀式的壓制，有多少其實是對女性權利的打壓。」[8]

大母神被視為生命的創造者及毀滅者受到敬拜，負責自然中的繁殖與破壞力。她仍以原型存在於人類集體無意識之中。我常在病人身上感受到大母神偉大的存在。我一位生產後的病人在自己身上感受到了大母神可怕的那一面。關（Gwen）是一位產後患有精神病的年輕母親。她因為堅信自己吞噬了世界，所以出現了幻覺與抑鬱。她鎮日在醫院的休息室來回踱步，在罪疚與憂傷中受盡折磨。當我與她共行作伴，她常會跟我說她「把世界給吞噬毀滅了。」她在懷孕期間便感受到了大母神創造生命的積極面向。生完小孩後，她感到自己和大母神一樣具有摧毀她創造出來的生命的能力——而大母神的確也這麼做過。她的情緒感受如此確切強烈，以至於她忽略了世界依舊存在的事實。

女神原型中正向的一面仍舊存在。例如，大母神作為生命存續者的意象，我們可從一個人相信他／她的人生仰賴於與某位特定女性維繫關係，看出這一點。這位女性會「誤認為」大母神。這是一種常見的錯覺。當某人因為這段關係的喪失過於慘痛而自殺，就可見他／她的人生真的完全仰賴著這段關係。

7 原註：Jane Ellen Harrison, *Mythology* (New York: Harcourt Brace Jovanovich, 1963 [originally published 1924]), p. 49.

8 原註：Merlin Stone, *When God Was a Woman* (New York: Harvest/Harcourt Brace Jovanovich, by arrangement with the Dial Press, 1978), p. 228.

大母神原型與大母神受崇拜時所具有的力量相當，是力量最強大的原型；她能挑起不理性的恐懼，並且扭曲現實。希臘女神們力量不及大母神，她們的能力更加專業化。每位女神都有自己所屬的專長領域與限於該領域的能力。在女性心靈中，希臘女神們的力量也同樣不及大母神強大；在對於女性內在造成壓倒性的情緒失控與扭曲現實上，她們的力量較弱。

在代表女性主要的共通原型模式的七位希臘女神中，阿芙蘿黛蒂、狄米特以及赫拉，最能宰制女性的行為。因為比起其他四位女神，這三位女神在系譜上與大母神更近。阿芙蘿黛蒂是大母神作為生殖孕育女神功能的次級版。狄米特則是大母神作為偉大母親的次級版。赫拉是大母神作為天后的次級版。雖然這三位的力量都「比不上」大母神，她們仍然代表心靈中的本能力量，一旦她們「求取應得的回報」，便令人難以拒絕——如我們在之後的章節所見。

受這三位女神任一位所影響的女性，必須懂得如何抗拒，因為盲目地聽從阿芙蘿黛蒂、狄米特或赫拉，可能對女人的生活造成負面影響。這些原型——就如與她們相對應的古希臘女神——並不在乎人類女性的福祉，或是她們與人彼此的關係。原型是超越時間的存在，無關乎女性生活的現實面或其需求。

另外三個原型——阿特米絲、雅典娜，和波賽芬妮——為「少女」女神，屬於女兒這一輩。這三位距大母神又差了一代之遠，因此她們作為原型的壓倒性力量也更弱了些，且其主要影響在於人格模式。

而赫絲蒂雅——她們之中最年長、最有智慧與最受尊崇的女神——則完全避免權力之爭。她象徵的是女性們應加以尊敬的精神層次。

希臘女神與當代女性

希臘女神是存在於人類想像中超過三千年的的女性意象。這些女神象徵了何謂女性的模式與行為，比起歷史上的女性們，她們擁有更多權力，並且表現出更豐富的多樣性。她們既美麗又強大。她們受自己關注之事所驅使，並且——如同我在本書所主張的——她們代表的是於女性內在、能塑造女性一生走向的模式與原型。

這些女神們各異其趣。每位皆具有其正向積極的潛能與負面的特徵。與她們相關的神話顯示出什麼對她們才是重要的，並以隱喻的方式表達與她們相仿的女性可能會採取什麼行動。

同時，我也開始視奧林帕斯山的希臘女神們——每位皆特立獨行，有些甚至彼此作對——隱喻了複雜多面的女性其內在的多樣性與衝突。所有的女神都隱身活在每位女性當中。當數位女神在一位女性心靈中競爭主導權時，這位女性必須選擇在何時以何種面向的自我進行表達，否則她會被朝著不同方向拉扯撕裂。

希臘女神們也和我們一樣，活在父權社會裡。男神統治大地、天空、海洋與冥界。每個獨立的女神以她們自己的方式適應這樣的現實：離開男人、加入成為他們的一員，或是遺世獨立、向自身的內在探索。任何一位珍視特定關係的女神，都是脆弱易感的，比起能夠否決女神的渴求而且權力凌駕她之上的男神，女神顯得相對軟弱，因此這些女神象徵了反映女性在父權文化中的生活模式。

第二章

啟動女神

古希臘的女性了解，她們的工作或她們所處的人生階段皆由特定的女神所掌管：織女需要雅典娜的庇護，年輕女孩則受阿特米絲守護，而已婚女性尊崇赫拉。女性們敬拜並向女神們供奉供品祈求幫助。臨盆產婦向阿特米絲祈求分娩時不會受苦；她們在家中爐灶供奉赫斯蒂雅，祈求家庭和諧溫馨。女神們是法力無邊的神靈，人們以儀式、禮拜、供品和獻祭來表達對她們的敬意。女性們也害怕若不給女神們應有的待遇，恐怕會遭受女神的報復，因而敬拜她們。

對於當代女性而言，這些女神以原型的方式存在，並能夠——就和希臘時期一樣——求取她們應得的地位，並且掌控世上的女性們。不論是否知道自己受到哪位女神的原型所掌控，女人仍可能在人生某階段或是將整個人生都對特定的原型「獻上」自己的忠誠。

例如，女性在少女時期很可能對男生著迷，而變得容易神魂顛倒；她可能年紀很小時就發生了性行為，而有意外懷孕的風險——完全不知她受到阿芙蘿黛蒂的影響，這位愛的女神對結合與創造繁衍的驅力，能讓尚未成熟的小女孩措手不及。或者，她可能受到阿特米絲的保護，她是位重視獨身生活、熱愛大自然的女神——而成為愛上馬匹的青少年或是背包女童軍。也許她是年輕的雅典娜，鎮日埋首書堆或參加科學競賽，受智慧女神的激勵去獲得認同與優異成績。或是當她第一次玩洋娃娃時，便可能是狄米特正在萌芽展露，幻想有朝一日擁有自己的孩子。她也可能像在草原上採集花朵的波賽芬妮，一個漫無目的、等待某件事或某個人來帶她遠走他方的少女。

所有的女神原形，都是每個女人心靈內的潛在模式，但在個別的女性當中，某些模式已開啟（充滿活力或得到發展）而其他模式則否。榮格以水晶的形成作比喻，解釋原型的模式（普遍存在的）與被啟動的原型（在我們內在進行作用的）彼此間的差異：原型就像一種隱形的模式，它決定了一個水晶成形時的形狀與構造。[1] 水晶一旦成形，現在這些可辨識的模式就會類似被啟動的原型。原型也可以被比喻為種子內蘊含的「藍圖」。種子的成長有賴於土壤與天氣條件、某些營養素的存在與否、園丁對其是呵護或疏忽、栽植盆器的大小與深度，以及品種本身抵禦惡劣條件的能耐。

同樣地，在特定時刻中，任何一名特定女性的內在有哪位女神或哪幾位女神們（數個女神可能同時出現）被啟動，取決於各種相互作用元素的綜合效應——這名女性的感性、家庭與文化、荷爾蒙、其他人、身不由己的環境、選擇進行的活動，以及所處的人生階段。

內在既有傾向

嬰兒出生時便具有的人格特質——活力充沛、任性、平和、好奇心強、能夠獨處、擅交際——

1 原註：C. G. Jung, "Psychological Aspects of the Mother Archetype" (1954), *CW*, vol. 9, part 1 (1968), p. 79.

與某些女神的原型相近更甚於其他。到了兩三歲，小女孩已經會顯露某些特定女神的典型特徵。凡事聽媽媽話的小女孩，和隨時準備去附近街坊探險的小女孩，這兩者之間截然不同——就像波賽芬妮和阿特米絲之間的差異一樣。

家庭環境與女神

家庭對兒童的期望助長了某些女神、同時抑制其他女神的發展。如果雙親期望女兒成為「甜美的天使」或「媽媽的小幫手」，那麼他們便在獎勵與強化波賽芬妮和狄米特的特質。如果女兒知道自己要什麼，並期望自己得到與兄弟同樣的待遇和機會，可能會被說是「任性」——而她不過是像阿特米絲一樣堅持做自己，或是當她展現了雅典娜陽剛的那一面時，便會被要求「動作要像個女孩」。此外，現今的小女孩可能會發現，自己處在一個與前述相反的認同－否定的模式當中：她可能不被鼓勵待在家裡玩扮家家酒（而那可能是她想要的）。相反的，家人卻幫她報名足球營和早期教育（她爸媽可能希望她在這方面有所成就）。

孩童內在固有的女神模式與家庭的期望交互造成影響。然而，若家人不贊同特定女神，女孩並不會停止她內在既有的感受模式，即使她學會不公開地自然表現自我並且自信已受損。如果「她內在的女神」受家人青睞，也可能產生一些問題。例如，一個像波賽芬妮一樣習慣聽命於別人的女孩子，在長年被鼓勵要取悅他人之後，可能很難了解自己到底要什麼。而剛嶄露頭角的雅典娜，則為了提升自己的智慧而跳級就讀，犧牲了與同儕之間的友誼。當內在既有模式與家人兩者「通力合作」，就會使一個女孩順從於單一的女神，使得她的發展變得偏頗。

如果家人鼓勵她自然發展她的天份，她便會在從事對自己有意義的活動時，感到充滿自信。一旦女孩的女神模式受不被家人認同，相反的狀況則會出現。反對本身不會改變既有的內在模式，只會讓女孩對自己擁有那些特質和興趣感到失望。若她因此假裝成別人，那會讓她感到自己很空虛不實。

文化對女神的影響

透過文化所允許女性扮演的角色當中，哪些「女神們」會得到文化上的支持呢？刻板的女性形象是女神原型正面或負面的意象。在父權社會中，唯一可被接受的角色常為處女（波賽芬妮）、妻子（赫拉），以及母親（狄米特）。阿芙蘿黛蒂被譴責為「妓女」或「誘惑者」，這是對此原型所代表的感官歡愉與性慾產生的扭曲與貶抑。強勢或憤怒的赫拉則成了「潑婦」。不論過去或現在，某些文化完全否定女性獨立、智慧與情慾上的表現——因此任何與阿特米絲、雅典娜和阿芙蘿黛蒂有關的蛛絲馬跡都得被滅除殆盡。

例如，中國古代的纏足習俗，意味著女性不僅在生理上殘障，在心理上亦被箝制於無法獨立的角色。在這些狀況下，某些女神只能存在於神話中。湯婷婷（Maxine Hong Kingston）在小說《女勇士》[2]裡，描述了中國女性的尊嚴與價值受到貶抑的情況，自古延至今。與此對比，她描寫了一篇以強大的中國女戰士為主角的神話。這篇神話傳達出，即使某個女神原型不被允許活在女性的現實生活中，她仍可能在童話、神話與女人的夢中，找到自我表達的一席之地。

女性的生活，是由其所處的時代容許她扮演的角色與理想形象所塑造出來的。這些刻板印象偏好某些女神的模式甚於其他。在過去幾十年來，美國在「女人應該要怎樣」的期待上已有了重大變化。例如，二次大戰後的嬰兒潮強調的是婚姻與母職。對於具有赫拉的伴侶需求與狄米特的母性本能的女性來說，這是段令她們感到充實快樂的時期。但是對於雅典娜或阿特米絲這樣充滿求知慾、具競爭心，想在家庭之外的領域展現成就與能力的女人而言，則是一段艱苦無比的時光。過去女性會上大學修所謂的「太太學歷」（M.R.S. Degree）[3]，一旦她們結婚，往往便退學。在郊區建立一個「和睦融洽的大家庭」是當時的生活理想。當時的美國女性不止會生一對小孩，甚至會生三到六個小孩。美國出生率在一九五〇年代首度、也是唯一一次與印度出生率相當。

二十年後的一九七〇年代，則是女權運動的時代——這是阿特米絲和雅典娜的黃金時期。當時的氛圍支持企圖心強、充滿事業野心的女性。女性主義者與職業婦女是當時舞台的焦點。如今，進入學院追求博士、商業、醫藥與法律學位的女性比以往都要來得多。越來越多「至死不渝」的婚姻誓言破碎，而生育率也下降。同時，具赫拉伴侶需求和狄米特渴望孩子的母性需求的女性，則活在日益不友善、缺乏支持的氛圍中。

當某些女性具有的特定原型模式受到文化青睞，那些女性便能從事讓她們感到充實的活動，並且獲得外界所認可。制度上的支持對女性而言極為重要。比方說，像雅典娜一樣天生有邏輯思維能力的女性，需要能夠接受高等教育，以進一步發展知性方面的能力。像赫絲蒂雅一樣專注於靈性發展的女性，則會在宗教社群中如魚得水。

荷爾蒙對女神的影響

當荷爾蒙產生劇烈變化——在青春期、懷孕，以及更年期的期間——一方面一部分的原型會被犧牲，而另一方面則增強了某些原型。青春期時導致胸部與生殖器發生變化的雌性激素，能激發出阿芙蘿黛蒂所代表的感官情慾特質。有些女孩在生理出現變化時，成了年輕的阿芙蘿黛蒂；其他人雖然胸部開始發育，並且開始出現月經，興趣則不在男孩子身上。行為並非單獨由荷爾蒙、而是透過荷爾蒙與女神原型的交互作用來決定。

懷孕促使女性體內的黃體激素大量增加，以便在生理上穩定孕期。同樣地，不同的女性對這樣的荷爾蒙變化所產生的反應也不同。有些女性隨著胎兒在體內成長時，會在情感上感到富足，彷彿她們是狄米特——母職女神的化身。其他女性則可能對懷孕沒什麼特別的感覺，依然照常工作。

更年期——這是由於雌激素與黃體素的下降所導致的停經現象——是另一個荷爾蒙變化的時

2 原註：Maxine Hong Kingston, *The Woman Warrior* (New York: Vintage Books/Random House, 1977).（譯註：本書僅有簡體中譯本《女勇士》，由中國新星出版社出版。）

3 譯註：M.R.S. Degree，為美式俚語，指的是以找未來丈夫為目的而上大學的年輕女孩。「Mrs.」為對已婚女性的尊稱。

期。女性對此的反應，端看當下活躍是哪個女神。人類學家瑪格莉特．米德（Margaret Mead）指出，相對於每位飽受空巢期抑鬱症困擾的狄米特，其他女性則出現了「後更年期的熱情」（P.M.Z.或 postmenopausal zest）的激增。這種熱情激增的現象，在一個女神經漫長等待後，總算時機到來而活力重啟時，便可能會出現。

有些女性在月經的每月週期中，因荷爾蒙和原型的交互作用，對其心靈造成影響，也會經歷「女神的轉變」。對這些變化敏感的女性發現，在月經週期的前半段，她們似乎較趨向獨立自主的女神——特別是阿特米絲或雅典娜，性格外向，而且注重探索外在世界。到了週期後半段，助孕的黃體素開始增加，她們注意到自己有強烈的「築巢」傾向，宅在家的傾向或是依賴感變得特別明顯。這時狄米特、赫拉、波賽芬妮．或是赫斯蒂雅所具有的影響力最為強大。[4]

這些荷爾蒙與女神的轉換可能導致女性感到衝突與困惑，因為前後出現的女神不一致。其中一種典型的模式，便是獨立的阿特米絲型女性和原本不想結婚的男人同居，或是和一個她認為不是婚姻的料的男人在一起。同居對她而言無所謂——直到荷爾蒙產生了變化。在每月週期的後半段，需要伴侶的赫拉得到荷爾蒙的支援。現在，不結婚反而引發她內心的憎恨、或感到自己被拒絕，導致了她們每個月在此時會出現爭吵與憂鬱症狀，但一如預期，一旦經期過了，症狀就結束。

人與事喚醒女神

一位女神可能因為某人或某事的召喚使得該原型因此甦醒。例如，一名女性發現他人的無助感而受到激發，並放下手邊一切，化身為愛照顧人的狄米特。這種轉換可能對她的工作不利，因為她總是丟下自己的工作。她花了過多的時間在私人電話上聆聽他人的煩惱。她常因一時心軟衝去幫助他人，讓自己處於解僱邊緣。另一位女性則可能發現，女權運動集會讓她對於姐妹情誼的感受與力量激增，將她徹底轉化阿特米絲，要為受侵犯的女性權益復仇。而金錢上的問題，則可能把另一位平易近人的女性，變成一位「底線」分明、對自己的應得利益非得白紙黑字記下不可的雅典娜。

當女人陷入愛河時，所發生的變化便會嚴重影響先前事項的優先順序。由內在原型的層面來說，舊有模式已不適用。一旦阿芙蘿黛蒂原型被啟動，雅典娜的影響力便式微，事業發展此時比不上新戀人重要。或者，當另一半發生出軌的情況，赫拉婚姻至上的價值便受到重挫。當一位女神的負面特質被環境情勢所觸發，便可能出現精神病徵。失去一名孩子或一段重要的關係，可能讓女人變成悲慟的狄米特型母親，只能鎮日呆坐、毫無行為能力，深陷於抑鬱，失魂落魄。或者，丈夫一旦開始接近有魅力的女性——不管是同事、員工，或鄰居——可能因此就引出那嫉妒的赫拉，讓女人變得多疑與猜忌，無中生有他的出軌與不忠。

4　原註：這種月經週期間女神原型的轉變，來自於我在精神科執業的臨床觀察。相關的支持研究中，記錄了與月經週期變化相關的態度轉換——從獨立、活潑（或跋扈）到依賴與被動，請參見泰瑞澤・班奈德克（Therese Benedek）的〈卵巢活動與心理動力歷程間的關聯〉（"The Correlations Between Ovarian Activity and Psychodynamic Processes"），出處：Therese Benedek, ed., *Psychoanalytic Investigation* (New York: Quadrangle/New York Times Book Co., 1973), pp. 129–223.

「行為」會喚起女神

「行為即成為」（Doing is becoming）這句俗語表達出了女神可能透過該女性所選擇的行動方式，被召喚現身或得到發展。例如，冥想練習能逐漸開啟或強化具內傾、內省特質的女神赫絲蒂雅的影響力。由於冥想的效果和冥想本身的性質一樣，是主觀的，通常發現差異與變化的是冥想的女性自身。她可能每天冥想一到兩次，在處理日常事務時感到整個人較能「集中」（centered），像赫絲蒂雅一樣能享受個人的寂靜時光。旁人有時也會注意到這些變化，就像有位社工督導的員工發現，冥想使她變得較平和、較不煩躁，也更富同情心。

相對於冥想漸進式的效應，服用迷幻藥可能迅速地改變一個女性的感知。雖然效果短暫，也可能導致長期的人格變化。例如，一位以雅典娜——理性務實的女神——為主導性格的女性，在服用迷幻藥後，可能會享受她五官感受所經歷的新變化。她的視覺經驗變得更鮮明亮麗，她可以完全沉浸於音樂中，覺得自己很性感，感到她的存在不僅僅是思想。她因此認識了阿芙蘿黛蒂，能享受當下的強烈體驗。或者，她可能仰望星空感到與自然合一，頓時初次體驗到阿特米絲這位以荒野為疆域的狩獵與月之女神的存在。也許藥物的效果帶她進入幽冥的「地下世界」，她在那體驗到無意識、無形、不理性的內容。如果她的經驗類似於波賽芬妮被挾持到冥界的體驗，她可能變得抑鬱、產生幻覺，或充滿恐懼。

有位選擇在高中後繼續升學的女性，傾向於進一步發展雅典娜的特質。努力學習、組織資訊、應付考試與撰寫論文都需要雅典娜的邏輯心智能力。選擇生小孩的女性則會引出更多狄米特的母性。參加郊外的背包旅行，則讓阿特米絲有表現空間。

召喚女神

荷馬的許多詩篇皆為對希臘神靈的呼喚。例如，一首詩歌可能藉由外表的描述、人格特質與事蹟，而在聽者心中創造出一個女神的形象。女神會藉此受邀降臨現身、進入凡人家中，或賜與信徒祝福。我們從古希臘人身上學到：女神們可被想像，並藉此被召喚降臨。

在接下來關於個別女神的章節中，讀者們可能會發現自己對某位女神不太了解。大家可能發現某個特別有用的原型，在自己身上尚未受到開發，或是完全不見身影。若我們能有意識地努力去觀察、去感受或感知她的存在——透過專注地想像令她現身——是有可能「召喚」出那位女神，並要求她賜予力量的。下列為數種召喚方式的例子。

- 雅典娜啊！幫助我在這種情況下清晰思考。
- 波賽芬妮啊！幫助我保持開放的心境去接納。
- 赫拉啊，幫助我許下承諾、保持忠誠。
- 狄米特啊！教導我耐性與慷慨，幫助我成為一位好母親。
- 阿特米絲啊！幫助我專注於長遠的目標。
- 阿芙蘿黛蒂啊！讓我擁有愛情及享受自己身體的能力。

●赫絲蒂雅啊！讓我有幸能迎接妳的降臨，賜我寧靜與和諧。

女神與人生階段

女人的一生會經歷各種階段。每一階段各有其最具影響力的某位女神或某些女神們。或者她可能活出一種女神模式，帶領她穿越一個個人生階段。當女人在回顧她一生時，總會辨識出有某個女神或某些女神們比其他女神更重要，或影響更大。

年輕的成年女性焦點可能放在教育上，就像我上醫學院時一樣。阿特米絲的原型讓我專注於目標上。同時，我尋求阿特米絲的能力協助我學習程序與事實，這使得我以臨床和實驗觀察所得為基礎進行診斷。相反的，我那些在畢業後便結婚生子的大學同學們，召喚的是赫拉和狄米特。

中年是一個轉換期，經常意味女神原型的更替轉換。在三十五歲到四十五歲之間，之前稱霸的原型力道逐漸減弱，這讓其他女神有機會能出頭。女性在成年早期投入心血所收獲的成果——婚姻與小孩、事業、創造性的努力、男人，或是以上事物的綜合——現已顯而易見。這時她有更多的精力投入其他的地方，這也正是召喚其他女神施加影響力的時機。雅典娜原型會激勵她進入研究所嗎？或者說，良機一旦錯過不會再來，是狄米特原型那生兒育女的慾望勝出呢？

接下來的晚年是另一轉換期，女神也可能再度更替。停經後的時期可能預示一種轉變，就如喪偶、退休，或感到變老一樣。因為喪偶而生平第一次得自己理財的女性，會不會發現蟄伏內在的雅典娜，而發現自己其實懂得投資呢？而認識赫絲蒂雅之後，寂寞會不會變成自在的孤獨呢？或者，當狄米特缺乏了她可以提供滋養的對象，人生轉而變得空洞無意義呢？和人生其他階段一樣，每個人的結局取決於她心靈所啟動的女神、她現實的處境，以及她所做的選擇。

第三章

處女神
——阿特米絲、雅典娜，及赫絲蒂雅

希臘神話中三位處女神為阿特米絲——狩獵與月之女神；雅典娜——智慧與工藝女神；以及赫絲蒂雅——爐灶與廟宇女神。這三位女神象徵了女性心理中獨立、積極、非關人際的面相。阿特米絲和雅典娜為外在成就導向的原型，而赫絲蒂雅專注於內在成就。這三種原型都象徵女性內在的動力，促使她們發展天賦、追求興趣、解決問題、與人競爭、以語文或藝術形式清晰地表達自我、建立一個有序的周遭環境，或靜思過活。任何一個曾想「擁有自己的房間」的女性，或在大自然中如魚得水，或樂於搞清楚事物的運作方式，或喜歡獨處，就是和這三位處女神之一有所聯繫。

處女神所象徵的面向，是女性內在不為男性所佔有與「不被滲透」的那部分——那是不被她對男性的需求或男性認可所觸及、完全與男人無關的獨立存在。當一個女人活出了處女原型，並不是說她在生理和實際上是個處女，而是她的內在心靈上有很大一部分有如處女一般。

處女意指未被玷污、純潔、未腐敗、未被使用、未開墾、沒被「（男性）人類」所染指過，而且維持原本的自我，就像所謂的處女地、原始森林；或是未被加工過，就像初剪的羊毛一般。處女油是以初榨的橄欖或堅果未經加熱萃取而成（就其象徵意義上來說，便是不受情緒與激情的溫度所影響）。處女金屬為金屬的原始形態，非合金且未經混合，比如原始黃金（virgin gold）就是。

在一個由男性神祇主宰的宗教體系與歷史時期中，阿特米絲、雅典娜和赫絲蒂雅是尤其突出的例外。她們從未結婚，從未被男神或凡夫征服、誘惑、強暴或羞辱過；她們保持「完整」，不受侵犯。此外，她們是眾神與凡人中唯一未受到阿芙蘿黛蒂——愛之女神——點燃激情慾火與浪漫感受等不可抗拒力量所影響。她們不為愛所動，不受性慾操控，也不迷戀。

處女神原型

當處女神——阿特米絲、雅典娜，或赫絲蒂雅——成為主導的原型，這名女性（就如榮格分析師艾斯特・哈汀〔Esther Harding〕在其著作《女性的奧祕》〔*Women's Mysteries*〕一書中所說）便是「自我完整」（one-in-herself）。她心靈中某一重要部分「不被任何男性所擁有」。因此，正如哈汀所說的：「一個作為處女、自我完整的女性，她的行為純屬自發——不為了取悅任何人、被人喜歡或認可，甚至不為了特地取悅自己；也不為了想要凌駕別人之上，或吸引她有興趣的對象，而是因為這麼做對她才是真實的。她的行為可能不符常規。面對其他人為了方便與順應常規而點頭稱是的事，她可能會拒絕說不。作為一個處女，她不受非處女——無論結婚與否——會有的考量所影響，而改變自己的方向好融入周遭環境。」[1]

1 原註：M. Esther Harding, "The Virgin Goddess," in *Women's Mysteries* (New York: Bantam Books, published by arrangement with

當一個女人是自我完整的，她行事的動機將出於遵循內在價值，做對自己有意義與有成就感的事，而不是基於別人的看法。

在心理學的層面上，處女神象徵了女性內在尚未被外在影響的那一部分，不論是集體（由男性所決定）的社會與文化對女性的期許，或是個別男性對她的評判。處女神面向是女性存在本質與價值觀的精髓所在。它之所以能不被踐踏與玷污，在於女性不輕易揭露它、她堅守它的神聖不受侵犯，或是由於她不因男性標準的左右而加以修正，反而會坦率直言地表達自我。

處女原型在女性的身上可能以祕密地或公開地女性主義者方式顯現。它可能以一般女性不被鼓勵追求的抱負表現出來——像是飛行員艾密莉雅・艾爾哈特（Amelia Earhart）嚮往飛到尚無飛行員到過的地方。或是以自己身為女性的經驗發揮創造力，成為詩人、畫家、音樂家——例如，艾德麗安・里奇（Adrienne Rich）的詩、茱帝・芝加哥（Judy Chicago）的繪畫，或是荷莉・尼爾（Holly Near）創作彈唱的民歌。或者，它可以藉由冥想練習，也能夠在助產過程中被表現出來。

許多女性聚在一起創造屬於「女性的」（of women）形式。提升女性意識的團體、山頂敬拜女神儀式、女性自助醫療診所，以及織被聚會（quilting bees）都是處女原型藉由女性群體來展現的表達方式。

意識特性：銳利的聚光燈

三種類型（處女型、脆弱型、煉金型）的女神各有其意識特色。專注的意識為處女神的特色。[2]像阿特米絲型、雅典娜型和赫絲蒂雅型的女性，能凝聚意識於他們所關注的活動上。她們能完全投入正在進行的事務。在全神貫注之際，她們很快便把與眼前任務或長程目標無關的任何事，全都排除在意識之外。我把專注意識類比為一個清晰聚焦、指向刻意的強烈光束，只照亮焦點所在的範圍，讓以外的一切處於黑暗或陰影中。它具有聚光燈的特性。在最集中的形式下專注的意識，更可能像雷射光一般，具有極敏銳的穿透力與剖析能力，有不可思議的精確性或破壞力——這取決於專注的強烈程度及其所聚焦的事物。

當一個女人能專注於解決問題達成目標，不受周遭人的需求而中斷，甚至不顧自己生理上對食物與睡眠的需求，她便有能力專心一致，進而有所成就。對於眼前任務，她「心無旁騖」。這種「專心一意」的性格，幫她把心力全放在她想做的事上。當她專注於外在目標或任何手上任務時——就像阿特米絲或雅典娜的個性——其焦點是成就導向。

丹妮兒．史蒂爾（Danielle Steel）所著作的十七本小說，不僅被譯成十八種語言，並且售出了超過四千五百萬本，這便是這類專注意識的最佳例子。她形容自己是「超級成功者」，並說：「我

Putnam's, 1973), p. 147.（譯註：中譯版將由心靈工坊出版社出版。）

2 原註：根據艾琳．克萊蒙．德．卡斯底勒荷（Irene Claremont de Castillejo），「專注意識」一向被視為阿尼姆斯或男性的屬性：「專注的力量是男性最大的天賦，但並非男性專有；女性內在的阿尼姆斯同樣扮演這個角色。」「只有當她需要聚精會神時，才需要阿尼姆斯在這方面的協助。」摘自艾琳．克萊蒙．德．卡斯底勒荷，《了解女人》，第五章，〈阿尼姆斯——是友或敵？〉〔*Knowing Woman*, Chapter 5, "The Animus—Friend or Foe" (New York: Putnam's, for the C. G. Jung Foundation for Analytic Psychology, 1973), pp. 77–78〕。我使用她的術語，但不同意她採用榮格女性心理學模式的立場，預設了專注意識為陽性專屬特質。

的生活非常緊湊。我通常一天工作二十個小時，只睡兩到三小時。就這樣一週七天都是如此，並這樣持續了六週」[3]（直到小說完成）。

當焦點轉向內在的精神核心——即赫斯蒂雅意識的取向——具有此強大母神原型的女性能夠進行長時間的冥想，對周遭世界不為所動，也不會因為維持特定不舒服的姿勢而分心。

生活與行為模式

依隨自己內在傾向而成為游泳競賽者、女權運動者、科學家、統計學家、企業主管、家庭主婦、馬術騎師或進入修道院與寺院的女性們，都體現了處女神的特性。為了能發展天賦並專心追求個人價值重心所在的活動，具有處女神特質的女性常會避免走進傳統女性的角色。要如何做到這點——亦即，既能真實地做自己，並且適應在「男人的世界」裡的生活——是最大的挑戰。

在神話裡，這三位處女神各自面臨類似的挑戰，並發展出不同的解決之道。

狩獵女神阿特米絲遠離城市、不和男人接觸，和她的精靈們一起生活在大自然當中。她調適的方式是脫離男人和他們的影響力。這個模式類似當代女性加入意識提升團體、成為女性主義者，致力於定義自我的存在及人生的優先順序，這也類似於那些在女性領導的組織與企業中工作、以服務女性需求為目標的女性。代表阿特米絲的女性中也有「徹底的個人主義者」（rugged individualists），凡事只靠自己完成，隨心所欲，無需男性——或其他女性的支持與認可。

相較於阿特米絲，智慧女神雅典娜則以平等或優於男性能力的地位加入男性之中。她有沙場上最冷靜的腦袋，並且是位最精明的戰略高手。她適應的方式是認同男性——即成為他們中的一份子。雅典娜的模式為許多進入企業界、或在傳統的男性職業中獲得成功的女性所採用。

最後，爐灶女神赫斯蒂雅則以轉向內在、退出男人的世界為因應之道。她返回內在，表面上變得默默無名、獨自一人。採取這種方式的女性刻意淡化自己的陰性特質，以免引起她不想要的異性興趣、避開競爭的環境，並且過著平靜的生活，好讓她把心思花在對她有意義的日常事務或冥想上。

這三位處女神都不會被她們與別人的經驗改變。她們從不被自己的情緒所淹沒，也未被其他任何神靈所征服。她們不受苦難所摧殘、不為人際關係所動搖，也不受世事變化所影響。

同樣地，一個女性越是專注於自己的目標，她也越可能不受到他人的深刻影響。她的專注力使她抽離於自身的情緒與本能，也切斷了與他人之間的聯繫。從心理學的角度來說，除非她被「滲透」，不然沒人可以「影響」她。沒什麼人是最重要的，而她也不懂親密的情感是何物。

因此，當某位人類女性對某位處女神產生認同，這位女性過的可能是種片面單調的生活，孤獨寂寞且沒有任何真正的「重要伴侶」。雖然女神有其角色限制，但人類女性則一生都有成長與改變的可能。即使她內在傾向與某位處女神相似，她也可能發現赫拉能教導她關於忠誠相許的關係，她可能因感到母性本能在蠢動，而認識了狄米特，或者她可能墜入愛河，而意外地發現她也有阿芙蘿黛蒂那一面。

3 原註：Marty Olmstead, "The Midas Touch of Danielle Steel," *United* (United Airlines Flight Publication), March 1982, p. 89.

新理論

將阿特米絲、雅典娜以及赫絲蒂雅描述為積極活躍的女性模式的同時，我也挑戰了傳統心理學的預設立場。在佛洛伊德學派或是榮格學說的觀點中，與處女神相關的特質，要不是被視為症狀或病徵，就是被當成女性心靈中尚未完全意識化的陽性元素的表現。這些理論抑制了符合處女神原型模式的女性行為，並且損害她們的自尊。例如，許多熟悉佛洛伊德學派論點的女性，常覺得自己不正常，因為她們對事業的慾望勝於想要生兒育女。而許多熟悉榮格學說的女性，因為知道榮格認為女性容易有偏見，而且固執己見，所以不太敢表達自己的想法。

西格蒙·佛洛依德的女性心理學論點以陽具為中心。他從女性在生理上所缺乏的角度來談論女性，而非從她們身體與心靈上所具有的面向來著手。在佛洛伊德的觀點中，[4]缺乏陰莖使女人殘廢並低人一等。基於這點，他認為一般女性都有陰莖羨妒（penis envy）的問題，並有自虐與自戀的傾向，且超我發展低落（也可以說是一種自卑情結）。

以下為佛洛伊德的精神分析理論對女性的詮釋：

- 一位幹練自信、功成名就，並能把握展現她智慧與能力的機會的女性，具有「陽性情結」。根據佛洛伊德的說法，她的行為表現像是她從未被閹割，實際上她已被閹割。沒有女人會真的想要高人一等——爭強好勝的需求是陽性情結的一種病徵，是對「現實」的否定。
- 想生兒育女的女性，真正想要的是一根陰莖，為了昇華這個渴望，她以生兒育女的願望來取代那個渴望。

● 女性之所以受到男性吸引，是因為她發現母親沒有陽具。（在佛洛伊德理論裡，女性的異性戀肇始於當小女孩發現她沒有陰莖時，所受到的心理創傷，接著又發現她母親也沒有陽具這個創痛，導致她將原慾的對象從原本的母親轉移到有陽具的父親身上。）

● 佛洛伊德式的觀點認為，和男性一樣性生活活躍的女性，不可能享受情慾與表現她的感官特質。相反的，她只是藉著強迫性的行為緩解被閹割的焦慮。

比起佛洛伊德，榮格的女性心理學理論[5]則對女性「較為友善」。榮格不把女性視為有缺陷的

4 原註：此處關於精神分析理論中的女性心理學摘要，係參考《西格蒙・佛洛伊德心理學著作全集標準版》（*The Standard Edition of the Psychological Works of Sigmund Freud*, ed. J. Strachey [London: Hogarth Press]：以下簡稱《標準版》）中西格蒙・佛洛伊德的下列著作：

Sigmund Freud, "Three Essays on the Theory of Sexuality" (1905), Standard Edition, vol. 7 (1953), pp. 135–243.（譯註：台灣譯為〈性學三論〉。）

Sigmund Freud, "Some Psychological Consequences of the Anatomical Distinction Between the Sexes" (1925), Standard Edition, vol. 19 (1961). pp. 248–258

Sigmund Freud, "Female Sexuality" (1931), Standard Edition, vol. 21 (1961), pp. 225–243.（譯註：本篇台灣譯為〈論女性性特質〉，收錄於心靈工坊出版社的《論女性：女同性戀案例的心理成因及其他》。）

5 原註：此處對榮格女性心理學的摘要係參考榮格以下著作：

C. G. Jung, "Animus and Anima" (1934), *CW*, vol. 7 (1966), pp. 188–211

C. G. Jung, "The Syzygy: Anima and Animus," (1950), *CW*, vol. 9, part 2(1959), pp. 11–22

C. G. Jung, "Women in Europe" (1927), *CW*, vol. 10 (1964), pp. 113–133.

男性。他假設了一個與男女染色體結構相對應的心靈架構。他認為女性具有陰性的人格意識以及無意識中的陽性成分——他稱為阿尼姆斯（animus），而男性則具有陽性的人格意識以及無意識中陰性的阿尼瑪（anima）。

榮格定義陰性的人格特質為接受力高、被動、善於照護滋養和主觀性強；而理性、靈性，以及果斷、客觀的行動力則屬於陽性特質。他認為男性天生便擁有這些陽性特質。具有類似陽性人格特徵的女性，不管那些能力發展得多好，仍比不上天生就如此的男人；若一個女性思路清晰或精明幹練，那是因為她有個健全的陽性阿尼姆斯，但那仍比不上男性已完全意識化的陽性人格，所以她還是不如男人。阿尼姆斯也可能導致敵意、權力慾強，以及不理智地固執己見，這些特徵是榮格（以及當代的榮格學派）在描述阿尼姆斯的作用時常特地強調的部分。

榮格雖然不認為女性天生便有缺陷，但他仍認為女性在創造力、客觀性與行動力上天生便不如男性。大致來說，榮格是從服侍男性及與男性的關係的角度來看待女性，而非視她們為具有獨立需求的個體。例如，在創造力上，他視男性為創造者，而女性為男性創造歷程的輔佐者：「男人從他自己內有的陰性本質，誕生出完整的創造物」以及「女性內在的陽性面孕育出創造的種子，這些種子能滋養男性的陰性面。」[6]

他的理論立場阻礙女性追求成就的努力。他寫道：「如果女性從事了男性的職業，像個男人一樣地學習與工作，即使沒造成直接傷害，仍舊是做了不符她陰性本質的事。」[7]

當女神被視為女性正常會有的行為模式，一個天生傾向智慧的雅典娜或競爭心強的阿特米絲，而不像妻子型的赫拉或母性的狄米特型女人，當她表現出活潑、客觀思考與成就導向的特性時，就會被視為展現了她真實的陰性自我。就跟她最接近的特定女神一樣，她忠於自我。她不是佛洛伊德診斷下受陽性情結所苦的女性，也不是榮格所暗示的認同阿尼姆斯、態度陽剛的女性。

當女性擁有雅典娜與阿特米絲的女神模式時，與「陰性」氣質有關的依賴性、包容力，以及滋養能力可能不存在她人格特質中。要成為一個能擁有持久人際關係、懂得何時該脆弱、對愛與安慰能施與受，並且支持他人成長的人，她便需要培養這些特質。

赫絲蒂雅專注且內傾沉思的特質，讓她與他人之間保持情感的距離。儘管與他人疏離，她寧靜溫和的態度裡仍充滿滋養與支持的力量。跟阿特米絲與雅典娜一樣，這樣的女性需要培養親密關係的能力。

這些成長項目和與赫拉、狄米特、波賽芬妮，或阿芙蘿黛蒂類似的女性所需發展的特質不同。這四種女神模式讓女性以人際關係為導向；這些女性的人格特質符合榮格對女性的描述。這樣的女性要學習的是保持專注、客觀與自信——這是這些模式原本較弱的特質。這些女性需要發展內在的

6　原註：C. G. Jung, *CW*, vol. 7, p. 209.
7　原註：C. G. Jung, *CW*, vol. 10, p. 117.

阿尼姆斯，或啟動阿特米絲與雅典娜的原型。

當赫斯蒂雅為女性的主導原型時，她跟這些以人際關係為導向的女性一樣，需要開發她的阿尼姆斯或活化內在的阿特米絲與雅典娜原型，以便在社會上發揮所長。

陽性阿尼姆斯或是女性原型？

主觀感受與夢裡的形象，有助於區別女性正活躍中的專注意識是和陽性的阿尼姆斯或是陰性的女神原型有關。例如，當女性感到內在大膽自信的那一面與自己格格不入——也就是說她在遭遇困難時，呼叫自己內在陽剛那一面要求自己「強硬一點」或「跟男人一樣思考」（這兩種作風都讓她感到彆扭不快）——那麼這就表示，她內在的阿尼姆斯正浮現出來幫助她。就像當有更多動力需求時，才會被啟動使用的輔助引擎一樣，阿尼姆斯屬於一種機動備用的能量。這對以赫斯蒂雅、赫拉、狄米特、波賽芬妮，或阿芙蘿黛蒂為主導模式的女性而言尤其如此。

然而當雅典娜和阿特米絲在女性人格中完整發展時，該女性天生便具有自信、思路清晰，明白自己的目標，能從容參與競爭。這些特徵感覺對她一點也不陌生，反而像是這個女性固有本質的表現，和陽性阿尼姆斯「給她的感受」並不一樣。

夢境是另一個區分阿特米絲或雅典娜原型與阿尼姆斯的方式。它們能顯示出這些女神原型是否為女性意識態度的根源，或者這些大膽自信或目標導向的特質是否屬於女性內在阿尼姆斯的表現。

當阿特米絲與雅典娜為女性的主導原型，做夢者經常在夢中獨自探索未知領域。她就像故事主角一般，歷經險阻、攀越高山，或冒險進入異域或地底世界。比如說，「我開著敞篷車，奔馳於夜裡的鄉間小路，任何人都追不上我」；「我在一個像是巴比倫空中花園一般的陌生城市裡」；「我就跟雙面間諜一樣，我本來不該出現在那裡的。要是旁人知道我是誰，那我可就危險了。」

在夢中會出現哪些麻煩和旅行可以多輕鬆暢快，與她在現實世界中因為企圖成為一個獨立自主、精明能幹的女性所面臨的內在與外在阻礙有關。跟夢裡一樣，她可以自然隨意地決定自己的去向。她可以作那個積極、自主的自己。

當大膽自信的特質仍在初期發展階段，通常會有另一個形象伴隨著女性作夢者。這位同伴可能是男性或女性，其存在可以是隱約可見，或者是清晰可見、能夠辨識的人物。同伴的性別象徵地提示了這些正湧現出的能力其屬性差異：「陽性」（阿尼姆斯）或「陰性」（處女神）。

例如，當作夢者的阿特米絲或雅典娜正在發展，並仍處於她教育或職業的早期階段時，在她夢中經常出現的同伴，經常是位形象模糊、不知名且特徵不清的女性。之後，她的同伴可能是一位在教育與事業的經歷與她相同、但比她更成功的女性，或是畢業後在社會上有所成就的大學同學。

當夢中一起冒險的同伴是男人或男孩時，做夢者通常是位傳統女性、被辨識出有脆弱女神的特質，或是像我們待會兒會看到的赫斯蒂雅或阿芙蘿黛蒂一樣。對這些女性而言，男性象徵行動力，因此在她們夢裡被用來象徵自信與競爭的特質。

因此，當一名女性不安地踏入職場或學術圈時，在阿尼姆斯或她內在的陽性面向的幫助下，那個面向可能在她夢中以晦暗的男性形象出現，他可能是一名年輕男孩或青少年（正在成長發展中），跟她一起處在不熟悉且危機四伏的地方。當她開始得到好成績或得到升遷，因此對自己能力有了信心時，夢中的環境就開始變得友善起來，而夢裡的象徵可能變成她親近的、或是在夢中彷彿熟識的男人。例如，「我和前男友正進行一段漫長、複雜的公路旅行」或「我在車裡，開車的男人是誰，我現在想不起來，但在夢裡我好像跟他很熟。」

我在本書中所闡述的新理論奠基於原型模式的存在，這是由榮格所引入的概念。我並未拋棄榮格的女性心理學模型；我認為它適用於部分而非所有女性。我在脆弱女神與阿芙蘿黛蒂那幾章中，進一步完善了榮格的模型；而在以下討論阿特米絲、雅典娜和赫絲蒂雅的三章當中，本書將會提供了超越榮格概念的新模式。

第四章

阿特米絲——狩獵與月之女神、競爭者及姐妹

女神阿特米絲

阿特米絲，羅馬人稱之為黛安娜（Diana），是狩獵與月之女神。她是宙斯與樂托（Leto）所生下的這位高䠷可愛的女兒，與她的精靈同伴們及獵犬漫遊於山林原野之中。身穿束腰短衣，手持銀弓背裝其箭，她是個神箭手。作為月神，她也被稱為光明之神，手持火炬或是額上環繞著月亮與星星。

阿特米絲作為野生動物的女神，特別是年輕的動物，她和許多未馴化、象徵她特質的動物相關聯。公鹿、母鹿、野兔及鵪鶉都具有她謎樣的性格。母獅體現了她作為狩獵者的尊貴與英勇，兇猛的野豬代表了她具有破壞性的一面。熊是她作為年輕守護者的象徵（供奉阿特米絲而受其庇佑的希臘青春期少女，在她們像頑皮男孩的野丫頭時期，便被稱作arktoi〔希臘文〕或「小母熊」）。最後，和阿特米絲一樣在草原與同伴們自由奔馳的野馬，亦與她有所關聯。

阿特米絲與太陽神阿波羅是孿生姐弟。他們的母親樂托是由泰坦所生的自然神祇；宙斯，奧林匹亞的主宰，是他們的父親。

樂托在臨盆時，遭遇極大阻礙。由於怕被宙斯的元配赫拉報復，大家都對她避之唯恐不及。終於她在貧脊的提洛島（Delos）得到庇護，之後生下了阿特米絲。

阿特米絲一出生便在阿波羅漫長而艱難的分娩過程中幫助樂托。由於赫拉的報復，樂托歷經痛楚，生了九天九夜。成為母親助產士的阿特米絲，也因此被視為分娩女神。女性稱她為「痛苦時的幫手，無痛可侵。」她們祈求阿特米絲結束她們的痛苦，或者以分娩或者以弓箭賜她們「仁慈地死去」。[1]

在阿特米絲三歲時，樂托帶她到奧林匹亞山去見她的父親宙斯。詩人卡里馬庫斯（Callimachus）在〈阿特米絲讚美詩〉（Hymn to Artemis）中描述到，阿特米絲坐在被她迷住的父親膝上，宙斯「俯身撫摸她，說道，女神們若能為我生下這樣的孩子，赫拉嫉妒的怒火就一點也不困擾我。小女兒，妳想要什麼都行。」[2]

阿特米絲要求了弓與箭、一群和她打獵的獵犬、與她作伴的精靈們、便於奔跑的男孩用束腰短衣，還要山林荒野作為她的特別居所，以及永遠的處女之身——這些宙斯全都應允，並給她自由挑選的特權。

隨後，阿特米絲前往森林與河流去挑選最美麗的精靈。她潛入海裡去找獨眼巨人賽克洛匹茲

（Cyclopes）——波賽頓的工匠——為她打造銀製的弓與箭。最後，手持弓箭的她，在精靈們的陪伴下一起去向半人半羊的牧神潘（Pan）討他最好的獵犬。當夜幕來臨，她迫不及待地要嘗試這些新禮物，便就著火炬的光狩獵。

在神話中，阿特米絲迅速且果斷地保護與營救那些向祈求她庇護的人。對冒犯她的人也毫不遲疑地施以懲處。

有一次，她母親樂托在前往戴爾菲（Delphi）探望阿波羅的途中遭巨人提替厄斯（Tityus）企圖強暴。阿特米絲立刻前往解救，向他射出致命的一箭。

另外一次，奈厄比（Niobe）嘲笑樂托只有兩個小孩，不像她生有眾多俊美子女。樂托要阿特米絲和阿波羅為她報仇，他倆亦迅速報復。在他倆的弓箭夾擊下，阿波羅殺光奈厄比六個兒子，阿特米絲則解決了她六個女兒。而奈厄比自己則被變成了一根哭泣的石柱。

值得一提的是，阿特米絲不斷地對母親伸出援手。這種行為並未出現在其他女神身上。其它向阿特米絲求助的女性也都得到回應。林中精靈艾瑞修莎（Arethusa）險被強暴時就向阿特米絲呼救。艾瑞修莎當時剛打完獵回來，她卸下衣物下水洗浴，河神的慾念大起，開始追逐一絲不掛的她，她驚嚇地逃跑。聽到她求救的阿特米絲，在一片迷霧中救了她，並將她變為泉水。

對任何冒犯她的人，阿特米絲手下絕不留情——就如魯莽的阿克提恩（Actaeon）的遭遇一

---

1 原註：Walter F. Otto, "Artemis." In *The Homeric Gods*, trans. Moses Hadas (New York: Thames & Hudson, 1979), pp. 86–87.

2 原註：Callimachus, "To Artemis," in *Hymns and Epigrams*, trans. A. W. Mair (Cambridge, Mass.: Harvard University Press, 1969), p. 63.

般。獵人阿克提恩在林間漫遊時，無意中來到阿特米絲和精靈們沐浴的隱密池塘，眼前景象讓他目瞪口呆。被他擅闖行徑所激怒的阿特米絲，則將池水潑到阿克提恩臉上，並把他變成一頭公鹿。當下他成了自己獵犬所追逐的獵物。逃跑不成的他，被獵犬們碎屍萬段。

阿特米絲也殺害了另一名她愛上的獵人——歐瑞恩（Orion）。這是一起由阿波羅所導致的意外死亡，只因他不滿阿特米絲愛上歐瑞恩。某日，阿波羅看到在海中涉水、僅頭部露出水面的歐瑞恩。接著阿波羅又看到在一段距離外的阿特米絲，便指著海中一個暗暗的東西挑戰阿特米絲，與阿特米絲打賭她一定射不中。受到哥哥挑戰的刺激，阿特米絲沒認出目標物是歐瑞恩的頭，立刻瞄準放箭而射死了他。事後，阿特米絲將歐瑞放在天上，讓他成為了群星中的獵戶座，並賜他獵犬——天狼星（大犬座，Sirius the Dog Star）——在天上陪伴他。就這樣，她愛的人淪為她好勝競爭心下的犧牲品。

雖然阿特米絲以狩獵女神聞名，她也是月之女神。夜行的她如魚得水，總在夜裡就著月光或持著火炬遨遊荒野。

阿特米絲月之女神的面向與瑟琳娜（Selene）及赫卡蒂（Hecate）相關。這三位女神被視為月的三面一體。瑟琳娜治理天空，阿特米絲掌管地面，而赫卡蒂則管轄怪誕神祕的地下世界。

阿特米絲原型

作為狩獵與月之女神，阿特米絲體現的是女性內在獨立自主的精神。她所代表的原型讓女人在自己選擇的領域中追尋自己的目標。

處女神

作為處女神，阿特米絲不會墜入愛河。她不像波賽芬妮或狄米特會被綁架或強暴，也從來不是夫妻配對中的一半。作為處女神原型，阿特米絲代表了一種無暇不染、自我完整性，一種「我能照顧自己」的態度，使女人能以自信與自主的精神獨立行事。這種原型讓女人不需要男人，也能感受到自己的完整性。在此原型下，她不必男性認可，便會主動追求對她有意義的興趣。她的個人價值感與自我認同取決於她是誰與她所做的事，而非她結婚與否或她結婚的對象是誰。堅持自己被稱為「女士」（Ms.），也是典型的阿特米絲特質，表現出其強調自己為獨立於男性的存在。

目標明確的弓箭手

作為狩獵女神，一旦選中其獵物，不論遠近，阿特米絲這位神箭手都知道自己百發百中、必能精確命中獵物。阿特米絲原型賦予女性在面對重要事務時聚精會神的能力，不因他人的需求或競爭者而分心。競爭反而提高了「追逐」目標的興奮感。

不畏捉摸不定的目標與阻礙，而始終保持專注與堅持不懈，是讓阿特米絲能功成名就、飛黃騰達的特質。這個原型能幫助我們達成自己訂立的目標。

女權運動的原型

阿特米絲象徵了被女權運動理想化的特質——成就與能力、獨立於男性及其觀點之外，以及對於受難者、無助的女性與年少者的關懷。女神阿特米絲在母親生產時出手相助，拯救樂托與艾瑞修莎免於被強暴，並懲罰欲犯下強暴罪行的提替厄斯與擅自闖入的獵人阿克提恩。她是年少者的守護神，特別是即將步入青春期的少女。

阿特米絲所關切的對象與女權運動一致，後者並促成了性侵受害者診所、自衛課程、受性騷擾女性協助資源，以及受虐婦女收容所等的設立與提供。基於保護女性與小孩不受傷害、同時對加害者加以懲戒的方針，女權運動強調安全分娩與助產制度，並關切亂倫與色情問題。

姐妹情誼

阿特米絲身邊有一群精靈作伴，她們是與山林、河流相關的低階神祇。她們同阿特米絲一起在遼闊荒野中探索與打獵。她們不受家庭生活、流行趨勢或所謂女性的刻板印象所繫絆，也不被男性宰制或受男性的偏好所約束。她們在一起就像「姐妹」，而阿特米絲便是領頭且受她們仰賴的「大姐」。基於阿特米絲為其靈感的原型，女權運動強調女性間的「姐妹情誼」便不足為奇。

葛羅莉亞．史坦能（Gloria Steinem）——《女士雜誌》（*Ms.*）的創辦人與編輯——便是阿特米絲原型的當代化身。對於那些將女神形象投射在她身上的人來說，史坦能已成為神話般的傳奇人物。公眾眼中的葛羅莉亞．史坦能是女權運動的領導者，在他們心中，她就有如高䠷、優雅的阿特米絲，矗立於支持她的同伴之中。

與女權運動信念與目標一致的女性們對葛羅莉亞．史坦能既感欽佩又與之認同，常視她為阿特米絲的化身。這種認同在一九七〇年代尤其為甚，當時許多女性模仿她配戴飛行員式的眼鏡，模仿她自由飄逸的中分長髮。十年後，這些外表上的模仿，轉變實際的努力，好成為就像她一樣具備個人能力與獨立性的魅力女性。

史坦能角色與外表上，瀰漫著有如阿特米絲般的神祕感，因她的單身狀態而更顯神祕。雖然她曾與多名男性有戀愛關係，卻一直未婚——這剛好符合代表處女神原型「自我完整」、「不附屬於任何男性」的女性特質。

史坦能承襲了阿特米絲傳統中大姊姊一般的性格，對求助的女性伸出援手。我自己便親自體驗過她這樣的特質：當時我邀她來美國精神醫學學會的年會，幫我們在協會中倡議支持女權運動對尚未通過《平等權利修正案》的州進行抵制。目睹那些「曾經冒犯過」她的男性賦予葛羅莉亞．史坦能如此強大的權力，與那些當時的反應就有如自己命運與獵人阿克提恩相同的男性，讓我感到不可思議。一些反對她的男性精神科醫師，甚至表現出（毫無根據的）恐懼：一旦這「女神」行使她懲罰與毀滅的能力，他們不但經濟上將遭受損害，甚至會就此喪失研究經費。

歸返自然的阿特米絲

由於她對荒野與野性自然的親近感，阿特米絲是那些與自身及自然共處而感到完整的女性原型：當她們帶著背包走進深山、在星空月光下入睡、走在無人的海灘，或在凝視一望無際的沙漠時，會產生與大自然融為一體的精神交流。琳．湯瑪斯（Lynn Thomas）在《女背包客》（*The*

Backpacking Woman）一書中說明了女性透過內在的阿特米絲本質對野性自然的喜愛與感受：

> 那裡有宏偉景觀與寂靜、淨水與清新空氣。那裡有著距離這份天賜恩澤……讓人有機會遠離那些日常的例行事務與人際關係……以及能量這份天賜恩澤。野外自然將其特有的能量灌注於我們身上。我還記得自己曾躺在愛達荷州的蛇川邊，發現自己無法入睡……我完全在自然力量的掌握之中。離子與原子的舞蹈席捲了我。我的身軀呼應著無所不在的月亮引力的召喚。[3]

「朦朧視野」

獵人阿特米絲用以瞄準標靶的銳利視覺，只是她雙重「觀看」模式的其中一種。「朦朧視野」（Moonlight vision）是阿特米絲作為月之女神的特色。月色下的山水景色低調，細節朦朧而美好，顯得神祕深奧。我們的視線轉而被上方星辰密佈的天空或廣闊無際的自然所吸引。一個能與內在的阿特米絲相通的人，在月光下便成為自然的無意識的一部分，身於其中並與之合一。

柴娜．嘉蘭（China Galland）在《荒野中的女人》（*Women in the Wilderness*）一書中強調，走進荒野中的女性同時也走入了內在的自我：「進入蠻荒與我們每個人內在的野性有關。認識到我們與自然界的親密緣分，可能是這種經驗裡最深刻的價值所在。」[4]跟隨阿特米絲的腳步進入大自然的女性，會發現自己變得更加內省。她們的夢變得比平常更加生動，這有助於她們的內觀。她們可以說是藉著「月光」內觀內在世界與夢的象徵，這跟在明亮日光下才能看清的具體現實之間，形成了鮮明對比。

培養內在的阿特米絲

與阿特米絲有著一樣特質的女性，很快便對這位女神產生好感。其他女性可能會意識到自己得多熟悉這位女神。也有女性辨識出自己內在具有阿特米絲的特質，但是需要強化這些內在特質的影響力。我們該如何培養內在的阿特米絲呢？或是加強這個原型的力量呢？我們又如何激勵我們女兒內在阿特米絲原型的成長呢？

有時候，我們需要用極端的方式來發展阿特米絲原型。例如，有位極具天賦的女作家極為重視她的工作，但她每次只要一談戀愛，就把寫作拋在一邊。一開始每個男人都令她神魂顛倒。很快的，男人就成了她生命的必需品。她的人生全繞著他打轉，一旦他顯得疏離或排斥，就會讓她抓狂不已。當有位朋友提醒她說，她愛男人愛上了癮，她才看清自己這種模式，並且決定：如果她把寫作真當一回事，就得當隻「冷火雞」，並且「戒掉」男人一陣子。之後她搬離了都市，專心培養獨處、創作與內在的阿特米絲，偶而才進城看老朋友。

早婚的女性通常從女兒馬上變成妻子（在原型上是從波賽芬妮直接變成赫拉），她可能在離了婚、首度有獨自生活經驗後，才得以發現並珍惜阿特米絲的種種特質。這個女性可能獨自去度假並發現如何自得其樂；或是從每日清晨的長跑中感到充實；或是對自己身為女性互助團體的一份子而感到開心。

3 原註：Lynn Thomas, *The Backpacking Woman* (New York: Doubleday, 1980), p. 227.

4 原註：China Galland, *Women in the Wilderness* (New York: Harper & Row, 1980), p. 5.

或者女性可能處在一連串的親密關係中，並且總在和下個男人交往的空檔感到自己一文不值，她可能只有在「放棄男人」並下定決心不婚後，才有機會開發自己的阿特米絲原型。一旦她有勇氣面對這個可能性，並以朋友及對她重要的事物為核心來整頓生活，她可能會感到與自我完整的圓滿感受，這是發展阿特米絲原型所帶來的意外幸福感。

為女性開設的荒野課程便在召喚阿特米絲，特別是那些將團體經驗與個人英雄歷程結合的課程。

女性參加向外啟航（Outward Bound）的行程或是女性視野開拓儀式時，便是在培養阿特米絲原型。同樣地，當我們的女兒們參與運動競賽、參加全女生的夏令營、旅行探索新地方、當交換學生在外國文化中生活，或是加入和平工作團（Peace Corps），她們都能獲得培養獨立自立的阿特米絲原型體驗。

阿特米絲型女性

阿特米絲的特質很早便會出現。通常，嬰兒期的阿特米絲型女性對新事物總是目不轉睛，並且活潑好動。人們對這種盯著目標聚精會神的能力會說：「對一個才兩歲的小孩來說，她有絕佳的專注力，」或「她是個固執的小孩，」或是「別隨便答應她什麼，她記性好的不得了——一定會逼你兌現。」阿特米絲探索新疆域的嗜好，在她能抓著娃娃車站立、踏出圍欄並進入廣大的世界時，便已經開始了。

阿特米絲對她的信念與原則具有強烈的執著。在她展開一系列撥亂反正的運動前，她便已為弱小者辯護，慷慨激昂地主張「那不公平！」。在重男輕女——男孩擁有較多特權或可以少做點家事——的家庭長大的阿特米絲型女孩，不把這種不平對待視為「理所當然」。從這位要求平等待遇的小姐妹身上，我們便可看到一位正在萌芽成長中的女性主義者。

雙親

一個能放心追求人生目標、對自己的存在感到滿意，並對身為女性感到幸運的阿特米絲女性，通常會得到像充滿關愛的樂托與提供包容支持的宙斯這樣的角色所協助，讓她「實現」她的阿特米絲潛能。阿特米絲型女性能不畏競爭與成就，來自於父親的認同非常重要。

許多支持女兒的父親會跟宙斯一樣，送女兒她想要的「禮物」以幫助她做她想做的事。這些禮物可能是無形的：比如與女兒共同的興趣，或看出女兒與自己相似之處，並鼓勵她去發展。也可能是特別的課程與器材這種具體的禮物。例如，網球冠軍克里斯・艾芙特（Chris Evert Lloyd）[5]便接受她擔任職業網球選手的父親吉米・艾芙特（Jimmy Evert）訓練。在她六歲時，吉米・艾芙特便送她一把她專用的網球拍。

如果阿特米絲型的女兒擁有一對非傳統的雙親，她的生活便和在奧林帕斯山截然不同——因為

5　譯註：克里斯・艾芙特（Chris Evert Lloyd），美國前職業女網單打冠軍。其職業生涯中共獲十八次大滿貫賽單打冠軍，包括七次法國網球公開賽冠軍紀錄保持人與六次美國網球公開賽冠軍共同紀錄保持人（與塞雷納・威廉絲〔Serena Williams〕紀錄平手）。她與綽號女金剛的捷克職業女網選手瑪蒂娜・娜拉提洛娃（Martina Navrátilová）縱橫一九七〇與八〇年代的世界網壇。（來源：Wikipedia）

希臘神話裡沒有可與之對應的人物。當雙親彼此平等並共擔家務，且各自有其事業，阿特米絲的女兒便擁有一個容許她珍惜並發展自己特質的成長模範。此外，她能夠自然隨興的行事，而不用覺得這些特質與母職或人際關係不相容。

當父母苛責或排斥阿特米絲型女兒不像他們心中女兒該有的樣子，問題就來了。一個想要乖巧聽話的寶貝女兒的媽媽，如果生了一個活潑、「不受管束」的孩子，可能會對孩子感到失望、或被她拒絕。一個期望女兒總是跟在身邊、向她求助，並順從地認同「媽媽最懂了」的母親，如果生了一個阿特米絲型的女兒，會發現她這些期望不可能實現。即使才三歲大，這個「獨立小女孩」也不想跟媽媽待在家裡；她寧願跟大小孩們一起在外面玩。她也不會喜歡穿花邊洋裝或對媽媽的朋友們裝可愛。

當長大一點後，阿特米絲型女性想做的事必須取得雙親同意時，可能會遭到反對。如果男生可以做的事，她卻「只因為是女生」而不能做，她便會大聲抗議。如果抗議無效，她也可能憤恨不甘地休兵。反對與不贊成會傷害她的自尊與自信，特別是如果她所仰慕的父親批評她不像淑女、或從不把她當作「他特別的女孩」來對待，並對她的想法、能力或志向表示輕蔑或嗤之以鼻。

我在臨床工作中，便聽到當這類父親反對他們的阿特米絲型女兒時所發生的狀況。常常女兒仍表現出不屈服的樣子，實際上內心已受了傷。她外表堅強、一付不受他人想法動搖的姿態，並一直維持到她能獨立自主的時候。這種後果的嚴重性輕重不一，但都依循著一個模式：那就是造成女性對自己的能力感到矛盾，且經常自己貶抑——她最大的敵人來自於自我懷疑。儘管表面上她成功地反抗了父親限制她志向的權力，但同時她也將父親對她的批判態度吸收到心裡。她在內心深處與低落的自尊掙扎，面對新的機會表現猶豫，成就比不上實際她的能力所及，甚至在功成名就之後，她依然感到自己不夠優秀。這個模式是家庭與文化重男輕女、對女性角色刻板期待下的產物。

一位參加我研討會的阿特米絲型女性說，「我媽媽要的是波賽芬妮（聽媽媽話的小女孩），我爸要的是一個兒子。結果他們生下的是我。」有些阿特米絲型女兒的母親，也會排斥或批評女兒追求她們所不認同的目標。通常她們的女兒不會就此放棄，但這仍然削弱她們的信心。不過，來自母親的負面力道，通常比不上來自於具有較多權威的父親所施加的壓力。

阿特米絲型女兒們另一個普遍的母女問題，發生在她們與自己眼中被動又軟弱的母親的相處上。她們的母親很可能因酒精或糟糕的婚姻、或不成熟所害，有抑鬱問題。在這種組合下的阿特米絲型女兒，在描述她們與母親的關係時會說：「我才是家長。」與她們進一步交談之後，便會帶出她們內心當中對母親不夠堅強和自己不夠強大以改變母親，所感到的人生憂傷。雖然阿特米絲女神總能幫助她的母親樂托，但是阿特米絲型女兒們解救母親的努力常以失敗告終。

對懦弱母親的貶低與不尊重，強化了阿特米絲型女兒們的處女神特質。她們決意不要變成自己的母親，壓抑了自己心中的依賴感、避免表現出脆弱的一面，並決心成為獨立自主的人。

當阿特米絲型女兒對她扮演傳統女性角色的母親喪失尊重，她同時陷入困境。在拒絕認同自己母親的同時，會發現她通常也拒絕認同一切被視為女性化的特質——柔軟、接受性強，以及結婚生子的傾向。她為自身的匱乏感深受煎熬——但這次是為自身的女性認同感到掙扎。

青春期與青年時期

阿特米絲女孩天生便是競爭者，具備求勝的毅力、勇氣與意志力。為了達成目標，她會逼自己發揮至極限。她可能是個女童軍——健行、攀岩、露宿、騎馬、砍柴生營火，或像阿特米絲一樣成為專業射箭選手。阿特米絲在青少女時期「愛馬成癡」，她的世界全繞著馬轉。電影《玉女神駒》（*National Velvet*）裡的女主角便體現了典型的青春期阿特米絲。

青春期的阿特米絲是個具獨立與探索精神的女孩。她冒險進入森林、攀登山丘，或好奇一個又一個的街區上都有些什麼東西。「別限制我」和「別惹我」是她的口頭禪。跟其他同齡女孩比起來，她不太順從也不容易妥協，因為她對取悅別人沒興趣而且很清楚自己要什麼。然而，這種特質最終必然會讓她反受其害：別人可能會認為她「死硬」、「固執」和「沒女孩的樣」。

當她離家上大學，阿特米絲型女性特別享受獨立帶來的興奮感，以及所有她感興趣的事物帶來的挑戰。她通常會找一個與她有共鳴的團體來「打交道」。如果她有對政治的偏好，可能會競選公職。

如果她熱衷於體能健身，她可能一天跑好幾公里，陶醉於自己的體能與優雅，享受跑步時沈靜的心境。（凡是我遇過能夠跑完全程馬拉松的女性，都具有阿特米絲這種結合高度的專注力、競爭心，與意志力以完成任務的特質。）

從女性滑雪選手身上，我們也可發現阿特米絲的特質。她們憑藉本能規劃從山坡下滑的路線，無論是身體的姿態或是心理上的狀態始終保持向前衝刺，在艱難的挑戰中毫不遲疑地向前滑行。

事業

阿特米絲型女性將心力投注在對她個人有價值的事上。她受到競爭所鼓舞且（在一定程度上）不畏反對。投身於助人事業或法律領域的阿特米絲型女性，通常擁有一個影響她此決定的理想。如果進入商場，她可能先從她所信賴的產品開始，或是一個有助她實現目標的產品。如果從事創意工作，她很可能是在表達個人的視野。如果投身政治，她會是某種理想的倡議者，且通常與環保或女權議題有關。如果她發揮所長而得到回報，世俗的成就——名氣、權力，或金錢——可能會降臨於她身上。

不過，許多阿特米絲型女性所追求的興趣並無商業價值可言，不會帶來事業或讓名譽大增或口袋賺飽。有時恰與此相反，因為這興趣對她個人非常重要或太過與眾不同、極端地費時耗力，可說是成功希望渺茫，且必然會讓她失去人際關係。但這項追求本身，會使得這位女性內在的阿特米絲得到意義與滿足感。例如，一個無望理想的擁護者、不被賞識的改革者，荒野中無人理會的哭喊聲，很可能便來自阿特米絲型女性，或是在毫無商業成就之下仍創作不懈的藝術家。（就藝術家的例子而言，阿芙蘿黛蒂對創造力與主觀體驗的影響，在此與阿特米絲原型一起結合。）

由於阿特米絲型女性不按傳統行事，與內在自我或他人的衝突常阻礙她的努力。例如，若家人認為她的志向不符合作為女兒的這個身分，她想做的事可能會「被禁止」。她想從事的事業選擇，很可能直到最近才開始對女性開放。如果她是位「生不逢時」的女權主義者，她可能被重重阻礙與孤立無援所擊倒，其阿特米絲原型的精神可能也被粉碎。

與女性的關係：姐妹情誼

阿特米絲型女性對其他女性具有相繫相連的感受。就像阿特米絲女神身邊環繞著精靈為伴，阿特米絲型女性非常重視她們與其他女性間的關係。這個模式早在小學便出現。她們會有無所不談的「最好的朋友」，而這樣的友誼常持續數十年之久。

在職場中，阿特米絲型女性很容易便與「老女孩俱樂部」（old girl networks）[6]結盟互助。支持女性團體、其他女性間組成的人際網絡，並且指導所屬領域中的年輕女性，都是姐妹原型的自然表現。

不與團體結盟、採個人主義立場的阿特米絲型女性，也幾乎都會支持女性權益。這立場可能反映了她們與母親之間的親近關係，促使她們意識到女性在社會上的地位，並對她們產生同情。或者，這立場可能和她們母親自己未能實現的人生志向有關。許多阿特米絲型女性在一九七〇年代所從事的工作與扮演的角色，都可能是她們的母親曾經想望卻無法實現的事物。她們母親的青年時期正值二次大戰後的嬰兒潮，當時的時代氛圍並沒有阿特米絲表達的空間。一位阿特米絲型女性的背後，經常有位支持她的母親，為身為女性主義者的女兒喝采。

基於天性，大部分的阿特米絲型女性都具女性主義傾向——女性主義主張的理想特別引發其共鳴。一般來說，阿特米絲型女性視自己與男性平起平坐；她和男人共同競爭，並常覺得自己受刻板印象限制所扮演的角色根本莫名其妙。要她隱藏自己的能力——「別讓男人發現妳很聰明」或「讓男人贏（網球賽常用的說法；Let the man win）」[7]——違背她的本性。

性

阿特米絲型女性可能與其女神原型一樣終身處女，她的性慾可能始終未開發或未表達。但這種現象在這個時代應屬稀少。較可能的情況是，基於她探索與冒險的天性，阿特米絲女性在成年時早已具有性經驗。

阿特米絲女性在性的表現可能類似傳統中以工作為重的男性。人際關係對這兩者都屬次要。他們將人生的重心放在事業、創造性的計畫或理想上。性則屬於休閒活動或肉體經驗——而非出於親密的情感與承諾（這是赫拉會有的動機）的身體表達，也不為了表達她深邃的感官情慾的本能（阿芙蘿黛蒂則有此需要）。

如果她是女同性戀者，阿特米絲通常會是女同性戀者社群或網絡中的一員。雖然不論是異性戀或同性戀，阿特米絲型女性皆會與女性友人建立強烈與重要的關係，同性戀的阿特米絲型女性會把親密性行為視為友誼的另一面向，而非彼此關係存在的理由。

同性戀的阿特米絲型女性可能會有位與她相仿的戀人，一段幾乎是雙胞胎間的關係，或者，她可能被像是精靈一般、比她更溫柔、更「女性化」，且性格較不鮮明的人所吸引。在這方面，她和與之性格相仿的男性一樣，會避開被「家長式」的伴侶掌控或限制的關係，也會避開被期待要扮演

6　譯註：所謂「老女孩俱樂部」（old girl networks）是「老男孩俱樂部」（old boy network）的女性版，泛指來自同背景（教育、學校、專業或財富背景）的女性形成的一種人脈系統。「老男孩俱樂部」（old boy network）最初是富有的男性寄宿學校或高等教育畢業生專屬的權勢與人脈組織。

7　譯註：「讓男人贏」（Let the man win）原用語為「讓表現最好的男人贏」（Let the best man win）。

父母角色的關係。

婚姻

青年時期的特米絲型女性心思都被工作與理想佔滿，通常不會想到婚姻。此外，「安頓下來」對總在移動中的阿特米絲而言毫無吸引力。如果她是個有魅力又受歡迎的女性，那她也不乏遊戲人間與各類男性交往的經驗。她很可能早就與某個男性同居但不願意結婚。她可能保持未婚。

如果她結婚，伴侶通常會是她的同學、同事或是競爭者。她的婚姻通常具平等的特性。在今天的社會，一旦結了婚，她可能會選擇保留自己的姓氏，而不冠夫姓。

與男性的關係：兄弟情誼

阿特米絲女神有個孿生弟弟阿波羅，也就是多才多藝的太陽神。太陽神是阿特米絲的男性對應面：城市是阿波羅的領域，荒野則歸阿特米絲所管；阿波羅掌管太陽，阿特米絲則負責月亮；阿波羅統轄被馴化豢養的動物，阿特米絲則管理野生動物；阿波羅是音樂之神，阿特米絲則是山間繞圈歌舞的靈感來源。作為第二代神祇，阿波羅屬於兒孫輩而非父執輩。一方面，他與理性及律法相關。另一方面，作為預言之神（他的女祭司在戴爾菲進行預言），他亦與非理性相關。阿波羅跟他姊姊一樣為陰陽同體（androgynous）：兩人都具備某些常被歸類為屬於另一性別的特質與興趣。

阿特米絲－阿波羅雙生關係的模型，常見於阿特米絲型女性與男性的關係中——不管是朋友、同事或丈夫。此外，阿特米絲型女性常被具有美感、創意、療癒性或熱愛音樂這一面的男性所吸引。他可能在助人的專業或創意領域工作。這男性會跟阿特米絲型女性一樣聰明，興趣相同或互補。珍．芳達（Jane Fonda；演員、社會運動家及健身提倡者）與她先生湯姆．黑登（Tom Hayden；民主黨政治人物）間的婚姻關係，便是阿特米絲－阿波羅關係的例子之一。

阿特米絲型女性不喜歡支配欲強的男性，也對「我是泰山，妳是珍」[8]這種伴侶關係毫無興趣。她對母子關係也不感興趣。她會避開堅持成為她生活重心的男人。心理上她自信獨立，就跟她實際上是女神一樣，要她委屈扮演「小女人」的角色，她覺得簡直可笑。

阿特米絲－阿波羅的關係常與戶外活動嗜好密不可分。他們倆可能都滑雪、跑步，並熱衷健身。如果熱衷戶外的阿特米絲型女性無法與伴侶分享背包旅行、滑雪，或任何她希望與伴侶一起從事的活動，她會覺得喪失了親密關係中最重要的元素。

這樣的阿特米絲－阿波羅關係可能成為無性生活的友誼式婚姻，彼此是對方最好的朋友。例如，有些阿特米絲型女性甚至和同性戀男性結婚，並珍惜彼此在這樣的關係裡給予對方的陪伴與獨立。即使前夫愛上其他女性而離開他們兄妹般的婚姻關係，阿特米絲型女性仍可能與對方維持好朋

8 譯註：泰山（Tarzan）為美國科幻小說家愛德加．萊斯．波洛斯（Edgar Rice Burroughs）筆下的主角，首次出現在一九一二年以《人猿泰山》（Tarzan of the Apes）為名的小說，刊登於通俗刊物《故事雜誌》（*All-Story Magazine*）。男主角泰山自幼失去雙親由人猿撫養長大，被訓練在叢林中生活，力大如野獸，並成為優秀獵人。之後他在林間發現雙親的小屋，自學英文但不會說。二十一歲時泰山與遇到人類探險隊，其中十九歲的珍（Jane Porter）為他之後的妻子。泰山一系列小說推崇的，首先是男性的陽剛體能，接著是男性天性優越的智力——泰山到了城市，展現他「過人智力」，短短數天便學會數國語言。而泰山本人更是白種上層階級者的後裔。故事的描述方式，亦被批評緊扣二十世紀初美國白種男人的意識形態：嚴重的種族主義、性別歧視與白人至上意識形態。

友的關係。

阿特米絲型女性的婚姻中若有深刻與重要的性元素存在，就需要另一個女神——阿芙蘿黛蒂——的影響。而她在婚姻中能夠維持單一配偶、忠誠的關係，她身上也必須有赫拉的蹤跡。沒有另外這兩位女神的現身，阿特米絲－阿波羅的婚姻組合很容易成為一種兄妹情誼。

除了平等的伴侶關係，阿特米絲型女性第二種常見的親密關係模式，便是與栽培她們的男性交往。這樣的男性讓她們「有家的感覺」。他教她體貼並對感受變得敏感。常常他也是那個希望他們之間能有孩子的人。

阿特米絲型女性若踏入彼此不合適或不夠互補的伴侶關係，常會重演早期父女間的衝突。這類丈夫會不支持她的志向，削弱她自信並批評她。就與她對父親的反應一樣，她會表現出抗拒，並且繼續自己的事業。但她自尊要不是已經受到損害，就是她的精神因為飽受打擊，讓她終究順從了丈夫對她的想法。

或者，就像阿特米絲與歐瑞恩的神話，阿特米絲型可能愛上一個和她一樣能力高強的男人，卻無法在相處中放下好勝的個性，而扼殺了兩人之間的親密關係。如果男方獲得了外界肯定，她不僅不為他感到開心，反倒怨恨他的成就並想辦法糟蹋它，這種好勝心會侵蝕他對她的愛。不然，也可能是男方的競爭心扼殺了她的愛。例如，男方可能把阿特米絲型女性的成就視為超越了自己，而無法接受。如果雙方無法停止這種相互較量的心態，在相處過程中任何挑戰的出現——從滑雪賽到玩撲克牌（gin rummy）——都可能變成一場殊死戰。

那些視阿特米絲為「我的菜」的男人，常因彼此彷彿一對雙胞胎或志趣相投，而被這樣的女性吸引——她就像女版的自己。或者，他們可能被她獨立、自信的精神與意志力所吸引，而這些可能是他們自己尚未開發出來的特質。或者，他們把她當作心中理想的純潔形象，而受到吸引。

雙方間的「類似性」這個母題是最普遍的吸引力基礎。男性被女性版本的自己所吸引：一個與他旗鼓相當、他能與之自然相處的人，一個當他追逐挑戰時，能站在他這邊支持他的人。

當男性在阿特米絲身上看到自身所未發展出的、令人欽佩的特質，通常是被她堅強的意志與獨立精神所吸引。她身上那些被普遍視為「不女性化」的特質，反而讓男性把她拱的高高在上。對男性而言，她的美麗來自於她的堅毅。他所理想化的女性，接近神力女超人（她被冠上了阿特米絲的羅馬名——黛安娜）。

在我兒子八歲時，我無意中聽到他的朋友欽佩地談論一位女孩的英勇事蹟。在他眼中，他的女友既直率又勇敢，他總能仰賴她為他解圍：「只要有人惹我，我就打電話給她，她馬上就會來幫我。」作為一名精神科醫師，我在視阿特米絲型為理想女性形象的男性口中，聽過他們以同樣充滿仰慕之情的語氣、且都一樣有幸有她為伴的驕傲，談論著他們心愛女人的成就。

第三種男性則受阿特米絲的純潔、她的處女之身與她與原始自然的相同之處所吸引。這種吸引力，表現在希臘神話中的希波利圖斯（Hippolytus）身上：一名為了阿特米絲而決意終身保持獨身的英俊青年。他的忠貞冒犯了愛之女神阿芙蘿黛蒂，為此她讓他經歷一連串不幸的遭遇——我將在阿芙蘿黛蒂那一章詳細討論這神話。這類受阿特米絲般純潔女性所吸引的男人，對赤裸的感官性慾感到厭惡。他們和年輕的希波利圖斯一樣，可能正處於青春期的晚期或是青年時期，並可能仍是處男。

小孩

阿特米絲型女性不是大地之母類型的人，懷孕或哺乳嬰孩無法滿足她。事實上，對於偏愛擁有運動員般優雅的、或男孩般體態的阿特米絲型女性來說，懷孕可能是令她厭惡的事。她不具有強烈的母性本能（這點需要狄米特原型在場）。但她喜歡小孩。

當阿特米絲型女性有了自己的孩子，她通常是個好媽媽——就像她所象徵的母熊一樣。她是那種會培養孩子獨立精神的母親，她教導孩子們自立求生，但也會挺身捍衛他們。有些阿特米絲型女性的小孩相信，母親會為他們奮戰至死。

阿特米絲型女性不在意自己沒生小孩，而把她們身上特別的母性能量——類似年輕阿姨的那種母性——用在別人的小孩身上。作女童軍顧問、後母，或是成為「美國大姐姐」協會（Big Sisters of America）的成員，都提供了這種機會。跟阿特米絲一樣，她們會藉由這些角色守護那些即將成為女人的女孩們。

阿特米絲型母親不會緬懷孩子們還在襁褓或蹣跚學步的嬰幼時期。相反的，她們期待孩子們能變得更加獨立。活潑又喜歡探索的男女生，會發覺他們的阿特米絲型母親是充滿熱誠的夥伴。阿特米絲型母親樂於看到小孩帶著水塘中抓到的蛇回家，也喜歡和孩子們一起露營或滑雪。

一旦阿特米絲型母親有個被動且依賴他人的小孩，問題就來了。太早培養這樣的小孩獨立，可能讓加重他的依賴心。小孩可能會感到被拒絕、或是表現得不夠好，達不到他或阿特米絲型母親心中的標準。

中年時期

三十五至五十五歲之間的阿特米絲型女性，若生命裡不具任何其他女神的面向，可能面臨中年危機。阿特米絲原型與以目標導向、一心一意追求個人選擇的年輕女性精神十分相配。但是到了中年，情況則有所改變。能讓她探索的「未知荒野」變少了。此時的她，要不是已達成人生追求的目標，進入平穩的停滯狀態，要不就是功敗垂成。

中年的阿特米絲型女性，也可能因受到更多月神、而非狩獵女神那一面的影響，而變得內向，展開一段內省時期。更年期的幻想與夢境，可能促使一位外傾的阿特米絲型女性轉往內傾。在這段內在的旅程中，她面對自己過往的「幽靈」時，常會發現被她忽略已久的感受與渴望。更年期這種向內探索的動力，經常與赫卡蒂這位代表暗月、幽靈與神祕女神的老婦人（crone）有關。赫卡蒂和阿特米絲皆為活躍地表的月神。兩位月神間的關係，表現在上了年紀的阿特米絲身上，此時的她懷抱年輕時的冒險精神，探索心靈、心理與精神領域。

晚年歲月

女性在晚年仍持續保有她的阿特米絲特質是很正常的事。她青春洋溢的活動力從不停歇。她不會就此安定下來；她的腦袋或身體——通常是兩者兼有——隨時在運轉著。她成為探索新計畫或異國的旅人。她對年輕人仍然友善親近，並保有年輕的思路，這讓她即使步入中老年紀，也不會感到自己「中年化」或「老了」。

本地北加州有兩位知名女性彰顯了阿特米絲這種特質。一位是自然教育家伊莉莎白・特威立哲

（Elizabeth Terwilliger）[9]：年屆七十的她，仍帶領學童們走入原野、森林、溪流與山間。她會因眼尖發現一朵半隱在樹根旁的稀有蕈類而興奮不已，或高高捧起一條美麗的蛇，出山丘邊可食用的植物，並把礦工生菜（miners' lettuce）[10]遞給大家輪流嚐。一直以來，她將她的熱情分享給一代又一代的孩子，還有接受力強的大人們，讓他們愛上大自然的奇蹟。

另一位精神矍鑠的高齡阿特米絲型女性，則是熱衷於探索人性的蘭西絲．霍恩（Frances Horn）。她在七十歲時取得了心理學博士學位；在七十五歲時，她出版自傳式的作品《我要一個東西》（*I Want One Thing*），[11]其中記述了她個人的探索，並記錄她所發現的那些具亙古價值的事物。美國最有名的女性藝術家喬治亞．歐姬芙（Georgia O'Keeffe），即便在九十高齡，她仍一如往常持續彰顯阿特米絲特質。她對狂野的美國西南方充滿熱愛，而且與阿特米絲之間有著精神上的連結，再加上強烈的個人抱負使她得以實現人生目標。歐姬芙曾說過：「我一直都知道自己要什麼——大部分人並非如此。」[12]她自忖她的成功可能和她強勢的個性有關，這讓她總是「緊抓住眼前她想要的一切。」特質上有如阿特米絲般的歐姬芙顯然目標明確，且成功達到目標。

一九七九年，在藝術家朱蒂．芝加哥（Judy Chicago）結合陶瓷器皿與刺繡、向史上三十九位女性致敬的裝置作品「晚宴」（*The Dinner Party*）裡，歐姬芙是其中唯一在世的女性。代表歐姬芙的盤子，自桌面升起的高度甚於其他的盤子——在芝加哥的眼裡，這象徵了歐姬芙「幾近成功獨立自主的志向。」[13]

心理困境

阿特米絲女神自由選擇她的夥伴、漫遊她嚮往的原野，做她想做的事。阿特米絲和其他受過苦難的女神不同，她從未受苦。但她會傷害冒犯她的人，也會威脅那些受她保護的人。同樣地，跟阿特米絲型女性有關的那些典型的心理困境，通常是把痛苦加諸於他人，而非為她自身帶來苦痛。

認同與阿特米絲

可以像「阿特米絲般」追求既定的目標或為自己的工作而活，能夠讓阿特米絲型女性感到滿足，不會感到生命中有所匱乏，特別是當她能將大部分精力投注於對她深具意義的事情上時。她可能過著忙碌的生活，並且樂在其中。有個固定的「據點」對她而言不是必要的事。不論是否有來自家庭或社會的壓力，婚姻與小孩對她而言也非迫切需求，除非她同時具有強大的赫拉與狄米特原型。儘管少了親密與忠誠的情感關係，她卻會和男女友人們擁有持久的手足情誼，也能享受與他人

9 譯註：伊莉莎白・特威立哲（Elizabeth Terwilliger, 1909-2006），為活躍於美國加州馬林郡的環保運動人士與教育家。

10 譯註：礦工生菜（miners' lettuce），生長於北美洲的一年生水卷耳科植物。加州掏金熱時期，因礦工常食用此以預防壞血症，而有礦工生菜這個俗稱。

11 原註：Frances Horn, *I Want One Thing* (Marina del Rey, Calif.: DeVorss), 1979.

12 原註：Laurie Lisle, *Portrait of an Artist: A Biography of Georgia O'Keeffe* (New York: Washington Square Press/Pocket Books/Simon & Schuster, published by arrangement with Seaview Books, 1981), p. 436.

13 原註：Lisle, p. 430.

的孩子作伴。對阿特米絲的認同，形塑出了女性的性格。她需要挑戰並且投入能帶來個人成就感的興趣。否則一旦阿特米絲的原型受阻，找不到適切的表達途徑，這會使阿特米絲型女性感到挫折，最終導致她感到抑鬱。這是二次大戰後的嬰兒潮期間，許多阿特米絲型女性所面臨的處境：她們試圖適應受限的角色卻失敗。若我們回想阿特米絲女神能對他人造成多大的傷害，便不難理解女性對阿特米絲在無意識中所感到的認同，有可能表現在她傷害他人的行為上。以下的段落列舉出了這些潛在的負面特質。

鄙視脆弱

只要是阿特米絲型女性身上還有所謂「追求」的成分存在，她就可能對男人感興趣。但對方若在情感上變得太親近、想要和她結婚，或變得依賴她，「狩獵」的興奮感會就此告終。此外，如果男方因需要她而表現出「軟弱」的一面，她可能因此而失去興趣或對他不屑。因此，只要男人能在情感上保持一定距離，又並非總是有空，阿特米絲型女性便可能擁有一連串不錯的關係。當女性認同處女神中「自我完整」的特質，並否認自身的脆弱與對他人的需要時，便會出現這種行為模式。要改變這點，她需要發現，來自另一個特別的人的愛與信任對她而言是很珍貴的。

在那之前，她在男人的眼中就像是美人魚：其中一半，是位美麗的女子，另一半的她，則有如非人般地冷酷無情。對於具有處女神這種面向的女性們，榮格分析師艾斯特・哈汀提出了一些觀察：「月亮的冰冷與女月神的無情，象徵了女性本質中這個面向。儘管缺乏溫暖且冷酷無情，或許一部分也是基於這種淡漠疏離，女性身上這種不帶個人感受的情慾特質經常吸引男性。」[14]

而阿特米絲型女性對愛她的男性一但失去興趣，會變得很殘忍。她可能會斷然拒絕他，並視他為不受歡迎的入侵者。

毀滅性的憤怒

阿特米絲型女神具有野豬所象徵的摧毀性的一面，野豬是屬於她的神聖動物之一。在神話中，她一旦遭受冒犯，便會放出卡立敦野豬（Calydon Boar）任其肆意踐踏田野。

就如《包芬雀的神話》（*Bullfinch's Mythology*）中所描述的，「野豬的……眼中閃著血光怒火，牠豎起的豬鬃有如駭人的尖銳長矛，獠牙長如印度象。玉米田被踐踏，葡萄藤與橄欖樹被夷為平地，牛羊們被瘋狂屠殺的牠驚嚇狂奔。」[15]這幅瘋狂掃蕩的大破壞景象，正是對阿特米絲型女性怒火的隱喻。

阿特米絲的怒火唯有赫拉能凌駕其上。不過，這兩位女神感受上的強度雖類似，她們發怒和大動肝火的對象卻不同。赫拉型女性的怒火會指向「另一個女人」。阿特米絲型女性則更可能因某個男人或某些男人們全面地貶低她，對她重視的事物不加尊重，而感到憤怒。

舉例來說，一九七〇年代由於女權運動所形塑成的女性意識的提升，一般而言帶動起了建設性的改變。但隨著眾多阿特米絲型女性意識到社會中對女性普遍不平的限制與貶抑態度，她們的反應

14　原註：M. Esther Harding, *Woman's Mysteries* (New York: Bantam, 1973), p. 140.

15　原註："Meleager and Atalanta," in Bullfinch's *Mythology* (Middlesex, England: Hamlyn, 1964), p. 101.

也充滿敵意，其激烈之程度經常遠超過了實際觸怒她們的狀況。二十世紀七〇年代初期，當阿特米絲的卡立敦野豬與男性至上主義的沙豬狹路相逢時，識相的旁觀者會趕緊讓道給前者！此外，阿特米絲型女性在受了意識提升的洗禮後，橫衝直撞大肆破壞的同時，其實也「蹂躪」並傷害了許多女性。

在卡立敦野豬的神話中，曾與希波梅涅斯（Hippomenes）[16]賽跑的女英雄亞特蘭塔（Atalanta），手持長矛面對迎面衝來的野豬。這頭野豬已頂撞刺死了一堆要殺他的著名英雄。牠的皮比盔甲還堅韌。現在這一切只能靠亞特蘭塔解決：要是殺了牠，就是等著被消滅。亞特蘭塔小心瞄準，耐心等野豬幾乎要碰到她時，她擲出長矛一舉射穿牠一隻眼睛（那是這頭野豬唯一的弱點）。

阿特米絲原型女性毀滅的怒火，唯有亞特蘭塔的行動能夠制止她。阿特米絲型女性必須與她的破壞性正面對決。她必須將之視為自己性格的一面，並在這怒火吞噬她、毀掉她一切關係前加以阻止。

面對內在的野豬需要極大的勇氣。因為這意謂這位女性必須認清，她在自己與他人身上造成了多少傷害。她將不再感到自己是正義與強大的。謙虛給她的教訓會讓她回歸人性——她開始清楚意識到，自己不過是一個有缺陷的人類女性，而非復仇女神。

難以親近

阿特米絲曾被喚作「遙遠的阿特米絲」[17]。情感距離是阿特米絲型女性的一項特徵；她如此專心一意的投入個人目標，乃至於疏忽身邊人們的感受。這讓在乎她、關心她的人，感到不受重視及被冷落，導致他們受傷或對她感到氣憤。

要強調的是，她得先對這些有所自覺才可能改變。在這方面，阿特米絲女性需要聆聽並真正聽見他人所說的話。相對的，他人最好等她不再投注於某個興趣上，能夠把焦點放在他們身上時，再和她交談。（若他們選在她專心於手邊事物時談事情，那摩擦是免不了的，除非這位阿特米絲型女性對自己的行為已有自覺，並感激別人提醒她這類行為的復發。）阿特米絲是「忽隱忽現」的女神，就如在我們眼前的野生動物常在瞬間消失一樣，她真的會就此消失在森林中。情感距離是因為極度專注而在無意間所造成的結果，但若她真心渴望與重要的人保持聯繫與接觸，這會有助於她緩解這種傾向。這可做為日常的補救措施，也適用於定期發生的「失蹤行為」上。

無情

阿特米絲常是冷酷無情的。例如，不小心闖入她沐浴間的獵人阿克提恩，連盯著裸體的女神是死罪的常識都沒有。阿特米絲因此把他變成一頭公鹿，讓他被自己的獵犬碎屍萬段。而自負的奈厄比羞辱阿特米絲和阿波羅的母親樂托時，這對雙胞胎隨即殘忍的報復，以捍衛母親的名譽。

對惡行憤慨、對人忠誠、勇於表達自己立場，以及行動力強，這些都是阿特米絲女神及女性的

16 譯註：希波梅涅斯（Hippomenes）為希臘神話中亞特蘭塔的丈夫，相關的神話內容見本章後續。

17 原註：本節內容依據華特．F．歐托對阿特米絲的描述而提出，1979。

優點。但她們殘忍的懲罰手法令人驚恐：奈厄比的十二個孩子全被阿波羅和阿特米絲殺光，讓她再也沒任何東西可吹噓。

不留情的局面，常在阿特米絲女性以非黑即白的立場來評斷他人行為時出現。在這種狀況下，不僅行為本身只有善與惡兩種極端，做出該行為者本身的判斷也是如此。因此，進行報復的阿特米絲型女性會認為自己是正當的。

要改變這種態度，她需要培養同情與同理心，這可能伴隨她性格的成熟而一併出現。許多阿特米絲型女性成年後，常感到自信與無懈可擊。但人生經驗可能增長她們的憐憫之心，因為她們也會受苦、被輕視，或是失敗。阿特米絲型女性若能學著體會脆弱感並懂得如何善解人意，如果她發現人們其實比她想像要來得複雜，如果她學會原諒自己和他人所犯的錯，那麼這些從生活中學到的教訓，會讓她變得更仁慈。

重要抉擇：犧牲抑或拯救伊菲珍妮亞

和阿特米絲有關的最後一個神話，談的是阿特米絲女性的重要抉擇。這便是伊菲珍妮亞（Iphigenia）的神話，而阿特米絲的角色所做出的決定，一是讓她成為伊菲珍妮亞的救星，二則是變成了伊菲珍尼亞的死因。

在特洛伊戰爭的故事裡，希臘船隻出發前往特洛伊城之前，結集在希臘的奧利斯港。因無風可揚帆，船隊只好在此停滯。希臘軍隊的指揮官阿加曼儂（Agamemnon）認定這是由某個神祇造成，便諮詢隨行的先知。先知宣稱因阿特米絲受到冒犯，只有犧牲阿加曼農的女兒伊菲珍妮亞才能化解。一開始阿加曼農不願意，但隨著時間的拖延，他的手下開始變得越來越憤怒與蠻橫，他便欺騙太太克萊特涅絲特拉（Clytemnestra）說，他要將女兒嫁給希臘英雄阿奇里斯（Achilles），讓她將伊菲珍尼亞帶到他這裡。其實伊菲珍尼亞即將被獻祭，以換取船隊能一帆風順地前往戰場。

接下來的情節有兩種版本。在第一個版本中，伊菲珍妮亞被按著阿特米絲的要求犧牲性命。在另一個版本裡，阿特米絲在獻祭開始時出手相助，以一頭公鹿換掉伊菲珍妮亞，並將她帶到陶里斯（Tauris）成為阿特米絲眾多的女祭司之一。

這兩種結局代表阿特米絲原型兩種可能的作用。一方面，她將女性與陰性價值從貶抑或壓抑這兩者的父權手中拯救出來。另一方面，由於她強烈聚焦於目標的專注力，她也會要求女性犧牲或貶低傳統上被視為「女性化」的特質——那些包容、滋養、能與人連結，願意為人犧牲的特質。

每個阿特米絲型女性身上，可能有一部分就像伊菲珍尼亞：美麗、年輕，與信賴他人，這代表她的脆弱、潛在的親密性與依賴他人的那一面。當她在人生中朝向對自己有意義的目標前進時，是否仍會拯救並保護自己這個面向，使之有機會成長呢？或者，她會切割自己的伊菲珍妮亞這一面，以便盡可能保持專注、堅定與清晰呢？

成長之道

要超越阿特米絲原型，女性必須發展她較不自覺、包容、關係導向的潛能。她要能夠變得脆弱，並且學著深刻地愛與關心另外一個人。若這件事發生了，很可能是發生在一段感情中——通常是與愛她的男人，有時是和另一名女性，或是因生了小孩而發生的。

這種進步，通常只有在阿特米絲型女性「精疲力盡」後才會發生，這可能是在她達成了一連串的目標或者一敗塗地之後，或是當狩獵、比賽或追逐的刺激感開始乏味了。愛上她的男人可能要等到此時才有機會，或是要等到阿芙蘿黛蒂願伸出援手。

亞特蘭塔神話：心靈成長的隱喻

亞特蘭塔是一位女英雄，身為一名獵人與跑者，她的勇氣與能力與男人不相上下。[18]她出生後便被丟棄在山上，一頭母熊發現並哺育她，她長大成為一名美麗的女子。獵人梅利艾格（Meleager）成為她的戀人與同伴。這對有如雙胞胎相似相知的夥伴成為希臘聞名的狩獵者，特別是他們獵殺卡立敦野豬的事蹟。不久之後，梅利艾格死在她的懷裡。亞特蘭塔便離開他們曾共遊的山林，面對她的父親並被承認為其王位繼承人。

之後，眾多的追求者皆前來想贏得她芳心，但她都看不上。當群眾叫囂要她非得從中選出一名男人做為丈夫時，她說她只嫁給能夠在賽跑贏過她的男人。若對方勝利，她便和他結婚；反之，這男人就得死。在一場又一場的比賽中，敏捷的亞特蘭塔總是領先。

最後，深愛她但沒有運動細胞的希波梅涅斯，明知自己可能因此喪命仍決定參賽。比賽的前一夜，他向愛神阿芙蘿黛蒂祈求幫助。阿芙蘿黛蒂聽見了他的請求，賜給他三個金蘋果，讓他在比賽中使用。

第一顆蘋果：對時間消逝的意識。比賽一開始，希波梅涅斯便將第一顆蘋果丟到亞特蘭塔的跑道上。亞特蘭塔被蘋果的閃亮美麗所吸引，慢下腳步拾起蘋果。在她凝視手中的蘋果時，希波梅涅斯便趁機取得領先。在金蘋果上的倒影中，亞特蘭塔看見自己被蘋果的曲線所扭曲的容貌，她想：「我老了會變成這副模樣。」

許多積極活躍的女性，要等到中年時期，當她所從事的競爭或實現目標的挑戰越來越少，才會意識到時光的流逝。此時可能是她此生第一次意識到，自己不再青春永駐，並開始反思她現在所處的人生道路，與它會將她帶往何方。

第二顆蘋果：認識愛的重要性。接著希波梅涅斯將第二顆蘋果扔到亞特蘭塔的跑道前。再度專注於比賽的亞特蘭塔，輕鬆地超前希波梅涅斯。就在她停下腳步去撿阿芙蘿黛蒂的金蘋果時，那些關於已逝愛人梅利艾格的回憶突然湧上她心頭。阿芙蘿黛蒂激起了她對肉體與情感的親密接觸的渴望。這點加上對時光流逝的意識，讓阿特米絲型女性過去慣常的人生重心，被一股突然湧現的、對愛與親密關係的接受力所轉移。

第三顆蘋果：生育與創造的本能。正當亞特蘭塔就要追平希波梅涅斯，終點就在眼前。正當她要超越他取得勝利時，希波梅涅斯拋出了第三顆金蘋果。在那一瞬間，亞特蘭塔遲疑了：她該直接越過終點線得勝，還是要撿起蘋果而落敗才好呢？就在亞特蘭塔選擇撿起蘋果的那一剎那，希波梅涅斯趁機越過終點，並贏得亞特蘭塔為妻子。

---

18 原註：我引用的版本是柏納・艾弗斯林（Bernard Evslin）所著《希臘神話中之英雄、神祇與野獸》裡「亞特蘭塔」內容。（Toronto: Bantam Pathfinder, published by arrangement with Four Winds Press, 1975）, p. 173–190.

阿芙蘿黛蒂所代表的生育本能（在狄米特的幫助下），讓許多目標導向的女性在三十幾歲的後半段慢下腳步。原本事業心重的女性，此時常為自己突然湧現出的那股生兒育女的急迫渴望感到吃驚。

第三顆金蘋果也可能象徵生物性之外的創造力。中年之後，功成名就可能變得不那麼重要。反之，阿芙蘿黛蒂所象徵的繁衍創新能力，轉向將經驗化為某種形式的個人表達。

如果阿特米絲型女性透過對另一個人的愛讓她認識了阿芙蘿黛蒂，那麼無論阿特米絲的單一性能為她帶來多少滿足，都可能被達成圓滿完整的可能性所取代。她可以對內自省什麼對自己是重要的，並在從事內心探索的同時專注外在目標。她意識到自己既要獨立，也需要親密的關係。一旦她認同接受了愛情，她的人生就跟亞特蘭塔一樣，會出現那需要抉擇的一刻，決定什麼對自己來說最為重要。

第五章

雅典娜
——智慧與工藝女神；策略家和父親的女兒

雅典娜女神

雅典娜是主管智慧與工藝的希臘女神，是羅馬人所知的米涅瓦（Minerva）。雅典娜跟阿特米絲一樣，是處女神，致力於貞潔和獨身。她是莊嚴美麗的戰爭女神，保護她所選中的英雄，以及與她同名的城邦，雅典。她是唯一被描繪為身穿盔甲的奧林帕斯女神——頭盔的面罩向上推，展露出她的美麗容顏，一手持盾，一手持矛。

身為一位在戰爭時期主掌打仗策略、和平時期則掌管家庭技藝的女神，與其角色相符地，雅典娜還會以一手持矛、一手拿碗或紡錘的形象出身。她是城邦的保護神，戰備武裝力的支持者，也是織工、金匠、陶匠與裁縫師的女神。希臘人歸功雅典娜贈與人類馬轡來馴服馬匹，啟發造船者打造船隻的技藝，並且教導人們如何製造犁、耙、牛軛和戰車。橄欖樹是她送給雅典城的特別禮物，促成了橄欖的栽培。

人們所描繪的雅典娜形象經常伴隨著一隻貓頭鷹；這種鳥會讓人聯想起她的兩項特質——智慧與醒目的眼睛。她的盾牌上或長袍的下襬則是繪有交纏的蛇這類的圖案。

當雅典娜和其他人物被畫在一起時，這位人物一定是男性。例如，人們看見她以戰士的姿態站在坐著的宙斯旁邊，保衛她的眾神之王；或者，她被放在阿奇里斯或奧德修斯（Odysseus）的身後或身旁，這兩人是《伊里亞德》（*Iliad*）和《奧德賽》（*Odyssey*）史詩中主要的希臘英雄。

與雅典娜相關的軍事和家事技能皆涉及到策劃與執行，這兩項活動都要求針對目標清晰思考。策略、可行性和具體成果，這些都是象徵她獨特智慧的註冊商標。雅典娜重視理性思考，主張以意志和智力駕馭本能與自然。她的精神顯現在城市當中，因為對雅典娜來說（對比於阿特米絲），荒野是需要馴服和征服的。

系譜與神話

雅典娜以戲劇化的出場方式加入了奧林帕斯眾神的行列。當她從宙斯的頭部蹦出來時，就已經是成熟的女性，身穿閃亮金盔甲，手持鋒利的長矛，發出威武的戰吼。在某些版本中，她的出生可以說類似於剖腹產——宙斯在「分娩」過程中頭痛欲裂，鑄造之神赫菲斯托斯（Hephaestus）協助宙斯，以雙刃斧朝他頭上砍下去，為雅典娜的誕生開道。

雅典娜認為自己只有一位父母，那就是宙斯，她與他永遠相連相繫。她是父親的左右手，也是宙斯願意託付他的權力象徵：雷霆與神盾的唯一一位奧林帕斯神祇。

這位女神從未承認自己的母親美蒂絲（Metis）；事實上，雅典娜似乎不曉得自己有母親。根據赫希爾德的記述，美蒂絲是宙斯的元配，她是以智慧聞名的海中女神。當美蒂絲身懷雅典娜時，宙斯誘騙她將自己縮小然後一口吞掉她。曾有預言顯示，美蒂絲會生下兩名非常特殊的孩子：一名女兒，在勇氣與足智多謀方面可以匹敵宙斯；一名兒子，擁有征服一切的決心，他會成為眾神與人類的王。[1]藉由吞下美蒂絲，宙斯阻止了這段命運的發生，並將她的特質占為己有。

在雅典娜的神話裡，她是男性英雄的保護神、顧問、支持贊助者和盟友。如果我們列出她幫助過的人，清單讀起來就宛如一份「英雄榜」。

其中一位是柏修斯（Perseus），他誅殺了蛇髮女妖梅杜莎（Medusa）——這名女魔以蛇為髮，黃銅為爪，瞪視的眼睛只要一瞥就能將人變成石頭。雅典娜提議利用鏡子出奇制勝，接著柏修斯在他手持的盾牌上看見蛇髮女妖的倒影，避免直視她，然後雅典娜便引導他持劍的手砍下梅杜莎的頭。

雅典娜也協助傑森（Jason）和亞果號上的英雄（the Argonauts）在出海奪取金羊毛（the Golden Fleece）之前建造他們的船隻。她將貝勒洛豐（Bellerophon）的金馬轡贈與傑森，讓他得以馴服飛馬佩格瑟斯（Pegasus），也幫助赫拉克力士（Heracles；羅馬名赫丘力士〔Hercules〕）完成了十二項任務。

在特洛伊戰爭期間，雅典娜為了希臘人的利益積極行動。她照顧自己偏愛的人，尤其是阿奇里

1 原註：Hesiod, *Theogony*, in *Hesiod*, trans. Richard Lattimore (Ann Arbor, Mich.: The University of Michigan Press, 1959), p. 177.

斯，他是最為所向無敵和力量強大的希臘戰士。之後，她也在奧德修斯（尤里西斯）漫長的歸鄉路上伸出援手。

除了協助一個個的英雄，而且身為位置最親近宙斯的奧林帕斯神，雅典娜還擁護父權制度。她在西方文學的第一個法庭場景中，為歐瑞斯特斯（Orestes）的生死投下決定性的一票。歐瑞斯特斯殺了自己的母親克萊特涅絲特拉（Clytemnestra），為父親阿格曼儂（Agamemnon）遭她謀殺報仇雪恨。阿波羅為歐瑞斯特斯辯護，他聲稱母親只是負責滋養父親播下的種子，宣揚男性支配女性的原則，並舉雅典娜的誕生為證據，她甚至不是從女性的子宮生出來的。

當審判團的票數平手時，雅典娜投下決定性的一票。她選擇站在阿波羅這一邊，釋放歐瑞斯特斯，將父權原則置於與母親這方的連繫之上。

在雅典娜的神話裡，只有一則著名的故事中出現了凡間的女性。那就是阿拉克妮（Arachne），她被雅典娜變成了蜘蛛。身為工藝女神，雅典娜被一名無禮的織女所挑戰，要求較量雙方的紡織技藝。這名織女叫做阿拉克妮。雙方的編織手法都非常迅捷，表現出高超的技巧。當織錦完成時，雅典娜佩服她那競爭對手完美無瑕的作品，但她對阿拉克妮竟敢描繪宙斯的風流騙局感到勃然大怒。在那張織錦上，麗妲（Leda）正在愛撫一隻天鵝——宙斯的偽裝；宙斯化身為天鵝進入這位皇后的寢宮與她雲雨。另一個主題則是達娜伊（Danaë），宙斯化身為一陣金雨的形式讓她受孕。第三個場景則是描繪少女歐羅芭（Europa），宙斯偽裝成雄壯的白公牛綁架了她。

這些織錦的主題導致了阿拉克妮的毀滅。雅典娜對她描繪的內容怒不可遏，不僅撕碎作品，還逼阿拉克妮上吊。之後，雅典娜對阿拉克妮心生憐憫，饒了她一命，但是把她變成蜘蛛，詛咒她永遠吊在一根絲線上，不停地編織。（在生物學裡，蜘蛛被歸類為「arachnids」〔蛛形綱〕，就是以這不幸的女孩來命名。）值得注意的是，雅典娜身為父親鐵桿的捍衛者，她之所以懲罰阿拉克妮，是因為她將宙斯欺騙和不當的行為公諸於世，而不是因為挑戰本身的放肆無禮。

雅典娜原型

身為智慧女神，雅典娜以她的贏家策略和實用的解決方案聞名於世。做為一種原型，雅典娜是講究邏輯的女性所追隨的典範，她們的所作所為是由頭腦、而非由心所支配。

雅典娜是一種女性原型：她顯示出善於思考、在情緒激動的情境下依然保持鎮定，以及在衝突之中施展卓越策略，是某些女性的天性。這樣的女性是像雅典娜，而不是表現得「像個男人」。這並非她的男性面向（或阿尼姆斯）為她進行思考，而是她自己就能清晰和出色地思考。「雅典娜是邏輯思考的原型」，這個概念挑戰了榮格學派的前提：女性的思考是由她的男性阿尼姆斯來完成；榮格假定阿尼姆斯跟她的女性自我截然不同。一旦女性認知到，自己敏銳的心智運作方式是與雅典娜相關的女性特質，她就能發展出正面的自我形象，而不必擔憂自己男性化的問題（也就是說，這不適於她的女性身分）。

如果雅典娜代表的僅是活躍於某位女性內在的諸多原型之一，而不是單一的主導類型時，雅典娜原型就能成為其他女神原型的盟友。舉例來說，如果這名女性受到赫拉的影響，身邊需要伴侶存在才感覺完整，那麼雅典娜可以協助她評估情勢並且發展策略，讓她找到自己的男伴。或者，如果阿特米絲是一個女性健康團體或是女性研究中心的引導力量，那麼專案的成功或許有賴雅典娜精明的政治洞察。而置身於情緒風暴之中時，女性若能召喚出內在的雅典娜原型，理智便能幫助她找到或是維持自己的風度。

處女神

用來描述阿特米絲的那種無比堅強和完璧無暇的特質也適用於雅典娜。如果雅典娜主宰了一名女性的心靈，她跟那些與阿特米絲或赫斯蒂雅相像的女人一樣，人生的推動力是自己的優先順序。如同阿特米絲的原型，雅典娜讓女性傾向於專注在對自己重要的事情上，而不是他人的需求。

雅典娜跟阿特米絲和赫斯蒂雅的不同之處是，她是尋求男性陪伴的處女神。既不拒之千里、也不退縮逃避，她樂於置身男性的行動與權力之中。處女神的元素幫助她迴避與密切共事的男人產生情感或性愛糾葛。她可以是男性的友伴、同事或知己，而不發展出情慾或親密的情感關係。

雅典娜以成人的形象進入奧林帕斯眾神的行列。在雅典娜的神話裡，她被描述為熱衷人間大事。因此雅典娜原型代表了比阿特米絲年長、更加成熟的處女神版本。雅典娜接受世界本來面目的現實取向、務求實用的態度、對「成人」（也就是傳統）標準的順服，並且欠缺浪漫情懷與理想主義，完整刻畫出雅典娜給人的印象：「理智大人」的縮影。

策略家

雅典娜的智慧，是將領在戰場上運籌帷幄、決勝千里的那種智慧，也是商業巨頭在競爭中謀略取勝的智慧。她是特洛伊戰爭期間最優秀的策略家。她的謀略與介入幫助希臘人在戰場上贏得勝利。雅典娜原型在商業、學術、科學、軍事或政治領域無往不利。

舉例來說，雅典娜可能顯現於一名擁有企管碩士學位的女性身上，她會和一位有力的師長協力聯手在公司裡一路飛黃騰達。瑪麗・康寧漢（Mary Cunningham）以總裁兼董事會主席的得意門生身分，在班迪克斯公司（Bendix Corporation）快速晉升到副總裁之位，依循的就是雅典娜的路徑。當他們之間的關係受到側目時，她立刻辭職跳槽到另一家大企業辛雷（Schenley）的大位上。這項明智之舉，可以說相當於策略性撤退和砲火下的果斷行動。

在政治與經濟的考量受到重視的環境狀況下，雅典娜的敏銳度能讓女性過關斬將一路前行。她可能善用自己策略思考的能力來推動自己的計畫，或是成為雄心勃勃的男人在崛起過程中的夥伴與顧問。不論是哪種狀況，雅典娜原型所主宰的女性很清楚「底線」為何，她的聰明才智發揮於實踐和實用的層面，她的行動不受情緒左右也不因感傷而搖擺。只要有雅典娜在她的心靈裡，該女性便可明確掌握到什是該做，並且會想出方法達成她的目標。

外交——涉及了策略、權力和玩弄騙術——是雅典娜大放光彩的領域。克萊爾・布思・魯斯（Clare Booth Luce）——著名的美女、劇作家、國會議員、美國駐義大利大使，以及美軍榮譽將領——就擁有雅典娜的這些特質。她因為其野心，以及利用聰明才智和結盟在男性的世界裡闖出了一片天地，而同時受到仰慕和批評。（她嫁給《時代》雜誌創辦人亨利R・魯斯〔Henry R. Luce〕——在他的國度裡的宙斯。）在仰慕者的眼裡，她面對攻擊時的「冷靜」值得讚美，而批評者認為她是「冷酷」的陰謀家。[2]

同屬雅典娜類型的，是擁有博士學位在學術界風生水起的女性。要取得終身教授職需要做研究、出版研究成果、在委員會任職、獲得獎助——了解有哪些遊戲規則，並且得分獲勝。為了向上攀升，女性跟男性一樣，都需要有導師、贊助者和盟友。光靠知識能力通常不夠，還必須具備戰略和政治的考量。她研讀、教授或研究的科目；她的校園所在地；以及她選擇的系主任或導師，都會帶來一定的影響，決定了她是否能夠獲得必要的獎助金與職位來進行學術工作。

因為放射免疫分析（使用放射性同位素來測量體內荷爾蒙和其他化學物質的濃度）方面的發現而獲得諾貝爾化學獎的羅莎琳．雅洛（Rosalyn Yalow），必然是位聰慧的雅典娜，才能有此成就。她曾談到工作上手腦並用的樂趣（結合了雅典娜智慧和巧手的兩個面向）。雅洛也必須是高明的策略家，才能設計出引導她取得重大發現的實驗程序，這種能力也必然有利於她面對職場上的政治交鋒。

女工匠

身為工藝女神，雅典娜會參與製作兼具實用和美感的事物。她最著名的技藝是編織，這需要手和腦的密切合作。要編織掛毯或織布，必須先設計和規劃她要從何下針，然後按部就班一排一排的創作。這套做事方法是雅典娜原型的表現，強調先見之明、擬定計畫、精通一項工藝，而且要有耐心。

那些紡紗、織布，以及製作家人一切穿戴之所需的女性拓荒者，就是雅典娜在家庭領域的具體化身。她們與丈夫們並肩作戰，在荒野中開疆闢土，征服大自然同時向西部邊境推進。要生存和成功，就需要雅典娜的特質。

爸爸的女兒

做為「爸爸的女兒」原型，雅典娜代表了自然而然會受到有權有勢的男人所吸引的女性；這些男人位居高位、肩負重責、手握大權，符合父權下的老爸或「老大」的原型。雅典娜使女性傾向於和強大的男性形成師徒關係，他們不僅志趣相投，世界觀也相接近。她期待雙向的忠誠。就像雅典娜本人一樣，一旦她表態效忠，就會成為他最熱切的捍衛者或「貼身助手」，她會獲得信任，被託付使用他的權威，並且保衛他的特權。

許多為老闆鞠躬盡瘁、奉獻自己的行政秘書都是雅典娜類型的女性。她們對自己選定的偉大男性忠誠不移。當我想到理查·尼克森（Richard Nixon）的私人秘書羅絲瑪麗·伍茲（Rosemary Woods），以及水門案中錄音帶被刪掉十八分鐘時，我懷疑這是否為雅典娜的影響施力。我明白，必定要像雅典娜那樣才能領悟到刪除該證據的「智慧」，也得像雅典娜那樣，才能心無愧疚地果斷刪除證據。

父親的女兒這種特質，可能使得雅典娜類型的女性去捍衛家父長制的權利與價值，強調傳統以及男性權力的正當性。雅典娜型女性通常會支持現狀，接受既定規範做為行為準則。這類女性通常

---

2 原註：Wilfred Sheed, *Clare Booth Luce* (New York: Dutton, 1982).

是政治上的保守派，抗拒改變。雅典娜對於不成功、被欺壓或者反叛的人沒什麼同情心。

舉例來說，帶頭反對《平等權利修正案》的菲莉絲．史拉夫莉（Phyllis Schlafly）。她在拉德克利夫學院（Radcliffe）取得碩士學位，成為「美國大學優等生榮譽學會」（Phi Beta Kappa[3]）會員，是位非常擅於組織且能言善道的女性。在她領導反對活動之前，修正案的批准似乎是必然的。在推動修正案的頭十二個月，也就是菲莉絲．史拉夫莉於一九七二年十月成立她的組織——「停止平等權利修正案」（STOP ERA）——的前一年，《平等權利修正案》（Equal Rights Amendment）順利取得三十個州的批准。但是當她帶領她的團隊投身抗議活動時，修正案就推不動了。接下來的八年，只有增加五個州的批准——而且三十五個已批准的州，有五個州投票撤銷批准。史拉夫莉，為她著作傳記的作者人稱她為「沉默大眾的甜心」（*The Sweetheart of the Silent Majority*）[4]，是當代的雅典娜，因為她充分體現了父親女兒的原型，捍衛父權價值。

中庸之道

當雅典娜的原型力量強大時，該女性便表現出一種自然傾向，做任何事都會有節制，生活以「中庸之道」（the Golden Mean）為準則——這是雅典娜的理想。過度通常是強烈的感受或需求造成的結果，或者是激情、追求正義、恐懼或貪婪的本性導致——這些特徵都和理性的雅典娜背道而馳。雅典娜傾向觀察事件的發展、留意其影響，並且在其開始空轉虛耗時立刻改弦易轍，以維持其中庸之道。

武裝的雅典娜

雅典娜以一身燦爛的金盔甲降臨於奧林帕斯山。事實上，「武裝防護」是雅典娜的重要特質。知性的防禦讓這類女性免於感受痛苦——不論是自己或他人的痛苦。就算處在情緒的風暴或激烈的內訌之中，她仍然能夠保持不動如山，在觀察、分辨與分析當下情況並決定下一步的行動時，她不會受到情感的干擾。

在競爭的世界裡，雅典娜原型有勝過阿特米絲的明確優勢。阿特米絲類型的女性瞄準目標而且參與競爭，但是她沒有武裝，就像身為處女神的阿特米絲是身著束腰短衣。如果女性的原型是阿特米絲而非雅典娜，她會把任何意料之外的敵意或欺騙都看成是針對個人的攻擊。她可能會情感受傷或勃然大怒，並且可能變得情緒化，降低了她的行事效率。如果在同樣的情境下，雅典娜則會冷靜評估現況。

培養內在的雅典娜

本性不像雅典娜的女性可以透過教育或工作來培養這個原型。教育需要發達的雅典娜特質。如果女性認真看待就學受教育這件事，她就會養成守紀律的學習習慣。數學、科學、語文、研究和寫報告都需要雅典娜的技能。工作也會帶來類似的影響。「專業」的表現意味這名女性客觀、不摻雜

3 譯註：國內類似組織即「斐陶斐」。

4 原註：Carol Felsenthal, *The Sweetheart of the Silent Majority: The Biography of Phyllis Schlafly* (New York: Doubleday, 1981).

個人情感，而且技巧純熟。例如，對他人有深切同情心的女性，可能投身醫藥或護理的行業，然後發現自己進入了雅典娜的領域，需要學習不帶情感的觀察、邏輯思考和各種技能。

一切的教育都在激勵這個原型的發展。學習客觀事實、清晰思考、準備考試，還有自我檢測，都是喚起內在雅典娜的練習。

雅典娜原型也可能因為需要而發展出來。比如身處受虐家庭中的年輕女孩，可能學會隱藏自己的感受，並且穿戴上自我保護的盔甲。她可能變得麻木同時與自己的感受脫節，因為如果她不這麼做的就難保自身安全。她可能學會察言觀色和制定策略，作為自己的生存之道。當一旦受害的女性開始計畫生存或逃脫的手段時，雅典娜的原型就啟動了。

《荷馬諸神》（*The Homeric Gods*）[5]的作者華特·歐托（Walter F. Otto）稱雅典娜是「近在咫尺」的女神。她緊緊挨在她所選擇的英雄身後站著，而其他人看不見她。她低聲建言、規勸克制，給予他們優勢凌駕對手。每當女性在情緒激動的情境裡，需要進行清晰的思考時，或者每當她在自己的職場或教育領域中，要與男性以相同條件一爭高下時，就需要召喚雅典娜原型「再靠近一點」。

雅典娜型女性

有一特定類型的美國女性，穩重且外向，她們似乎是雅典娜在日常偽裝下的最佳化身。她務實、沒有複雜的心思、不會侷促不安，而且有自信，不慌不忙地就能把事情完成。雅典娜型女性通常身體健康，沒有內在衝突，同時身體經常活動，這符合雅典娜的形象（就雅典娜和海吉雅

〔Hygieia，健康女神〕曾經合體的這一層面來說，雅典娜也可說是健康女神）。在我的腦海裡，我將這類女性視為把自己收拾得整整齊齊、光鮮亮麗的女性，一輩子都帶著「貴族學院大學生」的氣質。雅典娜型女性的心靈和正經八百的「學院派」穿著風格類似——實用、耐穿、品質持久，而且不受流行變化所影響。

郊區的雅典娜女性可能打扮成時尚的「學院風」；至於成功的商界女性則會穿著「都會」版風格的訂製的套裝和襯衫。郊區的休閒風和市區的商務業風版都受到「布克兄弟」（Brooks Brothers）品牌的影響——許多商務人士和預備學校男學生都偏愛這種上層階級的英式打扮。彼得潘式的小圓領和扣領襯衫，是很適合雅典娜型女性的裝扮，她們追求無性無慾，永遠不顯老。

年少的雅典娜

雅典娜型小孩跟年少的阿特米絲一樣，有很強的專注力，而且還多了明確的智識傾向。例如，三歲的雅典娜就可能是自學的閱讀者。不管是幾歲，一旦她發現書本的存在，大概就會一頭栽進去。她沒在閱讀時，就會跟在爸爸屁股後頭問東問西：「爸，為什麼？」或是「爸，這怎麼動的？」或者最典型的：「爸，弄給我看！」（她通常不會問「媽，為什麼？」——除非她剛好有個雅典娜型的媽媽，對她的追根究柢能夠給與合乎邏輯的答案。）雅典娜女孩充滿好奇心，尋求資

---

5 原註：Walter F. Otto, "Athena," in *The Homeric Gods*, trans. Moses Hadas (New York: Thame & Hudson, by arrangement with Pantheon Books, 1979), p. 60.

訊，想要了解事物是如何運作的。

父母

如果雅典娜型的女兒成長為成功父親最寵愛的孩子，而且父親自豪於「女兒像我」這一點時，他就有助於女兒發展她的自然傾向。當雅典娜型女兒獲得了的來自她角色典範的祝福時，她對自己才能的信心就成了「與生俱來的權利」。這樣的女兒長大後會有安全感，對於自己的聰慧和野心不會產生內在衝突。成年時，她可以自在地施展力量，行使權威，展現自己的能耐。

但並非所有的雅典娜女性都擁有寵愛她們的宙斯父親。當她們沒有這樣的父親時，她們的發展就短少掉一項不可或缺的要素。有些雅典娜女性擁有非常成功的父親，但是他們太忙碌而無暇顧及她。其他的宙斯父親則會堅持自己的女兒行為舉止要像個傳統女孩；他們可能會調侃說：「別用妳美麗的腦袋學太多知識。」或者斥責她們：「這不是小女孩應該玩的東西。」或是：「這跟妳沒關係，這是正事。」結果，她可能長大後覺得自己本來的樣子是不被接受的，即使她沒有因此喪氣，仍然進入商業或專業領域，她往往會對自己的才能缺乏信心。

當雅典娜女性有個父親跟宙斯截然不同時——或許是失敗的生意人、酒鬼、不得志的詩人或出不了書的小說寫手——她的雅典娜原型發展通常會有所殘缺。她可能會對於自己原本可以達成的目標缺乏熱情。就算她變得比其他人更加功成名就時，她往往覺得自己是冒牌貨，遲早會被人拆穿。

除非自己本身也是雅典娜型女性，否則大部分雅典娜型女兒的母親會覺得被女兒看所輕視，或者覺得女兒根本是不同物種。例如，關係導向的女性可能會發現自己和雅典娜女兒相處不融洽。每當她談及人和感受時，女兒總是興趣缺缺的樣子。相對的，女兒想知道事物是如何運作的，卻發現母親一頭霧水，或是沒有求知慾。這種差異造成雅典娜女兒把母親當成無能者來對待。有位這樣的母親便指出她的女兒「才十歲卻老氣橫秋得像三十歲。」她女兒的口頭禪是：「天啊！媽，實際一點好不好？」這位母親接著說：「有時候我女兒讓我覺得她才是大人，而我是發展遲緩的小孩！」

還有一種同樣錯誤的對待方式，是雅典娜女兒經驗到母親給予她一種個印象，好像自己有什麼地方出錯了。例如，這類樣的母親可能會批評她：「妳只是個計算機！」或者：「至少假裝一下妳是女生。」

能夠發展出內在的雅典娜特質、既功成名就同時自尊穩定的女性，通常她的父母是宙斯－美蒂絲[6]的組合（事業成功的父親位於前景，負責撫育的母親則隱於背景），而且家庭地位宛如長子。她在家庭的地位往往獲得默認。她可能是唯一的孩子，或是女孩中的老大。或者她的哥哥有身心障礙，或是讓父親大失所望。因此，她接收了父親對兒子的寄望，成為他分享興趣的夥伴。

擁有正面自我形象、不因懷抱野心而產生內心衝突的雅典娜女性，也可能是雙薪父母的女兒，或者成功母親的女兒。在她成長過程中，不僅有位母親做她的榜樣，而且也同時支持她做自己。

6 原註：例如，漢寧（Henning）與亞丁（Jardim）研究了二十五位成功女性企業家（她們都在全國知名的公司裡擔任過總裁或部門副總裁）都符合雅典娜模式。她們是爸爸的女兒——與她們成功的父親有共通興趣和活動。她們的母親類似於被宙斯吞噬的美蒂絲，教育程度或者與丈夫相當甚至超越；然而二十五位母親中，有二十四位是家庭主婦，第二十五位是老師。女兒鮮明的回憶父女關係意義重大；而母女關係的回憶則是模糊和籠統的。Margaret Henning and Anne Jardim, "Childhood," In *The Managerial Woman* (New York: Pocket Books/Simon & Schuster, 1978), pp. 99–117.

青少年和青年時期

雅典娜型女孩會打開車蓋檢查引擎；她們會學習如何修東西。她們是在電腦課上充滿熱情而且立刻能夠掌握到機器如何運作，和電腦語言一拍即合。她們可能如魚得水一下子就喜歡上了電腦程式設計，因為她們的思考線性而清晰，並且關注細節。她們會去研究股票市場，懂得儲蓄和投資。

有種經常發生的情況是，雅典娜型女孩認為「大多女孩呆呆傻傻的」，青春期之前的男孩應該也是這種看法，雅典娜型女孩表現出和他們差不多的態度。比起被蟲子嚇到，雅典娜型女孩更有可能會興致勃勃幫一隻沒見過的蟲子分類。看見其他女孩出現被蜘蛛嚇跑的反應，她大惑不解。她不愧是與雅典娜——她懲罰了阿拉克妮，將她變為一隻蜘蛛——相像，沒有哪隻蜘蛛「坐在她身邊」會把雅典娜型的小姐嚇跑。

年輕的雅典娜型女孩可能擅長縫紉、編織或刺繡。她可能樂於從事各種手工藝，也可能跟母親或其他偏傳統思想的女孩分享這些興趣，但除此之外，她常常覺得跟這些女孩沒有什麼共通點。跟她們相比，她可能更享受的是創作圖案和培養一種技藝的挑戰，為娃娃做衣服或為自己製作一些美麗物品，可能不是她的動機。不管成品如何，她從手作當中得到樂趣。其實用性和她對品質的追求，促使她自己動手做衣服。

許多女孩會讓父母傷腦筋，而雅典娜型女孩通常不會是問題女兒。她尖叫或哭哭啼啼的場面顯然不會出現。荷爾蒙的變化似乎也不大會影響這類型女孩的行為或心情。中學時期她可能會跟那些與智識上旗鼓相當的男生混在一起。她可能加入棋藝社，參與編輯校刊，或者參加科學競賽。她可能喜歡而且擅長數學，或者把時間投入化學、物理或電腦實驗室。

有社交意識、外傾型的雅典娜型女孩會運用她們強大的觀察力，注意該怎麼穿戴，或者應該維持那些社交同盟。她們評論自己社交競爭和受歡迎的能力，然而不會在情感上「全部投入」。

雅典娜型女性會事先計畫。大多數會深思熟慮高中畢業後要做什麼。如果經濟許可上大學，這類型女性必然全盤思考過自己可以上的大學，然後明智地為自己做出選擇。即使她的家庭無法幫助她上大學，她通常會找到方法靠著獎助學金自力上大學。在逆境中力爭上游的女性，幾乎一定是雅典娜型女性。

大多數雅典娜型女性會發現大學讓她們解放和自由。在深思熟慮過各所大學提供的教育水準和學生的組成結構、決定適合她們的學校之後，她們便會一頭栽進去，享受在中學不可能擁有的自由，更坦率地做自己。一般而言，雅典娜型女性會選擇男女同校的大學，因為她們跟男性相處融洽，而且非常敬重男性。

工作

雅典娜型女性想要有所成就。她們朝著這個目標努力工作，接受現實，然後適應。因此她們的成年歲月通常成果豐碩。在權力和成就的世界裡，她會善用策略和邏輯思考，這會顯示出她跟雅典娜是同類的女性。在家裡，她擅長家庭手工藝（也是雅典娜的領域），發揮她務實的心智和美學的眼光有效率地經營家庭。

如果雅典娜型女孩高中畢業後必須直接工作，因應這樣的必要性，她經常是先做準備，修習商業相關課程，並且選擇能夠提供良好機會的暑期打工。雅典娜型女性不會扮演灰姑娘，她們不會等待透過婚姻獲得拯救。幻想「有一天我的白馬王子會來接我」不是雅典娜型女性的作風。

如果她結婚了，在經營家庭方面，她通常是有效率的主事者。無論是採買、洗衣或打掃，她會建立起一套運作順暢的系統。例如，在廚房，大概每一件物品都會井然有序的歸位。雅典娜型女性不需要有人教導她流程圖，組織是她的天性。她通常會事先規劃一星期的採購單，充分利用特價品來準備一日三餐。雅典娜型女性認為，控制生活預算和善用金錢是項挑戰。

雅典娜型女性可以成為非常好的老師。她解釋事情清晰易懂。如果是需要精確資訊的科目，她很可能已經掌握清楚。她的特長或許是以一步步的循序漸進的方式解釋複雜的程序。雅典娜型老師很可能是要求最嚴格的。她是那種不允許藉口的老師，她期待而且會獲得學生最極致的表現。她不會「聽信」悲傷的故事，也不會給毋須努力就得到的分數。她遇到在智識上挑戰自己的學生時，會竭盡全力教導對方。比起程度落後的學生，她偏愛優秀的學生，花更多時間在她們身上。（跟慈母形象的狄米特型老師不一樣；狄米特型老師會付出更多在最需要幫助的學生身上。）

身為手藝工作者，雅典娜型女性會製作有實用功能且兼具美感的物品。她也有商業頭腦，非常關心如何展示和銷售她的作品，在其中投入與製作所花費的相同心力。她的雙手靈巧，無論是哪種手工藝，她自豪於自己精通其必要技巧，以及其成品所展現出的職人精神。她會樂於製作相同物品的各種衍生創作。

在學術領域中，雅典娜型女性很可能是能力突出的研究人員。她的邏輯取向加上對細節的關注，使得做實驗或收集數據對她來說，就彷彿天性那樣輕鬆自然。她感興趣的領域通常重視清晰的思考和實證的運用。她傾向於擅長數學和科學，而且可能會進入商業、法律、工程或醫學領域——

傳統上男性的行業。在自己的領域裡身為少數的女性，她相當自在。

與女性的關係：疏離或沒人搭理

雅典娜型女性通常缺乏親密的女性朋友，這個模式可能在她沒有手帕交的青春期、甚至更早之前就看出端倪了。在青少女時期，大多數女孩跟朋友分享她們的恐懼、黑暗的祕密、渴望，以及各種焦慮，包括身體的變化、與父母相處上的困難，以及對未來的不確定。有些女孩最主要的焦慮是關於男孩、性愛和藥物。另外一些女孩陷入詩意或創造性的動搖不安之中，或者滿腦子都是關於死亡、瘋狂、神祕主義或是宗教衝突的思考。這所有的問題她只會拿來跟有類似煩惱的朋友討論，而不會跟不浪漫的觀察者或是多疑的理性主義者訴說，例如年少的雅典娜就是如此。

再者，在希臘神話裡，雅典娜曾經有位情同姊妹的朋友，名字叫做艾達瑪（Iodama）或帕拉絲（Pallas）。這兩名女孩在玩競技遊戲，卻造成了致命的後果，雅典娜的長矛意外的刺死她的朋友。（關於「帕拉絲．雅典娜」這個名字的來源，有個說法是紀念她的朋友。）如同在神話裡，如果雅典娜型女孩那缺乏同理心的一面沒有扼殺她跟其他女孩可能發展的友誼，她那好強求勝的雅典娜需求也會導致同樣的結局。在現實生活裡，當雅典娜型女性忘記了友誼的重要性，而專注在贏得勝負上——有時候甚至不惜耍欺騙手段，暴露了她人格中殺死友誼的那一面，可能會讓她的女性朋友感到震驚。

雅典娜跟其他女性缺乏親密關係，通常始於她的童年，那時她們仰慕和親近自己的父親，同時／或者和自己的母親在性格和智識上天差地別。這樣的傾向又因為缺乏親密的女性友誼而越來越強化。結果，雅典娜型女性不覺得自己跟其他女性是同胞。她們既不覺得自己屬於傳統女性，跟女性主義者也不是同類；或許跟後者表面上有些相似，尤其如果她們是職業婦女的話。因此「姊妹情誼」對大多數雅典娜型女性而言，是一種陌生的概念。

在神話裡，是雅典娜在歐瑞斯特斯的審判中投下支持父權的決定性一票。在當代，經常是雅典娜型女性堅決站在擊敗女性主義者的立場，大聲疾呼反對積極平權行動（affirmative action）[7]、平等權利修正案，或是墮胎權利。我記得在我倡導「平等權利修正案」（ERA）時，雅典娜原型發揮了多大的效果。某位雅典娜型女性就站出來，大聲響亮的呼喊：「我是女人，我反對ERA！」而會集結在她身後的主要是男性、同時主要是沉默的反對者。每次這樣的女性相當於菲莉絲・史拉夫利（Phyllis Schlafly）的當地化身——她和雅典娜的有著相同的角色，都是父權現狀的捍衛者；還有她習慣的位置，是男性感覺最自在的女性同僚。

阿拉克妮（因為膽敢將宙斯的誘騙和強暴事蹟公諸於世，被雅典娜變成蜘蛛的織女）的故事是另一則找得到當代例子的神話。一名學生或秘書可能針對她的教授或雇主提出性騷擾的訴訟。或者女兒揭發家庭裡的亂倫，吸引到譴責她父親的負面聲量（通常是著名人士）的行為。或是病人報告她的精神科醫師與她發生性關係，違反了醫病倫理。這樣一位女性，就像阿拉克妮一樣，是「無權無勢的小人物」，她爆料了有權有勢的男人的行為，他們私底下利用自己優勢的地位，威脅、誘騙或壓制脆弱的女性發生性行為。

雅典娜型女性經常是對發出抱怨的女性生氣，而不是抱怨對方所針對的男性。她可能會責怪女性受害者招惹上麻煩的事情。或者，比較典型的，就像雅典娜那樣，她氣憤於這位女性揭發了會使得這位男性遭受批評的行為。

成功的雅典娜型職業婦女一方面在涉及女性的政治議題上採取支持現狀和父權主義的立場，另一方面顯然從女權運動對於教育、機會和升遷的影響獲得了最大利益，對於這一點，女性主義者的反應是憤怒的。最先得以進入男人主導的圈子或獲得認可的女性，女性主義者經常會以「女王蜂」來形容這類女性。這樣的女性不會幫助她們的「姊妹」出人頭地。事實上，她們可能讓整體的升遷變得更為困難。

與男性的關係：只有英雄才配得上她

雅典娜型女性傾心成功的男性。在大學，她會去接近系所中的明星人物。在商界，她會愛慕正在崛起、有一天會成為公司領導人的男性。她的眼光銳利，能看出誰會成為贏家。她受到權力吸引，無論是自己去追求——經常是在成功、年長的男性導師幫助下——或者比較傳統的，成為野心勃勃而且能幹的男性的夥伴、妻子、執行秘書或盟友。對於雅典娜型女性來說（正如美國前國務卿季辛吉所言），「權力是最好的春藥」。

雅典娜型女性受不了笨蛋。她們對於做夢的人沒有耐心，追求超脫世俗的男人打動不了她們，她們也不同情男人，因為同情心氾濫會導致他們無法果斷行動。她們不認為餓死在閣樓的詩人或藝術家有多浪漫，她們也不會迷戀外表是成年男人的永恆少年。對雅典娜型女性來說，「心腸軟」、

7 譯註：採取積極措施，矯正弱勢族群遭受的歧視和不公平待遇，例如臺灣的婦女保障名額或原住民入學加分。

「神經質」或「敏感」是用來描述「輸家」的形容詞。說到男人，只有英雄才配得上她。

雅典娜型女性通常會選擇她的男人。她的方式可能是，拒絕沒有達到她成功標準或成功潛力的男性提出的約會或工作機會的邀請；或者她會瞄準一名特定男士，運用十分高明的策略讓他渾然不覺，相信是自己選中她。她把自己的男人摸得一清二楚，這位敏銳的談判者擁有掌握時機的本能，她或許會率先提出結婚或在工作上共事。

如果她想要成為對方商場上的徒弟或秘書，她會找到機會讓對方對自己的才幹和勤奮留下深刻印象。一旦在他身邊工作，她會努力成為對方不可或缺的人——一旦她得到這個角色，就會帶給她情感和工作上的雙重滿足。成為一位「辦公室妻子」或「一人之下、眾人之上」的人物，會給雅典娜型女性權力感，以及從屬於選中的「偉大男人」的連繫感。對於自己選擇的男人，她們可能會付出一輩子的忠誠。

雅典娜型女性熱愛討論策略，而且明白背後的運作。她的建議和忠告可能相當有洞察力，能夠提供莫大的幫助，也可能是無情的。她看重追求自己志向的男人，青睞在現代的權力鬥爭中強大、左右逢源和成功的贏家。對於某些雅典娜型女性來說，她的男人越是像「詭計多端的奧德修斯」越好。

性慾

雅典娜型女性整天用腦子過活，常常疏忽了身體感受。她認為身體就是自己使用的器具，直到她生病或受傷前，她不會感知到身體的存在。

一般而言，她不是耽於感官歡愉或性感的女人，她也不會調情或浪漫。她喜歡男人是她的朋友或導師，而不是戀人。跟阿特米絲不一樣，她很少把性愛想成是休閒運動或冒險。跟阿特米絲型女性一樣的是，她需要阿芙蘿黛蒂或赫拉作為活躍的原型，才能用性行為來表達情慾上的吸引力和情感上的承諾。否則，性愛只是「合約的一部分」，內含在一段特定的關係裡，或者是算計過的行為。無論是哪種情況，一旦她決心擁有活躍的性生活，她通常會學習做愛的技巧。

成年的雅典娜型女性，經常有很長的時間保持獨身，此時她的心力專注於她的職業生涯。如果她扮演的是自己選中的偉大男人身邊忠心耿耿的執行秘書或是行政助理，她或許會保持單身專心當個「辦公室妻子」。

如果一名已婚婦女依舊認同雅典娜，她對於性行為的態度可能跟她對待其他身體功能的態度差不多——例行要做的事，而且對自己有益。這也是她身為妻子的一部分工作。

雅典娜型女性似乎在女同志當中占有相當比例，跟我們可能預期的相反（有鑑於雅典娜型女性忠誠於父權、熱愛英雄，同時缺乏姊妹情誼）。雅典娜型的女同志有選擇跟自己同一類型女性當伴侶的傾向。她們可能都是專業女性，功成名就，一開始是同事，後來才成為情侶。

在她們的關係裡，雅典娜型女同志可能會仰慕對方的「英雄」特質和成功，或者受到對方聰明才智的吸引。讓她們長相廝守的是伴侶關係和忠誠，而不是熱情；她們之間的性愛可能會萎縮到零。她們大概會保守祕密，不讓別人知道她們關係中的同性戀特質。她們的關係往往歷久彌堅，因為職涯所導致的兩地分離，她們也能熬過去。

婚姻

在女性沒有很多機會追求自己事業成功的時代，大多數的雅典娜型女性會結個「好姻緣」。她們嫁給自己敬重的工作勤奮、成就取向的男人。當時跟現在一樣，雅典娜型女性的婚姻很可能比較偏向彼此為伴的關係，而不是感情上的結合。

有一種可能的情況是，她相當準確地掂過了對方的斤兩，而他們有如天作之合。她是對方的盟友和幫手，以及對他的生涯或事業有極大興趣的妻子，會跟他一起籌畫如何出人頭地的策略，有必要時會在他身邊工作。就如雅典娜一般，她在阿奇里斯於憤怒中就要拔劍對付他的國王阿格曼儂之際，雅典娜阻止了他。她也可能明智地遏制對方不成熟或衝動的行為。

如果她的丈夫比她年長，結婚時已經功成名就，並且參與非常複雜、精密或專業的交易，雅典娜型妻子的主要角色就會是他社交上的盟友。那麼，她的工作就是成為社交資產，好好款待賓客，擔任他的左右手，維繫重要的社會合作。

除了當丈夫的顧問或扮演好女主人的角色，幫助丈夫飛黃騰達以外，她通常極為稱職的主持家務。她發現掌管好預算和各種家事並不困難，因為她注意細節而且務實。她也會承擔生育和撫養子女或繼承人的責任，那是她夥伴關係中被分配到的角色。

雅典娜型妻子和丈夫通常在溝通事情方面很順暢。但是關於情感上的溝通有可能實際上不存在，要不是因為丈夫跟她一樣漠視情感，就是因為丈夫已經明白她並不了解情感。

赫拉型和雅典娜型女性都會受到有權勢的男人吸引，例如宙斯這般。不過，這兩種類型的女人對他的期待截然不同，跟他產生的連繫本質上也大不相同。赫拉型女性讓男人成為她個人的神，負責滿足她——這類女性從在男方身上感受到的依附，是一種深厚且出自本能的連結。當她發現男方不忠時，會受傷到痛徹心扉，同時會怒斥另一名女人，在她眼裡這個女人舉足輕重。

相反的，雅典娜型女性幾乎不會在性關係上吃醋。她把婚姻看成是互相得利的夥伴關係。她通常會忠誠也期待忠誠，但是她可能不會將其等同於性忠貞。而且，她不相信自己會被一時意亂情迷的對象所取代。

賈桂琳・甘迺迪・歐納西斯（Jacqueline Kennedy Onassis）顯然是雅典娜型女性。她嫁給當時是參議員後來成為美國總統的約翰・甘迺迪（John F. Kennedy）。之後，她成為亞里士多德・歐納西斯（Aristotle Onassis）的妻子；歐納西斯的名聲是全世界最富裕、最無情、最有權勢的男性之一。兩位丈夫都以婚外情聞名。甘迺迪沉迷女色，屢次偷腥；而歐納西斯有一段眾所周知的長期婚外情，對象是歌劇明星瑪麗亞・卡拉絲（Maria Callas）。除非賈桂林・甘迺迪・歐納西斯是演技完美無瑕的女演員，她似乎對那些第三者沒有懷恨之心。她顯然不會嫉妒也不憤怒，加上她選擇了有權勢的男性，這都是雅典娜型女性的特徵。只要婚姻沒有受到威脅，雅典娜型女性能夠合理化和接受情婦的存在。

然而，有時候雅典娜型女性太過低估了丈夫對別的女人感興趣的嚴重性。她在這方面有盲點——因為她自己不被激情觸動，所以無法估量強烈的情感對他人的重要性。再者，她不能同理或同情她的丈夫或許很重視的脆弱情感或靈性價值。缺乏這方面的理解，可能使得她在渾然不覺中措手不及，出乎她意料之外地，丈夫會想要跟她離婚，將第三者娶進家門。

當雅典娜型女性打定主意離婚時，她可能有能力不帶什麼情緒或不怎麼悲傷的甩掉她「相當喜歡」的丈夫。我認識的一名三十一歲的股票經紀人就曾深刻地留給我這樣的印象。她的婚姻關係原本是夫妻雙方都有工作，直到任職廣告公司經理的先生遭到開除。這位先生沒有積極去找工作，而是在家裡無精打采的閒晃，於是她跟先生相處時越來越不開心，也越來越不尊敬他。一年後，她告訴先生她想要離婚。她的態度類似於商界人士開除無法勝任職務的員工，或是當有更好的人選出現時，就用這人來取代原本的員工。她遺憾地勉強開口告訴他，儘管她發現實際上的對峙讓人痛苦萬分，但是她對結果不會妥協：他必須走人。一旦她完成這項不愉快的任務，她感覺有如解脫一般。

無論是不是她主動提議離婚，雅典娜型女性完全能夠應付這種情境。協議通常在沒有怨恨或憤懣的情況下談判完成。即使丈夫是為了第三者離開她，她也不會覺得自己完蛋了。她可能和前夫維持良好關係，甚至持續商業上的夥伴關係。

夫妻雙方都有工作的婚姻關係，是最近所產生的現象；丈夫和妻子都認真投入職涯發展。在這類型的婚姻當中，雅典娜型女性可能比大多數女性都成功。女性需要有雅典娜的頭腦，來計畫和執行夫妻在工作上所需要的後勤補給，好達成兩人共同的長期目標，他們的行程表可能不符合標準的朝九晚五，還要維持力爭上游或專業階級人士所需的各種行頭、出席社交場合。雅典娜型女性傾向於比較保守傳統的角色，比較不可能為了原則問題提出平等的要求。因此，處於雙方各有事業的婚姻裡，雅典娜型女性通常會掌管家事，雇用效率高的幫手，給旁人留下女超人的印象，因為她事業和家庭兩頭兼顧，而且充當先生的盟友和珍貴的紅粉知己。

子女

身為母親，雅典娜型女性等不及小孩長大到可以跟他們談話、做些特別計畫的年紀，而急著帶他們去到處見識。她是狄米特型「大地之母」的反面。狄米特型女性本能地追求成為母親，喜歡抱嬰孩，同時盼望小孩永遠不要長大。相反的，雅典娜型女性寧願去「租借子宮」——一旦這種選項是可能的——只要她能夠確認嬰兒的出身。她會利用代理孕母，雇用管家和保母來照顧她的子女。

如果擁有競爭心強、外向、智識上充滿好奇的兒子，雅典娜型母親會神采煥發。對她而言，他們是正在成形、即將嶄露頭角的英雄，仰賴她的能力去教導、建議、啟發和督促他們出類拔萃。她有加強兒子身上刻板男性行為的傾向，早早就給他們「堅強的男人不哭」的訊息。

如果是性格教養跟她們相似的女兒——獨立自主，而且跟母親一樣，以理性邏輯處事——雅典娜型女性的表現也不錯。雅典娜型女性可以成為跟她們同個模子印出來的女兒的榜樣和導師。然而，有些雅典娜型母親擁有跟自己截然不同的女兒。這樣的女兒，例如，有可能天生比較關心人們的感受，超過對於事物是如何運作的興趣，而且可能不夠堅定自信，也沒有知性傾向。在擁有傳統型的女兒時，雅典娜型母親的表現就沒那麼好。她可能會覺得有趣，並且接納和寬容這位不像她的女兒。或者她可能忽視女兒，而想要有個兒子。無論是哪種狀況，女兒都會感覺到情感的疏離，意識到自己沒有獲得應有的珍惜和尊重。

雅典娜型女性面對多愁善感的小孩，無論是兒子或女兒，都會感到難以應付。當然，對孩子來說，處境更加艱難。如果他們接受她的標準，他們很可能在自我貶低的情況下成長，認為自己小時候是愛哭鬼，長大後過度敏感。雅典娜型母親的務實心態也讓她對愛幻想的白日夢小孩缺乏耐心。

雅典娜型母親期待自己的小孩完成她對他們的期待，可以從生活中引發情緒的事件中奮起，成為一名「好士兵」，就像她一樣。

中年

雅典娜型女性經常發現中年是自己人生中最好的階段。她在這時會擁有看透事情真相的能力，鮮少會因為懷抱幻想最後幻滅。如果一切按計畫進行，她的人生就會有條不紊的開展。

在人生的中場，雅典娜型女性通常會花時間評估一下自己的狀況。她重新思索所有的選項，然後相當有條理地過渡到下一階段。如果工作是她主要的牽掛，處於職涯的中段，現在她可以看清楚自己的發展軌道：她可以爬到多高、她的處境是否安全、跟導師之間的關係可以帶她走到哪裡。如果她是母親，隨著子女長大，對她的需求變少，她很可能會承接可以投入較多時間的專案。

不過，對雅典娜型女性來說，中年也可能出乎意料的轉變成危機。她井然有序的生活中可能會發生情感的混亂。她可能發現自己陷入中年的婚姻危機，這有可能動搖了她的平靜，讓她接觸到自己比較深層的感受。常常是她先生的危機觸發了她自身的危機。他們之間相敬如賓的婚姻，一直以來對雙方而言，都是段成功的結盟關係，但是現在可能先生那方感到不滿意。或許他現在覺得婚姻中缺少激情，也或許發現自己受到另一名女性的吸引，對方激起了他的愛戀和情慾。如果妻子依舊保持她的雅典娜本色，她的回應會是理智的處理。然而，中年階段比較容易啟動女性內在的另一種女神原型，或許生平頭一遭，她會以某種無法預測的方式對這種情況作出反應。

停經不是雅典娜悲傷的理由，因為她從來沒有定義自己最主要的角色是母親。對於雅典娜型女性的自尊而言，青春或美貌也非必要的。雅典娜型女性的自信奠基於她的聰慧和才幹，而且往往是不可或缺的。因此，年紀漸長對於大多數雅典娜型女性並不是損失。相反的，因為人到中年的她，比她年輕的自己要更強大、更幹練，或者更有影響力，她的信心和幸福可能在這個階段更加提升，而其他女性則焦慮於看起來年老或越來越喪失魅力。

晚年

雅典娜型女性過去幾十年的改變非常少。她終其一生都是活力充沛、講求實際的女性。她總是全心投入，首先是在家庭和工作上，之後經常會擔任社區志工。她經常是傳統機構的支持者，極有可能是相當保守的機構。已婚的中產和上層階級的雅典娜型女性，是依賴志工幫忙的慈善機構和教會的骨幹。她會協助經營醫院的輔助機構、聯合勸募慈善團體和紅十字會，隨著年紀增長，她變得越來越位高權重。

當她的子女長大離家，雅典娜型女性不會哀悼空巢。現在她有時間從事更多她樂在其中的計畫、學習或工作。通常她跟成年子女之間關係和睦，因為她鼓勵子女要獨立和自力更生，也不會橫加干預和鼓勵依賴。她跟大多數的子女和孫子女的關係不會有問題。他們通常敬重她，而且經常喜歡她。儘管她往往不會公開表露對家人的情感，也不怎麼表達自己的感受，她依然會維繫家人之間的聯絡，彼此溝通對事件的意見，並且同時保持家庭的節日和傳統。

在晚年，許多雅典娜型女性成為社群裡受人尊敬的中流砥柱。少數最終變成「保守執拗的老婦人」，就像某些具有商業頭腦的女性，她們在股東大會上提出相關問題而遭到嘲笑。她們不會因為其他人的胡說八道或腦袋不清的想法而退卻，她們的堅持尤其會惹惱當權的男性。

面臨守寡之時，雅典娜型女性通常是有預期的。雅典娜型女性清楚自己的壽命會比丈夫長，因為她可能嫁給比自己年長的男性，對於守寡她不會措手不及或沒有準備。她是會管理好自己金錢的寡婦，投資股票市場，或者繼續經營家族事業或自己的公司。

守寡或從未結過婚的雅典娜型女性通常會獨居，並且維持著活躍和忙碌的生活。她「自我完整」（one-in-herself）的處女神特質在她晚年提供了莫大助益，讓她自給自足而且積極活躍，就像她年輕時那樣。

心理困境

理性的雅典娜從來不會喪失理智、勇氣或是自我控制力。她依循著中庸之道生活，不會被情緒或不理性的情感壓垮。其他大多數的女神（赫絲蒂雅除外）若非把自己的情緒宣洩在別人身上害別人痛苦，就是淪為受害者讓自己痛苦。跟這些女神相像的女性也一樣，有潛能製造痛苦或者自己受苦。雅典娜不一樣：她不脆弱，不會因為不理性或鋪天蓋地而來的情緒亂了方寸，而且她的行動是經過深思熟慮，而非衝動。她也不會是別人或自己情緒的受害者。她的問題源自於自己的人格特質，來自於心理上「手持神盾穿戴盔甲」。單一面向的發展可能會妨礙她去接觸其他需要成長的面向。

認同雅典娜

活得「像雅典娜一樣」，意味著活在自己的腦袋裡，而且對外的所作所為皆有其目的。這類女性過著單一面向的生活——她們是為自己的工作而活。雖然她享受別人的陪伴，但她缺少情緒的強度、情慾的吸引、親密、熱情或狂喜。然而，她也倖免於因為與他人連結或需要他人可能造成的深沉沮喪和痛苦。具有排他性、認同理性的雅典娜原型會阻擾這名女性去觸及人類情感的完整範圍和強度。她的情感經過雅典娜原型的良好調節，受限在中等範圍。於是她阻斷了自己去同理他人的深沉感受，表達出強烈感受的藝術或音樂也感動不了她，同時當面對神祕經驗時，她也一樣無動於衷。

活在自己的腦袋裡，讓雅典娜型女性錯過了完全沉浸於身體的經驗。她對於官能性的愉悅以及把身體推至極限是什麼感受，幾乎一無所知。雅典娜讓女性「跨出」本能的層次，因此她不會感覺到母性、性慾或生育本能的完整力量。

要超越雅典娜的原型，女性需要發展自己的其他面向。她可以逐步的發展，如果她能領悟到雅典娜原型限制了她的發展，如果她樂於接受其他人的觀點。在人們談論對她們具有深厚意義、而她無法理解的情感和經驗時，她需要努力去想像對方在說些什麼。她需要認知到自己事事要求實證以及充滿懷疑的心態，會讓她跟別人產生距離，也疏遠了自己在靈性或情感深度方面尚未發展出來的潛能。

有時候在情境的壓力下，雅典娜型女性會出乎意料地或以帶有創傷性質的方式，發生超越雅典娜原型的成長，此時來自無意識的感受會洶湧而出朝她襲來。例如，她的小孩可能受到疾病的威脅，或者受到別人的傷害。如果這時有一股保護的本能出自她的原型深處，讓她變得像憤怒的母熊那樣兇猛，她會發現這類阿特米絲的面向也是她的一部分。或者，如果她相敬如賓的婚姻受到另一名女人的威脅，她可能會被赫拉受傷和想要報復的感受所掌控，無法繼續當個理性的雅典娜，像平常那樣為人處事。或者，她可能服用了迷幻藥，陷入異常的意識狀態，讓她感到畏懼或驚恐。

梅杜莎效應

雅典娜型女性有能力威嚇別人，奪走跟她相異之人的自發性、生命力和創造力。這就是她的梅杜莎效應。

女神雅典娜在她的胸甲上，佩戴了她力量的象徵——神盾；這是一片山羊皮，上面裝飾有蛇髮女妖梅杜莎的頭。蛇髮女妖以活生生的蛇為頭髮，她可怕的外表會將凝視她的人化為石頭。蛇髮女妖也是雅典娜型女性的面向之一。比喻上，她也擁有能力削弱他人的體驗、讓對話陷入冷場、將人際關係停格成靜止畫面。她藉由對於事實和細節的專注力，和對於合乎邏輯的前提和合理性的需求，可以把一場對話轉變成她一人乾巴巴的講述細節。或者她可以令人震驚的遲鈍，因此讓氣氛急劇轉變，從非常私密到表面、然後疏遠。以她的批判態度和解剖式的詢問，雅典娜型女性會無意和不自覺地輕視他人的主觀經驗。她可能無法同理別人認為至關重要的靈性或道德議題，受不了人們受困於人際關係的各種問題當中，而且對於任何人的弱點不假辭色地加以批評。像這樣缺乏同理心實在令人難以忍受。

如果單純是社交場合，這種煞風景的梅杜莎效應可能只是讓人厭煩或激怒別人。然而，當雅典娜型女性居於權威和裁判的位置時，她可能全面啟動蛇髮女妖梅杜莎的力量來進行威嚇，把別人嚇呆。例如，她可能主持一場事關重大的關鍵面試。當人面臨「目光如蛇髮女妖的雅典娜」審查時，他或她會覺得自己處於放大檢測的凝視之下，而凝視他們的是一顆善於分析、不帶個人情感的大腦，提出來的問題似乎無情地揭發他們的缺陷。面對這種感覺像是要把你整個人抽絲剝繭般檢驗的思維能力和鐵石心腸，當事人可能會覺得自己「變成石頭」了。

我有位同事曾經描述過，她在升等評鑑會議上遇見一位蛇髮女妖梅杜莎的不幸經驗。現在，這位同事是名治療師，治療有著嚴重困擾的患者，成效非常好。直覺上能夠了解非理性行為背後的象徵意義和情緒，她與患者會談時處理得非常妥善。然而，在描述到她跟雅典娜型女性的面談時，她說：「我感覺我腦袋一片空白。一時之間，我真的是嚇呆了，我無法清晰地思考，也無話可說……我的表現糟透了。」往往，當一個人感覺自己被某位有權力摧毀工作升遷或教育機會的人品頭論足的審查，因而變成石頭時，那位權威人士通常是帶有宙斯原型和「佩戴神盾」的男性。但是隨著女性獲得更多管道掌握權力時，或許有越來越多的女性因此佩戴了神盾。而且如果她們表現得像雅典娜，她們就很有可能造成梅杜莎效應。

帶有梅杜莎效應的雅典娜型女性常常沒有意識到自己的負面力量。她沒有意圖要威嚇和讓人害怕。她只是把工作做好（正如她所理解的）——蒐集事實、驗證前提、挑戰手上的資料是如何被建構起來，並且有憑有據。然而在不知不覺中，她可能應驗了歌德的觀察：剖析即謀殺（we murder when we dissect）。她抱持著客觀的態度和犀利的問題，無心於努力創造和諧。於是她扼殺了真正溝通的潛能；在真正的溝通裡，任何事物的核心——或者人的靈魂——都可以被分享。

有時候我會遇到純粹知性取向的患者，談話時跟我一五一十報告她的人生，毫無情緒地列舉種種事件，省略掉她的個人感受。我發現自己必須努力才能保持跟她連結，奮力克服她言談中沒有「生氣」——她對於發生的事件沒有附上感情——產生的無聊。她身上死氣沉沉的部分讓我變得麻木。當我感覺到自己「變成石頭」，我立刻明白，這就是她帶給每一段關係的問題。這就是為什麼她的生活缺乏親密關係，常常是孤單一人。比喻上來說，當一名女性穿戴了雅典娜的盔甲，胸甲上是梅杜莎神盾，她就不會顯露出任何脆弱之處。她在防禦上裝備精良（通常是智識方面）嚴陣以待，同時她的權威感和批判性的眼光，讓她與別人在情感上保持距離。

如果雅典娜型女性因為自己在別人身上造成的梅杜莎效應感到沮喪，她大可以記得，蛇髮女妖的胸甲是雅典娜自己穿上去的，可以脫掉。同樣的，如果雅典娜型女性「脫下她的盔甲和神盾」，她就不會再具有梅杜莎效應。當她不再對別人妄加裁判，內心不再堅持自己有權威去認可或不認可別人的情感、思考或生活方式時，她的梅杜莎神盾就消失了。當她明白自己可以從別人身上學到東西，也擁有能跟別人分享的事物，因此可以不分階級、平等地待人接物時，她就卸除了自己的蛇髮女妖胸甲和梅杜莎效應。

狡詐：「不擇手段」

有目標要達成或是有問題要解決的雅典娜型女性們，幾乎只會在意下列的問題：「我該怎麼做？」以及「我會不會成功？」為了達到目的或是擊敗對手，她可以「狡詐」或是不擇手段。

這種狡詐是女神雅典娜的特徵。例如，在特洛伊戰爭期間，希臘英雄阿奇里斯和地位比較高貴的特洛伊英雄赫克托之間的對決到高潮時，雅典娜果斷的使用了「骯髒伎倆」來幫助阿奇里斯獲勝。她欺騙赫克托，讓他相信在他面對阿奇里斯時，他的弟弟就在他身旁，替他拿著長矛。於是，在他把身上唯一的長矛丟擲出去後，轉向他「弟弟」要拿另一支矛之時，赫克托發現他是獨自一人在戰場上，心裡明白他的死期將至。

女神並沒有捫心自問：「這樣公平嗎？」或是「這樣道德嗎？」，重要的只有這招計謀有效。雅典娜型女性的黑暗面就跟雅典娜的這個面向有關。

當她評估別人的行為時，有效是主要的標準。她在思考時，本質上就不會在乎要去感受價值，例如對錯或是好壞。因此她難以了解為什麼人們會對於不合乎倫理或是不道德的行為義憤填膺，尤其是在沒有影響到他們個人時。她也不了解為什麼有人會費心去爭論「事情的原則」或是用來達成目標的手段。

於是，如果她是一九七〇年代的大學生，在她的同學走上街頭抗議越戰或是入侵柬埔寨，或是為了水門案曝光而憤慨時，她大概不會涉入。當她忠於自己的雅典娜原型時——他人的情緒感染不了她，她也不會因為獨自一人就感到不安——其他人或許會認為她在道德方面無動於衷。取而代之地，她會在教室或實驗室追求自己的生涯目標。

成長之道

透過培養其他的女神原型以超越單一女神帶來的侷限，是所有女神類型共通的可能性。而雅典娜型女性同樣有好幾個明確的方向她可以考慮遵循。

轉向內在

出外工作的雅典娜型女性有可能陷入商業、法律或政治的權力賽局之中，而且可能發現自己一直在工作、「話題離不開工作」，或是把工作帶回家。一段時間之後她可能會覺得自己的腦袋從來沒有休息——「輪子永遠在轉動」。當她領悟到她的工作耗盡了她全部的時間和精力，覺得自己需要多一點的平衡時，雅典娜原型身為手工藝女神的這一面提供了她一條暫時忘掉工作的心理途徑。

在所有的手工藝中，雅典娜最心愛的是編織。一名雅典娜型的商界女性跟我說，當她開始編織時，「它是我可以想到最讓我心神安定的活動——我進入織布機的節奏裡，我的腦袋同時全神貫注和放空，我的手忙個不停，完成時我就會擁有一張美麗的壁毯。」

其他雅典娜型女性或許會發現縫紉讓她擺脫職涯上的憂慮。她發現自己做衣服既實用又可以發揮創意。讓她開心的是，她可以使用最好的布料，然後完成具有設計師品質的外套或洋裝，如果用買的，價格可能超過她所付的布料錢十倍以上。她在縫紉時有無限的耐心，而且半開玩笑稱之為「治療」，因為縫紉讓她得以逃離工作上的問題，進入另一種心境。

還有另一種方式讓人探觸到雅典娜的手工藝面向，那就是手拉坏。事實上，所有的手工藝，都可以為專注於外在世界的雅典娜型女性提供內在的平衡。

找回內心的孩子

女神雅典娜不曾有過孩童的階段；她一生下來就是大人。這個比喻與雅典娜型女性實際的經驗相去不遠。從她記憶所及最年幼的時期，她就會回想起自己「會把事情想清楚」或是「凡事都很聰明」。但是一名有著實事求是心態、口齒伶俐的小女孩，常常會錯失主觀經驗的完整範疇，或許成年之後，她最終會想要找回自己錯失的那塊拼圖。她可能需要在自己身上發現那個她不曾當過的孩子；那個可以因為新鮮事物感到困惑或開心的孩子。

要找回自己內心的孩子，雅典娜型女性必須停止以「明智大人」的心態（她從小就一直如此）去接觸新經驗。相反的，她需要以新的取向來接觸生活，彷彿她是眼睛睜得大大的小孩，萬事萬物都充滿新奇刺激，正等待著她去發現。當小孩著迷於新事物時，她會全盤吸收。跟雅典娜不一樣，她不會有先入為主的刻板觀念，不會抱持懷疑的態度，也不會把這個經驗貼上陳腐、熟悉的標籤，然後歸檔了事。當有人在描述她未經歷過的事情時，雅典娜型女性必須學會傾聽，同時盡力去想像對方所描述的場景和感受。當她處於情緒強烈的時刻時，她得試著停留在那樣的情緒裡，讓別人來安慰她。要重新找回她失去的內在小孩，她需要玩耍和大笑，哭泣同時被擁抱。

發現自己有母親

在神話裡，女神雅典娜是沒有母親的女兒，她對於自己單親引以為傲：她的父親宙斯。她不知道自己的母親是美蒂絲；美蒂絲被宙斯吞進肚子裡。比喻上，雅典娜型女性在許多方面都「沒有母親」；她們必須發現母親的存在，而且重視她，好讓自己獲得母親的照顧。

雅典娜型女性經常輕視自己的母親。她需要去發現母親的長處，往往得在這之後她才能珍惜自己身上跟母親的相似之處。她經常跟母親的原型（以女神狄米特為化身）缺乏連結；她必須在自己身上感受到這個連結才能深刻且本能地體驗母性和母職。克莉絲汀・唐寧（Christine Downing），《女神》（*The Goddess*）的作者，稱這項任務是「雅典娜恢復記憶」，她說這是「重新發現她自己跟女性、跟母親、跟美蒂絲之間的連結」。[8]

母權的女性價值——在希臘神話以現在的樣貌呈現之前所持有的價值體系——是被今日盛行的父權文化吞噬掉的。領悟到這一點，對於雅典娜女性而言大有幫助。在智識上的好奇，可以引導她從歷史或心理學走向女性主義的理念。從這個新的角度來看，她對自己的母親和其他女性，然後是自己，可能會開始有不一樣的想法。這麼一來，會讓許多雅典娜型女性成為女性主義者。一旦雅典娜型女性改變了自己的思考方式，她們跟別人的關係就可能改變。

8 原註：Christine Downing, "Dear Grey Eyes: A Revaluation of Pallas Athene," in The Goddess (New York: Crossroad, 1981), p. 117.

第六章

赫絲蒂雅——爐灶與寺廟女神；智慧女性和獨身姑姑

女神赫絲蒂雅

赫絲蒂雅是爐灶女神，更明確一點來說，是掌管圓形爐灶上燃燒的火。她是奧林帕斯主神中最沒沒無聞的一位。赫絲蒂雅以及和她互相對應的羅馬女神維絲塔，並沒有在畫家或雕刻家的手下以人形呈現出來。取代的是，人們在家屋、神廟和城市中心熊熊燃燒的火焰裡感覺到她的存在。赫絲蒂雅的象徵符號是一個圓圈。她的第一個火爐是圓形的，她的神廟也是。直到赫絲蒂雅進入，家和神廟才變得聖潔。她的在場讓這兩個地方變得神聖。赫絲蒂雅顯然是靈性上感知的存在，也是提供了照明、溫暖和熟食的聖火。

系譜與神話

赫絲蒂雅是瑞亞和克洛諾斯的第一個孩子：她是第一代奧林帕斯主神的大姊，第二代神祇的獨身姑姑。她一生下來就位列十二位奧林帕斯主神，然而在奧林帕斯山上卻找不到她的蹤跡，而且在酒神戴奧尼索斯地位越來越顯赫、最終取代她成為十二位主神之一時，她沒有表達抗議。因為她沒有參與在希臘神話中占有最大篇幅的風流韻事和戰爭，她是最不為人知的希臘主神。不過她享有極大的尊榮，接受了凡人獻給神祇的最佳供品。

在三首荷馬史詩風格的頌詩裡概要描述了關於赫絲蒂雅的簡略神話。她被描述為「那脆弱的處女，赫絲蒂雅」，是阿芙蘿黛蒂無法制伏、勸服、誘惑，甚或「喚醒其內在愉悅渴望」的三位處女神之一。[1]

阿芙蘿黛蒂促使海神波賽頓和太陽神阿波羅愛上赫絲蒂雅。兩位男神都想要她，但是赫絲蒂雅堅決地拒絕了，嚴正立誓她會永遠保持處女之身。於是，如「阿芙蘿黛蒂頌詩」中所解釋的：「宙斯贈與她美好的特權，而非結婚禮物：他讓她坐在家屋的中心，接受最好的供品。在所有的神廟裡她都獲得尊崇，而且在凡人的世界裡，她是受到敬重的女神。」[2]赫絲蒂雅的兩篇頌詩則是祈禱文，邀請她進駐家屋或神廟。

儀式和崇拜[3]

跟其他的男神和女神不一樣，赫絲蒂雅不是透過她的神話或藝術形象為人所知。實際上，赫絲蒂雅的重要意義是在儀式中呈現的，以火為象徵。要讓一棟房子成為家，赫絲蒂雅的存在是必要的。一對夫妻結婚時，新娘的母親用自己家裡的火點燃一根火炬，讓新婚夫妻攜帶著它直到抵達新家，點燃他們最初的家庭之火。這個舉動會將新家神聖化。

小孩誕生後，要舉行第二個赫絲蒂雅儀式。在嬰孩生下來的第五天，把孩子抱到火爐邊，象徵孩子進入家庭裡。然後舉行喜慶、神聖的宴會。

同樣的，每座希臘城邦會在市政大廳中供奉著一座公共火爐，爐中燃燒著聖火。賓客在這裡接受正式的招待。每一群移民會帶著聖火從他們家鄉的城市出發，去點燃新城市的火焰。

因此，每當新婚夫婦或新的殖民團體冒險出外去闢建新家時，赫絲蒂雅便會隨著聖火與他們同行，連結起舊家與新家，或許是象徵延續和聯繫，以及共同的意識和認同。

後來，在羅馬時代，赫絲蒂雅以女神維絲塔（Vesta）之名受到崇拜。於是，維絲塔的聖火團結了羅馬所有市民成為一個大家庭。在她的神廟裡，聖火是由維絲塔貞女（Vestal Virgins）看顧。這群女人必須守貞，體現女神貞潔和匿名的本質。在某種意義上，她們是女神的化身，是活生生的赫絲蒂雅形象，超越了雕像或繪畫。

被選中為維絲塔貞女的女孩們，在相當年幼時就被帶進神廟裡，通常還不到六歲。她們穿著一

1 原註："The Hymn to Aphrodite I," In *Homeric Hymns*, trans. Charles Boer, rev. ed. (Irving, Texas: Spring, 1979), p. 70.

2 原註："The Hymn to Aphrodite I," p. 70.

3 原註：Stephanie Demetrakopoulos, "Hestia, Goddess of the Hearth," *Spring* (1979), pp. 55–75.

樣的衣服，將頭髮剪短好表示她們是新入門的學徒，其獨特性和個性都要被抹滅。她們與眾人被區隔開來，獲得民眾尊崇，同時受到期待要像赫絲蒂雅那樣生活——如果她們沒有保持處女之身，就會有悲慘的下場。

維絲塔貞女一旦跟男人發生性關係，就是褻瀆了女神。懲罰是她會被活埋，葬在一個狹小、不通風的地下房間裡，有燈、油和食物，以及睡覺的地方。上方的土會被夷平，彷彿那裡沒有東西。因此，身為赫絲蒂雅神聖火焰化身的維絲塔貞女不能夠再代表女神時，生命就被會扼殺——她會被以泥土覆蓋，就如同我們去撲滅火爐裡悶燒的煤炭那樣。

赫絲蒂雅經常與荷米斯成雙成對。荷米斯是信使神，也就是羅馬人所知的墨丘利（Mercury）。他是雄辯與狡猾的神祇、旅人的保護者和嚮導、言說之神、商人和小偷的資助者。他早期的表徵是一根石柱，稱為「荷米」（herm）。在家庭裡，赫絲蒂雅的圓爐位於屋內，而荷米斯的陰莖形狀石柱立於門檻。赫絲蒂雅的火提供溫暖，也使這個家變得聖潔，荷米斯則站在門口，把生育力帶進來，同時阻擋邪惡入門。在神廟裡，這兩位神也是連結在一起。例如，在羅馬，墨丘利的祭壇坐落在通往維絲塔神廟的階梯的右側。

因此，在家裡和神廟裡，赫絲蒂雅和荷米斯相連結但彼此間有區隔。兩位神各自擁有獨立、寶貴的功能。赫絲蒂雅提供庇護所，人們在此結合成一個家庭——回家的地方。荷米斯是位於門口的保護神，以及走入世界的嚮導和同伴——行走在外，懂得溝通、熟悉門道、聰明和運氣好，都會讓事情改觀。

赫絲蒂雅原型

女神赫絲蒂雅在家裡和神廟裡的存在對於日常生活非常重要。而做為存在於女性人格中的一種原型，赫絲蒂雅的重要性是類似的，提供了女性完好和圓滿的感覺。

處女神

赫絲蒂雅是三位處女神中最年長的。跟阿特米絲和雅典娜不一樣，她沒有冒險進入外面的世界去探索荒地或建立城市。她留在家屋或神廟當中，受限在火爐裡。

表面上，沒沒無聞的赫絲蒂雅似乎跟行動迅速的阿特米絲，以及頭腦敏銳、穿戴金甲的雅典娜沒有什麼共通之處。然而無論她們的興趣範疇或行動模式有多麼不同，三位處女神都擁有共同的根本且無形的特質。每位女神都具備界定處女神的特徵：自我完整。沒有一位女神會成為男性神祇或凡間男子的受害者。每位女神都擁有能力專注於她們在乎的事，而且全神貫注，不會因他人的需求或是對他人的需求而分神。

專注內在的意識

赫絲蒂雅原型與其他兩位處女神共通的，是專注的意識（在拉丁文裡，用來指稱「火爐」的字，就是「focus」〔焦點〕），不過，赫絲蒂雅專注於內在，這一點和其他處女神並不相同。外在導向的阿特米絲和雅典娜專注於達成目標或是執行計畫；赫絲蒂雅則專注於她內在的主觀經驗。

例如，她在冥想時是全神貫注的。

赫絲蒂雅的覺知方式是往內在觀察，而且本能地意識到正在發生的狀況。赫絲蒂雅模式讓我們藉由專注於對個人有意義的事情上，與自己的價值產生連繫。透過專注於內在，我們可以覺知到某一個情境具有的本質。我們也能夠因此洞察別人的品性，看清楚他們的行為模式，或是感知那些行動的重要意義。在無數細節衝擊我們的五感，讓我們如墜五里霧時，這種內在視野提供了清晰的思路。

向內的赫絲蒂雅在關注自己的憂慮時也可能變得情感疏離，對周遭的人不聞不問。再度，這樣的疏離是三位處女神的共同特徵。此外，赫絲蒂雅的「自我完整」追求的是靜謐的安寧，這在孤獨時最容易找到，加深了她迴避他人陪伴的傾向。

守護爐火的人

身為爐灶女神，赫絲蒂雅原型活躍於覺得打理家務是有意義的活動、而非苦差事的女性身上。在赫絲蒂雅的支配下，守護爐火是個手段，藉此這名女性會把自己和她的家打理得井井有條。在完成每天的家事後，內心能因此獲得和諧平靜的女性，就是與赫絲蒂雅原型的這個面向產生了聯繫。

照料家庭中的種種細節，對她而言是種安定心神的活動，等同於冥想。如果赫絲蒂雅型女性善於表達自己的內在過程，她還能夠寫出一本名為《禪與持家藝術》（*Zen and the Art of Housekeeping*）的書。[4]她之所以做家事，因為家事本身對她很重要，也因為做家事讓她開心。她從自己做的家事上面得到內心的平靜，就像修道會裡的女性，她們以「服事上帝」的精神從事每天的活動。如果原型是赫絲蒂雅，當女性完成她的工作時，她會有好心情。相對地，在結束一項日常家務時，雅典娜會有成就感，而阿特米絲只會覺得解脫，獲得自由去做別的事情。

赫絲蒂雅上身時，女性會覺得時間充裕，可以從容地從事家務。她不會記掛著時間，因為她既沒有必須遵守的日程表，也沒有「特別投入大量的時間」。於是，她處於希臘人所稱的「卡伊洛斯時刻」（kairos time）——她會「沉浸在時間當中」，這會為她帶來心理上的養分（所有讓我們樂而忘時的經驗幾乎都是如此）。在整理和摺疊洗好的衣服、洗碗盤、打掃房間時，她感覺到自己不慌不忙、平靜的全神貫注於每件工作上。

守護爐火的人默默留在背景裡，保持沒沒無聞。她們經常被視為理所當然，沒有新聞價值，也不是有名的人物。

守護寺廟香火的人

赫絲蒂雅原型在宗教團體中如魚得水，尤其是培養靜默的宗教。崇尚默觀的天主教修會和以冥想為基礎靈修的東方宗教，為赫絲蒂雅型女性提供了良好環境。

維絲塔貞女和修女都表現出赫絲蒂雅原型的模式。進入修道院的年輕女性放棄了她們先前的身

4　譯註：德國哲學家奧根・海瑞格曾出版過一本《箭藝與禪心》（*Zen in the Art of Archery*，中譯本由心靈工坊於二〇二一年重新出版）；美國哲學家羅伯・波西格也寫過一本《禪與摩托車維修的藝術》（*Zen and the Art of Motorcycle Maintenance: An Inquiry into Values*，二〇二〇年天下重新推出中譯本45週年紀念版）。

分。她們改了名字，也不再用自己的姓氏。她們做相同的打扮，努力無私，過著禁慾的生活，同時將一生奉獻於宗教服事。

隨著東方宗教吸引了更多的西方人，除了修道院也可以在道場（寺觀）找到體現赫絲蒂雅本質的女性。兩處的戒律都把主要的內在焦點放在祈禱或冥想上。她們把次要焦點放在社群的維護（或者打理家庭）上，做這些事情的態度是：這項工作也是一種敬奉的形式。

大多數寺廟裡的赫絲蒂雅型女性也是匿名的婦女，她們不張揚的參與所屬宗教社群的日常靈性和灑掃庭除儀式。這些宗教社群裡值得注目的女性成員結合了赫絲蒂雅和其他顯性的原型。例如，神祕主義者聖女大德蘭（亞維拉的德蘭，St. Teresa of Avila），以她描述靈性狂喜的著作而聞名，就是赫絲蒂雅原型結合了阿芙蘿黛蒂的某個面向。諾貝爾和平獎得主德蘭修女（Mother Teresa），似乎是母性的狄米特和赫絲蒂雅的結合。以靈性追求為動機同時是高效能管理者的女修道院長，通常除了在赫絲蒂雅之外也擁有強烈的雅典娜特質。

在家中進行與赫絲蒂雅相關的宗教儀式時，赫絲蒂雅的家庭與寺廟面向就會融合為一。例如，在觀看一名猶太女性準備逾越節晚宴時，就可以瞥見赫絲蒂雅的身影。當她擺設餐桌時，她全神貫注於這份聖職工作中，這樣的宗教儀式跟天主教彌撒中輔祭男童跟神父之間無聲的交流，具有相同的意義。

智慧的年長女性

身為第一代奧林帕斯主神的大姊以及第二代神祇的獨身姑姑，赫絲蒂雅居於尊貴長輩的地位。

她超然或自外於親族之間的爾虞我詐和對立，避免陷入一時的激情當中。當這個原型顯現在某位女性身上時，事件不會對她造成像在別人身上那樣劇烈的衝擊。

內心擁有赫絲蒂雅原型，女性就不會「依附」他人、成果、財產、聲望或權力。她感到自身是完整的。她的自我不會如走鋼絲顫顫危危。因為她的身分不重要，所以不會跟外在情境綑綁在一起。於是她不會因外界的情況而興高采烈或悲痛欲絕。她擁有

> 內在的自由擺脫現實的慾望，
> 從行動與苦難中解放，從內
> 外的壓迫中解放，然而受到
> 理智的恩典籠罩，一道動靜自如的白光
>
> ——艾略特（T. S. Eliot），《四重奏四首》（*The Four Quartets*）[5]

赫絲蒂雅的超然賦予這個原型「智慧女性」的素質。她就像是見識過一切的長者，而且心靈沒有受損的撐了過來，同時經驗磨平了她的個性。

女神赫絲蒂雅在其他天神的神廟裡都受到尊崇。當赫絲蒂雅跟其他的神祇／原型共享「神廟」（或人格）時，她為她們的目標和目的提供了智慧的視角。因此，當赫拉型女性發現配偶不忠感到

---

5 原註：T. S. Eliot, *Four Quartets* (New York: Harcourt Brace Jovanovich [no date], originally published 1943), p. 16.

痛苦時，如果她也擁有赫絲蒂雅原型，她就不會那麼脆弱。其他所有原型過度的部分都會因為赫絲蒂雅明智的忠告而改善；她的存在可以被感覺到，她能夠傳達真相或提供靈性的洞察。

自我集中、靈性的啟蒙，以及意義

赫絲蒂雅是內在集中力的原型。她是「定點」，賦予女性行動的意義；是女性的內在參考點，讓女性在外界的混亂、失序或每日尋常的忙碌中立定腳跟。只要人格之中包含了赫絲蒂雅原型，該女性的生活就會有意義。

赫絲蒂雅的圓爐中心燃著聖火，就是曼陀羅的形狀，這個意象運用在冥想之時，是完整或整體的象徵。關於曼陀羅的象徵意涵，榮格寫道：

> 它們的基本中心思想在於預示一個人格中心、一種蘊含在心靈裡的中心點，一切都與此相關，一切都據此來安排，而且本身就是能量的來源。中心點的能量顯現於其幾乎無法抗拒的壓迫和衝動當中，這是種想要成為本我的衝動，正如同每一種生物都有著衝動要呈現與其本質相符的特有形式，無論是處於什麼樣的環境之中。這個中心不會被感覺或是被認為它是自我（ego），但如果一個人可以表達出它的存在，它就會是自性（self）。6

「自性」是當我們感覺到與「完整性」之間有所連繫時，內心所獲得的體驗。這種完整性將我們跟外在一切事物的本質連結在一起。在這靈性的層面上，「連結」和「超然」弔詭地是同一回事。當我們感覺自己接觸到了一股溫暖和光亮的內在資源（比喻上，這就像是靈性之火溫暖和照亮了我們），這把「火」溫暖了家庭裡我們心愛的人，同時讓我們與遠方心愛的人保持連繫。

赫絲蒂雅的聖火在家裡的爐灶和神廟裡都找得到。女神和火是一體的，連結了家庭與家人，城邦和人民。赫絲蒂雅是將眾人連結在一起的靈性樞紐。當這個原型提供了靈性的集中性以及與其他人事物之間的連結，這就是一種自性的表達。

赫絲蒂雅與荷米斯：原型的二元性

柱子和圓形環已經用來代表男性和女性原則。在古希臘，柱子稱為「荷米」，矗立在住家門外，代表荷米斯，而在屋子裡面的圓爐象徵赫絲蒂雅。在印度和東方其他地區，柱子和圓圈是「配對的」。直立的陽具形狀的「林伽」（lingam，象徵印度教神祇濕婆）插入女性的「約尼」（yoni，相對於林伽，象徵濕婆的配偶雪山神女。形狀象徵女性的陰部）或圓環；約尼位於林伽上面，如同小孩的套圈圈遊戲那樣。在東方，柱子和圓圈是融合在一起的，而希臘人和羅馬人讓這兩個相同的象徵（荷米斯和赫絲蒂雅）相關但是分離。為了進一步強調這種分隔，赫絲蒂雅是處女神，永遠不會被插入，她也是最年長的奧林帕斯神。她是荷米斯的獨身姑姑，而荷米斯是最年輕的奧林帕斯神——兩者是最不可能結合在一起的。

---

6 原註：C. G. Jung, "Concerning Mandala Symbolism," *CW*, vol. 9, part 1, p. 35.

從希臘時代以來，西方文化就強調二元性，一切都被切割或區分為男性與女性、心靈與身體、邏各斯（logos）和愛洛斯（eros）、積極行動與被動接受後來全部演變成前者為優、後者為劣的價值觀。當赫絲蒂雅和荷米斯都在家庭和神廟裡受到尊崇時，如果要區別的話，赫絲蒂雅的女性價值是比較重要的——她享有最高的尊榮。在那個時代，是一種互補的二元性。從那之後赫絲蒂雅就遭到看輕和遺忘。她的聖火不再有人照料，她所象徵的事物不再獲得尊崇。

當赫絲蒂雅的女性價值遭到遺忘和羞辱時，女性內在的聖殿——往內在尋找意義和平靜——的重要性，以及家庭是聖殿和溫暖來源的重要性，就降低或喪失了。此外，與他人有著潛在連結的意識消失了，而且在同時，一個城市、國家或地球透過共同的靈性紐帶連繫在一起的需求，也消失了。

赫絲蒂雅和荷米斯：神祕的連結

在神祕主義的層面，赫絲蒂雅和荷米斯的原型是透過中心的聖火這個意象連結在一起。荷米斯即墨丘利（Mercury，有水銀之意）是煉金的神靈「墨丘力士」（Mercurius），他被想像為基本元素火。這樣的火被認為是神祕知識的來源，象徵性地坐落於地球的中心。

赫絲蒂雅和荷米斯象徵著靈性和靈魂的原型理念。荷米斯是讓靈魂著火的靈性。在這層背景下，荷米斯就是那陣風，吹過火爐中心悶燒的煤塊，讓它們熊熊燃燒起來。同樣的，理念可以點燃深沉的感受，言語能夠讓人意識到迄今未曾明說卻了然於心之事，可以闡明人們隱隱約約中所感知的真相。

培養赫絲蒂雅

女性可以在安靜的獨處和秩序感中找到赫絲蒂雅，那是來自於「一邊做家事一邊沉思」。在這種模式下，女性可以全神貫注於每一項工作上，不慌不忙的去做，有時間享受因此產生的和諧。即使是那些最不受赫絲蒂雅影響的家庭主婦，通常也能回憶起她受到這個原型主導的時刻。例如，某一天清理櫃子時，她可能會處理到丟棄和保留衣服，因而回憶起和期待起什麼事，同時梳理了所有物和自我。到最後，這名家庭主婦擁有了井然有序的櫃子，可以反映出她是什麼樣的人，還善用了這一天。或者，某位女性在仔細查看老照片加以分類、標籤和放入照相本的愉悅和滿足中，體驗了赫絲蒂雅的時刻。

不屬於赫絲蒂雅原型的女性可以決定花時間「與赫絲蒂雅相處」——她們向內、安靜、集中的那些面向。要這麼做，她們必須空出時間，並且找到空間——尤其如果她們是他人導向的女性，她們的生活會塞滿了太多的活動和人際關係，她們既自豪，又抱怨她們自己「從來沒有片刻安寧」的這一點。

如果赫絲蒂雅通常不現身，就必須邀請她成為日常做家事的一部分，一開始這名女性要有意願轉變成赫絲蒂雅的態度。在決定做一件家事後，這名女性必須騰出寬裕的時間。例如，摺疊洗好的衣服對許多女性來說是重複性的日常瑣事，她們會覺得很煩，於是匆匆忙忙完成這件苦差事。如果女性接納了赫絲蒂雅的模式，她可能會樂於迎接摺衣服的機會，當成是一段讓自己定心沉著的時間。要讓赫絲蒂雅現身，這名女性需要每次只專注於一項工作上，每次只待在同一個區域或一個房間裡，只要是她感覺在空閒時間內可以行有餘力完成的家事就好。在做這項家事時她必須變得全神貫注，彷彿她在演出日本茶道一樣，每個動作都必須蘊含著寧靜感。唯有如此，她的內在才會充滿安靜，取代內心一般常有的嘮叨抱怨。該女性會自己樹立出該符合的標準，根據她認為合理的方式來進行。因此她才會是處女神，而不是滿足他人需求或標準的奴僕，也不受時間所壓迫。

冥想會活化和加強這個內傾、專注內在的原型。一旦學會了，冥想常常會成為每日的練習，因為冥想提供了一種完整和集中的感覺，那是內心平靜澄明的來源，讓人得以觸及到赫絲蒂雅。

有些女性在感覺到赫絲蒂雅的存在時，詩句會從腦海中湧現出來。作家暨詩人．梅．薩藤（May Sarton）表示，對她而言，這樣的書寫「唯有我處於蒙受神恩的狀態，當深層的通道開啟，當祂們現身，當我既遭受深刻的擾動又同時受到平衡時，詩句才會如禮物般降臨，超乎我的意志」[7]。她所描述的是「自性」的原型經驗，那種經驗每每讓人感覺超越了自我與努力，是天賜的恩惠。

在非自願的孤獨中找到赫絲蒂雅

每個人一生當中幾乎都會有些時期經驗了非自願的孤獨。這個時期通常一開始會讓人感到失落、悲痛和寂寞，而且渴望有人相伴。例如，自由寫作者阿迪絲．惠特曼（Ardis Whitman）的先生快速擁抱了她一下之後匆匆出門，他在外心臟病發作，沒能再回到家裡來。七年後，她寫下獨居生活意想不到的一些回報。她的文字召喚出與赫絲蒂雅連結的感受：

> 如同雨後第一道稀落的陽光，帶著一股微弱然而漸漸增長的溫暖，它既存於非選擇性的孤獨當中，正如悲傷本身。記憶使其溫暖……我們日益增長的自我認同意識也會。當我們生活在人們的環繞之中，我們有些天生的熱情和洞察會透過閒聊談天的篩濾而外洩。在你最大膽的時刻，你會相信，終極的人類工程正在進行——即靈魂的形塑。生命的力量來自內在；請深入內在。祈禱；冥想。抵達你內在光明之處。[8]

赫絲蒂雅型女性

赫絲蒂雅型女性與這位女神共通的屬性是安靜、不張揚，她們在場時創造出溫暖的氛圍與和平的秩序。她們通常是內傾的女性，享受孤獨。最近我造訪一位赫絲蒂雅型的女性，立刻就感覺到她的性格、家庭氛圍和爐灶女神之間的連結。她的住屋整潔乾淨、賞心悅目，而且井然有序。鮮花為餐桌生色增豔，新鮮麵包正在降溫。有些無形的東西讓屋子感覺起來像是安靜的聖殿，一個和平的地方，讓我想到位於加州塔薩加拉（Tassajara）的禪山中心（Zen Mountain Center），那裡遠離塵世，瀰漫著永恆的平靜。

---

7 原註：May Sarton, *Journal of a Solitude* (New York: Norton, 1973), pp. 44-45.（中譯本：《獨居日記》，大塊文化，2017）

8 原註：Ardis Whitman, "Secret Joys of Solitude," *Reader's Digest* 122, no. 732 (April 1983): 132

幼年

年幼的赫絲蒂雅看起來非常像年幼的波賽芬妮：兩人都是討人喜歡、「好帶」的小孩。即使是「可怕的兩歲」也安然度過，她們都沒有表現出一絲絲的固執或堅決。不過，這兩類型的小女孩有一些微妙的差異。波賽芬妮會接受別人的示意，急切想要討好。赫絲蒂雅或許會按照別人的指示做事，表面上同樣順服，但是留她獨自一人時，她會自己愜意的玩耍，不需要他人指點。幼小的赫絲蒂雅有著安靜、自足的特質。如果她不小心讓自己受傷或感到難過，她會回到自己房間，在孤獨中尋求安慰，和她去找媽媽的機率差不多。有時候人們會受到她散發的內在氣質所吸引；小小孩有顆「老靈魂」，闡釋了智慧和寧靜。

赫絲蒂雅型女孩不會去吸引別人注意她，也不會引發別人強烈的反應。當她保持自己的房間井然有序時，或許她會獲得讚美。當她獨自一人時，大人可能會催促她加入家人的活動，或者到外面去玩。

父母

女神赫絲蒂雅是瑞亞和克洛諾斯的第一個孩子，也是第一個被克洛諾斯吞下、最後一個被吐出來的小孩。因此，她被囚禁在父親黑暗和壓迫的腸道中的時間，比任何一位弟弟妹妹都長，也是唯一曾經孤伶伶待在裡面的小孩。她的童年很難說得上是快樂。克洛諾斯是專制的父親，對孩子沒有溫情。瑞亞是失能和軟弱的母親，她沒有採取任何行動來阻止自己的小孩遭受虐待，直到最後一名孩子出生。在所有孩子當中，赫絲蒂雅最懂得盡其所能來自立自強。

我在執業時見過一些幼年生活類似女神赫絲蒂雅遭遇的女性——她們都有虐待、專制的父親，以及無能（經常是憂鬱）的母親。許多人在心理上都是靠自己熬過童年，在那個家庭裡，孩子的需求不受重視，任何個人的表達都會被父親主宰的需求「吞噬掉」。在這樣的環境裡，大多數小孩會仿效他們的父母：比較強壯的，尤其是男孩，可能虐待或欺壓比他幼小和弱小的小孩，也可能逃家或流落街頭。女孩當中，沒有力量但是有母性的姊姊可能採納狄米特的模式，試著照顧她的弟弟妹妹，或者，她可能採納赫拉的模式，一旦她年紀夠大，就會去依附男友。

不過，赫絲蒂雅型女兒處於痛苦、衝突的家庭生活之中，或是在她感覺陌生的學校環境裡，很可能會情感上抽離、退縮到內心中尋求慰藉。她經常感到自己與兄弟姊妹疏離或是被孤立在外，正如同她與父母的關係一樣——而她的確與他們不同。她試圖不要引人注意，她表面上被動，內心卻篤定自己與周遭的人不一樣。她試圖在任何狀況下都不張揚，處於眾人之中培養孤獨的能力。於是她成為近乎「沒有面目的人」，就像女神本身。

對比之下，出身一般中產階級家庭、擁有父母支持的赫絲蒂雅型女兒，可能看起來不那麼赫絲蒂雅。從托兒所開始，就會有人要幫她「克服她的害羞或膽怯」——別人往往如此標籤她的內向特質。於是，她的確發展出適應社會的人格面具，一種討喜和合群的處世之道。她受到鼓勵在學校好好表現，參與從芭蕾到女子足球等各種活動，而且要對小小孩表現母性，同時中學時要出去約會。然而，無論她表面上看起來是什麼樣子，她內心還是忠誠於赫絲蒂雅；她有種獨立和超然、情緒平穩的特質，這是因為她的心神保持集中。

青少年和青年時期

青少女赫絲蒂雅讓自己脫離社交上的悲喜劇、高漲的激情，以及同輩之間翻臉像翻書的友誼交情。在這方面，她與女神赫絲蒂雅很像；赫絲蒂雅不參與其他奧林帕斯主神忙於投入的愛情糾葛或戰爭。結果，她可能在社交上被孤立，活動時保持在邊緣，一位在別人看來自給自足而且特意選擇孤立的旁觀者。或者，她發展出人格的其他面向，那麼她可能有朋友，而且參與學校和社交方面的活動。她的朋友喜歡她安靜的溫暖和穩定，儘管她們有時候惱怒她沒有在爭議中選邊站，或者希望她的競爭心更強一點。

青少年階段可能是赫絲蒂雅型女孩深化宗教信仰的時期。如果她想要獻身於宗教，或許會導致她跟父母唯一的直接衝突。雖然有些天主教家庭會樂見女兒覺得受到感召想要成為修女，但是大多父母會震驚她這麼認真看待自己的信仰。最近，赫絲蒂雅型女性受到各種東方宗教的吸引；這些教派從一九七〇年代以來就在美國蓬勃發展。當赫絲蒂雅型女兒受到吸引進入道場，用外國語言誦經，而且採用新的名字，許多父母的反應是驚慌，同時誤以為很容易就能夠讓他們安靜、溫順的赫絲蒂雅型女兒改變她們的宗教信念。事實是，擁有處女神的篤定和專注，赫絲蒂雅型女兒通常會去做她們在乎的事，而不會順服父母的願望。

會去上大學的赫絲蒂雅型女性，往往是因為喜歡大型大學的匿名性以及有機會擁有自己的居所。不過，純然是赫絲蒂雅型的女性不太可能有個人理由要去上大學，因為知性的挑戰、找個老公，或是為職涯做準備，不是赫絲蒂雅型關心的事。要有這些動機，其他女神必須出現。絕大多數讀大學的赫絲蒂雅型女性之所以進入大學，是因為其他原型也有重要的影響力，或者是別人期待她們讀大學。

工作

競爭激烈的工作場合不會讓赫絲蒂雅型女性感到有收穫。這類型女性缺乏野心和動機；她不想要認可，也不看重權力，出人頭地的策略她一竅不通。結果，赫絲蒂雅型女性很可能是在辦公室做著傳統上屬於女性的工作，她要不是隱形被視為理所當然的存在，就是被讚賞為「鎮室之寶」，她在工作上穩定且可靠，也不涉入辦公室政治和八卦，同時提供井然有序和溫暖的環境氛圍。赫絲蒂雅型女性樂於為同事泡咖啡，為辦公室增添一點女性色彩。

赫絲蒂雅型女性可能在要求定力和耐心的專業上表現優異。例如，攝影師最喜歡的模特兒是赫絲蒂雅型女性，因為她的眼睛有種「看往內在」的深邃感，還有讓人聯想起「自持的貓咪」那種不自覺的優雅和寧靜，全然沉浸於自己的姿態當中。

許多赫絲蒂雅型女性也會在鏡頭的另外一邊表現良好。赫絲蒂雅的耐心和定力等素質會讓她們身為攝影師表現出色：她們必須等待恰到好處的瞬間、充滿表現力的姿態、或者自然產生的巧妙構圖出現。在一名女性身上，赫絲蒂雅可能跟其他的原型「組隊」，因此為當事人的工作增添了赫絲蒂雅特質。例如，我聽過最好的托兒所老師似乎是母性的狄米特和赫絲蒂雅的組合。她的同事驚嘆她似乎可以毫不費力地在她的周遭創造出潛在的秩序：「她永遠不會顯得疲憊。或許小孩從她身上捕捉到寧靜——我所知道的只是，她不知用什麼方法把一屋子搶著出風頭的小孩轉變成一個活潑、溫暖的團體。她似乎從來不會匆匆忙忙，她往這裡投入了全心的關注，往那裡給孩子一個抱抱，建議孩子玩個遊戲或讀本書，然後孩子都安定下來了。」

與女性的關係

赫絲蒂雅型女性往往會有一些好朋友，她們喜歡不時可以與她為伴。很可能這些好朋友自己也帶有一些赫絲蒂雅的特質，而且仰賴她們的赫絲蒂雅型朋友成為庇護所，在那裡她們赫絲蒂雅的那一面可以表現出來。赫絲蒂雅型女性不會參與八卦或者知性或政治性的討論。她的天賦是帶著同情心聆聽，不論朋友帶給她什麼樣的動盪，她都能集中心神，提供別人一塊她火爐邊溫暖的所在。

性慾

當一名女性的主導原型是赫絲蒂雅時，性慾對她不是非常重要。有趣的是，即使她能達到性高潮，上述說法也一樣成立。赫絲蒂雅型女性和她們的丈夫都描述他們的性慾是如何處於冬眠狀態，直到開始性交。然後，一名丈夫表示：「她的回應很狂野。」某位赫絲蒂雅型女性的先生會主動求歡，「如果他積極就一個月一次，不然就是兩個月一次」；她發現即使非常少的前戲，她也能達到高潮。「發生時」她享受性愛，沒有的話，她也「心滿意足」。在這樣的女性身上，赫絲蒂雅模式占上風。在做愛過程中，她可以召喚出阿芙蘿黛蒂的性慾，此外則不會有性慾存在。

沒有高潮的赫絲蒂雅型女性，認為性行為是「愉快、溫暖的經驗」，她樂於提供給自己的先生。「當他進入我的身體裡面，感覺很舒服。我覺得跟他親近，而且為他開心。」對她的先生來說，跟她發生性關係「就像回到家」或是「進入庇護所」。

赫絲蒂雅型女性在女同性戀的關係中也採取相同模式。性愛不是非常重要。如果她的伴侶在性方面也是偏向接受而不是主動，而且兩人都在等待對方求歡，她們的關係可以維持幾個月甚至幾年都沒有性愛方面的表示。

婚姻

赫絲蒂雅型女性符合傳統觀點下的「好妻子」。她把家照料得很好。她自己沒有野心，也不要求先生飛黃騰達——因此她不會跟他競爭，也不會嘮叨他。她不是賣弄風騷的女人，也不會淫亂。儘管先生的忠誠對她不會像對赫拉那樣至關重要，她跟赫拉一樣會保持自己的忠貞。她不會受到誘惑而出軌——只要她不受阿芙蘿黛蒂的影響。

赫絲蒂雅型妻子可能看起來像是依賴的妻子，舒適的扮演傳統角色過日子。不過她的表相可能只是誤導，因為她維持著內在的自主性。部分的她安靜持守，依舊是自我完整的處女神。

她不需要男人來讓自己覺得情感圓滿。沒有男人，她的人生會不一樣，但是不會喪失意義或目的。

根據哪位女神最活躍，傳統已婚婦女的「工作內容」似乎會有不同。赫拉型的重點放在「妻子」，狄米特型是「母親」，雅典娜型則是維持有效能和運作順暢的家庭，讓「家庭主婦」成為她的正式職務。赫絲蒂雅型會將自己的職業列為「家管人員」。

與男性的關係

赫絲蒂雅型女性吸引的男性偏愛安靜、不武斷、自給自足、會成為好妻子的女人。這樣的男人認為自己是傳統角色中的一家之主，以及養家活口的人。如果男人想要性感的女人、像媽媽一樣照顧和激勵你的女人，或是成為他們力爭上游時的夥伴，就得另謀他處。

赫絲蒂雅型女性經常吸引到的是把女人看成聖母或娼妓的男性。這些男性把沒有性經驗、對性不感興趣、因此「聖潔」的女性歸類為「好女人」。如果女人受到男人吸引或是在性方面積極回應則被他們歸類為「壞」或「放縱」的女人。這樣的男人會娶前者，然後跟後者外遇。嫁給這一類型男性的赫絲蒂雅型女性，有可能在性愛歡愉上保持未啟蒙的狀態，因為她的先生不想要擁有自己的慾望、在性方面積極回應的妻子。

許多夫妻雙方都滿意的傳統婚姻，是由荷米斯型丈夫（生意人—在外奔波的旅人—溝通者—企業家，機敏的與外在世界斡旋）和赫絲蒂雅型妻子（打理好家務）兩者的結合。對雙方來說，這樣的安排往往順風順水。就個人立場，兩人都會在他們各自的事務上找到極大的個人滿足，這份滿足也間接支持了對方的活動。他對於自己不必去操煩家庭覺得感激，因為妻子照料得井井有條，這並不是為他做的，同時總是為他次次前去世界打拚的空檔，提供他一個溫暖、和平的家。他喜歡她既戀家而又獨立的精神。

反過來，她對於可以自主決定家的模樣覺得感激，她喜歡先生的經濟支持讓她有時間和空間去做她在乎的事。再者，荷米斯型丈夫的天性就是一直在外奔波，提出新企畫、談生意、嘗試新管道、信任自己的敏銳和本能——而且整體而言，他主要是仰賴自己在世上打拼。他不需要一位赫拉型或雅典娜型的妻子提供自己某種形象或某個策略。因此，他往往不會期待妻子跟他一起出差，或是忍受雞尾酒會，這點對於他的赫絲蒂雅型妻子而言，再適合也不過。

她寧願留在家裡作樂，她會提供愉快的氣氛，把屋子布置好招待同事，製作餐點，然後隱身在背景裡——而她比較外傾的丈夫或許會引領話題，直接跟賓客打交道。她花在準備工作上的時間可能被視為理所當然，她為一晚上的愉快所做的貢獻可能沒有獲得應有的重視和感謝。如同女神本身，儘管她是核心人物，卻始終沒沒無聞，這似乎是赫絲蒂雅型女性的命運。

子女

赫絲蒂雅型女性可以是非常好的母親，尤其是她心靈裡也帶有狄米特原型的時候。當她走向內心時可能會有一點點過於疏離，而且她的愛可能會稍微顯得太超然和太含蓄。不過通常她會以愛和接受關注的方式來照顧孩子。對於孩子她沒有什麼雄心壯志，因此會允許他們做自己。她盡心盡力照顧孩子，認為這是天經地義，為他們提供溫暖和安全的家庭環境。赫絲蒂雅的小孩不需要逃跑或反叛。成年後他們就算接受心理治療，也沒有什麼重大的母親問題需要解決。

不過，一旦赫絲蒂雅型女性需要協助小孩應付社交上的眉角或競爭性的情境時，她就沒什麼用處。同樣的，在抱負或生涯發展上，她也幫不上忙。

中年

人到中年，赫絲蒂雅型女性的人生軌道經常看起來似乎已經設定好了。如果她已婚，她會是管理家務的人，而且滿足於自己的角色。如果她未婚，她可能有帶著「老處女」或「老姑婆」的光環，因為她們不介意自己單身的身分，也不會出門去抓個男人來嫁。如果她在辦公室上班，或者生活在修道院或寺觀裡，她是那些地方「不變的風景」，靜靜地做著屬於自己本分的工作。

中年或許是赫絲蒂雅型女性正式進入修道院或寺觀的時候，改換名字，將自己的人生奉獻給某條靈性之道。對她來說，這是自然的轉變，她會更深入地獻身於她已經在實踐的宗教修行。對親人們來說，這項決定可能完全出乎意料，因為安靜的赫絲蒂雅從來沒有向他們宣揚她人生的這個面向對她而言有多麼重要。

晚年

赫絲蒂雅型女性永遠帶著某種「古老而睿智」的氣質，她有能力優雅的老去。她非常適合獨居，而且可能一輩子都是如此。在獨身姑姑的原型角色裡，有需要時其他的家族成員會拜訪她，提供協助。

傳統女性面對的兩大情感危機是空巢和守寡。不過，儘管大多數赫絲蒂雅型女性是妻子和母親，她們沒有深切的需求要謹守這兩個角色。因此，失去這兩個角色並不會導致赫絲蒂雅型女性像狄米特或赫拉型女性那樣可能因獨守空巢或守寡而憂鬱。對赫絲蒂雅型女性來說，應對外在世界才是她們的難題。如果她們因為離婚或守寡成為「失業的家庭主婦」，而且失去經濟上的供應，她們通常在天性和經驗上都沒有準備好要出外打拚，因此難以在外面的世界取得成功。於是她們可能淪落為硬撐門面的窮人。

一名年老的赫絲蒂雅型女性或許必須仰賴社會福利勉強度日，但是她的心靈絕對不會貧窮。常常她人生最後幾年是過著獨居的生活，然而對人生無悔，對死亡無懼。

心理困境

因為是為內在智慧的原型，赫絲蒂雅沒有負面心理。因此毫不意外的，赫絲蒂雅不會呈現通常潛在的病態模式。她不會跟其他神祇和凡人攪和在一起，這種超然的模式可能導致一名女性寂寞和孤立。不過，對於赫絲蒂雅型女性來說，她主要的困境是跟赫絲蒂雅身上缺乏的特質有關。在奧林帕斯山上的所有男神和女神當中，只有她沒有以人類的樣貌現身——她缺少一個形象，或者說，一個人格面具。而且她不涉入愛情糾葛或衝突之中——她缺乏可以在這些領域無往不利的實務和技術。

認同赫絲蒂雅

活得「像赫絲蒂雅」意味著不出風頭、沒沒無聞、無足輕重，然而在家裡擁有核心地位。許多女性清楚這個角色的短處。她們的工作常常被視為理所當然，而且她們的感受沒人關心。赫絲蒂雅型女性的特徵是無法堅持己見，就算她感覺遭到忽視或看輕，也不會出聲。家事能夠為她帶來平靜的愉悅與內在的秩序，然而如果一完成就有人破壞井然有序的成果並且製造混亂，就會喪失這一層意義。一旦覺得自己的努力無意義和做白工時，守護家庭溫暖的赫絲蒂雅有可能變得筋疲力竭。

如果女性認同情感超然的赫絲蒂雅，便會扼殺該女性直接的情感表達。赫絲蒂雅型女性是透過體貼的舉動間接表達她對別人的愛和關心。「靜水深流」這句話描述了赫絲蒂雅隱藏在表面下的內向情感。因為赫絲蒂雅型女性是含蓄的，對她而言非常重要的人，可能並不知道自己的重要性。當她深深在乎的人不知道她的情感，而留下她孤單一人的時候，赫絲蒂雅珍視的獨處可能轉變成寂寞。同樣令人悲傷的是，如果有人希望赫絲蒂雅型女性愛自己，也的確為她所愛，但是卻從來不能肯定地明白這份情感。只要不是用語言或擁抱來表達，她的溫暖似乎並非針對個人並且是超然的，而且可能不是特別針對她所愛的人。要讓自己跨過赫絲蒂雅的侷限，這名女性必須學會表達她的情感，如此對她具有特別意義的人，才能明白她的用心。

當赫絲蒂雅被輕視

在修道院或婚姻的體制裡——兩者都存在終身的承諾，有塊安全的地方可以讓赫絲蒂雅的心靈茁壯。但是，要是缺少了這種終身制給予的保障和穩定，一名赫絲蒂雅型女性可能感到有明確的缺陷。她覺得自己像沒有殼的烏龜，卻被期待加入一場爭權奪利的嚴酷競爭中。天性上，赫絲蒂雅不是熱中團體活動的人，也不是趨炎附勢向上爬的人。政治上的各種大義打動不了她，她也缺少雄心壯志。她不會企圖在世上留下自己的印記，而且並不在乎這種事。於是，她很容易遭到追求成就的人、好管閒事的人以及那些社交上的公道伯所所忽視和看輕；這些人以有形的標準來衡量人，發現她的欠缺。

受到輕視對於赫絲蒂雅型女性的自尊會造成負面影響。如果她把別人的標準套用在自己身上，她可能會覺得自己跟不上，適應不良，以及能力不足。

成長之道

當赫絲蒂雅型女性冒險離開家庭或寺廟提供的庇護所，想要到外面的世界闖蕩出一番事業時，她的難題就出現了。內傾的人面對別人快速、經常競爭性強的步調時，會顯得格格不入，直到她發展出自己人格的其他面向。

塑造出適應社會的人格面具

「persona」在拉丁文裡的意思是「面具」，曾經用來指涉舞台上戴的面具，可以讓觀眾立刻確認演員所扮演的角色。在榮格派心理學裡，「人格面具」是當事人呈現給外界看的社會適應面具。那是我們將自己呈現在別人面前的方式，以及別人看到我們的表相。擁有運作良好的人格面具，就像女人擁有龐大的衣櫥，她可以從中選出適合場合以及與自己人格、地位和年齡匹配的服飾來穿戴。我們的行為舉止、言談、與他人互動的方式，還有我們對自己的認知，都是人格面具的一部分。

赫絲蒂雅型女性在本性上對於人格面具這個層面的掛慮——誰是誰、如何給人留下良好或適切的印象——不感興趣。不過，除非她隱退到修道院裡，不再出外闖蕩，不然在競爭的文化底下，她就跟其他每個人一樣，必須跟別人互動打交道，接受別人的打探和評估。她不是天生就能掌握這些技巧，必須透過學習，而這段過程經常非常痛苦。當她不得不去參加一場大型聚會，她會感覺自己無法勝任、笨拙、害羞，而且無能；她感覺自己沒有適當的人格面具，彷彿她「沒有衣服可以穿」。這樣的憂慮會反映在她的噩夢裡；在噩夢中她發現自己裸體，或者衣不蔽體。有時候，反映了她夢境的隱喻，她過於裸露地呈現自己——她表現出太多自我、太誠實，讓人們得以窺伺到在相同情境下、要是別人就會設法掩蓋隱藏的真相。

必須接受面試或面對評估的赫絲蒂雅型女性必然要刻意塑造出一張人格面具，就像寫履歷（可以視為「紙上」的人格面具）那樣盡可能地深思熟慮。她需要有一幅盡可能清晰的圖像，關於自己在每一個特定場景應該扮演「誰」，而且她必須準備好試戴一些人格面具，直到她發現某種只要多「戴上」幾次次、就會自然習慣的風格。

養成堅持己見的能力：透過阿特米絲、雅典娜或者阿尼姆斯

除了人格面具，赫絲蒂雅型女性需要養成堅持己見的能力；如果她要在這世上跟別人互動，或是照顧好自己，她需要在人格當中加入積極主動的面向。女神赫絲蒂雅不爭權奪利，也不競逐金蘋果。她置身於關係之外，迴避奧林帕斯山，也不隱身在特洛伊戰爭背後出力，同時不贊助、不拯救、不懲罰任何一位凡人，也不會伸出援手。跟女神不一樣，赫絲蒂雅型女性生活在眾人之中，她必須冒險踏出住家或寺廟的門牆之外，而她的準備不夠，難以應對這種經驗，除非她的心靈有其他部分能夠幫助她積極主動、懂得表達和堅持己見。積極主動的女性原型，阿特米絲和雅典娜就可以提供取得這些能力的途徑，女性身上的阿尼姆斯，或者說女性人格中陽性的部分，也有這種功

能。

如果赫絲蒂雅型女性曾經參與競爭性活動、夏令營、女性團體、戶外運動，或者在學校表現優異，或許已經培養出阿特米絲和雅典娜的特質。原型為赫絲蒂雅的女孩早早就發現她必須適應處於人群之中，並且符合別人對她表現外向的期待。在這段過程中，她可能會召喚和培養出其他的原型。結果就是，她能夠把阿特米絲或雅典娜的特質融入她的人格之中。

赫絲蒂雅型女性會覺得她生命的核心——女性氣質、戀家、安靜內向的赫絲蒂雅——並沒有受到外在經驗的影響。實際上她可能覺得，為了適應這個競爭性和社會性的世界，在過程中她發展出雄性的態度或阿尼姆斯。發展完善的阿尼姆斯就像是內在的男性，當她需要清楚的表達或是堅持己見時，她可以徵召阿尼姆斯來為自己發言。不過，無論阿尼姆斯多麼稱職，她還是會感覺阿尼姆斯是「外來者」（或者「不是我」）。

赫絲蒂雅型女性跟自己的阿尼姆斯的關係經常像是內在的赫絲蒂雅—荷米斯關係，可與兩位神祇在希臘家庭中的重要意義和定位相提並論。赫絲蒂雅由房子中央的圓形火爐作為象徵，而象徵荷米斯的「荷米」或石柱則矗立在門外。荷米斯是位於門檻的保護神，也是陪伴旅人的神祇。當女性的內心同時擁有赫絲蒂雅和荷米斯的面相時，赫絲蒂雅可以提供內在私密的存在之道，而她的荷米斯—阿尼姆斯則提供外在有效應對這世界的方式。

感覺內心有個本質為荷米斯的阿尼姆斯在與這世界交手的女性，意識到自己擁有男性的一面，當她冒險踏入外面的世界時，所運用的就是這一面，透過阿尼姆斯，她可以堅持己見，並且能言善道。阿尼姆斯也負責站崗的任務，堅決的護衛她的隱私，阻擋不受她歡迎的外來侵擾。擁有本質為荷米斯的阿尼姆斯，她可以相當有效而且機靈，能夠在競爭的狀況下照顧好自己。不過，當阿尼姆斯負責讓一名女性堅持己見時，它（「他」）不會總是在場，也不是隨時可以運用。例如，她可能接起電話，期待是朋友，卻聽到一名咄咄逼人的推銷員詢問煩人的問題，或者是一位頑固的善心人士期待她加入志工行列。而她的阿尼姆斯措手不及，於是她變得昏頭轉向，無力回應。

蘇珊．格里芬（Susan Griffin）是艾美獎編劇得主、詩人，以及《女性與大自然》（*Woman and Nature*）的作者，她發現荷米斯—赫絲蒂雅的合作解釋了她身上截然不同的兩個面向。在家裡，她氣場柔軟，是在廚房裡慢條斯理做事的赫絲蒂雅，讓自己的住家成為避風港。這個非常私密的蘇珊．格里芬，明顯不同於擔任《堡壘》（*Ramparts*）編輯時的她，伶牙俐齒、心思敏捷、精通政治，後者對外的面向可以說是「非常荷米斯」——既聰明又靈活多變。

堅守自己的核心：保持赫絲蒂雅的本色

阿波羅和波賽頓都試過要奪走赫絲蒂雅的處女之身——她的自我完整。然而赫絲蒂雅沒有屈服於他們的慾望，發誓永遠守貞。藉由拒絕阿波羅和波賽頓，赫絲蒂雅抵抗的事物具有比喻上的重要意義，其象徵的是可能讓女性遠離自己核心的知性和情感力量。

赫絲蒂雅代表「自性」，是一名女性直覺上知道的自我人格靈性中心，賦予了她生命意義。如果她「向阿波羅讓步」，赫絲蒂雅定於中的心神可能會潰散。阿波羅是太陽神，「阿波羅信仰」（Apollonian）已經被等同於希臘哲學中的理性（logos）、知性生活以及邏輯與推理至上的觀點。如果阿波羅說服一名女性放棄她的赫絲蒂雅童貞，她會讓自己內在、直覺感受到的經驗屈服於科學性詢問的審查之下。於是她無法以言語表達的感受就會遭到否定：除非有堅實的證據支持，否則她身為內在有智慧的女性所知曉的一切會受到貶低。一旦允許「男性」的科學懷疑精神戳穿靈性經驗，要求「證據」，這樣的入侵必然會侵犯女性的完整感與意義感。

另一種狀況，如果一名赫絲蒂雅型女性「受到波賽頓的吸引而失去了自我」，她被海神吞沒了。波賽頓象徵了被大海般襲來的感受，或是從無意識湧出的內容淹沒的危險。當這股情感的洪流威脅到她時，她可能夢見巨大的海浪逼近她。在睡眠以外的生活裡，完全陷入某種情感狀態中，可能讓她無法集中心神。如果這樣的動盪導致憂鬱，波賽頓洪流般的影響會暫時「撲滅位於赫絲蒂雅火爐中心的那團火焰」。

在受到阿波羅或者波賽頓的威脅時，赫絲蒂雅型女性需要在孤獨中追尋自己的「自我完整」。在靜謐的安寧之中，她可以再度憑著直覺找到自己的路返回中心。

第七章

脆弱女神
——赫拉、狄米特、波賽芬妮

三名脆弱女神是婚姻女神赫拉、穀物女神狄米特以及波賽芬妮人們所知的「柯瑞」〔Kore〕或少女，也是冥后。以這三位女神作為象徵的原型，代表了女性的傳統角色：妻子、母親和女兒。她們是人際關係導向的女神，她們的身分認同和幸福快樂，取決於擁有意義重大的人際關係。她們表達了女性在從屬方面的需求。

在她們的神話裡，這三位女神遭到男性神祇強暴、綁架、宰制或者羞辱。在依附關係破裂或是對方違背這份關係時，都會讓這三位女神感到痛苦。她們都會體驗到無力感。而每位女神的回應都反映了她們的特徵——赫拉是憤怒和嫉妒，狄米特和波賽芬妮則是憂鬱。她們都顯現出類似心理疾病的症狀。內心存在這些女神原型的女性也是同樣的脆弱。認識赫拉、狄米特和波賽芬妮能夠讓女性洞察自己對關係的需求本質是什麼，以及她們面對失去時所呈現的反應模式。

當赫拉、狄米特或波賽芬妮是主導原型時，其行為動機來自伴侶關係，而不是成就和自主性，或者新經驗。她們將關注的焦點放在他人身上，而不是外在的目標或內在的狀態。於是，認同這三位女神的女性會關注他人，樂於接納他人。推動她們的是人際關係帶來的回饋——贊同、愛、關注，還有三個原型的不同需求：婚姻（赫拉）、撫育（狄米特）或者依賴（身為少女的波賽芬妮）。對這些女性來說，履行傳統的女性角色對於她們個人意義重大。

意識特質：如同漫射的光

三大類女神範疇（處女神、脆弱女神和煉金女神）各自有一個典型的意識特質。跟脆弱女神原型連結的特質就是「發散的感知」。榮格分析師艾琳．克萊蒙．德卡斯蒂列霍（Irene Claremont de Castillejo）在她的著作《認識女性》（*Knowing Woman*）中描述這種感知是「一種接納的態度、所有生命為一體的感知，以及為人際關係做好準備的狀態」。[1]這種意識特質是人際關係導向的女性與男性的典型特徵。

我認為這種意識可以被比喻為一盞客廳裡的燈散發出來的光，照亮並且把溫暖的光芒投射在其照射範圍內的一切事物上。這是一種普遍性的關注力，讓人得以注意到他人在感受上的細微差別、接收得到各種狀況下的情緒基調，同時能夠感知到背景的聲音，就如同感知到前景中的關注中心一般。發散的感知，解釋了那種可以掃描一切的意識，就是這種意識讓父母得以在嘈雜的談話中聽得到孩子的嗚咽聲，或是讓妻子知道丈夫走進門時是不高興、覺得身體不舒服還是承受了壓力（有時

1 原註：Irene Claremont de Castillejo. *Knowing Woman* (New York: Putnam's, for the C. G. Jung Foundation for Analytical Psychology, 1973), p. 15.

候甚至是在丈夫覺知到自己的情緒之前）。這種接收、發散的意識可以掌握一個情境的整體或「完形」。（對比之下，阿特米絲、雅典娜、赫絲蒂雅——三位處女神——典型的「專注意識」則是專注於一個元素上，而將其他一切排除。）

在我有兩個剛剛擺脫尿布的小孩時，我領悟到小孩會如何改變母親的行為，讓母親處於發散的感知狀態。我在孩子身邊時，大部分時間我會留意他們的聲響，處於接收的心智狀態，因此我的注意力無法集中。當我發現當我改變模式，想要專注於他們之外的某件事情時，他們總是會打斷我。

例如，如果他們在隔壁房間靜靜地一起玩，而我忙著清理廚房的水槽、整理衣服，甚至輕鬆地閱讀一下，我有機會可以持續進行任何「心不在焉」的活動一段時間。但是如果我決定要利用這段安靜的休閒時光閱讀一份期刊，或是研讀需要我全神貫注的文章，似乎大約一兩分鐘後，一定會有小腳跑過來打斷我。看起來好像是孩子們擁有超感官知覺（ESP），能夠覺察到我集中注意力，不再處於關注他們、掃描種種細節的心智狀態，於是「不理睬他們了」。試圖在持續的打擾中專心，非常令人感到挫折。加加減減的最後結果是，打擊了專注的意識——因此改變了我的心智行為。

當我領悟到上述情況時，我嘗試了其他人可能也嘗試過的實驗。等待一次安靜的時刻來臨，此時學齡前的小孩可以在沒有你的陪伴下滿足而清醒地做一件事。注意，你可以去忙一件不需要專注的事情。然後查看一下時鐘，將發散的感知轉換成專注的意識，從事另一種型態的工作。看看在孩子打斷你之前，你可以專注在這件工作上多久時間。

當人們生活中重要的女性專注於自己關心的事，而不理睬他們時，不只是小小孩會出現干擾的反應。我的女性患者也向我描述了她們跟其他人之間發生的許多事件。例如，當一名人際關係導向的女性報名一堂課、或是回大學念研究所時，她和生活在一起的人——先生、戀人、年紀較大的小孩——會無可避免地發生一種摩擦，就是當她在讀書時，他們會來干擾和打斷她。她經常有困擾難以專注在自己的功課上。接收、發散的心靈狀態讓女性可以照顧別人，但也讓她們容易分心。

而當她專心一致時，她生活中的男人對於她的工作，在無意識中可能產生的反應是：彷彿那是把她從自己身邊帶走的情敵。他的反應是針對失去她的關心，在這之前，她的關心一直是他們家庭環境中的一部分。他可能會對妻子內心的赫拉或狄米特短暫缺席產生反應，而妻子對他的回應也跟往常不同。

就好像是一道看不見的暖光被關掉了，讓丈夫隱隱約約感覺焦慮和不安全——有什麼事不對勁了。而在他「沒有正當理由」就打擾她之後，事情更加惡化，因為當人在專注中被打斷，通常的回應就是惱怒。因此她大概的反應就是覺得很煩或是生氣，於是顯然證實了他被拒絕的感受。我所認識的每對這類夫妻——先生的確支持太太的學術或事業抱負，而且太太真的愛先生，先生對她來說是重要的人——都發現，認識到這種摩擦產生的模式，對他們是有益的。一旦他不再認為，她從發散的感知轉變為專注的意識是衝著自己而來，就可以解除他無端打擾的行為模式，並消除她隨之而來的憤怒和怨恨，這麼一來雙方之間的緊張就化解了。

脆弱、受害，以及發散的感知

脆弱女神會淪為受害者。赫拉遭受她丈夫宙斯的羞辱和虐待；宙斯不理會她對其忠誠的需要。

狄米特與女兒的緊密連結遭到忽視，而且在波賽芬妮被綁架、囚禁在冥界時，她的受苦也無人聞問。狄米特和波賽芬妮都遭遇過強暴。如同處於消沉、受苦的境況而無能為力的凡間女性一般，而這三位脆弱女神也都顯現出精神症狀。

內在與這三位女神相像的女性，還有以發散的感知為意識模式的女性，也都容易受到傷害。對比之下，有能力劃定界線和追求目標（阿特米絲）或者必須擁有專注的意識才能透徹思考問題並且制定策略（雅典娜）的女神，是不脆弱的處女神。和她們相像的女性比較不會成為受害者。

要避免受害，女性需要看起來專注和自信。她必須走起路來輕快敏捷，彷彿急著要去哪裡——看起來漫無目標或者心不在焉，就會招來麻煩。儘管女性樂於接納和容易親近，有助於建立人際關係，讓家庭溫暖和諧，但是帶著這些相同的特質進入外面的世界，可能會導致不請自來的侵擾。任何女性只要獨自一人站著等待，或者在餐廳或旅館大廳單獨坐著，就可以預期會有男性靠過來，他們認定任何女人如果不是明確有伴，就是可口的獵物，可以任人評頭論足或是關注。如果她樂於接納和容易親近，那麼她的友善可能招致男人認定她是唾手可得的性交對象。於是，她可能接收到不想要的性暗示，而且可能成為性騷擾的受害者，或者當她拒絕時，會成為別人遷怒的對象。兩個因素使得她容易受害：男人會把接納和友善的行為錯誤解讀為性邀請，以及普遍假定任何落單的女人都可以去接近，而且有可能得逞。另一項對這點推波助瀾的因素，是潛在的社會假設：女人是財產。這項假設禁止男人對有男伴的女性評頭論足、攀談，甚至「看一眼」也不行，沒有男伴則可以為所欲為。

跟狄米特和波賽芬妮相像的女性會感覺脆弱或是欠缺保護，常常會做充滿焦慮的夢。她們可能夢到男人闖入自己的臥室或房子裡，夢到暗中潛伏或有攻擊性的男人威脅或跟蹤她們。有時候夢中具有敵意的男人是熟人：比如說著那些讓她們所畏懼的批評的男人、透過身體虐待的威脅或是暴怒來威嚇她們的男人。如果一名女性在童年時感覺沒有受到保護，或是曾遭受實質的虐待，在夢中攻擊她的人經常會來自她童年的人物，或是攻擊發生在童年熟悉的環境裡。

不是所有脆弱女神類型、人際關係導向的女性都會做受迫害的噩夢。如同女神會經歷各種階段，跟女神相像的女性也可能經歷一個她們感覺安全和不受威脅的人生階段。此時她們夢裡的人生或許也會同樣的輕鬆愉快。不過，有些女性在美好的時光裡，也會做受到迫害的夢，彷彿在提醒她們自己的脆弱。無論如何，脆弱女性的夢境裡充滿了人，而且經常發生在建築物裡面；這些夢會召喚出過往情感紐帶上的記憶，同時以象徵的語言描繪出現在的人際關係。

存在與行為模式

三名脆弱女神在各自的神話裡都擁有一段快樂或圓滿的時期，也有一段受害、受苦和出現症狀的時期，以及一段復元或蛻變的時期。每個時期都代表女性人生的一個階段，她可能快速通過，或者停留一段時間。

發現自己像赫拉、狄米特或波賽芬妮的女性，可以藉由了解自己跟這些原型女神的相似處，更加認識自己；認識自己的長處、容易受傷的地方，以及潛在的負面之處。如果她能夠學會預測自己的問題，她可以免除自己一些痛苦。例如，赫拉型女性不要讓自己不明智和不成熟地被推入婚姻之中，就可以避免許許多多的悲傷。在結婚之前，她需要學習如何判斷對方的品格和愛人的能力，因為她的命運會掌控在她的丈夫手上。同樣的，狄米特型女性必須清楚她要在什麼樣的情況下懷孕，而且在這之前採取預防措施，因為她身上的女神——感覺像是一種她不得不服從的母性本能——並不關心後果。而年輕的波賽芬妮型女性最好是離家去上大學或工作，這樣她們才有機會成長，不再只是個對媽媽百依百順的乖女兒。

跨越脆弱女神的限制

雖然脆弱女神不是那些成功特質的化身，但是內心住著這些原型的女性們可以跨越她們帶來的限制。她或許會發現自己身上的雅典娜或阿特米絲的特質，或者，她可能透過發展在她感覺像是「男性」的部分，找到在外面世界打拚的能力和競爭力。而且她可以探索與爐灶女神赫絲蒂雅以及愛神阿芙蘿黛蒂相連結的靈性與肉慾的層面。

接下來的三章會深入探索赫拉、狄米特與波賽芬妮的神話和特徵。每章會各自描述一位女神化身的原型，並且呈現出當女性內在住著某位女神時，這位女神會如何對她的人生造成影響，以及對於跟這類的女性有關的人，例如配偶、父母、朋友、戀人或子女，會造成什麼樣的影響。

每一位曾感到有股強烈的結婚生子的慾望、或是覺得自己在等著什麼發生來改變自己人生的女性——這必然涵蓋了幾乎所有的女性——會發現自己在人生的某個時刻與其中一位脆弱女神屬於同類。

第八章

赫拉——婚姻女神；承諾者和妻子

女神赫拉

莊重、尊貴、美麗的赫拉（羅馬人名為朱諾），是婚姻女神。她是奧林帕斯山眾神之王宙斯（朱彼特）的王后。宙斯統治天空和大地。赫拉（Hera）這個名字一般被認為意指「偉大的女士」，也是希臘字「hero」（英雄）的陰性形式。希臘詩人以「牛眼」指稱她——這是對她美麗明眸的讚美。她的象徵符號是母牛、銀河、百合花，以及孔雀斑斕尾羽上的「眼睛」——象徵赫拉時時警戒。神聖的母牛是長久以來跟大母神連結的意象，因為是營養的供應者，而「乳白路」（the Milky Way，銀河）——我們的銀河系（galaxy），源於希臘字「gala」，意思是「母乳」——反映出在奧林帕斯眾神之前的年代，人們相信銀河是出自天后大母神的乳房。這後來成為赫拉神話的一部分：當母乳從她的乳房噴濺而出時，形成了銀河。掉落到地上的乳滴變成了百合花；這種花象徵了另一個早於古希臘時期的信仰：女性的生殖器有自體受孕的力量。赫拉的象徵符號（以及她跟宙斯的衝突）反映了她身為大母神曾經擁有的力量。大母神的崇拜早於宙斯之前。在希臘神話裡，赫拉有兩個彼此對立的面向：身為強大的婚姻女神，她獲得世人肅穆的崇敬，接受儀式的敬拜，同時，荷馬卻詆毀她是報復心強、愛吵架、善妒的潑婦。

系譜與神話

赫拉是瑞亞和克洛諾斯的孩子。她一出生就被父親吞進肚子裡，如同之前的四位弟弟妹妹。當她脫離克洛諾斯的囚禁現身時，已經是位年輕的女孩。這位少女被置於兩位自然界的神祇羽翼之下，他們等同於高階、年長的養父母。

赫拉成長為美麗的女神。她吸引了宙斯的目光；宙斯此時已戰勝了克洛諾斯和其他巨人神成為天神之王。（別在意他是她的兄弟——說到男女關係，奧林帕斯眾神有他們自己的規則，或是沒有規則。）為了接近這位仍是處女之身的少女，宙斯變身為簌簌發抖、可憐兮兮的小鳥，使得赫拉心生憐憫。為了讓這隻受凍的小鳥溫暖起來，赫拉把牠抱向自己的胸中。於是宙斯卸下自己的偽裝，恢復他的男性樣貌，企圖霸王硬上弓。他的力氣沒有得逞。她奮力抗拒他求歡直到他承諾要娶她。接下來的蜜月期據說持續了三百年。

等到蜜月期一結束，就真的一切都結束了。宙斯恢復了他之前的淫亂之道（在他跟赫拉結婚之前，有六位后妃，還有許多子嗣）。一次又一次，宙斯出軌，惹得他遭到背叛的妻子妒火中燒，心存報復。赫拉的憤怒不是針對自己不忠的丈夫，而是朝向「另一位女性」（她們通常是遭到宙斯誘姦、強暴或欺騙）、朝向因宙斯受孕的孩子，或者朝向無辜的路人。

有無數關於赫拉發怒的故事。在宙斯把愛琴娜（Aegina）帶到一個小島強姦她時，赫拉放走一條巨龍，消滅了島上大部分的居民。同時在她因戴奧尼索斯的出生而勃然大怒時，有一次她嘗試消滅他但以失敗告終，卻把他的養父母逼瘋了。

卡莉絲托（Callisto）是另一位陷入宙斯與赫拉駁火中的不幸女性。宙斯以狩獵女神阿特米絲的外貌出現欺騙了卡莉絲托，然後誘姦她。赫拉對這樁外遇的反應是把卡莉絲托變成熊，而且想讓卡莉絲托的兒子在不知情的情況下殺死她。

不過宙斯把她們母子放上夜空，成為大熊星座和小熊星座，也被稱為大北斗七星和小北斗七星。

宙斯的多次外遇羞辱了赫拉。他不尊重對她而言神聖的婚姻，而且偏愛其他女人生的小孩，使得赫拉因此更加悲傷。雪上加霜的是，他光靠自己就生下了女兒雅典娜——智慧女神，顯示出即使是生育，宙斯都不需要妻子幫忙。

赫拉有好幾個孩子。對於雅典娜的誕生，赫拉的反應是以一報還一報，她決定也靠自己生下一個兒子。於是她懷了赫菲斯特斯，鍛造之神。但是當他生下來腳畸形時——一個有缺陷的小孩，不像雅典娜那麼完美——赫拉排斥他，把他從奧林帕斯山丟下去。

根據某些記載，赫拉也是逿風（Typhaon）唯一的父母。逿風是非人形、破壞力強大、「可怕且造成危害」的怪物。而戰神阿瑞斯是赫拉和宙斯的兒子（宙斯鄙視阿瑞斯，因為他在激烈的戰鬥中會失去理智）。赫拉還有兩位不出色的女兒：希碧（Hebe），她是宴席上斟酒的少女；艾莉西雅（Eileithyria），她是分娩女神，跟阿特米絲共有這個角色（臨盆的婦女求助的對象是「阿特米絲—艾莉西雅」）。

赫拉面對每次的羞辱，通常的反應是採取行動。不過發怒和意圖報復不是她唯一的回應。有些時候她會退縮。神話敘述了赫拉四處遊蕩，一直走到大地和海洋的盡頭，在這期間她用最深沉的黑暗包裹自己，隔絕宙斯以及其他的奧林帕斯神祇。在某篇神話裡，赫拉回到她度過青春與快樂時光的山裡。當宙斯明白她無意回來時，他宣布要迎娶一名當地的公主，試圖激起她的妒忌之心。然後他安排自己跟一尊女人的雕像舉行假婚禮。這場惡作劇逗樂了赫拉，她原諒了宙斯，並返回奧林帕斯山。

儘管希臘神話著重於赫拉遭受的種種羞辱和報復心，在崇拜她的世人心裡——恰成對比——她深受民眾的敬仰。

在崇拜她的儀式裡，赫拉有三個稱號和三座對應該稱號的聖殿，她整年受到敬拜。在春天，她是「赫拉帕德嫩」（Parthenos 是處女之意，因此該稱號意為「少女赫拉」或「貞女赫拉」）。夏天和秋天，人們為「赫拉特麗雅」（Teleia 為完美之意，因此該稱號「完美的赫拉」或「圓滿的赫拉」）舉行慶典。而在冬天她成為「赫拉刻拉」（Chera 為寡婦之意，因此該稱號意為「寡婦赫拉」）[1]。

赫拉這三個面向象了女性一生的三個狀態，在各種不同的儀式中經過重演。在春天，一座代表赫拉的雕像浸入浴池裡，象徵恢復她的童貞。夏天，她透過儀式中的婚禮達到完美。冬天，會舉辦另一項儀式演繹她與宙斯之間的爭執和分離，引領赫拉進入守寡階段，在這個時期她會躲藏起來。

赫拉原型

身為婚姻女神，赫拉同時受到尊崇和謾罵，致敬和羞辱。跟其他任何一位女神比起來，她擁有更明顯的正面和負面屬性。赫拉原型也是如此，無論是帶來喜悅或痛苦，是這名女性人格中極為強大的力量。

妻子

赫拉原型根本上和最重要的是象徵了一名女性想成為妻子的渴望。擁有強大赫拉原型的女性如果缺少配偶，會感覺自己根本上不完整。她被「女神賜予」的本能所推動而追求婚姻。沒有配偶的悲痛，對她而言可能是非常深沉和受傷的內在經驗，正如同那些最強烈的慾望是生兒育女、卻沒能生育的女人。

身為精神科醫師，我非常清楚赫拉型女性在生活中沒有重要男性的痛苦。許多女性跟我分享了她們私密的悲傷。一名律師嗚咽：「我三十九歲了，還沒有嫁人，我真丟臉。」一位迷人的護士，離了婚，三十二歲，悲嘆：「我感覺好像靈魂裡有個大洞，或者那是個傷口，永遠不會完全癒合。上帝啊，我一個人孤孤單單。我談戀愛談得夠多了，我想，但是我遇見的男人沒有一個想要認真。」

1 原註：Murray Stein, "Hera: Bound and Unbound." *Spring* (1977), p. 108.

當有著強迫性婚姻需求的女性擁有了一段彼此承諾的關係，由於赫拉原型產生的想要成為妻子的大部分渴望就滿足了。不過，她仍然對於結婚本身有著迫切的企盼。她需要婚姻為她帶來聲望、尊敬和榮耀，而且她想要被認可為「某某太太」。即使在這個時代，同居而不婚並不會被汙名化，她也不想要只是同居。所以她急著要獲得外界的承認；她覺得在教堂舉辦盛大的婚禮，絕對好過飛去賭城或是到市政廳公證結婚。

當赫拉是原型時，這位新娘可能在結婚這一天感覺自己像是女神。對她來說，即將到來的婚姻喚起她對圓滿和完整的期待，讓她充滿喜悅。她會是一位容光煥發的新娘，完全由赫拉所主導。目前的第一夫人南西．雷根[2]，是妻子原型的化身。雷根夫人清楚表明，身為隆納．雷根的妻子是她最重要的優先事項。在她描述自己婚姻的重要性時，她是為所有在幸福婚姻中體現赫拉原型的女性代言：

> 對我而言，直到我遇見隆尼我沒有真正活過。喔，我知道在這個時代，這種告白不受歡迎。大家期待女性應該完全獨立，或許身邊有先生在只是方便一些。不過我左右不了自己的感覺。隆尼是我快樂的原因。沒有他，我會相當悲慘，生活中沒有真正的目的或方向。[3]

直到非常晚近之前，我們的文化都符合了南西．雷根的觀點：「結婚」被公認為女性的首要成就。甚至在教育和生涯目標很重要的今日，大多數女性還是免不了覺得受到文化期待的壓迫，必須「定下來結婚」。因此赫拉原型受到廣大的支持。再者，「挪亞方舟」的心態盛行：人們被期待雙雙對對，就像鞋子或襪子。以此為社會規範，使得單身女性感覺她們錯失上船的良機。於是因為當事人沒有順應赫拉導致的負面結果，又強畫了赫拉原型，但是如果她遵從了獲得正面的認可，也會強化赫拉原型。

證據顯示，赫拉或許不單單只是父權文化的產物——父權文化貶低女人的價值，除非被男人選中了（權力越大的男人越好）——因為許多女同性戀者也有類似的動機。許多女同性戀者感覺到同樣強烈的慾望，想要有個伴侶；同樣的需求，希望伴侶忠誠；同樣的期待，透過伴侶達到圓滿；同樣迫切的渴望，想要舉辦個儀式性質的婚禮，讓外界認可她有歸宿。可以非常確定的是，赫拉化身的女同性戀者不是回應文化的壓迫或家庭的期待，這兩者都傾向於譴責她們之間的關係，而非支持。

承諾的能力

赫拉原型提供了連繫、忠誠和忠實、與伴侶堅忍共渡難關的能力。當赫拉是推動的力量時，這名女性的承諾是無條件的。一旦結婚，她就會真心相守，「無論順境或逆境」。

少了赫拉這個原型，女性可能會經歷一連串短暫的關係，當無可避免的困難出現或是最初讓她墜入情網的魔力消退時，她就會抛開這段關係走自己的路。她或許永遠不會結婚，而且對於自己不

2　譯註：本書初版發行於一九八四年一月。

3　原註：Nancy Reagan, *Quest* (1982). 同樣的陳述見於 Nancy Reagan in *Nancy*, with Bill Libby (New York: Berkley, 1981).

結婚的狀態覺得沒什麼問題。或者，她可能虛應故事——辦場盛大的教堂婚禮等等——然而卻感覺不到她所嫁的男人跟自己之間有著互許終身（依循赫拉的方式）的連結。

如果女性在欠缺赫拉原型的狀態下結婚，就會「少了某樣東西」。我的一位患者就是這麼說的。她是四十五歲的攝影師，跟丈夫缺少深厚的連結感。「我很喜歡他，而且我一直是好妻子，」她說，「然而我還是常常想，自己一個人生活會比較適合我。如果我在場時有女人對他調情，他有時候會鼓勵她們——為了我好，我是這麼認為。他希望我吃醋，然後會因為我沒有不開心而不高興。我猜他懷疑我不是非他不可——這是真的。我骨子裡真的不是什麼全心奉獻的妻子，儘管我身為妻子的行為舉止無可挑剔。」即使結婚二十年之後，赫拉都不是活躍的原型，這一點對於夫妻雙方來說都很可悲。

神聖婚姻

婚姻有三層意義，其中兩個是：實現想要有伴侶、以及被外界認可為夫妻的內在需求。婚姻原型也在第三個神祕的層面顯現出來了，那就是透過「神聖婚姻」追求完整。依循宗教儀式的婚禮強調了婚姻的神聖性質——將婚姻界定為靈性的結合，或者是一樁聖事（聖禮），上帝的恩典藉此傳遞——這是現代人重演赫拉的神聖儀式。

對於赫拉原型的神聖層面，我的洞察直接來自於親身經驗。我被養育成一名中間派的新教徒。我們的宗教儀式不帶有神祕或神奇的內容。我們的聖餐禮是使用威氏（Welch's）葡萄汁[4]來舉辦的紀念儀式。因此，當發現我在舊金山慈恩堂（San Francisco's Grace Cathedral）舉行的婚禮，帶來了令人敬畏的內在經驗時，既出乎我的意料之外，也讓我深深感動。我感覺自己參與了強大的儀式，召喚出神聖的力量。我意識到自己正在經驗超乎日常現實的事情，那是種努祕（靈啟）性質的體驗——這正是原型經驗的特徵。我在念誦結婚誓言時，感覺自己彷彿正在參與一場神聖的儀式。

當神聖婚姻發生在夢裡時，情感強度也會有類似轉變。做夢者記得的是這個經驗中令人敬畏的感動。人們經常使用電場或能量場的隱喻試圖解釋在夢裡和神聖伴侶連結著的感覺。象徵男性與女性內在心靈的結合，這樣的夢讓她們經驗了「完整」。做夢者被她的神聖伴侶擁抱，混合了情慾、狂喜和結合感。這場夢是「努祕的」體驗（意思是對做夢者產生了難以言傳、神祕而且神聖的情感效應）。做夢者醒來時會感到震撼而且感動：「這場夢比我醒著時的感覺還要真實。我永遠不會忘記。當他抱著我，我感覺無比美妙。就像是神祕的團圓。我無法解釋在觸電般興奮的同時又我又感到深沉的平靜。這場夢是我人生中的重大事件。」

在純粹內在的神聖婚姻經驗裡，做夢的人體驗到自己就是完美或圓滿的赫拉。這往往會產生安撫效果，讓想要有伴侶的動機和想要結婚的需求平靜下來。

遭到嫌棄的女人：負面的赫拉模式

對於宙斯公開的不忠，女神赫拉並沒有對宙斯表達憤怒。赫拉把遭到宙斯冷落以及因他外遇受辱所感覺到的痛苦，轉化成了報復的怒火，朝著另一名女性或是她與宙斯生下的孩子發作。赫拉原

4　譯註：一般正式的聖餐禮會使用葡萄酒來舉行儀式，而非葡萄汁。

型使得女性傾向於不怪罪她的配偶——她情感依賴的對象——而把罪責加到別人身上。同時赫拉型女性面對失去與傷痛的反應是暴怒和行動（而不是憂鬱，那是狄米特和波賽芬妮的典型反應）。在我從事的分析工作裡，我已經發現報復心是一種心理花招，讓赫拉型女性感覺有力量，而非受到丈夫拒絕。

珍．哈里斯（Jean Harris）是遭到嫌棄的赫拉的當代化身。這位高傲的校長執掌專收女生的馬德拉學校（Madeira School），被定罪謀殺了她長年以來的伴侶，赫曼．塔諾沃博士（Dr. Herman Tarnover）。塔諾沃是發展出「斯卡斯代爾飲食法」（Scarsdale Diet）的飲食減重專家。我們已知哈里斯一直妒火中燒，因為塔諾沃偏愛一名比她年輕的情敵，她評判對方在教養、教育和風度方面都比不上自己。在她對於另一位女性的強烈憎恨被揭露之後——證據就顯示於在塔諾渥死前不久，哈里斯寫給他的一封長信之中——她被宣判犯下謀殺罪。在信中她寫道：

> 你一直是我生命中最重要的事物，是我生命中最重要的人，這一點永遠不會改變。你藉由威脅來趕走我、控制我——一個很簡單的威脅，因為你知道我無法忍受——因此，在你跟某位幾乎完全摧毀我的女人做愛時，我孤伶伶待在家裡。我一再遭受公開的羞辱。5

儘管擁有成就和聲望，哈里斯相信少了塔諾沃她就沒有價值。她始終堅持，殺人是意外。她的發言就像赫拉；赫拉從來不覺得宙斯該為他所有的風流醜事負責。哈里斯的陳述有可能是實情，因為她無法想像沒有塔諾沃的生活。

培養赫拉

對某些女性來說，想要更像赫拉的需求，來自於人到中年時的領悟，在此之前她們已經歷過一連串的關係，或者她們一直太專注於事業，婚姻不是她們的優先選項。到此時，她們已經聽從過阿芙蘿黛蒂的意向，從一段關係移轉到另一段關係；或者依順波賽芬妮的傾向，迴避承諾；或是像阿特米絲和雅典娜那樣專注於達到目標。或許眾女神各有各的目的，而赫拉原型想要婚配的強烈渴望，因為這名女性對於男性的選擇而受挫；她的選擇受到了其他女神原型的影響。

如果女性沒有強烈的本能想要擁有伴侶般的連繫，就需要刻意去培養。通常只有當女性明白承諾的必要性，而且有意願去保持承諾，還要有機會讓她這麼做時，這點才有可能實現。如果她愛上的男人需要或要求她忠誠，她就必須在接受一夫一妻制或者失去他之間做出選擇。她必須下定決心抑制阿芙蘿黛蒂的濫交，或者阿特米絲的獨立，偏向赫拉。刻意決定要成為赫拉型妻子，能夠增強這名女性跟赫拉原型的連結。

如果一名女性跟不打算結婚的男人糾纏不休，無法成為妻子，她必須不再著迷於吸引她的這類型男性，而且不要沉迷於他們對待她的方式。她也需要重新衡量自己對於抱持傳統價值的男性的態度，因為她可能一直對這些想要結婚建立家庭的男性有偏見。當她腦中所渴求的男人形象轉變成願意給出承諾的這類型男人，或許才有可能實現赫拉想要成為妻子的強烈渴望。

---

5 原註：Diana Trilling, *Mrs. Harris: The Death of the Scarsdale Diet Doctor* (New York: Harcourt Brace Jovanovich, 1981).

赫拉型女性

現代的赫拉很容易辨識。身為容光煥發的新娘走向紅毯另一端等待的新郎，她是滿懷喜悅的赫拉，期待自己的圓滿。身為遭到背叛的妻子，發現丈夫外遇時卻把怒氣發向另一名女性，她是潑婦赫拉。赫拉原型體現在無數女性身上，她們是「太太」——一般而言婚前是處女，或者至少直到訂婚之時；然後數十年來扮演忠誠的妻子，直到她成為寡婦靠著社會福利金過活維生。

赫拉型女性樂於讓丈夫成為她生活的中心。人人都知道她以丈夫優先。赫拉型女性的子女很清楚她的宇宙的次序：最好的永遠保留給男主人。其他人也很快就明白狀況：她會讓他們繼續「等待」，直到跟先生確認過後。

跟赫拉同一個模子印出來的許多女性會具有主婦的特質，在每個人眼裡都是一副「黃臉婆」的樣子。其他許多女性擁有的赫拉原型，只是她們人格中好幾個面相其中之一。表面上，她們可能不像是赫拉型女性，但是等她們對赫拉有深入認識之後，她們會辨識出赫拉是非常熟悉的內在人物。

幼年

四、五歲時，年幼的赫拉就可能被發現在玩扮家家酒——把她的玩伴帶到門口，說：「你是爸爸，去上班。」像「大人」一樣忙來忙去，她打掃，然後在桌上放上青草沙拉和泥巴派餅，期待赫拉一天最閃亮的時刻，就是當先生回家坐下來吃晚餐的時候。（對比之下，年幼的狄米特把洋娃娃放在小車裡推著走，花好幾個小時打扮、餵食，哄她的「寶寶」上床睡覺，當媽媽是她的重要大事。）

但是到了六、七歲，當兩性分開有各自的遊戲圈子時，大部分的小女孩會認為大部分的小男孩是「討厭鬼」，她們發現要讓男生「扮家家酒」幾乎不可能。零零星星我們還是會看到出現一些配對，即使是一年級的小孩也會有，不過大多數情況下，我們下一次要瞥見赫拉的身影，要等到孩子們後來開始「一對一穩定交往」時。

父母

赫拉的父母是克洛諾斯和瑞亞——冷漠的父親，因為害怕其中一位孩子有可能推翻他，把自己的孩子吞進肚子裡；無能為力的母親，不能保護自己的孩子免於丈夫的傷害。克洛諾斯和瑞亞提供了負面和誇張的意象，讓我們理解父權下的婚姻：丈夫是手握大權力、主宰一切的男性，不會容忍自己的小孩跟他競爭，也不會允許妻子有任何新興趣。妻子藉由保密和欺騙的手段來消極抵抗他。赫拉是她那些被吞噬的手足中唯一有兩對父母的人。一旦脫離父親獲得自由，她在如詩如畫的恬靜環境中，由兩位自然界的神祇擔任養父母撫養她長大。

兩對父母——或者兩組婚姻模式——所彰顯出的中心思想，對許多赫拉型女性應該不陌生。處於一個不甚理想的家庭環境之中，會使得其他小孩對婚姻抱持悲觀或犬儒的態度，而年幼的赫拉緊抱著理想化的婚姻意象，把追求婚姻當成是讓自己脫離惡劣家庭環境的出路。而在比較幸福的境遇裡，赫拉型女兒會從父母穩定的婚姻中看見她自己想要的生活。

青少年和青年時期

青春期的赫拉如果能擁有穩定的伴侶關係，最會感到心滿意足。她是那種會把男友送的戒指穿在項鍊上、驕傲地戴在脖子上公開放閃的女孩，夢想著盛大的婚禮，而且反覆在筆記本上試著寫他的名字——「巴布．史密斯太太」、「羅伯特．史密斯太太」、「羅伯特．艾德溫．史密斯太太」[6]。

她覺得擁有穩定的關係對她至關重要。如果她讀的是講究身分地位、給富家子弟就讀的郊區中學，那麼對象是誰很重要——班級幹部、美式足球校隊、「熱門」社團的成員。如果她讀的是市區中學，構成地位的條件或許不一樣，但模式卻是相同的。她追求跟地位高的年輕男孩配成一對，同時渴望從伴侶關係中獲取情感的安全感。一旦她成為「風雲校對」的另一半，她會安排兩對男女一起約會、舉辦派對，從她（赫拉）位於奧林帕斯山的高度俯視形單影隻的凡人。這個模式會持續貫穿她的大學時代以及之後的人生。

有些赫拉型女性的確在高中時期或高中剛剛畢業就結婚，以便盡早開始「扮家家酒」。不過絕大多數的高中戀情以分手收場，而第一段認真關係的結束，通常也是赫拉型少女第一個嚴重的情感傷口。

赫拉型女性把大學看成是找到配偶的大好時光和場所。如果她聰明又能幹，她往往在大學表現優異，結果卻只是讓老師失望，他們以為她會認真看待自己的能力。對於赫拉型女性來說，教育本身並不重要。可能只是她期待的社會背景的一部分。

既然婚姻是她讀大學的原因，如果沒有一名合適的丈夫人選現身，隨著時間消逝，她的焦慮會增強。身為一九五〇年代中期的大學生，我想起那些「名花無主」的赫拉型女性，她們在大三時就變得越來越焦慮，大四時還沒有訂婚就會顯現出絕望的神情，認為自己注定要成為老處女。來自親戚的不長眼問題，「妳什麼時候要結婚？」讓她們特別痛苦，因為尚未結婚的赫拉型女性感覺自己內在空虛而且缺乏意義，同樣強調婚姻價值的親友期待，又會放大這種空虛感和無意義。

工作

對於赫拉型女性來說，工作是人生的次要層面，就跟上大學一樣。無論她受了什麼樣的教育，擁有什麼樣的職涯、專業或頭銜，如果赫拉原型是一名女性心靈裡的強大力量，她的工作只是她在做的事，而不是界定她是誰的重要部分。

赫拉型女性有可能非常擅長她的工作，而且有可能獲得認可和晉升。然而，只要她沒有結婚，這些對她似乎不是很重要。無論她有多大成就，就她所著重的衡量標準而言，她都是輸家了（以她的個人觀點來說）。

在職場上表現優異的女性通常身上會存在其他女神原型。然而如果赫拉是凌駕她們之上的模式，這位女性不會覺得自己的工作有重大意義。如果她結婚了，她很自然地會把自己的職涯置於先生的事業之下，而且會根據先生的需求來安排自己的工作時間和升遷機會。只有在表面上看來，赫拉型女性彷彿是擁有夫妻雙職涯的婚姻，實際上她的事業就是她的家庭。

6　譯註：「Bob」是「Robert」的暱稱。

在這個夫妻雙職涯時代經常是需要雙份薪水，許多工作的妻子都是赫拉型女性。不過，赫拉型女性總是表示「夫唱婦隨」。她不會提議暫時分隔兩地，周末時會有一人往返兩地以便相聚。她也不會堅持自己的職涯跟先生的同樣重要。就這點來說，必須有另一位女神發揮作用。

與女性間的關係：被輕視的一類

赫拉型女性通常不會太看重與其他女性的友誼，而且普遍來說，不會有最好的朋友。她比較喜歡跟丈夫在一起，和他共事。如果她的確跟一名女性擁有親密且持久的友誼，那是受到其他女神的影響。

如果她未婚，她會覺得去見見適婚男性是最重要的事。或許她會和另一位女性結伴，去那些女性單獨前往不那麼自在的地方，例如酒吧。然而一旦與男性有了穩定的關係，她就沒有什麼時間陪伴她單身的女性朋友，通常就會把她們甩掉。

赫拉型女性很自然地會維持一種社交習慣：如果有男性約她出去，她就會取消原先跟女性朋友見面的計畫。這種作風在某些女性中很常見。一旦結婚了，這樣的做法會延伸為取消跟女性間的友誼。

已婚的赫拉型女性與其他已婚女性連結的方式，是把她們當成一對夫妻的另一半。她要不是發現單身女性是潛在的威脅——如果自己的先生對該女性表現了一丁半點的關注；就是貶低她們只不過是沒有男人的女人。結婚後，她幾乎完全是以另一半的身分參與所有社交活動。已婚的赫拉型女性如果會跟另一位女性共事，這項活動一般而言是跟她先生的工作或活動相關。婦女組成的附屬志工團體將這種趨勢制度化。在這樣的機構裡，先生的地位通常決定了他的妻子被推舉的位置。在投票選舉這些機構的幹部時，赫拉型女性必然會考慮這名女性的先生地位高低。

對赫拉型女性來說，如果跟另一位女性的交往是在夫妻的脈絡之下，兩位女性之間的連繫往往比較像是友善的結盟，而不是私人的友誼。因此，赫拉型女性會輕易甩掉離了婚或守寡的「朋友」，經常是在多年頻繁的社交之後，當這位朋友不再有配偶的情況之下。赫拉型女性會互相甩掉對方，加強自己內在的信念：女人沒有了丈夫就什麼都不是。許多內心酸苦的寡婦會搬到陽光更燦爛的地方居住——不是為了天氣，而是出於憤怒或自尊，因為她們發現，在原來的密友圈子裡自己已經沒有立足之地了。

與男性間的關係：期待圓滿

當女神赫拉在希臘的神廟接受敬拜時，宙斯和赫拉的婚姻會透過儀式演示出來，此時的宙斯被稱為「宙斯泰利歐斯」（Zeus Teleios），意為「宙斯，帶來圓滿的人」。當代的赫拉型女性把這個原型的期待放在丈夫身上，相信他會為自己帶來圓滿。

赫拉型女性會受到能幹、成功的男性吸引。成功的定義通常是取決於她的社會階層和家庭。飢餓的藝術家、敏感的詩人，以及天才學者不適合她。赫拉型女性不會受到迷惑而愛上為了自己的藝術或政治原則受苦受難的男性。

不過，有時候赫拉型女性的確看起來特別容易為了某種組合動情，這種組合贏得了赫拉本人。宙斯首先藉由把自己變成顫抖的小鳥來接近赫拉，然後自曝自己是眾神之王。這種場面屢見不鮮，赫拉型女性會嫁給以下組合的男性：一方面需要溫暖（她來提供）的可憐小動物，另一方面卻同時是有權有勢的大人物。許多在社會上大大成功的男性常常跟宙斯一樣，有種吸引人的情感不成熟的小男孩氣質，這類男性一旦結合了赫拉型女性覺得十分迷人的權力，就能夠打動她。這樣的男性可能缺少親密的朋友，可能向來不知曉別人私密的悲傷，而且可能尚未發展出同理的能力。

男性情感上的不成熟，也可能造成他在女性關係上尋求多變，而非深度，結果導致他有外遇傾向，這是赫拉型女性無法容忍的。他可能是商界人士，出差談生意時享受愉悅的一夜情。他享受跟新的女人初次做愛的征服感和刺激，認為他的妻子不知道，就不會傷害她。他痛恨談論關係，也不喜歡因他的行為起衝突——因此赫拉型女性會避免做這兩件事。

赫拉型女性嫁的男人如果最後被證明是花心大蘿蔔，跟宙斯一個樣，而且如果她聽信他的話——相當典型的赫拉型女性特徵，她們想要讓自己安心——那麼她就會一再受傷。許多赫拉型女性遇到障礙，因為她們不懂得評估潛在性格，也看不出他人的行為模式。在衡量一個人時，這類女性只看表象，而不是評估可能的情況（就好像檢視一棟要賣的房子，只看到眼前的屋況，沒有考慮過去曾經是什麼樣子，或者未來有可能變成什麼樣子）。到最後，赫拉型女性的失望和痛苦，跟她的原型對於圓滿的期待與現實之間的差異成正比，那差距可能會相當大。

性慾

赫拉型女性認定性行為和婚姻是相伴而生的。所以她可能保持處女之身直到她訂婚或結婚。由於結婚之前沒有經驗，她仰賴丈夫來激起她的性慾。如果他做不到，她還是會定期的與丈夫性交；

她深切覺得這是妻子角色的一部分。義務性做愛這個想法很可能最早是出現在赫拉型女性身上。

赫拉型女性在婚姻初期無法達到高潮這一點並不罕見。這種情形是否會持續多年不變，取決於阿芙蘿黛蒂原型是否會在婚姻期間啟動。

婚姻

赫拉型女性認為她結婚那一天是她人生中最有意義和最重要的時刻。在那一天，她獲得了新的姓氏。（她絕對不會保留自己的姓——她認為那嚴格來說是「娘家姓」。）她現在成為妻子，圓滿了她有記憶以來就感受到的驅力。

中產的美國人聚居的郊區是許多赫拉型女性如魚得水的環境。丈夫和妻子共度周末和假期。丈夫在固定的時間離家上班和回家吃晚飯。丈夫的朋友是男性，他可能會跟這些朋友在一起消磨時間。男方尊重妻子，也期待她做好妻子的工作，並且認定自己一輩子不會離婚。例行的日常生活、在一起的社交活動，以及各自扮演好的角色，都有助於維繫婚姻的穩定，而且讓赫拉型女性心滿意足。

在大型企業工作是另一個適合赫拉型女性的場景，她可以跟丈夫一起在大公司裡力爭上游、遷居工作或是轉職升等，輕鬆拋下那些升遷沒有她那麼迅速的人。因為她跟先生的連繫是她主要的意義來源，而且因為她跟其他人的關係薄弱，她很輕易就可以隨他遷居他處。對比之下，有著堅固友誼連繫的女性每次搬遷都要承受失去和寂寞之苦，如同那些工作有重要意義的女性，她們搬到新的地方就要重新開始。

赫拉型女性的幸福仰賴先生對她的摯愛、他對婚姻的看重，以及他有多感謝身為妻子的她。但是她受到成功男性的吸引，而多數情況下，這些男人之所以成功，是因為他們獻身於工作，或者專心於工作。因此，她或許會發現，儘管結了婚，甚至從來沒有出現過出軌的問題，她並不快樂。如果婚姻對她先生不是非常重要，赫拉型女性可能會覺得自己的婚姻不圓滿。

現代社會中像是宙斯那樣的丈夫，經常主要是拿婚姻做為社會門面的一部分。他迎娶了跟自己社會階層相同或是更高的女性，需要時可以帶著她一起出席社交場合。這樣的安排或許對他來說是有實際效益的婚姻，對她則是個人災難。如果是其他任何一種原型主導著她，她或許可以接受虛有其表的婚姻。但是赫拉型女性會因為丈夫缺少參與而心裡感到受傷。他經常全神貫注於其他的興趣，通常是涉及權力——例如商業交易和政治結盟——而且不跟她分享自己主要的關切。結果就會讓她覺得心中情感空虛。

她或許會嘗試透過蜻蜓點水的社交活動，意圖呈現完美夫妻的公眾形象來彌補（或是埋藏）這種空虛感。這幅意象正符合社會上一些有頭有臉的夫妻，他們會在例如歌劇的首演夜或醫院附屬公益機構贊助的舞會等場合露一下臉。但是他們在公開場合那副讓人稱羨的夫唱婦隨的模樣，在私底下卻消失無蹤。當然，這種因利益而結合的婚姻不限於哪個特定階級，在社會上的任何一個階層都可以發現。

就算不滿意自己的婚姻，在所有的女神類型中，赫拉型女性最不可能尋求離婚。跟遭到羞辱和虐待的女神赫拉一樣，這個原型支配的女性夠忍受惡劣的對待。在她的核心裡，她覺得自己就是結了婚的女人。她覺得離婚無法想像——即使發生在她身上的時候。

如果丈夫為了第三者想要離開她，而且開口要求，赫拉型女性打心裡抗拒聽他在說什麼。婚姻對她是原型經驗——在她心裡，她永遠會是妻子。即使在離婚之後，赫拉型女性可能依舊認為自己是已婚，而且可能在每一次別人提醒她不是時，她就會重新受苦一次。這種反應給別人製造了問題，也為自己帶來痛苦。

她或許會花上許多時間看精神科醫師，跟種種心理困境纏鬥，這些問題都可以追溯到婚姻（或者赫拉）對於女性的原型掌控，即使在婚姻結束之後。在我的執業經驗裡，我見識到赫拉效應對所有相關人士的影響。例如，患者可能是離了婚的赫拉型女性，她在傷痛和憤怒之間來回波動，覺得自己仍然是合法的妻子。或者個案可能是前夫，他覺得自己每天被前妻電話騷擾。滿懷怨恨的現任妻子也可能是個案，生氣他的前妻侵擾他們的共同生活，或者生氣他的前妻堅持使用前夫的姓氏來簽字賒帳或簽署其他文件，造成混淆。

子女

赫拉型女性通常會有子女，因為這項功能是妻子角色的一部分。不過她不會有太多的母性本能，除非狄米特也是她重要的原型。她也不會享受跟子女一起活動，除非阿特米絲和雅典娜也在場。

如果赫拉型女性有小孩，而且無法形成原型的「母親—孩子」連繫，她的小孩會意識到她的失敗：她無法給予他們愛和保護。即使她是全職的妻子和母親，而且現實生活中幾乎都在小孩身邊，小孩也會感覺缺乏親密，並且意識到情感上被遺棄。

當赫拉型女性必須在丈夫或子女之間抉擇時，她通常會犧牲子女的最佳利益來保住丈夫。在執業時，我經常見到在傳統家庭結構中長大的人——父親是一家之主，負責養家活口，同時就像是個小型暴君一樣。這樣的個案感受到母親是給予支持和滋養的，但是在她的丈夫跟子女之間，她永遠不會充當緩衝者。孩子永遠要靠自己的力量跟爸爸衝撞，無論爸爸是多麼不可理喻或失控。

在精神分析療程中，一開始這樣的個案在回憶童年痛苦的部分時，會覺得跟父親相處困難是最明顯的主要問題。有時她們會感受到一股需求，想要現在去跟父親對質，如果可能的話，就過往的事情讓父親承認或道歉。在這個時刻，她們的母親扮演的角色便會進入意識當中。

有位個案，接近四十歲的職業婦女，整個青春期都在跟父親不停地爭吵，她說：「我做的任何事永遠都不夠好。在他的眼裡，我如果不是瘋了才會想做那件事，就是太無能做不到那件事——不管是什麼事，他看輕我。他嘲笑對我重要的事，好幾次甚至破壞了我很寶貝的東西。」現在她想要父親認可自己的成就——她擁有專業的學位和生涯。她也想要讓父親知道，他的行為是多麼具有殺傷力。

有一天，她打電話給父母——他們總是在一起。跟往常一樣，他們在不同的分機上（她不記得曾經跟其中一人單獨講電話）。她向父親表達自己的想法，明確表示她有「重要的事」跟他說，希望他仔細聆聽，不要打斷她。她詳細述說了過往的委屈，沒有難過或憤怒。她讓他意外，真的做到她的要求——只是聆聽。不過，她母親的反應是彷彿這個女兒在惡言惡語。「你沒有權利這樣跟你爸爸說話！」當母親這樣介入時，她讓女兒洞察到一向以來她母親扮演的角色。

母親的反應是典型的赫拉。她的忠誠是向著丈夫的。孩子居然敢頂撞他！他是宙斯，絕對的統治者。孩子居然敢讓他覺得難過！他太脆弱了，就像是顫抖的小鳥需要赫拉的溫暖和保護。

中年

赫拉型女性的中年時期是否圓滿取決於她是否結了婚，以及她嫁給了誰。對於有穩定婚姻、丈夫又取得相當程度成功和地位並且感謝妻子的赫拉型女性來說，中年是最好的時光。相對地，沒有結婚、離了婚或者守寡的赫拉型女性是悲慘的。

中年時期，婚姻經常承受著壓力，而赫拉型女性通常處理得不好。當她的婚姻陷入麻煩時，赫拉型女性常常會因為她的占有慾和嫉妒心把狀況弄得更糟。如果這是她婚姻生活中第一次知情或者懷疑另一位女性的重要性，以前從未見過的報復心可能會浮現出來，盡顯其醜陋，進一步危害了對她如此重要的婚姻。

晚年

對於從「少女赫拉」走到「完美赫拉」的赫拉型女性來說，「寡婦赫拉」是她們人生最艱難的時期。數百萬活得比丈夫久的女性處於這樣的位置。成為寡婦之後，赫拉型女性不只失去她們的丈夫，也失去提供她們意義感和認同感的妻子角色。她們覺得自己無足輕重。

面對丈夫的死亡，尚未發展出自我其他面向的赫拉型女性可能從哀悼陷入長期的憂鬱，茫無所依又寂寞。這種反應是她先前自我設限的態度和行動的後果。赫拉型女性通常不會跟子女特別親近，總是把丈夫放在第一優先。她沒有至交好友，把社交生活調整成以另一半的身分做每一件事。

同時，如同之前指出的，她可能會發現自己掉出原本的社交圈之外，就如同她自己傾向於甩掉其他單身的女性一般。

現在寡婦赫拉的生活品質要仰賴其他女神現身，也取決於她在經濟上獲得的供應有多好。有些赫拉型女性從來沒有從丈夫去世的失落中恢復過來。

幸運的赫拉型女性會跟丈夫一起進入老年，一起慶祝他們的金婚紀念日。她們是有福的女人；她們能夠圓滿實現帶給她們人生意義的特定原型。

心理困境

赫拉對於許多女性的人生有不容否認的影響。其他女神原型正面顯現於生活中時或許沒那麼圓滿，但是她們負向的那一面也沒有赫拉的破壞力那麼強。因此，對於赫拉型女性來說，特別重要的是要去了解掌控這個原型的種種困難，因為赫拉可能成為一股無法阻擋的力量。

認同赫拉

對一名女性來說，「像赫拉那樣」活著等同於認同妻子的角色。這個角色是提供意義和滿足，還是造成痛苦和憤怒，取決於婚姻的品質，以及丈夫是否忠實。

當她的本能動機沒有獲得滿足時，抓住一個男人是赫拉型女性的第一執念，沒有配偶是她主要的悲傷來源。在尋找配偶的同時，她多半會投入學業或工作，結交朋友，去各種地方——她一直希望找到個丈夫。

一旦結婚，赫拉型女性常常會限制自己的生活，去順應自己的角色和先生的利益。如果他需要她的經濟支持讓他完成學業，她會去工作。如果他想要個全職太太，她會辭去工作或是輟學。如果她也在工作，萬一他想要搬家，她會願意換個地方定居。她往往不會維持婚前的友誼，也不會持續在遇到先生之前的興趣。

娶了赫拉型女性的男人可能會發現，婚禮之後，對方就不再是他當時娶的女人了。在她限制自己來符合妻子角色之前，她擁有廣泛的興趣。甚至婚前的性愛可能都美妙多了。性行為的改變並非罕見，而且可能是從婚禮當天晚上開始。赫拉型女性結婚之後，其他所有女神的影響可能會急劇消退。

赫拉型女性也會在婚後綻放。容光煥發的新娘成為快樂的妻子。如果她的丈夫是全心全意愛她的宙斯，婚姻會成為她生活裡飽含深厚意義的中心。其她女神的面相或許會找到表達的出口，不過永遠次於她的妻子角色。

赫拉型女性是否會在婚後侷限自己的活動，並且限制自己的角色只當個赫拉，取決於原型有多強大、結婚前她人格中的其他方面發展得多好，以及她先生給予她多少支持或不支持她跨越赫拉帶來的限制。占有慾和嫉妒心強的丈夫期待他們的妻子順服於自己的要求，妻子們的行動會和赫拉原型一致，窄化一個女人只當個赫拉。

落空的期待

當一名女性認同赫拉時，她常常會假定自己和丈夫會經由婚姻而蛻變，不自覺地期待她的丈夫成為「宙斯泰利歐斯」或「宙斯，帶來圓滿的人」。婚禮之後，她可能感到深切而且不合理性的失望，同時可能覺得丈夫欺騙了她，彷彿丈夫隱約承諾了什麼他沒有兌現的事。不過，事實上罪魁禍首不是丈夫，而是原型對於「宙斯泰利歐斯」的期待，她投射在丈夫身上。

許多赫拉型女性把理想的丈夫形象投射在某個男人身上，然後當他無法實現期待時變得挑剔和憤怒。這樣的女人之後在催促男人改變時可能變得「像潑婦一般」（荷馬對女神赫拉的看法）。別種類型的女性可能一開始就把這個男人看得比較清楚，大概不會期待婚姻能夠改變他，或者她們本身就有能力離開丈夫。

夾在原型和文化間

赫拉型女性有可能因為原型和文化的力量共同作用，被推入婚姻裡，同時深陷其中動彈不得。這個原型獲得貝蒂．傅瑞丹所描述的女性的神祕性或者「透過他人圓滿」的心態所支持。這兩股力量隱約預告了童話故事的結局：「他們從此過著幸福快樂的日子。」一旦結了婚，赫拉型女性（多過於其他任何類型的女性）會覺得自己受到束縛——不管是好是壞。如果是「壞」的話，赫拉原型，常常再加上文化力量的支持，會反對她脫離不好的婚姻。宗教信仰和家庭期待可能會「聯手」把一名女性跟酗酒或家暴的男人綁在一起。

受壓迫或者壓迫者

很清楚，因為認同赫拉的結果，這個原型有可能壓迫女人。未婚的赫拉型女性或許會覺得自己不完整和失敗，或者她可能被迫進入糟糕的婚姻裡。結了婚的女性可能無法離開糟糕的婚姻，而且可能受到負面影響。她或許最後會變成嘮叨、不滿的女人，當丈夫無法滿足赫拉原型的期待時，她會心懷怨懟。或者如果她的丈夫不忠實、或是她想像對方出軌，她有可能變成憤怒、受傷、吃醋的妻子。或者她可能無法離開對她造成極大傷害的婚姻。

儘管女神赫拉比起其他女神受了更多的苦，除了狄米特（她的痛苦是不同的類型），但是她也會心存報復迫害別人，因此是所有女神中最具破壞力的。如當代女性所表現出來的，赫拉的壓迫手段，從對別人動輒批評的態度到公開地張牙舞爪傷害別人。

赫拉型女性評判別的女人而且懲罰她們——通常是透過排擠或者放逐她們和她們的小孩——因為她們不符合赫拉的標準。這樣的女性是社交上的公道伯。她們對於阿芙蘿黛蒂特別有敵意。只要有辦法，她們就會排擠男人聚攏在身邊的迷人、性感的女人；離婚的女人；以及性生活活躍的單身女子——這些女性都可能吸引她們的另一半，因此具有威脅性。不過她們好審判他人的心態也會延伸到不會造成威脅的女性，例如，她們對於仰賴社會福利救濟的未婚媽媽和性侵受害者的態度，批評超過同情。對赫拉來說，她唯一真正可以接受的角色，是成功男人的妻子。

在我開始自認是女性主義者之後過了很久，我才發現自己內心有著不自覺的赫拉模式，在跟先生出席的場合上，我會輕視其他女人。「腦中咔嗒一聲」認知到這一點，來自於我恍然大悟，跟先生一起開會時，我尋找成對的伴侶作伴，迴避我單身時非常樂於與她們為伴的「獨身」女性。當我認清這種獨特的赫拉模式，我很羞愧自己背離女性主義的行為。同時，我慚愧地意識到，之前我覺得自己比赫拉型女性優越，但事實上，赫拉負向的那一面也是我的一部分。在此之後，我可以充分選擇要跟誰共度時光。而且在我發現自己跟之前鄙夷的「以夫為貴的某某太太」有共通點之後，我也不再動輒評斷別人；能根除這種態度對我比較好。

美狄亞症候群

「美狄亞症候群」（Medea Syndrome）這個術語恰當的描述了報復心強的赫拉型女性，她們覺得自己遭到背叛和拋棄，於是為了復仇走上極端。美狄亞的神話是個隱喻，說明了赫拉型女性有能力把她對男人的獻身置於一切之上，而且當她發現自己的奉獻在他眼裡一文不值時，也有能力為自己復仇。

在希臘神話裡，美狄亞是名凡間女子，她殺害了自己的小孩來報復離開自己的男人。她可說是個「臨床案例」，代表了被赫拉具有毀滅性的一面所控制的女性。

美蒂亞是科爾喀斯（Colchis）國王的女兒，她是位女祭司。傑森和亞果號英雄追尋的「金羊毛」就屬於這個王國所有。傑森需要幫助才拿得到金羊毛，因為金羊毛受到戒備森嚴的防護。赫拉和雅典娜是傑森的守護神，她贏了阿芙蘿黛蒂這一局，讓美狄亞愛上了傑森，協助他盜取金羊毛。傑森乞求美狄亞幫他忙，承諾會跟她結婚，而且發誓會跟她白頭偕老「直到死亡的厄運包裹住我們」。因此，出於對傑森的強烈情感和忠誠，美狄亞幫助他盜走金羊毛。這麼做的同時，她背叛了自己的父親和國家，而且導致她兄弟的死亡。

傑森和美狄亞定居於科林斯（Corinth），生了兩個兒子。身為外邦人，美狄亞的地位類似於符合普通法婚姻[7]的妻子。之後，投機的傑森抓住機會娶了科林斯國王克里昂（Creon）的女兒格勞珂（Glauce）。為了履行結婚的條件，傑森同意放逐美狄亞和她的小孩。

美狄亞既受傷於傑森的背信棄義，之後還受到他的羞辱，她為他所做的一切犧牲和犯下的所有罪行，到頭來只剩一場空，於是美狄亞心裡湧起了殺意。首先，她送給情敵格勞珂一件下了毒的袍子。當格勞珂穿上時，袍子就好像包覆了一層凝固的汽油，整個燃燒起來，摧毀了她的肉體。接下來，美狄亞陷入對小孩的愛跟復仇的渴望之間的心理衝突。但最後憤怒和自尊勝出，為了報復傑森，她殺害了他們的孩子。

美狄亞的行為像怪物一般，然而她明顯是對傑森不由自主的狂戀下的受害者。雖然有些女性在遭到拒絕和嫌棄之後會陷入憂鬱，甚至自殺，美狄亞積極謀劃，然後執行了復仇計畫。她跟傑森的關係是她人生的中心。她所做的每一件事，都是愛慕或失去傑森的結果。美狄亞偏執、著魔於她需要成為傑森的妻子，而且因此發瘋。她的病態源自於強烈的赫拉本能以及受挫。

儘管很幸運地完全照著美狄亞神話重演的悲劇十分少見，但是在隱喻的層次上來看，這種現象相當普遍。當一名女性在赫拉和阿芙蘿黛蒂的雙重介入下，牽涉到與某位男性的關係時，正如發生在美狄亞身上的狀況，那麼她追求伴侶的本能和對男方的激情，會迫使她把這份關係置於一切之上。必要時她會離家，背叛家庭信奉的價值，並且「斬斷」與家庭之間的連繫。許多女性跟美狄

7　譯註：沒有登記或沒有舉行宗教儀式婚禮的事實婚。

亞一樣，相信永遠獻身的婚姻誓言，同時為她們的男人付出莫大犧牲，結果只是被不擇手段、野心勃勃的傑森們利用和遺棄。

當一對夫妻上演美狄亞和傑森的戲碼時，她或許不會真的火燒和砍死害得他離開自己的另一名女子，不過她經常會幻想或嘗試情緒上有同樣宣洩效果的行為。例如，現代「美狄亞」可能試著用謊言毀掉另一位女性的名譽，甚至真的動手試圖傷害她。

而且如果——又一次地，就像是美狄亞和傑森的神話——她的報復心強過她對孩子的愛以及孩子的最佳利益，她有可能試圖破壞孩子跟父親的關係。她可能把孩子帶走，因此他再也見不到孩子。或者她可能讓他對孩子的探視演變成創傷事件，以至於他不再努力爭取，甚至放棄跟孩子保持關係。

注意，即使表現出赫拉最具毀滅性的本色，美狄亞並沒有殺害傑森。同樣地，滿懷敵意、遭到嫌棄的赫拉往往傷害其他人遠遠超過離開自己的男人。她尤其是會傷害他們的孩子。

成長之道

要跨越赫拉的限制，認知到赫拉的影響並且了解自己容易受影響之處，是成長的第一步。許多女性能夠回顧之前的伴侶關係而明白，她們太熱切想要結婚了。如果「赫拉」占上風，而且她有機會，這類女性就會嫁給她的高中男友，或是萍水相逢的戀人，或者為了結婚，一堆她沒有認識清楚的男人都有可能雀屏中選。

當一名女性受到赫拉的影響，她很可能嫁給第一位向她求婚、條件上也還過得去的男人，或者任何交往中條件合適的人，而沒有停下來思考她該怎麼做最好。她最好是抗拒結婚，直到她對未來的丈夫有深入認識。他是什麼樣的性格？他的情感有多麼成熟？他準備好安定下來了嗎？忠誠對他是否重要呢？她對於這男人真正的感覺是什麼呢？他們對彼此有多麼適合？能否誠實面對這些問題，對於赫拉型女性未來的幸福至關重要。一旦結了婚，她將依賴她所嫁的男人的品格和對方愛她的能力。他會決定她會成為什麼樣的女人——得償所願、幸福圓滿的赫拉，還是憤懣、幻滅的赫拉。

跨越赫拉的限制

雖然美好的婚姻是赫拉型女性生活中主要的意義來源，限制自己只做妻子意味著她可能限制了自己的成長，也限制了她萬一對方死亡或和對方離婚讓角色終結後的適應能力。她或許會無意識的順從丈夫對活動和朋友的選擇，而且可能會讓他來決定自己要如何度過一生。不過，她也可以察覺到自己的模式，領悟到自己忽略了本身其他的面向，而這些面向可以豐富她的人生，也可以豐富她的婚姻。

在傳統的婚姻裡，丈夫和妻子各佔一半，兩者結合才算完整；兩人分別履行文化決定的角色。這種分工妨礙了兩人自身的完整性。文化上所認定的「男性氣質」不管是什麼，不會在女性身上得到發展。赫拉型女性很容易落入這個模式。她甚至可能乖張地自豪對於汽車或數字一竅不通，或者不懂得在商界如何跟人打交道——因為她的先生為他們夫妻兩人承擔了這方面全部的工作。因此，如果赫拉原型被接納，她也會限制一名女性的才能。然而這名女性可以停止這樣的反應，開始反省她的婚姻模式。她可以認清她被分派的這個角色，最好的情況是給予她限制，但最壞的狀況卻是會毀掉她的人生。這樣的覺悟是第一步，讓她有可能抵抗赫拉，跨越這種單一模式。赫拉型女性必須刻意而且一再地與其他女神並行；這些女神可以讓她跨出妻子的角色而有所成長。

婚姻是促進成長的經驗

沒有安全感的赫拉型女性非常容易起嫉妒之心。即使是非常小的刺激，就會讓她懷疑丈夫不忠，並且因為先生沒有關注她，就覺得她公開受到藐視和羞辱。如果她的反應沒有實證，她要不是以她的指控讓丈夫疏遠她，就是努力讓丈夫更敏感於他對自己造成的影響。而婚姻要不是惡化，確認了她的恐懼，就是先生和妻子的關係變得更加親密。

舉例來說，她先生可能學會以同理心來回應她想知道自己行蹤的需要，而非感到不滿於是刻意隱瞞。如果他能夠這樣回應，就會增加她的信任。有位這麼做的丈夫表示：「現在我讓她知道什麼時候我會回家，如果計畫有變，我會打電話給她，而不是讓她落入嫉妒的惡魔的掌控中，讓想像力折磨她。」赫拉型女性必須一次又一次地決定自己要信任誰——她內心多疑的赫拉，還是她的丈夫。要讓自己成長，她就必須抵抗赫拉，而且必須讚許丈夫的支持和忠實。

將憤怒和痛苦轉變成創作：赫菲斯特斯的解決方案

當赫拉型女性陷在糟糕的婚姻裡，或者必須努力掙扎以擺脫報復心，不讓自己淪為受害者的時候，可能的解答之一來自於赫拉的兒子、鍛造之神赫菲斯特斯的神話中的暗示。赫菲斯特斯象徵了內心潛在的力量，儘管女神本身捨棄了這股力量，但是赫拉型女性仍然可以採納運用。（赫拉偏愛她另一個兒子，戰神阿瑞斯。「有其母必有其子」，阿瑞斯在戰場上無法控制的暴怒反映了赫拉失控的報復心。）

赫菲斯特斯（Hephaestus）——羅馬人所知的沃爾坎（Vulcan）——的鍛造場位於火山之內。象徵上來說，他象徵了火山爆發般的怒氣有可能加以抑制，並且轉變成創造的能量來製造盔甲和藝術品。

遭到嫌棄而且憤怒的赫拉型女性可以選擇被怒火吞噬，或是克制她充滿敵意的衝動，反思自己可以有的選擇。如果她能看清自己因為怒火和妒火而跛腳和受限，她可以把自己的這股怒氣轉移至工作上，她可以實質上效法赫菲斯特斯（他的妻子阿芙蘿黛蒂一再出軌），成為女工匠。她可以捏陶，把作品放進窯裡燒，在這個過程中改變自己——比喻上，透過她的情緒之火蛻變成工藝高手，而不是被怒火吞噬或毀滅。或者她可以把激烈的情感導向繪畫或寫作。任何類型的工作，無論是動腦或動手，都能夠成為昇華怒氣的方法。比起讓憤怒自我增長、到頭來毀滅她，讓之昇華要健康多了。

評估重修舊好的可能性：現實與神話的對陣

赫拉型女性需要知道，一旦男人離開她，她不容易相信自己失去了這個男人。在這樣的處境裡，她難以接受現實，而傾向於相信會有神話般的結局——丈夫，跟宙斯一樣，會想念她而回到她身邊。赫拉型女性不能無視於證據，否則後果堪虞。她需要接受現實，而非否認真相。唯有在她停止盼望到頭來兩人會重修舊好時，她才能哀悼、復原，繼續她的人生。

許多赫拉型女性期盼為了第三者離開她的丈夫或許會回頭。在一則關於赫拉的神話裡，的確雙方和解重修舊好，但是只發生在赫拉有能力離開宙斯之後。在這則神話裡，如先前指出的，宙斯當時前往赫拉在山間避居的地方，然後舉辦了一場婚禮，迎娶偽裝成女人的雕像。赫拉被這個場景逗樂了，於是重修舊好。

有好幾個重要的心理元素出現在這裡。首先，為了修好，赫拉必須放棄的事物比宙斯更多。她同時要放下他會改變的期盼，也要放掉那個受害者、放下心存報復的赫拉角色。其次，輪到宙斯發現赫拉對他而言的重要性，並且將這個訊息傳達給她。或許只有在這之後，赫拉才能夠被逗樂——因為她終於認知到一直以來沒有其他女性真的讓他在乎。他的每一樁情事（如同雕像）對他都是個象徵，而不是段重要的關係。

人生有時候會模仿這個神話的快樂結局，但是通常不是如此。妻子可能發現分居並沒有讓丈夫改變心意，他沒有回家，而是顯然跟別的女子深陷情網，或者因為離開她鬆了一口氣。那麼，她需要順從現實。只有這樣她才能夠徹底悲傷，然後繼續她的人生。

重新開始循環

完成一個循環重新開始的可能性蘊含在赫拉的神話裡。先前指出的，在每年的敬拜儀式裡循環出現的女神是：春季的「少女赫拉」、夏季和秋季的「圓滿赫拉」，以及每一個冬季的「寡婦赫拉」。每一年春季她都會回復處女之身，再度開始一個循環。透過了解這個原型的可能性，陷入不幸婚姻的赫拉型女性可以藉由離開一段只會帶來空虛、虐待或不忠的關係，讓自己在情感上「守寡」。於是她才能重新開始，而且這一次能夠明智的選擇。在新的婚姻裡，她想要成為妻子的動機能夠以正向方式獲得滿足。

這個循環的完成也可以只是種內在經驗，如果這名女性放下要成為妻子的需求，或是放下她會透過妻子角色、達到圓滿的這種期待。舉例來說，一名守寡的祖母夢見她再度開始來月經——在她停經後十年——而且她明白這場夢是個精確的象徵性宣言。她感到一切很圓滿，而且自己正要跨入人生的新階段，她在心理上再次成為了少女。

第九章

狄米特——穀物女神；撫育者與母親

女神狄米特

狄米特，穀物女神，掌管豐收，羅馬人稱呼她席瑞絲（Ceres）——英文中的「cereal」（穀物，也指穀類早餐）一字與此相關。荷馬史詩風格的「狄米特頌詩」裡描述她是「那位令人敬畏的女神，有著美麗的頭髮……以及她的金劍」[1]（大概是詩意的自由發揮，以金劍來形容一束成熟的小麥，那是狄米特的主要象徵）。她被描繪成有著金髮的美麗女子，穿著藍色袍子，或者（在雕像中最常見）呈現坐姿的莊嚴婦女。

狄米特的拉丁文「Demeter」，其中包含的「meter」這部分可能有「母親」的意思，但是「de-」或其早期的拼法「da-」所指為何，目前還不清楚。她以母神的身分受到崇拜，明確來說她是穀物之母，以及少女波賽芬妮（羅馬名是普洛瑟庇娜）的母親。

狄米特的人生以的陰暗方式開場，跟赫拉一樣。她是瑞亞和克洛諾斯所生的第二個孩子，第二個被父親吞進肚子裡。狄米特是宙斯（朱彼特）的第四位王后；宙斯也是她弟弟。她在赫拉之前；赫拉是第七位和最後一位。宙斯和狄米特的結合誕生了他們唯一的孩子，女兒波賽芬妮。在神話和崇拜中，狄米特跟波賽芬妮連結在一起。

在荷馬史詩風格的長篇「狄米特頌詩」裡，優美地講述了狄米特和波賽芬妮的故事，以狄米特對波賽芬妮遭到冥王黑帝斯綁架的反應為核心展開。黑帝斯是狄米特的弟弟。這則神話成為「艾盧西斯祕儀」（Eleusinian Mysteries）的基礎。艾盧西斯祕儀是古希臘最神聖和最重要的宗教儀式，延續了兩千多年，直到西元五世紀，才因為入侵的哥德人摧毀了位於艾盧西斯（Eleusus）的聖殿告終。[2]

波賽芬妮遭到綁架

波賽芬妮跟她的女伴在草原上採花，一朵美麗出奇的水仙花吸引了她。當她伸出手去採摘時，大地在她眼前裂開。黑帝斯駕著他由黑駒拉動的金馬車從地球深處出現，抓走了波賽芬妮，又急降回到深淵裡，跟他的到來一樣迅速。波賽芬妮用力掙扎，尖聲呼叫宙斯幫忙，但是救援沒有到來。

狄米特聽到波賽芬妮哭叫的回聲便趕緊去找她。她搜尋了九天九夜，尋找她被綁架的女兒，跑遍整個大地和海洋。在她瘋狂的尋找中，她沒有停下來吃飯、睡覺或者沐浴。

---

1 原註：“Hymn to Demeter,” in *The Homeric Hymns*, trans. Charles Boer, 2nd ed., rev. (Irving, Texas: Spring, 1979), p. 89.

2 原註：C. Kerènyi, Eleusis, *Archetypal Image of Mother and daughter*, trans. Ralph Manheim (New York: Schocken Books, published by arrangement with Princeton University Press, 1977). Previously printed in the Bollinger Series (1967).

（在另一則神話中多出了下述情節：在狄米特徒勞無功地找尋被綁架的女兒之時，海神波賽頓〔羅馬名為涅普頓〕看上了她並開始追求她。狄米特試圖躲避波賽頓，把自己變成母馬，混在一群馬中間。波賽頓沒有被她的偽裝騙過去，把自己變成公馬，在馬群中找到狄米特，強暴了她。）

在第十天的黎明，狄米特遇見黑卡蒂，暗月和十字路口的女神。黑卡蒂提議她們一起去見太陽神希利昂斯（一名自然界的神祇，跟阿波羅擁有同樣的頭銜）。希利昂斯告訴她們，黑帝斯劫持了波賽芬妮，把她帶到冥界，成為他心不甘情不願的新娘。再者，他說，綁架和強暴波賽芬妮是在宙斯的許可下進行的。他勸告狄米特停止哭泣，接受已經發生的事；畢竟黑帝斯「不是配不上的女婿」。

狄米特拒絕他的忠告。現在她怒火中燒，同時感到悲痛遭到宙斯背叛。她退出奧林帕斯山，把自己裝扮成老婦人，在城市和鄉間流浪，沒有人認得她。有一天，她來到了艾盧西斯，在井邊坐下來，被當地統治者塞琉斯（Celeus）的女兒們發現。狄米特的神態和美麗所散發出某種氣質，吸引了她們靠近。當狄米特告訴她們，自己正在找保母的工作時，她們把她帶回家見她們的母親梅塔妮拉（Metanira），因為她們有位出生不久、備受寵愛的嬰兒小弟弟，名字叫德摩豐（Demophoön）。

在狄米特的照顧下，德摩豐長大得有如眾神一般。她餵他神吃的食物，同時偷偷地把他放在火中，如果不是梅塔妮拉撞見這個場景，為兒子感到害怕而尖叫，這麼做可以讓德摩豐擁有不死之身。狄米特當場大怒，斥責梅塔妮拉的愚蠢，並且揭露了自己真實的身分。在說出自己是狄米特的當下，女神的身材和外型改變了，展露了她身為女神的美麗。她的金髮垂到肩膀，她的香氣和光采照亮了整間屋子。

現在，狄米特下令為她蓋一座神廟。她進駐其中，一個人坐著，為她遭到綁架的女兒悲傷，而且拒絕施展她的功能。結果，沒有作物可以生長，沒有牲畜可以誕生。饑荒肆虐，人類受到毀滅的威脅，奧林帕斯眾神也得不到他們的供品和牲禮。

宙斯總算注意到她。首先他派遣他的使者艾麗絲（Iris，彩虹的化身）去懇求狄米特回來。接著，因為狄米特不為所動，每一位奧林帕斯神輪流帶著禮物和榮譽前來。憤怒的狄米特讓每一位神祇知道她不會再踏上奧林帕斯山，也不會讓任何東西生長，直到波賽芬妮回到她身邊。

最後，宙斯回應了狄米特的要求。他派遣使者神荷米斯前往冥界，命令黑帝斯讓荷米斯把波賽芬妮帶回來，好讓「她的母親親眼看見她，拋下她的憤怒」。荷米斯下到冥界，發現黑帝斯坐在臥榻上，身邊是沮喪的波賽芬妮。

聽見自己可以自由離開時，波賽芬妮喜不自勝，雀躍地跳起來到荷米斯身旁。但是首先黑帝斯給了她一些甜甜的石榴種籽，她吃下去了。

荷米斯借用黑帝斯的馬車載波賽芬妮回家。駿馬飛馳從地下迅速來到地上世界，停在狄米特等待的神廟前面。當她看見他們，狄米特飛奔過來，張開雙臂擁抱自己的女兒；波賽芬妮也同樣喜悅，奔向母親的懷抱。接著狄米特焦慮地詢問波賽芬妮在冥界是否有吃任何東西。如果她沒有，波賽芬妮就可以完全回到她身邊。但是，因為波賽芬妮吃了石榴種籽，她一年將會有三分之二的時間跟狄米特在一起，其餘的時間在冥界陪伴黑帝斯。

母親和女兒團圓之後，狄米特歸還大地生育和成長的能力。然後她提供了艾盧西斯祕儀。入教的成員禁止向外人透露這些令人敬畏的宗教儀式。透過這些神祕儀式，人們明白了「生而喜悅、死而無懼」的道理。

狄米特原型

狄米特是母親原型。她象徵了透過懷孕或為別人提供身、心、靈的滋養而感到圓滿的母性本能。這個能夠主導女性人生之道的強大原型，對於當事人生命中的其他人也會產生重大影響，而且如果她撫育的需求遭到拒絕或受到阻礙，可能導致她容易陷入憂鬱。

母親

在奧林帕斯山上，母親的原型由狄米特代表。狄米特最重要的角色就是（波賽芬妮的）母親、食物供應者（穀物女神），以及靈性的寄託（艾盧西斯祕儀）。儘管其他女神也是母親（赫拉和阿芙蘿黛蒂），但是母女關係對於狄米特而言意義最為重大。她也是女神之中能夠給予最豐富滋養的撫育者。

擁有強大狄米特原型的女性渴望當媽媽。一旦她成為母親，她發現這是個可以讓她圓滿的角色。如果狄米特是女性內在最強大的原型，身為母親是她人生最重要的角色和功能。母親和小孩在一起的意象——在西方藝術中最常以聖母和聖子來呈現——正符合她內心裡深深打動她的那幅圖像。

母親原型激勵女性去滋養他人、慷慨地給予、並且在照顧和供應的角色中獲得滿足感。因此，狄米特原型的撫育層面可以透過助人的專業——教書、看護、諮商、任何具有助人性質的工作——以及任何她可以滋養對方的關係中表現出來。這個原型並沒有僅侷限在母職而已。

母性本能

在生物的層次，狄米特代表了母性本能——想要懷孕和有寶寶的強烈慾望——有些女性從有記憶以來就如此渴望。

狄米特原型是一股不由自主想要懷孕的強大力量。一名女性或許相當自覺這份本能有多麼強烈，於是可以決定她什麼時候要實現這份深切的渴望。但是如果沒有意識到是狄米特原型在推動她，她或許會發現自己「意外」懷孕。

在女性發現非計劃懷孕後的事態發展，會顯示當事人身上這個原型的強大程度。如果墮胎顯然是最明智或最負責的做法時，非狄米特型女性會安排好墮胎手術，而且事後感到如釋重負。此後她會非常小心絕對不會再意外懷孕。相反的，當狄米特原型有著強大的影響力時，即使墮胎符合當事人的最佳利益，她會發現自己做不到。墮胎違反了她內心深處想要有小孩的誡命。結果，她可能生下小孩而不是墮胎，於是改變了她整個人生道路。

如果狄米特型女性確定選擇墮胎，在下決定和動手術的過程中與過程之後，她的內心會感覺衝突和混亂不安。她會感覺悲傷而不是寬心，或者悲欣交集。到頭來，一般我們會認為經歷了這麼多不愉快之後，這類女性應該會確保不再發生這種情況，然而結果經常相反——她會再度經歷懷孕、混亂不安、墮胎和沮喪的循環，因為想要懷孕的動機一旦受到阻撓，甚至會變得更加強烈。

狄米特的母性本能不會侷限在生下自己的孩子，或是只撫育自己的小孩。成為寄養媽媽或保母，會讓許多女性在自己的孩子長大或離家後，可以繼續表達母愛。女神本身就是以這樣的身分照顧德摩豐。艾蜜莉・艾波蓋特（Emilie Applegate），這名住在聖地牙哥的婦女被認為是位非常特別的寄養媽媽，是狄米特這個面向的人間化身。[3]她照顧營養不良或重病瀕死的墨西哥寶寶，把他們帶回家當成家人照顧；她原本就有三個兒子和一名養女。人們描述她是「第二個媽媽」（Mama Segunda）。艾波蓋特——以及更有名的德博爾特夫妻（DeBolts），他們收養了來自不同種族的身心障礙兒童——擁有豐盈的母性本能和能力去撫育和促進成長，是典型的狄米特。

提供食物的人

餵養別人是狄米特型女性另一項稱心如意的快事。她發現餵養自己的小孩帶給她莫大的滿足。為家人和賓客提供豐盛的餐點也讓她非常開心。如果他們享受她的食物，她會沉浸在自己是好媽媽的溫暖感受裡（如果是雅典娜，可能是得意自己是好廚師）。如果她上班，她會樂於幫同事泡咖啡（與阿特米絲型女性強烈對比，她們會感覺遭到看輕，而且拒絕這麼做，除非男性也加入輪流幫忙）。

狄米特身為穀物女神，提供人類栽種作物的能力，同時負責大自然的開花結果。同樣地，有些女性移居到鄉下種植自己的食物、烤麵包、製作水果罐頭，把自己的收成跟別人分享，表現了狄米特「大自然之母」這一面。

堅持不懈的母親

為母則強是狄米特的另一項屬性。涉及到孩子的福祉時這些母親拒絕放棄。許多為身心障礙兒童開設的特教班能夠存在是因為有一位狄米特型母親奮戰不懈，為她的孩子爭取所需要的。還有子女遭軍政府的警察綁架從此下落不明的阿根廷母親，也像狄米特一樣堅持不懈。人們稱呼她們是「五月廣場的母親」（Madres de la Plaza de Mayo）；她們拒絕認命，不接受失去孩子，持續跟獨裁政權抗議，即使這麼做會有危險。固執、有耐心，而且堅忍不拔是狄米特的特質——宙斯後來懊悔地發現了這一點——最終有可能影響了有權有勢的男人或體制。

慷慨的母親

在狄米特的神話裡，她是最慷慨的女神。她帶給人類農業和收穫；幫忙撫養德摩豐（而且原本可以給他不死之身）；提供艾盧西斯祕儀。這些慷慨的表現都可以在狄米特型女性身上找到。有些女性很自然地提供實質的食物和身體的照顧，有些則提供情感和心理的支持，還有一些給予靈性的滋養。許多聞名的女性宗教領袖都擁有狄米特的特質，而且她們的追隨者會把她們看成就像母親一樣：諾貝爾和平獎得主，封聖的加爾各答的德蘭修女（Mother Teresa of Calcutta）；創辦「基督教科學會」的瑪麗．貝克．艾迪（Mary Baker Eddy）；擔任印度奧羅賓多靈修院（Aurobindo Ashram）精神領袖的女士，她就只被稱呼為「母親」（The Mother）。

3 原註：Susan Issacs, "Baby Savior," *Parents Magazine* (September 1981), pp. 81–85.

狄米特型母親給予自己孩子的也類似於上述三個層次的付出。首先，她們的孩子仰賴母親照顧他們的身體需求。然後他們向母親尋求情感支持和了解。最後，在他們努力想要走出失望和悲傷或者尋找人生意義時，他們可能期待母親提供靈性的智慧。

悲傷的母親：容易陷入憂鬱

當狄米特原型是股強大力量，而一名女性無法圓滿實現時，她可能會受苦於典型的「空巢和空虛」引發的憂鬱。一名渴望有孩子的女性可能不孕，或者孩子可能過世或離家。或者她代理孕母的工作結束了，或者她可能想念她的案主或學生。然後，她不是憤怒以對或是積極打擊那些她認為該負責任的人（這是赫拉的反應方式），狄米特型女性傾向於陷入憂鬱。她會悲傷；她會感覺到人生缺乏意義和空虛。

伊利諾大學社會系教授寶琳．巴特博士（Dr. Pauline Bart）針對憂鬱的狄米特型女性寫了一篇文章，標題是「波特洛伊媽媽的訴怨」（Mother Portnoy's Complaint）[4]。巴特研究了五百多位女性的記錄，她們在四十到四十九歲之間第一次住院治療。她發現最憂鬱的是那些竭盡心力撫養小孩、過度參與卻失去母親角色的女性。

在她們生病之前，她們是「超級媽媽」類型，會為了母職犧牲自己。出自這些憂鬱女性之口的言詞，透露出她們投入大量情感來供應他人所需，而她們孩子的離開，讓她們感覺空虛難耐。一名女性說：「當然，身為母親你討厭讓女兒離家。我的意思是，就像心裡開了個洞。」另一名女性評論：「我是精力非常充沛的女人。我有一棟大房子，而且我有自己的家庭。我的女兒說：『媽媽不是上八道菜，她上十道。』」問她們最自豪的是什麼，所有人都答覆：「我的小孩。」沒有一位提到自己的其他任何成就。當她們失去母親的角色，人生就失去了意義。

當一名女性在中年後期因為成年子女在情感上疏離、或者地理上距離遙遠而變得憂鬱、憤怒和失望時，她就成了悲傷的狄米特。她成天想著自己的失落，限制了自己的興趣。她的心理停止成長。被狄米特原型中悲傷的那一面「控制住」，她實際上跟其他同樣受苦的女性沒有什麼分別。這些憂鬱症患者的症狀非常相似：她們憂鬱的臉部表情；她們的坐姿、站姿、走路和嘆息的樣子；她們表達痛苦的方式以及讓別人覺得充滿戒心、內疚、生氣和無奈。

造成傷害的母親

當悲傷的狄米特停止發揮功能時，沒有東西可以生長，而饑荒有可能毀滅人類。

同樣的，狄米特具有毀滅性的那一面透過拒絕給予他人所需表現出來（對照之下，赫拉和阿特米絲，她們是在盛怒之下造成破壞）。嚴重憂鬱、喪失功能的新手媽媽可能會危及她嬰孩的性命——急診室人員或小兒科醫生可能會診斷為「生長遲緩」。小寶寶體重沒有增加，沒有活力，而且看起來非常瘦弱。當母親不提供嬰孩需要的營養以及情感和身體的接觸時，結果就會造成他／她生長遲緩。

母親好幾天甚至更長時間拒絕跟她們幼小的孩子說話，或者孤立她們的小小孩，透過這種形的

4 原註：Pauline Bart, "Mother Portnoy's Complaints," *Trans-Action* (November-December 1970), pp. 69–74.

拒絕，會造成孩子的心理傷害。這樣的母親通常本身嚴重憂鬱，心裡有很深的敵意。

比起以上拒絕的極端形式更普遍得多的是，狄米特型母親在她們的小孩逐漸獨立時拒絕給予贊同。雖然在這樣的情況下母親的憂鬱比較不明顯，不過拒絕給予孩子建立自尊所需要的贊同，也一樣跟憂鬱相關。她把孩子日漸成長的自主性體驗為自己的情感失落。她感覺孩子不再那麼需要她而且排斥她，其結果可能導致憂鬱和憤怒。

培養狄米特

在不自知的情況下，女性在認真考慮是否要有小孩時，會開始培養狄米特的特質，邀請這個原型變得比較活躍。當她們在思索該如何選擇時，會開始注意到懷孕婦女（之前她們被視而不見，而現在變得無所不在）、注意到小寶寶、尋找有小孩的人，同時關注小孩本身。（這些都是狄米特型女性自然而然的行為。）女性透過想像自己懷孕和有小孩來培養狄米特原型。當她們注意到懷孕婦女、去抱小寶寶、全心關注小孩時，可能會在自己的心中喚起這個原型。如果這個原型可以很容易被喚起，女性只要努力測試自己的母性本能強弱，就可以喚起這個原型，反之則否。

一名女性可能會尋求轉變，對於某位小孩表現更多母性，或者想要某位小孩愛她。這名小孩引出（或者集中）了這位女性身上的狄米特原型。她對這個孩子的感受打動了她，讓她努力變得更有耐性，或者為了孩子堅持到底。隨著她似乎更有母性，而且致力於此，狄米特原型在她內心增長。

狄米特型女性

狄米特型女性最鮮明和最重要的特質是像媽媽一樣。在她的關係裡，她給人滋養和支持，樂於幫忙和付出。她經常是樂善好施的女士，看見哪裡有需要就施予一碗雞湯、一個支持的擁抱、幫助朋友度過難關的金錢、永遠可以「回到媽媽身邊」的邀請。

狄米特型女性經常帶著「大地之母」的光環。她堅定可靠。別人描述她是「腳踏實地」，因為她以務實和溫暖的態度去張羅必要的事。她通常很慷慨、外在導向、利他，而且忠實於個別的人和原則，到達別人可能認為她頑固的程度。她有強大的信念，每當牽涉到對她重要的人或事時，她很難讓步。

幼年的狄米特

有些小女孩顯然是正在發育的狄米特，將玩具娃娃抱在懷裡的「小媽媽」。（小赫拉偏愛芭比娃娃和肯尼，小雅典娜可能在玻璃櫃裡收藏歷史人物玩偶。）年幼的狄米特也喜歡抱真正的寶寶；九、十歲時她就急著要幫鄰居當保母。

父母

如果我們先檢視女神狄米特跟父母的關係，就可以更妥善了解狄米特型女性跟父母的關係。女神狄米特是瑞亞的女兒，蓋婭的孫女。蓋婭是最原初的大地之母，所有的生命都出自於她，包括天空之神烏拉諾斯，他後來成為蓋婭的丈夫。瑞亞也是人們所知的大地女神，不過她最為人所知的身分是第一代奧林帕斯主神的母親。

狄米特身為穀物女神，傳承了與繁殖相關的女神特質。她跟母親和祖母也有一些其他相似之處。例如，她們全都因丈夫傷害孩子而受苦。蓋婭的丈夫在她的孩子出生時把他們埋在蓋婭的身體裡。瑞亞的丈夫吞下她的新生寶寶。而狄米特的丈夫允許他們的女兒被綁架到冥界。三位生理上的父親都展現出缺乏父愛。

歷經三代，這些身為母親的女神都受了苦。她們不如丈夫們那麼強大，無法阻止丈夫傷害自己的孩子。不過，她們拒絕受虐，而且堅持下去，直到她們的孩子獲得自由。跟赫拉不一樣，赫拉的主要連繫在於妻子與丈夫間的關係，這些身為大地之母的女神，最強的連繫則在於母親與子女間的關係。

當有母愛的女性跟沒有父愛的男性結婚時，真實人生上演了狄米特神話。在這種情境下，狄米特型女兒在成長過程中會密切認同自己的母親，跟父親間沒有什麼連結。父親對自己小孩的態度可能從不感興趣到有競爭心理而且厭惡，如果他認為子女是他的競爭對象，從他身上搶走了妻子的愛，他甚至會虐待子女。在這樣的家庭裡，年幼的狄米特自尊會受損，她發展出受害者的心態。或者，狄米特型女兒的母親特質可能造成她與不成熟或不勝任的父母角色互換。一旦她年紀夠大，她可能會照顧自己的父母，或是成為弟弟妹妹的代理父母。

對比之下，如果年幼的狄米特有位深愛她和讚許她的父親，她長大後會感覺他支持她當個好媽媽的願望。她會正向的心態看待男性，也會對自己的丈夫有正向的期待。原型中容易成為受害者的傾向，不會因為她的童年經驗而受到強化。

青少年和青年時期

青春期階段，女性在生理上變得可能有自己的寶寶，當媽媽的原型動機也因為荷爾蒙而提升。於是有些狄米特型女孩開始渴望懷孕。如果她生活中的其他層面是空虛的，而且她本身是個受忽視的孩子，被迫發生性行為因而懷孕的少女狄米特或許會歡迎這個孩子。一名待在未婚媽媽庇護所的十四歲懷孕少女表示：「當我這個年紀的其他女孩想要腳踏車或其他東西時，我一直想要的是我自己的小孩。我很高興我懷孕了。」

不過，絕大多數的狄米特型少女並沒有懷孕。當女性缺少赫拉想要成為另一半的深沉願望，也沒有阿芙蘿黛蒂的性衝動，狄米特並沒有動機早早擁有性經驗。

許多狄米特型女性年紀輕輕就結婚。在勞工階層的家庭裡，女孩可能受到鼓勵高中畢業後就結婚。這股推力或許正符合女孩自己的狄米特傾向：想要擁有個家庭而不是教育或工作。

如果年輕的狄米特型女性沒有結婚建立家庭，她就會去工作或是上大學。在大學裡，她大概會去修習那些幫她準備好進入助人行業的課程。狄米特型女性一般而言不會野心勃勃，也不是知性傾向或者計較成績的人，不過如果她聰明而且對課程感興趣的話，她可能表現得很好。赫拉型女性覺得重要的社會地位，對於狄米特型女性來說無關緊要。她在朋友的選擇上，經常是橫跨寬廣的社會和種族範圍。她會特別用心讓緊張不安的外國學生感到自在；協助身體有障礙的同學；幫助在社交場合中格格不入的人。

工作

狄米特型女性的母性使得她傾向於進入撫育或助人的行業裡。她會受到「傳統女性」的工作吸引，例如教書、社工或照護。當狄米特進駐內心時，幫助別人康復或成長會為她帶來滿足感，而且也是一種潛在動機。成為心理治療師、物理治療師、復健治療師或小兒科醫師的女性們，經常在她們的職業選擇上表現出一些狄米特的傾向。許多在托兒所和小學、醫院和療養院擔任志工的女性們，也把她們的狄米特傾向發揮在工作上。

有些狄米特女性會在組織中變成關鍵人物；這些組織獲得了她們的母性能量。一般而言，在這樣的情境下，狄米特型女性的貢獻讓人刮目相看。她會構想並建立起組織，於其中投入大量精力，而且對於組織早期的成功有卓越貢獻。

處於領導和創辦人位置的狄米特型女性或許會因為下述幾個理由尋求諮商：組織可能耗掉她太多心力，結果她幾乎沒有時間或精力去做其他的事；想要擁有伴侶（如果同時存在赫拉原型）和小孩的渴望沒有獲得滿足；因為她自己以及他人都認定她會給予他人滋養，而她又手握大權，所以她在內心會出現衝突，她跟她所管理的人也會產生衝突。例如，她難以辭退不勝任的員工或是質問他們，因為她會為對方感到難過，也會內疚自己造成了他人痛苦。再者，員工期待她在個人層面照顧他們（對於男性主管，他們通常不會有這樣的期待），如果她不這麼做，員工們就會怨恨和憤怒。

與女性的關係

狄米特型女性不會與其他女性競爭男人或成就。她對於其他女性的羨慕或嫉妒都是跟孩子相關。沒有孩子的狄米特型女性認為自己比不上同年齡已經當了媽媽的女性。如果她不孕，她可能會怨懟其他女性那麼容易懷孕，尤其是如果她們墮胎更是如此。晚年，如果她成年的子女住在遠方、或是跟她情感疏遠，她會羨慕跟孩子接觸頻繁的母親。在那人生階段的二十五年後，她可能又會羨慕起別人的身邊有孫子作伴。

狄米特型母親對於女性主義和女性運動感受複雜。許多狄米特型女性怨恨女性主義者貶低了母親的角色；她們想要成為全職媽媽，而現在感覺有必須出外工作的壓力。另一方面，狄米特型女性強力支持許多女性議題，例如，保護孩子免於虐待，以及為受家暴婦女提供庇護所。

通常狄米特型女性彼此之間會有堅固的友誼。有許多這樣的友誼可以回溯到她們一起成為新手媽媽的時候。許多人更仰賴她們的女性朋友、而非先生所提供的情感支持和具體協助。例如，曾有某位女性表示：「當我在醫院時，我的朋友露絲把孩子帶到家裡照顧，而且每晚讓我先生過去吃飯……整整兩星期，她餵飽了九個孩子，她四個我五個，還有三名大人……我也會為她做同樣的事。」很典型地，這位女士安排妥當並獲得了協助，而不是期待她先生當她不在時幫忙打理家務和照顧孩子。

在家庭當中，如果母親和女兒都是狄米特型女性，可能幾代之間都保持親密關係。這些家庭擁有明確的母權結構。家中的女性個個都清楚大家族中發生的點點滴滴，比起那些丈夫們都清楚許多。

這個母親女兒的模式也可能在同儕之間複製。有人可能扮演狄米特般的母親角色，有位像波賽芬妮那樣缺乏經驗和猶豫不決的朋友。或者，如果雙方都是狄米特型女性，又同時擁有波賽芬妮的特質，她們可能輪流當對方的媽媽；其他時候也可以都是狄米特，分享生活中的細節，談論她們的喜悅和難題。或者，又一次地，她們可以都是喜歡打鬧嘻笑的波賽芬妮。

女同性戀伴侶有時候會符合狄米特－波賽芬妮模式；此時狄米特型女性的幸福仰賴於她與較年輕或較不成熟的戀人間關係的完整性。只要她們在一起，狄米特型女性就會感覺有生產力和源源不絕的創意。跟一名她覺得像是女神的女性在一起，會促使她的工作和創造力蓬勃發展。如果她擔心可能失去她的波賽芬妮，她或許會想要獨占對方。她可能會培養出依賴性和排他性，而這到頭來會對這段關係造成傷害。

不過，波賽芬妮型女性是年輕、還沒有分化的人格。她的一切都還沒有成形，處於模糊狀態。她是樂於接納、充滿女性氣質的女人，她的性偏好或許跟她其他方面一樣，還可以被塑造。舉例來說，即使她處於同志關係之中，她還是有可能受到男性的吸引。如果波賽芬妮型女性在回應男性的關注時，她的異性戀傾向開始浮現，因而離開她的狄米特型戀人，後者會感覺彷彿神話本身重演了。出乎意料地，她的波賽芬妮「遭到黑帝斯綁架」，這對她而言會是一次毀滅性的損失。

與男性的關係

狄米特型女性會吸引那些覺得充滿母性的女人特別親切的男性。完全符合典型的狄米特型女性不會做選擇。她們回應男性對她們的需求，甚至她們之所以跟男性在一起，只是因為替他感到難過。狄米特型女性對於男性不會有高期待。更常見的是她們覺得「男人就是小男孩」。

狄米特型女性普遍的伴侶關係型態，會符合大地之母配上「兒子般的戀人」這種模式。儘管男人的年紀可能比較小，但是這種母子關係的原型指涉的並非實際年齡的差異。通常他是有才華、敏感的男性，覺得自己懷才不遇或是受到誤解，而其他人不像她那樣看重他的獨特性，也不會像她那樣不計較他的不負責任。他是不成熟、耽溺於自身、自以為獨特的男孩，更甚於他身為男人的一面。她不僅認同他的自我評價，而且會一再忽略他那些被別人認為對她而言既自私又不體貼的行為。

在她看來，這個世界對這男性並不友善；應該為他破例才對，就像她一樣。這男性的不體貼經常傷害她，讓她生氣不過只要這男性接著跟她說，自己有多麼感謝她，或者這女性是他人生中唯一真正關心他的人，一切就再度獲得原諒。

就像有一位英俊兒子的母親會驚訝自己怎麼生得出這樣年輕俊美的神，為她的兒子戀人扮演了大地之母角色的狄米特型女性，或許也會驚嘆他的外貌（或者他的才華）。她或許會表示，如同一名狄米特型女性跟我說的：「在我看來，他就像是米開朗基羅的大衛像。我很高興照顧他。我把他寵壞了。」她說這句話是帶著驕傲，而非怨懟。

狄米特型女性的母親特質以及難以說不，讓她容易受傷害，被反社會人格者利用。社會病態者是另一種我們經常在狄米特型女性的親密關係中看見的男人類型。狄米特型女性與反社會人格者間的關係有可能表面上看來與大地之母與兒子戀人間的關係的確有些重疊相似之處，不過兒子戀人有能力去愛人、保持忠誠，或者悔恨。反社會人格者則缺乏這些能力，於是會產生關鍵的差異。反社會人格者的行為來自於以下的念頭：他有需求，所以他有權接受別人的付出。他無法體會情感上的親密性或對他人的感謝之情。他的態度傳達出了以下的質問：「最近你為我做了些什麼？」他忘記狄米特型女性過往的慷慨或犧牲，也忘了自己過去對她的剝削。他放大自己的需求，而那樣的需索引來狄米特慷慨的回應。跟反社會人格者之間的關係，有可能束縛住狄米特型女性的情感生活，多年無法脫身，而且可能榨乾她的金錢。

狄米特型女性的伴侶中還有一種典型的男性，這類男性想要的女孩「就像是那種嫁給親切老爹的女孩」。就像是「小伊底帕斯」一樣，他或許一直在等待時機到來——他就是那種四、五歲時想要娶自己媽媽的小男孩。現在他長大了，成為了想要追求母親般女性的男人；這位女性會是他的好媽媽。他想要她是給人滋養、溫暖、積極回應，而且會照顧人的女性；而且要照料他的三餐、購買和打理他的衣服、在他需要時確保他會去看醫生和看牙醫，同時安排他的社交生活。

在所有受到狄米特型女性吸引的男性之中，「以家庭為重的男人」是唯一本身成熟和慷慨的男性。這名男性的強烈動機是希望自己有個家庭，他在狄米特型女性身上看見與他有共同夢想的夥伴。除了是他們小孩的「好爸爸」，這類型男人也會照顧妻子。如果她難以對利用她的狄米特善良本性的人說不，他能夠幫助她照顧自己。

以家庭為重的男人也會透過生育孩子幫助狄米特型女性實現自我。其他三種類型的男性想到生孩子時，會感覺自己受到威脅，而且如果她懷孕了，這類男性可能會要求她墮胎。這樣的堅持會讓她陷入母親身分的危機：要不是拒絕她自己有如母親一樣照顧的男人，就是拒絕當個真正的母親。這個選擇讓她覺得自己就像個母親面對一項不可能的選擇：在兩名孩子中，該犧牲哪一個？

性慾

當狄米特是一名女性的人格中最強大的女神原型時，她的性慾通常不是非常重要。狄米特通常沒有強烈的性驅力。她經常是溫暖、深情、充滿女性氣質的人，摟樓抱抱就跟做愛感覺差不多——她是「愛擁抱」的女人而非性感的女人。許多狄米特型女性對於性愛抱持著清教徒式的態度。對她們來說，性愛是為了繁衍後代，不是為了愉悅。有些狄米特型女性認為性愛是妻子在付出或滋養的背景下所提供的事物——她只是提供她先生的所需。而許多狄米特型女性都守著一個讓她們感到「愧疚」的祕密——對她們而言，感官上最愉悅的肉體行為是給寶寶哺乳，而不是跟丈夫做愛。

婚姻

對狄米特型女性來說，婚姻本身並不是凌駕一切的優先事項；她們不像赫拉型女性那樣看重婚姻。絕大多數狄米特型的女性想要結婚，主要是為了生小孩。除非她也擁有活躍的阿芙蘿黛蒂或赫拉原型，否則狄米特型女性把婚姻視為只是必要的一步，是為了擁有小孩以及生兒育女的最佳環境鋪路。

子女

狄米特型女性感覺到內在有股深沉的需求要成為親生母親。她想要生下同時哺育自己的小孩。她或許也是慈愛的寄養媽媽、養母，或者繼母，然而如果她不能擁有親生的小孩，深沉的渴望就無法滿足，她會感覺荒蕪。（對比之下，許多阿特米絲型或雅典娜型女性寧願藉由跟有孩子的男人結婚，承繼一個現成的家庭。）

狄米特型女性通通都認定自己是好媽媽，她們會把孩子的最佳利益放在心裡。不過，從她們對孩子的影響的觀點來看，狄米特型女性似乎要不是超級能幹的媽媽，就是全心投入的可怕媽媽。

當她的成年子女怨恨她時，狄米特型女性會深受傷害而且困惑。她無法了解為什麼她的小孩對她這麼壞，而其他媽媽擁有愛她們和感激她們的小孩。她也看不出來自己可能導致子女的痛苦。她只意識到自己的正面意圖，而覺察不到毒化她跟孩子關係的負面元素。

狄米特型母親對孩子是否有正面影響，是否獲得他們的正面看法，取決於她相像的是「綁架前」還是「綁架後」的女神狄米特。在波賽芬妮被綁架之前，狄米特信任一切都安好（波賽芬妮可以在草原上玩耍），會到處活動，做自己的事。綁架事件之後，狄米特沮喪又憤怒；她離開奧林帕斯山，不再發揮她的能力。

「之前」的階段在現實生活中會以多種形式呈現。對於最後一個孩子離家而面臨空巢，於是覺得彷彿自己的人生意義被「劫持走了」的女性來說，之前的階段是充滿親密和關懷的家庭生活，持續了大約二十五年。對於女兒違抗她，去跟她認為是綁架者黑帝斯的男人同居的女性來說，在之前的階段中，她的女兒似乎是自己的延伸，而且她們有著共通的價值觀和對未來的期望。

有些狄米特型母親總是擔憂壞事可能發生在她們的孩子身上。這些母親的行事作風有可能就像是孩子一出生就開始預期「綁架」的可能性。結果她們限制了孩子的獨立性，而且阻攔了小孩跟別人發展人際關係。焦慮促使她們這麼做，而焦慮的核心是害怕失去孩子對她們的感情。

境遇也可能啟動了狄米特負向的那一面。一名女士回憶，女兒出生後有六年之久，她就彷彿活在天恩裡。那時的世界安全無虞，作為母親既滿足又樂趣無窮。然後發生了一件事，讓人悲痛萬分而且措手不及，就好像黑帝斯從地面上的裂口忽然出現一樣。某天下午，母親把女兒留給臨時托育的保母照顧。女兒遊走到鄰居的房子裡，卻遭到了猥褻。事後小孩變得畏懼和焦慮，不但會做惡夢，而且只要周圍有男性在，就會感到害怕，即使對方是自己的父親。

母親憤怒、悲傷，並且內疚，因為她沒有在場防止意外發生。在這之前，她向來是寬大、信任人，同時照顧孩子的作風有些隨意。事後，她覺得內疚而且有責任，對自己沒信心，同時焦慮壞事可能再度發生。她變得過度控制和過度保護。隨之消失的，是她養育兒女的樂趣和自發性、她覺得生活在一個安全世界的安心感，以及她的自信心。

對子女造成不良後果的任何事件，都可能會讓狄米特型母親感到內疚。直到她能夠洞察到自己有著「自己應該是完美的母親」這種不切實際的期待之前，她都會期望自己無所不知而且無所不能，可以預見事件的發生，保護她的子女免於所有的痛苦。

為了保護子女，狄米特型女性有可能變得過度控制。她會緊盯著孩子的一舉一動，為孩子的行為說情，有任何可能對子女造成傷害時，就自己接手代勞。結果，孩子仰賴她去跟別人應對，處理問題。

有個掌控一切的狄米特型媽媽，有時候子女會永遠跟她保持親密關係，心理上的臍帶依舊保持原樣沒有剪斷。被狄米特型媽媽的人格主導，孩子們就算是早已成年，仍然是媽媽的小女孩或是媽媽的小男孩。有一些這樣的小孩可能永遠不會結婚。如果他們結婚了，親子之間的紐帶經常更為強韌，超過夫妻之間的連結。例如，狄米特型母親的兒子可能唯母命是從，讓他的妻子感到沮喪，她的願望永遠要往後挪。或者，狄米特型母親的女兒可能絕對不會同意跟先生去度長假，因為她無法離開母親這麼長的時間。

有些過度控制的狄米特型母親的小孩在努力要過自己的生活時，可能會逃離而且遠離他們的母親，拉開親子之間地理和情感上的距離。他們之所以這麼做，經常是因為母親不自覺地試圖讓他們感覺虧欠、內疚或依賴。

狄米特型女性還有另一種負面的母親模式：她無法對子女說不。她認為自己是無私、慷慨、不吝供應的母親，她會不斷地給予。從孩子小時候開始，狄米特型媽媽就希望孩子想要什麼就有什麼。如果太貴了她負擔不起，她要不是做出犧牲去取得，不然就是感到內疚。此外，她沒辦法設定孩子的行為界限。從孩子娃娃學步開始，她就對他們的要求讓步，餵養他們的自私。結果就是，她的小孩長大後覺得自己天經地義是特別的，沒有準備好要跟別人平起平坐。他們在學校出現行為問題；他們跟長官衝突搞砸了工作。她想成為一個要什麼給什麼的「好媽媽」，卻有可能適得其反。

中年

中年階段對狄米特型女性來說是段重要的時期。如果這名女性還沒有小孩，總是盤桓在她心裡頭的就是：她很清楚自己生物時鐘的時間就要結束，她懷孕的可能性就要消失了。已婚的狄米特型女性會跟不情願的配偶提出生孩子的議題，如果有受孕或流產的問題，他們會去看生育專家。她會考慮領養。而未婚的女性則慎重考慮成為單親媽媽。

即使狄米特型女性有小孩，中年時期也是同樣關鍵，儘管她或許沒有察覺這個階段對於她的餘生會是什麼光景有多麼重要。她的孩子漸漸長大，他們朝向獨立的每一步都在考驗她有沒有能力放掉他們對她的依賴。她也可能現在感覺到，當個高齡產婦、再生個寶寶所具有的吸引力。一名處於中年危機的女性來找我：她的小孩上學了，現在她四十歲，如果她想要跨越狄米特原型的侷限，此刻正是她自己重回學校的時機。在療程中，她發現自己害怕唸研究所成績會不及格，而再生一個小孩是她可以接受自己不去註冊的唯一藉口。之後她能夠把想要再有一個寶寶的渴望和她當學生會失敗的恐懼切割開來，而且可以專注思索這個問題。最後，她的確去唸了研究所，學習她熱愛的學科，現在成為了一位啟發學生的老師。

創立一個組織的女性在她的中年時期可能會面對危機：組織大到足以讓別人垂涎她的位置和權力。除非她擁有雅典娜的策略家頭腦，而且能夠把政治玩得很好，野心勃勃的經理人有可能「綁架」這個在幼年由她一手孕育和拉拔大的組織。失去這個組織會讓她崩潰，成為憤怒、悲痛的狄米特。

即使沒有發生權力鬥爭或者她撐過了這場危機，現在對於她——以及所有把母性能量投入工作的狄米特型女性們而言，都會出現個人生活上的問題。現在該是時候思考一下自己的人生錯過了什麼，還有，她們可以做些什麼，來讓自己充實圓滿。

晚年

在她們的晚年，狄米特型女性經常會落入兩種類型當中。許多人會發現，她們在這個人生階段收穫滿滿。她們是活躍、忙碌的女性；她們向來如此。她們從生活中學習，別人也欣賞她們務實的智慧和慷慨。她們是已經學會不要把別人綁在身邊，或是讓別人占便宜的狄米特型女性。實際上，這些女性已經培養出獨立精神和相互尊重。橫跨不同世代的子女、孫兒、客戶、學生或患者可能都喜愛和尊敬她。她就像是神話結尾時的女神狄米特，賜與人類禮物而且獲得崇高的敬仰。

截然不同的命運，落在認為自己是受害者的狄米特型女性身上。她不快樂的來源通常是來自中年時期的失意和未曾實現的期待。現在，她就像是遭到背叛、哀痛和憤怒的狄米特呆坐在她的神廟裡，讓萬物不生，這樣的女性晚年無所事事，只是越來越老、越來越憤懣。

心理困境

女神狄米特是重要的存在。當她不再發揮能力時，生命就停止生長，於是所有的奧林帕斯神祇都要列隊來懇請她恢復大地的生殖力。然而她無法防止波賽芬妮遭到綁架，或是促使她立刻回來，她淪為受害者，她的請求沒人理會，而且她受苦於憂鬱。狄米特型女性面對的難題有相似的主題：受害、權力和控制、憤怒的表達，以及憂鬱。

認同狄米特

認同狄米特的女性，她們的行為舉止如同慷慨大方、母親一般的女神，擁有無限的供給能力。如果有人需要她的關注或協助，她無法說不。這項狄米特特質會使得一名女性跟憂鬱的朋友講電話講得太久、超過她的意願，或者同意擔任導師班的愛心媽媽，但心裡其實並不樂意，或是放棄空閒的下午去幫助別人，而不是把這段時間給自己。狄米特原型也出現在那些會把一天繁忙的行程中唯一的一小時休息時間額外地提供給憂鬱症個案的治療師們身上。她的夜晚總是被講得很久的電話干擾，而且她的浮動收費總是以最低標準計算。這種滋養別人的本能有可能最終使得一名從事助人行業的女性身心俱疲，也可能導致「燃燒殆盡」的症狀：疲勞和冷漠。

當一名女性本能地有求必應，她很快就會發現自己過度承諾。她不是無限的自然資源，即使他人和她內在的狄米特期待她如此。狄米特型女性如果想要掌控自己的人生，必須一再對抗這女神原型。不要本能地一口答應，這是她內在的狄米特在回應，她本人比須有能力選擇她要什麼時候、用什麼方式、對誰付出。要做到這點，她必須學會對有所求於她的人說「不」，以及對她內在的女神說「不」。

母性本能

如果這個原型為所欲為，狄米特型女性也可能無法對懷孕說「不」。因為「為人母」是她內心的無上命令，一名狄米特型女性可能無意識地與狄米特原型合作，或許會「忘記」她的受孕期，或者對於「避孕」粗心大意。於是她可能發現自己在條件一點都不理想的時候懷孕了。

狄米特型女性必須有能力選擇何時以及要跟誰生小孩。她需要認知到自己內在的狄米特對於她生活中的現實並不感興趣，也不關心時機。如果要讓懷孕發生在她人生的正確時刻，她比須抵抗狄米特，警戒自己的生育控制。

疲勞、頭痛、經痛、潰瘍症狀、高血壓和背痛，常見於狄米特型女性身上，當她們工作過量、負荷太多責任或小孩的事，會難以說「不」或者表達憤怒。透過這些症狀間接傳達的訊息是：「我累垮了、壓力很大，而且身上疼痛，別再要求我做任何事了！」這些症狀也是輕度、慢性憂鬱的表現，產生的原因是當事人無法有效抗議、她壓抑她的憤怒，而且痛恨這狄米特造成的情境。

鼓勵依賴

狄米特型女性那豐沛的為母能力，可能因為她需要自己的孩子需要她，以及她的孩子「在她視線之外」，就讓她感到焦慮，而有所缺陷。她會鼓勵依賴，讓她的孩子「綁在她身邊」。在其他的人際關係裡，她也可能這麼做。例如，她可能無微不至照顧「依賴的小孩」，也同樣會照顧伴侶身上那「可憐的小男孩」，以及朋友身上那「焦慮的小孩」，當他們的媽媽。

這樣的女性企圖讓自己佔有不可或缺的位置（「媽媽最懂」），或是過度控制（「讓我幫你做」），因而把別人幼體化。這樣的傾向助長了對方不安全和不夠好的感受。例如，在廚房裡，她可能鼓勵年幼的女兒學習烹飪。但是她密切監督，而且總是最後要自己加工來收尾。無論女兒做的是什麼，母親給她的訊息是：「這不夠好。」以及「你需要我才做得對。」在工作場合也會上演同樣的戲碼。她是監督者、校訂者，或者是導師，「最懂得」工作應該如何進行，因此有可能接手，於是扼殺了她的「孩子」擁有的原創力和自信，而且增加了自己的工作負擔。

如果生活中的人們需要她，焦慮的狄米特型女性會感到安全。如果他們的獨立性和任事能力增長，她可能感覺受到威脅。要繼續獲得她的恩寵，接受她的照顧和關心，常常是需要停留在依賴的角色裡。

狄米特型女性是鼓勵依賴、或是相反地創造出安全感讓對方得以成長和茁壯，取決於她自己感到富足或匱乏。如果她害怕會失去對方、或是她的「孩子」「不夠好」，她可能會變得想要占有、控制和束縛。這種不安全感使得她成為事事監管的媽媽，或是讓孩子喘不過氣來的媽媽。

來跟我諮商的一位年輕媽媽領悟到，儘管她的小孩還是個嬰兒，她是那種將來會發現自己很難放手讓女兒長大的類型。她的第一個掙扎，來自於孩子應該改吃嬰兒食品的時候。她一直餵母乳，享受關係的獨占性，以及嬰孩對她的依賴。到了該改吃固體食物時，她的先生期待用湯匙餵女兒，這將是新的、重大的一步，讓父女建立連結。幸運的是，她內心那位利他欲強的媽媽知道，是時候開始吃固體食物，而且和先生共享更多與孩子相處的時間，雖然內心另一位占有欲強的媽媽想要盡可能拖越久越好。她希望給孩子最好的，而她的這個念頭勝出了。即使如此，她的確曾經短暫感覺就像是哀悼的狄米特，為這樣的失落感到悲傷。

一旦放掉了要別人依賴她們以及把別人綁在身邊的需求，占有欲強的狄米特型女性就會成長。做到了這點，相互的依賴可以轉化成相互欣賞和相愛。

被動式攻擊行為

無法說不的狄米特型女性會過度負荷。於是她們可能身心俱疲而變得冷漠，或是怨恨和憤怒。如果她覺得受到剝削，一般而言她不會直接表達，正如同她應該拒絕的時候卻答應下來，也顯現出她同樣地欠缺捍衛自己的堅定果決。不表達她的憤怒，也不堅持自己應該要有改變，狄米特型女性傾向於忽略自己的感受，認為是自己不夠慷慨，於是更加努力去完成每一件事。

當她試圖壓抑自己真正的感受，而到頭來還是流露出來時，她會開始展現被動式攻擊的行為。此時她會比如忘了「稍微繞一點路」，沒去買鄰居請她順路帶回來的東西；比如她會錯過了截止日期，或是在一場重要的會議上遲到。她會藉由這種方式她卸下別人期待她背負的重擔，無意識地以不順從的行為來宣洩她的敵意，並且間接表達了她的怨恨和表現自己的獨立性。如果她能夠學會一開始就說「不」，情況就會好得多，因為被動式攻擊的行為會讓她顯得能力不足，而且會讓她感到內疚。

有明確的目的，會讓相同的行動呈現出截然不同的意義。直接了當地拒絕別人期待妳做的事，並且說明原因，可以清晰地傳達出妳的訊息；而被動式攻擊的行動，所傳達的是被隱藏在敵意行為裡的混亂訊息。如果對方關心你的需求，清楚說明就足夠了。當對方擅於剝削，並且打算以妳為代價達到目的時，往往就有必要以行動來證明妳的心意。宙斯從不把狄米特的話放在心上，直到她「罷工」。

在狄米特拒絕發揮穀物女神的功能之前，宙斯一點都不關心她的痛苦。等她拒絕讓萬物生長，使得大地面臨饑荒的威脅時，宙斯才開始關心，因為如果她堅持下去，就不會再有凡人來榮耀神祇。唯有到此時他才留意她說的話，派遣荷米斯去冥界把波賽芬妮帶回來。一旦狄米特型女性清楚自己的需求（被她自己所壓抑著），並且覺察到自己因為這些需求遭到別人漠視而感到憤怒時，她就能夠考慮效法狄米特的榜樣。舉例來說，一名低薪、過勞卻又不可或缺的員工有可能說明自己的狀況，向老闆爭取應得的加薪和額外的協助，而且直到她向老闆清楚表示，她不會繼續像過去那樣工作之前，老闆都聽不見她的怨言。

憂鬱：空巢和空虛

當狄米特型女性失去了她擔任媽媽角色的親子關係時，她不僅失去了那份關係和想念對方，她也失去了賦予她權力感、重要感和意義感的母親角色。她只剩下一個空巢和空虛的感受。

有些女性把自己的人生獻給她們的小孩，不料他們卻搬走了，「空巢憂鬱」這個術語就是用來描述這些女性的反應。狄米特型女性的愛情關係結束時，也可能有這樣的反應。同樣的狀況還有，「撫育」一項專案多年卻以失敗告終或是被他人接手。這種結構上的困境會讓她覺得「受騙上當」和荒蕪。

當這個原型走到最極端時，憂鬱的狄米特型女性會變得失能，需要住進精神病院治療。她或許會成為狄米特的化身，這位悲痛的女神徒勞無功的在大地上尋找波賽芬妮。跟狄米特一樣，她可能會不吃、不睡、不洗澡。她可能來來回回地踱步，片刻不停的一直移動，扭絞著雙手，十分悲傷，深陷嚴重的焦慮憂鬱之中。或者她可能呆坐著，像狄米特在艾盧西斯那樣，退縮、不動，而且沒有反應。在她看來一切都是慘淡、荒蕪的，這個世界沒有意義。在她枯竭的生活中她感覺不到活力生氣。這種反應是嚴重的冷漠憂鬱。在上述兩種反應中，無論是焦躁和冷漠，敵意深藏在她的憂鬱之下：她對於自己生命意義的源頭被奪走了感到憤怒。

當悲痛的狄米特型女性住院治療時，當然，她需要專業協助。不過假使她知道自己是這麼容易陷入空巢憂鬱，如果她採取四項預防措施維持精神健康，她的反應就會輕微多了。學習如何表達憤怒，而不是壓抑在心裡，可以減輕憂鬱。學習說不有助於避免因為過度包攬責任而身心俱疲和沮喪，而且覺得別人不知感激，讓自己成了烈士。學習「放手，讓他成長」讓她免於孩子（或者接受她督導的人、她的員工或客戶）不但怨恨她而且渴望離開她的椎心之痛。發展她內心的其他女神原型，能夠提供她除了為人母之外的各種興趣。

成長之道

狄米特型女性發現很容易就能辨識出自己體現的母親模式，包括說「不」的難處。不過，當要檢視她們對別人的負面感受和負面行為時，往往就會出現盲點。由於負面感受和行為是最需要改變的，因此狄米特型女性的成長會受到阻礙，直到她能夠看見全貌。狄米特型女性有良善的意圖，加上她需要把自己視為是個好母親，阻礙了她們接受以上的理解。這樣的女性經常有非常強的防衛心。她們會主張自己的良善意圖（「我只是想幫忙」）或是列出她們的確做過的許多正向和慷慨的舉動來反擊批評。

正如同狄米特型女性難以說「不」，是因為她自認是善良慷慨的母親，因此她也抗拒承認對所愛的人有怒氣。同樣的理由，她否認自己有可能採取被動式攻擊的行為，也否認她可能過度控制或鼓勵依賴。不過，她的確知道，她很失望沒有獲得感謝，而且她也能承認自己感到憂鬱。如果她願意探索這些路徑，那麼或許她可以逐漸認識自己負面的狄米特特質，讓這項認知浮現到意識層面。承認這些特質，是最大的障礙；改變她的行為，是比較容易的功課。

成為自己的好媽媽

狄米特型女性需要為自己「差遣」狄米特，而不是彷彿自己就是狄米特那樣本能地回應別人。每當有人要求她承擔另一項責任時，她需要學習把自己那麼容易為別人付出的照顧和關懷投注在自己身上。她可以自問：「這真的是妳現在想要做的事情嗎？」以及「妳有足夠的時間和精力嗎？」

當她遭到惡劣對待時，她需要安慰自己：「妳值得更好的對待。」並且鼓勵自己「去告訴他們」妳的需求。

跨越狄米特的限制

狄米特型女性除非有意識地在她的人生中騰出空間給「狄米特之外」的人際關係，她很可能鎖死在一個模式上，成為「只是狄米特」。如果她是已婚有小孩的婦女，她會不會努力安排不帶小孩跟先生去度假呢？她會不會抽出時間從事自己單獨的活動並且花時間去慢跑、靜坐、畫畫或彈奏樂器呢？或者，身為典型的狄米特，她會不會永遠找不出時間呢？如果她是有專業的狄米特型女性，她所有的精力很可能都投入工作當中。她可能經營一家托兒所或是一項專業計畫，把她所有的時間和精力投入其中，每天收工時筋疲力盡地回家。有專業工作的狄米特跟有五名子女的狄米特型女性一樣，都需要抗拒成為百分之百的「純粹狄米特」。如果她沒有跨越狄米特的限制，當不再有人需要她，而她發現自己終究是可有可無時，會提高她產生空巢憂鬱的可能性。

從憂鬱中復原

當狄米特型女性承受了嚴重的失落，就會變成悲痛、憂鬱的狄米特。這個失落可以是對她有重大情感價值的任何東西——一段關係、一個角色、一份工作、一個理想——無論是什麼帶給她生命意義，現在消失了。而且，如同每一則女神神話，一名女性有可能「卡在」任何階段，或是穿越某個神話模式繼續成長。有些憂鬱的狄米特型女性從來沒有康復；她們停留在空虛、憤懣和荒蕪的狀態。

然而復原和成長是可能的。神話本身就提出了兩項解決方案。第一，在她獲知波賽芬妮遭到綁架之後，狄米特離開奧林帕斯山流浪於大地之上。在艾盧西斯，這位憂鬱和悲痛的女神受到歡迎進入一個家庭裡，成為德摩豐的保母。她餵德摩豐神喝的甘露和神吃的食物，如果不是被他母親美塔妮拉打斷的話，本來狄米特可以讓他永生不死。因此她是透過愛護和照顧其他人來處理自己的失落。冒險進入另一段關係是悲傷的狄米特型女性要復原和再度運作的一種方式。

第二，跟波賽芬妮團圓讓狄米特得以復原。悲傷的母親跟她永遠是少女的女兒重聚後，便停止憂鬱，再度發揮穀物和果實女神的功能，讓大地恢復繁殖和成長的能力。

比喻上，這件事的發生會化解她的憂鬱：青春原型的回歸。而它究竟會如何發生，這點經常神祕難解；隨著哭泣和憤怒之後；時光流逝；然後一股正在萌芽的感受攪動了內心，這些都有可能。或許這名女性開始注意到天空是多麼美麗澄清。或者，某人的同情打動了她。或者，她湧起強烈慾望要去完成棄置已久的工作。情感上，這些是春天來了的小小跡象。生命回歸的最初跡象出現後不久，這名女性找回了自我，再度充滿活力，慷慨大度，與曾經失落的那部分自我重新結合在一起。

也有可能不只是復原而已。狄米特型女性也能夠走出痛苦的時期，擁有更通透的智慧和靈性上的理解。做為一種內在經驗，狄米特和波賽芬妮的神話說明了從痛苦中成長的能力。於是，狄米特型女性可能，就像女神狄米特那樣，開始接受人的一生也有四季的變化。她或許會獲得一種反映自然的大地智慧。這樣的女性會學到：無論了發生什麼事，她都可以安然度過，清楚知道這就如同春天會隨冬天而來，不斷變化的人類經驗也遵循一定的模式運行著。

第十章

波賽芬妮
——少女與冥后；善於接納的女性和媽媽的女兒

女神波賽芬妮

女神波賽芬妮，羅馬名叫做普洛瑟庇娜（Proserpina）或珂拉（Cora），人們對她的認識大多來自荷馬史詩風格的「狄米特頌詩」，其中描述了她被黑帝斯綁架的故事。她以兩種身分受到崇拜，身為少女或「珂兒」（Kore，意思是「年輕女孩」），以及冥界的王后。珂兒是苗條、美麗的女神，跟生殖能力的象徵石榴、穀物和玉米相關，也跟引誘了她的水仙花相關。身為冥后，波賽芬妮是成熟的女神，她統治死者的靈魂，也是引導造訪冥界的生者，同時提出自己的要求。

儘管波賽芬妮並非十二位奧林帕斯主神之一，她是艾盧西斯祕儀的核心人物。在基督教之前的兩千年，艾盧西斯祕儀是希臘人的主要宗教。在艾盧西斯祕儀中，希臘人透過波賽芬妮每一年從冥界歸來，體驗了死亡之後生命的回歸或恢復。

波賽芬妮是狄米特和宙斯唯一的女兒。希臘神話中很不尋常地沒有提及她是如何受孕的。

在狄米特－波賽芬妮神話（前一章詳細述說過）的一開頭，波賽芬妮是無憂無慮的女孩，當她在採花、跟朋友玩耍時，黑帝斯駕著馬車突然從地面的裂口出現，強行擄走尖叫著的波賽芬妮，把她帶回冥界強迫她當他的新娘。狄米特無法忍受這種狀況發生，她離開奧林帕斯山，堅持要把波賽芬妮找回來，最後總算逼迫宙斯聽從她的願望。

於是宙斯派遣信使神荷米斯去接波賽芬妮回來。荷米斯抵達冥界，找到了悶悶不樂的波賽芬妮。然而當她發現荷米斯前來接她而且黑帝斯會放她離開時，她的沮喪轉為喜悅。不過在她離去之前，黑帝斯給了她一些石榴籽，她吃下去了。然後她跟著荷米斯上了馬車，荷米斯迅速地把她帶回給狄米特。

團圓的母親與女兒開心擁抱之後，狄米特焦慮地詢問女兒在冥界有沒有吃任何東西。波賽芬妮回答她吃了石榴籽，因為黑帝斯強迫她「不情願、猛然地」吃下去（這並非事實）。狄米特接受她的說法，開啟了循環的模式。假設波賽芬妮沒有吃下任何東西，她就會完全回到狄米特身邊。不過，因為吃下了石榴籽，現在她一年會有三分之一的時間在地下世界跟黑帝斯在一起，三分之二的時間在地上世界，陪伴狄米特。

之後，波賽芬妮成為冥界的王后。每當希臘神話中的英雄或女英雄下來這地下國度時，波賽芬妮會接待他們，當他們的嚮導。（從沒有人發現她不在。門口從來不會掛著告示牌說：「她回家陪媽媽了。」儘管狄米特與波賽芬妮神話中敘述她一年有三分之二的時間在母親身邊。）

在《奧德賽》裡（*Odyssey*），英雄奧德修斯到冥界一遊，波賽芬妮帶他去看有著傳奇名聲的女性的靈魂。在賽姬與愛洛斯的神話裡，賽姬最後一項任務是帶著一個盒子下到冥界，讓波賽芬妮為阿芙蘿黛蒂在盒子裡裝滿美容藥膏。在赫拉克力士執行他的十二項使命中的最後一項時，他也被帶到了波賽芬妮面前：赫拉克力士必須獲得她的允許借到塞伯拉斯（Cerberus），兇猛的地獄三頭看門犬。赫拉克力士制伏了塞伯拉斯，把牠頭上套上了繩索。

波賽芬妮和阿芙蘿黛蒂一起爭搶阿多尼斯（Adonis），兩位女神都愛上這位美少年。阿芙蘿黛蒂把阿多尼斯藏在箱子裡，送去波賽芬妮那裡保管。但是打開箱子時，冥后自己迷戀上了阿多尼斯的美麗，拒絕把他還回去。波賽芬妮現在跟另一位強大的神祇鬥爭要擁有阿多尼斯，如同狄米特和黑帝斯曾經為了她爭鬥一樣。這場爭執被帶到了宙斯面前接受審判，他裁決阿多尼斯應該一年三分之一時間跟波賽芬妮在一起，三分之一時間跟著阿芙蘿黛蒂，剩下的時間留給他自己。

波賽芬妮原型

與赫拉和狄米特不同，她們代表的原型與強烈的本能情感連結在一起，但是波賽芬妮是不會具有那種迫切感的人格類型。如果是由波賽芬妮提供了女性的人格結構，這名女性的傾向是不主動，而是接受別人對她採取的行動並加以順從，在態度上是被動的。少女波賽芬妮也讓一名女性看起來永遠青春。

女神波賽芬妮有兩個面相：少女和冥后。這種雙重性格也呈現出了兩種原型模式。女性有可能受到兩種面向之一所影響，也可能透過其中一種原型成長為另一種原型，或者在她們的心靈裡同時存在著少女與冥后。

珂兒原型少女

珂兒是「沒有名字的少女」；她代表了不知道「自己是誰」也尚未覺察到自己的慾望或長處的年輕女孩。大多數的年輕女性在她們結婚或決定自己的生涯之前，都會經歷過一個「珂兒」階段。其他女性則一輩子大部分時間始終是少女。她們不會致力於一段關係、工作或是一個教育目標，即使事實上，她們可能擁有一段關係、工作，或是在上大學，甚至是研究所。無論她們在做什麼，似乎都不是「認真的」。她們的心態是處於永恆的青春期，猶豫不決於「長大」後想要成為什麼樣的人、從事什麼樣的工作，一直等待著什麼事或什麼人來改變她們的人生。

媽媽的女兒

波賽芬妮和狄米特代表了普遍的母女模式。在這個模式裡，女兒跟母親太親密，以至於無法發展自己的獨立意識。象徵了這種關係的標語是「媽媽最懂」。

波賽芬妮型女兒想要取悅她媽媽。這個渴望推動她成為一個「好女孩」，聽話、順服、謹慎，而且經常受到庇護或「保護」，不會去經歷甚至只有一絲潛在風險的事情。這個模式在鵝媽媽童謠中獲得呼應：

「媽媽，我可以去游泳嗎？」

「可以的，我的寶貝女兒。」

「把你的衣服掛在山胡桃木的樹枝上，」

「但是不要靠近水。」

儘管母親顯得強壯和獨立，這個表相經常是騙人的。她可能鼓勵女兒的依賴，好讓她待在自己身邊。或者她可能需要女兒成為自己的延伸，透過女兒，她可以實現自己的夢想。有個這種關係的經典例子是：母親擔任舞台總監，女兒則是演員。

有時候父親是掌控型和侵擾型父母，他培養出依賴的女兒。他過度控制的態度或許也是騙人的，以掩飾她情感上太過親密地依附著女兒。

除了家庭動力以外，我們生活其中的文化也制約了女孩把被動、依賴的行為等同於女性氣質。她們被鼓勵要表現得像灰姑娘那樣等待王子到來，像睡美人那樣等待被喚醒。被動和依賴是許多女性的核心（英文的核心〔core〕音同珂兒〔Kore〕），這是雙關語）問題，因為環境強化了這個原型，所以人格中的其他面向沒有被發展出來。

「阿尼瑪女性」

傑出的榮格分析師瑪麗．艾斯特．哈汀（M. Esther Harding），藉由描述「討所有男人歡心」的女人類型來為她的著作《所有女人的道路》（*The Way of All Women*）起頭。這一類型就是「阿尼瑪女性」，她「改造自己以適應男性的願望，讓自己在他眼裡是美麗的，迷倒他、取悅他」。她

「沒有充分意識到自己有能力描繪出自己主觀的生活該是什麼樣貌」。她「通常是沒有自覺的；她不分析自己或者自己的動機；她就只是這樣；而且大多數情況下，她無法清楚表達自己的想法」。[1]

哈汀描述了一個案例，是一名「阿尼瑪女性」接受了一名男性無意識投射出來的女性形象（他的阿尼瑪），同時無意識地迎合了這個形象。哈汀如此描述她：「她就像是多面的水晶，自動旋轉，沒有一丁點自己的意志……經由這樣的調適，先是展現一面，然後又展現另一面呈現，而且總是將最能映射出對方阿尼瑪的那一面呈現給觀看者欣賞。」[2]

波賽芬妮女性天生的接受能力讓她可塑性非常高。如果對她來說重要的人投射一個形象或期待在她身上，她一開始不會抗拒。她的模式就是讓自己和變色龍一樣，無論別人對她有什麼樣的期待，她都會「嘗試一下」。是這樣的特質使得她容易成為「阿尼瑪女性」；她無意識的迎合男人想要她成為的樣子。比如當她跟某個男人在一起時，就成了網球愛好者，會融入鄉村俱樂部當中；在下一段關係裡，她坐在男人的摩托車後座，在公路上呼嘯飛馳；到了第三個男人，他成了模特兒，男人把她畫成天真無邪的少女——對他而言，她的確是。

半熟女人

在遭到綁架之前，波賽芬妮是個半熟女人（child-woman），沒有意識到自己的性魅力和美麗。這個結合了性慾和純真的原型瀰漫在美國文化裡；男人渴望的女人是性感小貓，有著看來像是鄰家女孩的女性為《花花公子》（*Playboy*）雜誌拍攝裸體照片。舉例來說，在電影《漂亮寶貝》

（*Pretty Baby*）中，布魯克雪德絲（Brooke Shields）扮演了原型的半熟女人——妓院裡的一名處女；勾引男人慾望的十二歲女孩，她的初夜將賣給出價最高的人。這個形象延續到她接下來的電影，《藍色珊瑚礁》（*Blue Lagoon*）和《無盡的愛》（*Endless Love*），以及她為凱文克萊牛仔褲拍的廣告。同時，媒體描述她是受到庇護和聽話的波賽芬妮型女兒，有位嚴密管理她事業和人生的母親。

波賽芬妮型女性不需要年紀輕或是沒有性經驗，才會意識不到自己是性感或是有性魅力的女人。只要她在心理上是珂兒（少女），她的性慾就沒有被喚醒。儘管她喜歡讓男性喜歡她，但是她缺乏熱情，而且或許無法達到性高潮。

在日本，更甚於美國，理想的女性跟波賽芬妮相像。她是安靜、端莊、順服的——她懂得自己絕對不能直接說「不」；她所受的教養是要避免表示不同意或討人嫌，以免破壞和諧。理想的日本女人會優雅地保持在場，然而卻要待在背景裡，預想男人的需求，而且在表面上接受自己的命運。

冥界的嚮導

儘管波賽芬妮最初的冥界經驗是綁架的受害者，她後來成為冥后，為造訪冥界的人帶路。如同

1 原註：M. Esther Harding, "All Things to All Men," in *The Way of All Women* (New York: Putnam's, for the C. G. Jung Foundation for Analytic Psychology, 1970), p. 4.

2 原註：Harding, p. 16.

在神話裡，波賽芬妮原型這個面向的發展是經驗和成長的結果。

象徵上來說，冥界可以代表比較深的心靈層面，是記憶和感受被「埋藏」的地方（個人潛意識），也是可以找到人類共通的原型意象、模式、本能和感受的地方（集體潛意識）。在進行精神分析或心理分析探索這些領域時，當事人的夢境會出現「地底下」的意象。做夢的人可能會身處地下室，常常是有許多走廊和房間，有時候像是迷宮。或者她可能發現自己在地底世界或是一個很深的洞穴裡，她會遇到人、物體、或是動物，感到敬畏、害怕或是有興趣取決於她是否恐懼自己內在的這個國度。

波賽芬妮身為冥界的王后和嚮導，代表了在兩種真實中來回移動的能力；一種是「現實」世界中以自我為基礎的真相，另一種是心靈中無意識或原型的真相。當波賽芬妮原型活躍時，這名女性有可能去冥想在這兩個層面上的真相，把兩者整合到自己的人格裡。她也可以為那些在夢境中和幻想裡「造訪」地下世界的人引路，或者可以協助那些「遭到綁架」以及和現實失去連繫的人。

在《我從未許諾你玫瑰園》（*I Never Promised You a Rose Garden*）一書裡，漢娜・葛林（Hannah Green）寫下她生病、住院和康復的自傳故事：一名精神分裂（思覺失調）的十六歲女孩脫離現實陷入一個想像的王國裡，遭到囚禁。葛林必須栩栩如生地回憶起她的經驗，才能寫下這段故事。起初，「伊兒王國」（Kingdom of Yr）是她的庇護所，這個幻想的世界有自己「祕密的曆法」、自己的語言和人物。然而最終這個「地下」世界呈現出一項可怕的現實。她成為囚犯無法離開；「她只看得見輪廓線，一片灰濛濛，沒有深度，是平面的，就像一幅畫。」[3]這女孩就是位遭到綁架的波賽芬妮。

曾是精神疾病患者的人們就跟波賽芬妮一樣，可以幫忙引導其他人通過地下世界。漢娜・葛林的《我從未許諾你玫瑰園》、希薇亞・普拉絲（Sylvia Plath）的小說《瓶中美人》（*The Bell Jar*）和她的詩集，以及多莉・普列文（Dory Previn）的歌曲都發揮了引導的功能，讓被拉進深淵而且需要協助的人理解這樣的經驗。這些女性是曾經住院的精神疾病患者，康復以後寫下她們「被綁架」到憂鬱和瘋狂世界的故事。我也認識幾位優秀的治療師，她們年輕時因為精神疾病住過醫院。有一段時間，她們被潛（無）意識裡的元素「俘虜」，脫離了日常的現實。因為她們有關於深淵的第一手經驗，且她們康復了，現在她們特別有能力幫助其他人。這樣的人們對於地下世界十分熟門熟路。

最後一點，有些人不必有身為俘虜珂兒的經驗，就了解了身為嚮導的波賽芬妮。許多治療師都是如此，她們在工作中分析病患的想像中產生的夢和意象。她們有接受潛意識訊息的能力，不需要曾經是潛意識的俘虜。她們本能地知曉而且熟悉地下的國度。嚮導波賽芬妮是當事人心靈的一部分，當她遇見象徵語言、儀式、瘋狂、幻象，或狂喜的神祕經驗而有熟悉的感覺時，都是源自於這個原型。

---

3 原註：Hannah Green, *I Never Promised You a Rose Garden* (New York: Signet Books/New American Library, by arrangement with Holt, Rinehart, and Winston, 1964).

春天的象徵

許多女性在年輕、不確定，而且充滿可能性的人生階段時，對於珂兒或「無名少女」波賽芬妮會感到親切熟悉。這個時候她會等待什麼人出現或什麼事發生來塑造她的人生，在另一個（任何一個）原型變得活躍引導她進入不同階段之前。在女性的人生四季裡，波賽芬妮代表春天。就如同在四季的循環中春天緊接著收穫之後的休耕期和冬季的荒蕪月份而來，帶來了溫暖、比較多的光，以及新綠的成長，波賽芬妮也可以在女性經歷了失落和憂鬱的時期之後，再度在她們的內心活躍起來。每一次波賽芬妮重新浮現在女性的心靈裡，當事人就有可能再度接受新的影響和改變。

波賽芬妮是青春、活力，以及新的成長潛能。擁有波賽芬妮原型成為她們一部分的女性，終其一生都可以保持精神上的青春和接受改變的能力。

培養波賽芬妮

波賽芬妮原型的接受能力是許多女性需要培養的特質。對於專心一志的雅典娜型和阿特米絲型女性尤其重要，她們習慣於知道自己想要什麼，然後果決地採取行動。她們遇到無法明確知道如何和何時行動、或者不確定什麼該優先進行時，就會表現欠佳。因此，她們需要培養波賽芬妮的能力，等待狀況改變，或者等待自己的感受變得清晰。

保持開放和彈性（可塑性）的能力是波賽芬妮的典型特徵（有時過度了），這是狄米特型和赫拉型女性常常需要發展的屬性，以免她們被鎖死在自己的期待裡（赫拉）或是陷入自己最了解的信念裡（狄米特）而受困的時候。

賦予這份接受能力正面的價值，是培養這項特質的第一步。透過傾聽別人要說的話、嘗試從他們的觀點來看事情，以及避免批判性的判斷（或偏見），能夠有意識地發展出對別人的接受態度。對自己心靈的接受態度也可以被培養。必要的第一步是對自己仁慈（而非缺乏耐心和自我批評），尤其是在覺得自己「耍廢」的時期。許多女性唯有在學會接納耍廢期是一個階段、而非罪惡之後，才懂得這段時期可以是療癒的喘息時間，是活動力或創造力爆發之前的階段。

培養夢境往往最終會得到收穫。每天早晨花點心力去回憶和記錄夢，可以保持意象的鮮活。完成記錄後，因為作夢者現在可以記住夢並且加以思考，常常可以讓人逐漸洞察出這些夢的意義。許多人會嘗試接收超感官知覺（ESP）印象，並且學習接受在他們腦海裡自然浮現的意象，此時他們也可以發展出超感官知覺。

波賽芬妮型女性

波賽芬妮型女性有著青春的特質。她可能真的看來比實際年紀更加年輕，或者在她的人格中有某種「小女孩性格」，一種「請照顧小小的我」的氣質，可能維持到中年甚至之後。我認為波賽芬妮女性有種楊柳般的特性，可以彎折自己去順服情境或是比較強勢的人。先朝一個方向走，然後換另一個方向，取決於「風怎麼吹」，當外來力量減弱時，她就會反彈復元，除非她許下了會改變自己的承諾，否則憑藉著經驗，她會以某種明確的方式保持不受影響。

幼年的波賽芬妮

典型的小波賽芬妮是安靜、不裝模作樣的「乖乖小女孩」，那種常常以粉紅、有花邊的洋裝「打扮得像洋娃娃」的女孩。她通常是舉止乖巧的小孩，想要討好大人，遵從大人的指示行動，穿大人為她挑選的衣服。

一名過度擔憂的母親如果從嬰兒期就把她的女兒當成是需要保護和監督的脆弱洋娃娃來對待，就會加強小波賽芬妮原本就謹慎和順從的傾向。當她的女兒開始學走路、踏出搖搖晃晃的第一步時，如果她擔心她的小女孩跌倒受傷多過於開心，也就等於在發送將來許多類似訊息的第一則：嘗試新鮮而困難的事物，就等於會有風險和憂慮。當她因為女兒自己去嘗試新事物而斥責她，說「你應該先問我」時，她所傳達的訊息其實是「等我來幫你」。要女兒保持對她的依賴，是母親沒有明說的告誡。

很可能波賽芬妮是個內傾的孩子，她本性上就顯得小心翼翼，因為她比較喜歡先觀察再加入。她寧願在場邊旁觀，直到她弄清楚是怎麼回事、規則是什麼，而不是立刻一頭栽進去，憑藉第一手經驗來學習，這是外傾型孩子的做法。在決定自己是否要參與之前，她需要先想像自己在做這件事。然而她母親常常把她的天生內向錯誤詮釋為膽怯。在她還沒準備好之前，就逼迫她去做一件事，一名立意良善、外傾型的母親常常不給她的波賽芬妮型女兒時間去發現自己的偏好是什麼。當受到壓力要「快點決定！」時，年幼的波賽芬妮大概會迎合對方，而非抗拒；因此她學會了被動。

相反的，如果年幼的波賽芬妮得到支持，她也可能學會信任自己內在的運作方式，去釐清自己想要做什麼。她逐漸學會信任自己天生樂於接受的風格，變得自信，知道自己有能力用自己的方式和需要的時間來下決定。她的偏好是主觀上慢慢形成的，而且這些偏好很適合她；不過她無法說明理由，因為這是她內在感覺到的渴望，她無法運用邏輯來解釋自己。

父母

波賽芬妮型女兒往往是「媽媽的小女孩」，跟她的母親固定在狄米特－波賽芬妮的關係模式裡。這類型母親經常把女兒當成是自己的延伸，會提高或是損傷她自己的自尊。這種模式可能導致母親和女兒之間形成一種心靈重疊的關係。母親會選擇孩子的社交聚會、舞蹈或鋼琴課，甚至是朋友，彷彿是在當她自己的媽媽。她提供女兒她自己小時候渴望的或錯失的，沒有考慮女兒可能有不同的需求。

波賽芬妮型女兒不會對下述的印象有太大異議：她自己想要的，跟她母親認為她想要的的東西一樣。天性上，她是樂於接受和順服的，而且想要討好他人。（對比之下，小阿特米絲和小雅典娜在兩歲時就明確地拒絕她不想要穿的洋裝，或者對於他人想要轉移她們的注意力、讓她們不去去做自己想做的事時，努力地拒絕說「不！」）

事業心強的雅典娜型母親如果有一名波賽芬妮型女兒，可能會訝異：「我怎麼會有這樣一位小公主？」她可能這一刻樂於做這個孩子的母親，下一刻對於女兒顯然優柔寡斷、而且無法說出自己的心聲，而感到挫折。阿特米絲型母親的挫折是不一樣的。她更善於接納女兒的主觀感受，她的惱怒是針對女兒缺乏意志。她督促女兒要「捍衛自己！」。阿特米絲型和雅典娜型母親都可能協助她們的波賽芬妮型女兒發展出她們重視的這些特質，或者她們也可能會灌輸女兒自己不夠好的感覺。

許多年幼的波賽芬妮跟父親的關係並不親近。父親可能因為狄米特型母親的占有慾而洩氣，這些母親想要跟女兒擁有極為獨佔的關係。或者，如果他是傳統的丈夫，他會自豪從未換過一片尿布，他可能選擇不要參與，如同某些男人會把女兒留給母親撫養，然而對兒子會主動表現出興趣。

理想上，年幼的波賽芬妮會擁有尊重她內在運作方式的父母，讓她自己釐清什麼對她是重要的，而且信任她的結論。他們會提供她各種體驗的機會，但是不會催促她進入。這些父母都已經懂得珍視自己的內傾性。

青少年和青年時期

少女波賽芬妮的中學經驗通常是她幼年生活的延續。如果她在「媽媽最懂」的關係中長大，她的媽媽會跟她一起逛街、幫她挑衣服，並且影響她對朋友和興趣的選擇，這時則是幫她挑選約會對象。透過女兒的經驗實現自己的夢想，媽媽可能津津有味地探詢女兒約會和活動的細節，期待女兒跟她無話不說，並且分享自己的祕密。

然而，青少年需要保守一些祕密，同時擁有一些隱私。在這個成長階段，過度侵擾的父母會阻礙個別身分認同的發展。經由分享每一件事，青春期的女兒允許她媽媽來染指應該屬於她自己的經驗。她母親的焦慮、意見和價值影響了她的認知。

一般來說，中產或上層階級的波賽芬妮型女性會上大學，因為那是她這個社會階層和背景的年輕女性被認定該去的地方，等於是這個時代波賽芬妮和朋友們玩耍的草原。對這樣的女孩來說，教育通常是消遣，而不是找工作的先決條件。她掙扎於完成作業和寫出論文，因為她很容易分心，而且／或者缺乏信心。她的特徵是，會嘗試好幾個可能的主修學科。如果她終於選擇其中一項科目，常常是因為放棄選擇，或者是循著阻礙最小的途徑，而非主動的選擇。

工作

波賽芬妮型女性可能會成為一名「專業學生」，或者她會去工作。無論是高中還是大學之後，她傾向於不斷換工作，而不是擁有一項專業或生涯，而且工作地點會靠近她的朋友或家人所在的地方。她的工作一換再換，希望新的工作是她真正有興趣的。或者，她可能因為不能按時完成工作或是休假太多，而遭到解雇。

在不要求創新、毅力或監督技巧的工作上，波賽芬妮型女性表現最好。當她有個自己想要討好的老闆時，她會做得非常出色；他指派她必須馬上完成的特定任務。在長期的指定任務上，波賽芬妮會拖拖拉拉。她表現得好像期待有人把她從工作中解救出來，或者彷彿她擁有全世界所有的時間。在兩者未能成真，而且她得交出成果的時候，她沒辦法準備好。最好的情況下，她會整晚熬夜，努力趕在最後一分鐘完成工作。

儘管對於與珂兒相像的女性來說，工作對她們來說從來就不重要，但是如果她成熟了成為冥后，情況就迥然不同了。此時她很可能會進入創作、心理或靈性的領域工作，例如成為藝術家、詩人、治療師或靈媒。無論她做什麼事，通常是非常個人化而且經常是非正統的工作。她以單槍匹馬地工作，普遍來說沒有「像樣」的文憑。

與女性的關係

年輕的波賽芬妮型女性跟與自己相像的其他年輕女性相處起來很自在。她在高中或大學經常是姊妹會成員，而且習慣在其他女孩的陪伴下嘗試新環境，不會自己一人前往。

如果她很漂亮，她可能會吸引那些認為自己不很女性化的女性和她交朋友；這些女性把自己沒有充分發展的女性氣質投射在她身上，然後特別照顧她。如果一直以來，別人都把她當成脆弱的寶貝來對待，她就會把這樣的待遇視為理所當然。她最親密的朋友們經常是個性較強的女孩。波賽芬妮喚起了同輩和年長女性身上的母性反應，她們會幫助她和照顧她。

與（偏好女孩的）男性的關係

跟男人在一起時，波賽芬妮型女性是半熟女人，不堅持自己，而且充滿青春活力。她符合少女波賽芬妮的模式，在所有女神中個性最模糊，也最沒有威脅性的。當她說「你想做什麼，我們就做什麼」時，她是真心誠意的。

三種類型的男人會受到波賽芬妮型女性的吸引：跟她一樣年輕、沒有經驗的男人；受到她的天真和脆弱吸引的「硬漢」；跟「成熟女性」相處起來不自在的男人。

「青春之戀」的標籤符合第一類。在這些高中和大學時代的關係裡，年輕男性與女子性以平等地位，探索如何跟異性相處。

第二類是波賽芬妮——原型的「來自好家庭的好女孩」，搭配上強悍又有街頭智慧的男性。對方迷戀上這位養尊處優的女孩；男方跟她截然不同。她這方面則是被男方的魅力、渾身上下散發的性氣息和霸道性格所俘虜。

第三類典型中所包含的，是那些因為各種理由跟「成熟女性」在一起不自在的男性。舉例來說，老少配就是這種父權模式原型的誇張版。男人應該比他的配偶年齡大、比較有經驗、比較高、比較強壯，而且比較聰明。女人應該比較年輕、比較沒有經驗、比較嬌小、比較弱、教育程度比較低，而且比較笨。最符合這套理想的就是一名年輕的波賽芬妮。再者，波賽芬妮迥然不同於許多男性心裡的「母親」形象——強勢或者難以取悅的女人，這是有些男人喜歡年輕女孩的另一個原因。跟波賽芬妮在一起，男人覺得女孩會把他看成是強大、居主導地位的男人，他的權威或想法不會遭到挑戰。同時他也覺得自己可以無知、沒有經驗或者能力不夠，但是不會遭受批評。

跟男人的關係，可以是波賽芬妮型女性脫離霸道母親的手段。她因此會經歷一段成為「人質」波賽芬妮的時期，在這個階段，她是一名男人與她母親雙方你爭我奪想要占有的物品。她愛上媽媽不喜歡的男人，跟媽媽心目中認為「不錯的年輕人」所不同的男人。有時候波賽芬妮會選擇跟她不同社會階層甚至不同種族的男人。母親可能反對的是他的性格：「他不講道理而且粗魯！」或者「他討人厭……總是非得要唱反調！」或許他是有史以來第一人，不把她女兒當成驕生慣養的公主來對待，而且不會忍受她如此任性。她母親嚇壞了。母親自信可以影響她通常乖順的女兒，於是攻擊女兒的選擇。她批評這名男子的人格、個性或背景，有時候也會質疑女兒的判斷、能力和道德。常見的是，媽媽認定他是潛在的對手——事實上，這名男性有能力對抗她母親，正是波賽芬妮型女兒受到他吸引的原因之一。

現在，人生第一次，波賽芬妮型女兒可能會跟母親爭執，不同意母親的好女孩行為標準。她的媽媽或家人或許會禁止她跟她選中的男人見面。她可能同意（而不是公開反抗），然後偷偷溜出去見他。或者她可能試圖說服母親相信他本性善良。

經過一番爭執之後，男方通常會要求她對抗母親，不然就放棄尋求母親的認同。男方可能要求她跟他同居、結婚、跟他一起離開這地方，或者停止跟媽媽聯絡。夾在兩人中間，她要不是回到媽媽身邊，扮演她母親那失而復得的乖女兒，不然就是把未來押在他身上賭一把，離家出走。

如果她實際上或象徵上遠離了自己的母親，她可能已經展開了她的旅程，成為獨立自主的人。（這樣的風險是擺脫了宰制她的母親，卻換來個宰制她的男人；不過通常在反抗了母親後，她會產生改變，不再是過去那位乖順的女兒。）在她獲得情感上的獨立之後，她有可能跟母親和解。

性慾

處於少女波賽芬妮階段的女性，就像睡美人或白雪公主，她還在沉睡之中，或者是沒有意識到自己的性慾，等待王子前來喚醒她。許多波賽芬妮型女性最終會性覺醒。她們發現自己是熱情、享受高潮的女人；這項發現對於她們的自尊產生了正面效應。在這之前，她們感覺自己像是戴著女人面具的女孩。（這一章稍後會進一步探討波賽芬妮的這個面向。）

婚姻

婚姻經常是「恰巧發生」在波賽芬妮型女性身上的。當有男人跟她求婚，並說服她答應時，她會「被綁架」般地進入婚姻裡。如果她是典型的波賽芬妮，她或許不確定自己想要結婚。她為男方的堅持和確定所傾倒，而且受到文化上認定她該結婚的觀念所影響。天性上，波賽芬妮型女性有著「傳統女性」的人格特質。她們順從比較強勢的人，善於接納而不主動，沒有競爭心也不咄咄逼人。是男人選擇她們，不是她們選擇男人。

一旦結了婚，波賽芬妮型女性可能會跟神話一樣經歷不同的階段，同時可能成為不情願的新娘或棋子，夾在丈夫和母親之間。婚姻也可能變成並非主動尋求的蛻變機遇；透過婚姻，永恆的女孩或少女轉變成已婚婦女和母親，或者因為婚姻，赫拉和／或狄米特和／或阿芙蘿黛蒂等原型變得活躍，於是她成為享受性愛的女人。

一名新婚的丈夫描述他跟他的波賽芬妮型妻子之間上演的痛苦劇碼：「她對待我就好像我毀了她的一生，而我只不過是愛上她、想要立刻跟她結婚而已。上星期我需要當天去銀行申請一個表格，而我白天排滿了行程，因此我請她幫忙去，結果她控訴我把她當成是僕人。只有在我主動時，我們才會做愛，然後她表現得好像我是強暴犯。」對於兩人之間發生的事他感到困惑、生氣和沮喪。他覺得她把他當成麻木不仁、暴虐的禽獸來對待；他感到受傷而且無能為力，因為他妻子的反應彷彿她是被俘虜的波賽芬妮，而他是綁架者黑帝斯，囚禁了她。

身為不情願的新娘，波賽芬妮型女性只會給予部分的承諾。在她們結婚時，心裡會有所保留。其中一位表示：「我跟一些室友住在一起，有一份無聊的工作。他不是我夢想中的白馬王子，但是他想要的東西，我以為我也想要——一個家和一個家庭，而且他很可靠，所以我答應了。」這位波賽芬妮只有部分獻身於他的丈夫。情感上，她只有部分時間是已婚身分，其他時候則幻想其他男人。

子女

儘管波賽芬妮型女性可能會有小孩，除非內心的狄米特原型活化了，否則她不會覺得自己是道地的母親。她心態上可能還是個女兒，認為自己的母親才是「真正的媽媽」，而自己只是扮演這個角色。一名侵擾型的母親會以祖母身分接管孫兒，讓她的波賽芬妮型女兒感覺自己不勝任，而且強調了育兒的困難。她可能說：「妳不知道怎麼抱在哭鬧的寶寶，讓我來。」或者：「那個我會處理，妳休息。」或者：「你的奶不夠餵寶寶，妳應該改用奶瓶。」這些典型的評論侵蝕了她女兒的自信。

波賽芬妮型女性的子女以各種方式來回應她。意志比較強而且想法比媽媽明確的女兒，可能最終會指示媽媽應該怎麼做，而不是反過來。隨著女兒漸漸長大，有時候才十二歲的女兒跟依賴成性的波賽芬妮型母親的角色會顛倒過來。成年後，回顧著她們的童年和青春期時，有許多這類的女兒都表示：「我沒有媽媽，我就是那個媽媽。」如果媽媽和女兒都是波賽芬妮，她們可能會變得太相像，尤其是如果她們住在一起，而且變得互相依賴。隨著時光流逝，她們可能像是一對分不開的姊妹。

擁有果決的兒子，波賽芬妮型母親或許會覺得被兒子「輾壓了」。即使剛剛學會走路，這些小男孩就足以威嚇他們的母親，因為當這些男孩堅持和生氣的時候，他們看起來就像縮小版的大男人。由於波賽芬妮型女性不懂得在任何人際關係中使用權力，她不太可能會讓這樣的小孩瞧瞧「誰是老大」。她可能會屈服於要求，無法設定界線，同時覺得自己無能，成為受害者。或者她可能找到間接的方式來轉移焦點：使出渾身解數讓他心情變好；哄他改變主意；轉移他的注意力，或者生氣難過，讓他感到內疚或羞愧。

有些波賽芬妮型母親的兒子和女兒會因為擁有不侵擾又愛他們，同時仰慕他們獨立精神的母親而茁壯成長；子女身上的獨立性跟母親身上的依賴性截然不同。波賽芬妮型母親也會透過與子女分享自己的原型面向，滋養他們的想像力和玩耍能力。如果她本身的成長超越了少女波賽芬妮，她可以引導子女珍惜內在的自我，視之為創造力的源泉。

中年

儘管少女波賽芬妮原型始終保持年輕，但當事人的年齡必然會增長。當她失去她煥發的青春時，有可能因為臉上的每一道皺褶和紋路而苦惱。現在現實的障礙出現了，讓她意識到自己曾經認為可能的夢想已經力所不能及。當這些現實清清楚楚顯現在她眼前時，就會導致中年憂鬱。

如果她依舊認同「少女」原型，她可能會致力於否認現實。她或許會去做臉部拉皮手術，因為她一心一意想要維持青春的幻象。她的髮型和服飾可能比較適合年紀小她很多的女性；她可能表現得柔弱無力，而且試圖讓自己俏皮可愛。隨著年歲一年年增長，她的行為舉止越來越不得體。對於這樣的女人來說，憂鬱總是如影隨形。

如果邁入中年，她不再像是少女波賽芬妮——因為她給予承諾或是經歷了改變她的事件，會讓她會倖免於憂鬱。另一方面，憂鬱症的發作會成為她人生的轉捩點；這個轉捩點可能帶來正面或負面的後果。或許標記出了她持續憂鬱的開端，此後她一直因生活受挫。或者這場憂鬱會標記出她漫長青春期的結束與她邁向成熟的開始。

晚年

如果波賽芬妮型女性在她人生的道路上，從少女進化到王后，在六十五歲之後，她可能擁有智慧長者的雍容風範，懂得賦予生命和死亡意義的奧祕。她經歷過一些神祕或通靈經驗，開發出自己內心深處的靈性泉源，消除了她對年老和死亡的恐懼。如果她成熟了，願意給予承諾，發展出自己的其他面向，但是依然跟少女波賽芬妮保持連結，部分的她就會在精神上永遠年輕。

在她晚年的歲月裡，因為她遵循波賽芬妮的模式開啟人生，然後在成年之初或中期活化了赫拉、狄米特或阿芙蘿黛蒂原型，也有可能幾乎沒有留下一絲波賽芬妮的痕跡。或者，如果她照著對波賽芬妮來說最糟糕的劇本來走，她可能在憂鬱症發作之後永遠無法康復，從那時開始，終其一生不斷受挫，或者脫離現實，被囚禁在自己的地下世界裡。

心理困境

女神波賽芬妮是無憂無慮的女兒，直到她遭黑帝斯綁架和強暴，而且有一段時間成為軟弱無力、被囚禁的不情願新娘。儘管透過母親的努力她重獲自由，但因為她吃了一些石榴種籽，意味著她會一年之中有部分時間跟狄米特生活在地面上，部分時間跟黑帝斯生活在地下世界。後來她才會擁有自己的榮耀，成為冥界的王后和嚮導。神話中她每個截然不同的階段，在現實生活中都有其對應的時期。跟女神一樣，波賽芬妮型女性能夠經由這些階段來進化，並且透過回應自身的經歷而逐漸成熟。但是她們也可能一直被困在某個階段。

跟赫拉和狄米特不一樣，她們象徵了強大的本能，往往一名女性必須加以抵抗才能成長，而波賽芬妮對女性的影響是讓她變得被動和順服。於是她很容易受人控制。在七位女神之中，波賽芬妮的特質最不明確和模糊，她的特徵是缺乏方向，也欠缺動力。不過，在所有女神之中，她也擁有最可能抵達的成長路徑。

認同少女波賽芬妮

像珂兒那樣活著，意味著成為一名永恆少女，不會承諾獻身於任何事或任何人，因為做出明確的選擇，就會排除其他的可能性。此外，這一類女性覺得自己彷彿擁有全世界所有的時間來決定自己的心意，因此可以等待，直到有什麼事推她一把。她就像溫蒂那樣，跟小飛俠潘彼得以及迷失男孩住在夢幻島上，四處遊蕩，生活就是嬉戲。如果她要成長，她必須回到真實的人生。當然，溫蒂做了這樣的選擇。她跟潘彼得說再見，從窗戶回到她離開了好久的小孩臥房，她很清楚現在她會長大了。波賽芬妮型女性必須跨越的，是心理上的門檻。

要成長，波賽芬妮型女性必須學會給予承諾並且實現承諾。承諾了別人，然後去履行她同意要做的事，對她而言會有困難。趕上截止日期、完成學業、進入婚姻、撫養小孩，或者待在同一份工作裡，對於想要嬉戲人生的人來說，這些都是艱鉅的任務。成長需要她努力去克服猶豫不決、被動心態和惰性；她必須打定主意，而且在她的選擇不再有趣時，依然信守諾言。

在三十到四十歲之間，現實入侵了波賽芬妮型女性以為永遠青春的幻覺裡。她可能開始意識到有什麼地方不對勁。按照生理時鐘，她可以生育的時間正在倒數計時。她可能領悟到她的工作沒有前途，或者她可能看見鏡中的自己變老了。環顧周圍的朋友，她明白她們已經長大，拋下她了。她們擁有丈夫和家庭，或者事業有成。她們做的事的確對別人很重要，而且雖然無可名狀，她們確實跟她不一樣，因為生活在她們身上留下了印記，產生了影響。

只要一名女性的心態跟少女波賽芬妮一樣，她要不是永遠不結婚，就是敷衍交往，但是不會「真心」承諾。她會抗拒婚姻，因為她從原型中的少女觀點來看待婚姻；對少女來說婚姻的模型就是死亡。站在波賽芬妮的立場，婚姻就是被黑帝斯這死亡主宰所綁架。這種對於婚姻和丈夫的看法迥然不同於赫拉。對照之下，赫拉的婚姻模型是圓滿，而且赫拉期待她的丈夫宙斯會帶來圓滿。赫拉型女性必須摸清楚對方的底細，並且拒絕進入赫拉原型懷抱著美好期待的糟糕婚姻裡。否則，當婚姻不圓滿時，她們就會感到幻滅。明顯相對地，波賽芬妮型女性必須抗拒以下同樣虛無飄渺的假設：婚姻永遠是一場綁架或死亡，需要與之戰鬥或憎惡它。

波賽芬妮的隱患：性格缺陷

當波賽芬妮跟狄米特團聚時，母親問的第一個問題是：「你在冥界有吃任何東西嗎？」波賽芬妮回答她吃了一些石榴籽，然後她撒謊說，她之所以會這麼做完全是因為黑帝斯強迫她。波賽芬妮做了她想做的事，而沒有破壞她在母親心裡的形象。雖然她給人無法控制自己命運的印象，所以別人不能要她負起責任，事實上，是她決定了自己的命運。藉由吞下種籽，波賽芬妮保證她會有部分時間跟黑帝斯待在一起。

迂迴、說謊和操縱是波賽芬妮型女性潛在的性格問題。覺得自己柔弱無力，需要依賴比較強大的人，她們可能學會利用間接的方式獲取她們想要的事物。她們或許會等待恰當的時機行動，或者採取奉承阿諛的方式。她們可能只說出部分事實，或者公然撒謊，而不是直接頂撞對方。

通常波賽芬妮型女性會迴避怒氣。她們不想要別人對她們生氣。她們覺得要依賴他人（她們正確認定為比較強大的人）的慷慨和善意。因此，她們常常把她們的媽媽、爸爸、丈夫、雇主和老師當成是保護人，需要討好他們以獲得恩寵。

自戀是某些波賽芬妮型女性的另一個隱患。她們可能變得太焦慮地專注於自己身上，結果喪失跟別人建立關係的能力。她們滿腦子都是自我質疑的念頭：「我看起來怎麼樣？我夠機智嗎？我聽起來聰明嗎？」而且她們的精力都花在化妝和服飾上。這樣的女人會在鏡前待好幾個小時。人們的存在只為了要給她們回饋，提供她們反射面，讓她們可以從中看見自己。

在地下世界：心理疾病

波賽芬妮的神話中，有一段時期她是冥界的俘虜，此時她是悲傷的少女，不吃也不笑。這個時期可以比擬為有些波賽芬妮型女型必須通過的心理生病階段。

波賽芬妮型女性遭到把她們綁住的人左右和限制時，很容易感到憂鬱。她不堅持自己的主張，掩飾自己的憤怒和異議，而非表達出來或者積極去改變情況。反而她會壓抑自己的負面感受，因此變得憂鬱（怒氣轉向內在，從潛抑變成憂鬱）。孤立感、欠缺感和自我批評，更加重了她的憂鬱。

當波賽芬妮型女性陷入憂鬱時，並不會出現戲劇性的場面，而是逐漸消失於眾人目光的憂鬱。她退卻的人格會進一步內縮，她的被動心態變得更加嚴重，而且她的情緒難以觸及。她看起來飄渺沒有實體。就像波賽芬妮起初被綁架到冥界時那樣，她不吃，也沒有話要說。身體和心理一樣，隨著時間消逝，她那沒有實體的飄渺虛無感變得越來越明顯。看著憂鬱的波賽芬妮，就像看著一朵花凋謝。

對照下，憂鬱的狄米特型女性會顯得更加突出，對於周遭每個人造成重大影響。在她陷入憂鬱之前，她可能是活力充沛的核心人物，因此當她變得憂鬱時，她的行為會出現劇烈變化。而波賽芬妮型女性一開始就很低調，當她憂鬱時，只是逐漸消失於眾人的目光之中。

再者，憂鬱的狄米特會讓周遭每個人對於她隱含的責備都感到內疚、無能為力或者生氣。而憂鬱的波賽芬妮相反，她不會在別人身上激起這些感受。別人反而會覺得跟她切斷了連結。她才是那個感覺內疚、應該受責備和無能為力的人。而且她常常會因為自己說的話、想法或行為產生不適切的罪惡感。結果就是憂鬱的狄米特是龐大的存在，占據家庭的核心，而憂鬱的波賽芬妮似乎消失到密室裡面了。

有些波賽芬妮型女性會退縮到由內在意象、冥思和想像的生活構成的暗影世界裡——那是只有她們能進入的世界。一名女性可能花太多時間獨處，或者退隱到內心世界，來擺脫愛干預的母親和虐待她的父親。我有一位波賽芬妮型患者表示：「我有特別的地方可以跑去躲起來——像是客廳角落那張棕色大椅子的背後；我的大樹底下，它的枝條垂到地上可以蓋住我。小時候我會待在那裡好幾個小時，大部分時間我都在做白日夢，假裝我在其他任何地方，就是不在那棟房子裡跟那些人在一起。」

有時候她完全沉浸於自己的內心世界，讓她脫離了人群，而且每當真實世界似乎太困難或者要求太苛刻，她就會遁逃到內心裡。然而，到了某一時刻，曾經的避難所可能變成牢籠。就像田納西・威廉斯（Tennessee Williams）的劇作《玻璃動物園》（*The Glass Menagerie*）裡的蘿拉（Laura），波賽芬妮型女性有可能禁錮在自己的幻想世界裡，沒有辦法回到日常的現實。

漸漸內縮脫離現實，有些波賽芬妮型女性似乎陷入精神病症。她們活在一個充滿象徵性意象和神祕事物的世界裡，對於自己有扭曲的認知。有些時候，精神疾病可以是蛻變的契機，讓這些女性能夠掙脫束縛了她們一生的限制和禁誡，藉由短暫的精神疾病，她們或許可以探觸到範圍更寬廣的感受，對自己有更深刻的覺察。

不過，精神病患者有可能成為地下世界的俘虜。當現實太痛苦時，有些波賽芬妮型女性（例如莎士比亞劇作《哈姆雷特》中的奧菲莉亞）會藉由停留在精神疾病的狀態來逃避真實發生的事情。不過，也有許多波賽芬妮型女性在心理治療的協助下安然度過這個經驗，並且學習成長，肯定自己，同時變得獨立。

在波賽芬妮從冥界返回人間之後，黑卡蒂（Hecate）就一直陪伴在她身邊。黑卡蒂是暗月和十字路口女神，統治鬼魂和惡魔、巫術和魔法的神祕領域。波賽芬妮型女性擺脫精神疾病後，可能會獲得一種反思的洞察力，憑直覺就能掌握事件的象徵意義。當她康復從醫院重返社會之後，她常常能夠覺察到另一個次元，象徵上來說，就是有黑卡蒂為伴。

成長之道

要給予承諾，波賽芬妮型女性必須要和內心的少女天人交戰一番。她必須決定結婚，而且真心誠意地回答「我願意」。如果她做到了，婚姻或許可以逐漸讓她從永恆少女蛻變為成熟女人。如果她要展開職涯，她也需要給予承諾，並且堅持下去，這是為了自己的個人成長，也是為了成功。

如果必須獨自面對人生和照顧自己，波賽芬妮型女性有可能因此成長，跨越少女波賽芬妮的侷限。對於許多天之驕女來說，第一次有可能發展出這樣的獨立精神是在離婚之後。在此之前，她們的所作所為都是符合別人對她們的期待。她們是受到保護的女兒，嫁給了合適的年輕男子。她們離婚部分原因是，她們把婚姻看成牢籠。她們沒有因為婚姻而蛻變，她們反而是發現離婚成為她們的過渡儀式。有些波賽芬妮型女性唯有在沒人服務她們、或是沒有人可以讓她們責備時，她們才能成長。當她們必須對付漏水的水龍頭、平衡帳戶的收支，而且需要工作時，「必要性」會讓她們學到教訓。

波賽芬妮型女性可以往幾個不同的方向成長（我們會接著探討），那些都是這個原型固有的潛能，也可以透過活化其他的女神原型（這方面的說明貫穿本書），或者透過發展她的阿尼姆斯（這點會在「阿芙蘿黛蒂」那一章說明）來獲得成長。

成為熱情、享受性愛的女人

波賽芬妮型女性可能是性冷淡的女人，她們在性交時會覺得自己被強暴，或者只是順服。這樣的女性或許會表示：「一星期過去了，我知道他在性生活方面對我不高興。」「做愛時我在想著食譜。」或者：「有時候，我的確會頭痛。」或者：「我厭惡性愛。」不過，她也可能蛻變成懂得享受感官歡愉的性感女人。從來到我工作室諮商過的女人身上，或者跟我討論過這個問題的男士的妻子身上，常常聽見這樣的蛻變發生。

事實上，藉由主動求歡讓女性接觸到自己的性慾，這點與神話一致，是波賽芬妮原型的潛能之一。一旦波賽芬妮成為冥后，她就跟愛與美的女神阿芙蘿黛蒂產生了連繫或連結。波賽芬妮可以代表阿芙蘿黛蒂的地下世界層面；波賽芬妮是比較內傾的性慾，或者是蟄伏著的性慾。在神話裡，阿芙蘿黛蒂和波賽芬妮都愛上了阿多尼斯。而且兩位女神共同以石榴為象徵。

再者，波賽芬妮從黑帝斯那裡接受石榴種籽，意味著她會自願回到他身邊。透過這項舉動，她不再是不情願的新娘。她成為冥王的妻子和冥后，而不是俘虜。在真實人生中，有時結婚幾年後，波賽芬妮型妻子可能會不再覺得自己是俘虜，受制於壓迫、自私的丈夫，也不再滿懷怨恨地與他維持婚姻關係。唯有在她能夠將他視為一個脆弱、正派和不完美的男人，並且感謝他愛自己時，她才會有不一樣的感受。當她的認知改變時，她可能在結婚後第一次知道，她會跟丈夫白頭偕老而且她深愛她丈夫。在信任與感謝這個新的背景下，她可能會第一次享受到性高潮，而且把他視為喚起激情的戴奧尼索斯，而不是劫持她的黑帝斯。

在古希臘，戴奧尼索斯是位令人迷醉的神靈——他會促使女性達到狂喜的性高潮。希臘女性在山裡狂歡崇拜他。這些女性會定期拋下她們在傳統上受到尊敬的角色、她們的爐灶和家庭，來參與這場宗教狂歡密儀。戴奧尼索斯把她們轉變成激情的追隨者。而傳統和神話將黑帝斯與戴奧尼索斯連結在一起：據說在黑帝斯不在時，戴奧尼索斯就睡在波賽芬妮的屋子裡。古希臘哲學家赫拉克利特（Heraclitus）表示：「她們〔女人〕為之瘋狂和憤怒的黑帝斯和戴奧尼索斯，其實是同一個神祇。」[4]

當代的波賽芬妮型女性可能會有類似的「酒神式」邂逅。一名女士表示：「我離開先生之後，到外面去尋找婚姻中缺失了什麼。我猜想大多數原因在於我拘謹、有教養，我看待自己是嬌嬌女。」在一家咖啡館裡她遇見一名男性並開始交往。他非常享受性愛，幫助她覺察到「甚至從不知道的微妙感覺」。

發掘自己去體驗宗教狂喜經驗的能力

在原型上，女神波賽芬妮與黑卡蒂和戴奧尼索斯的親近或許提供了線索，有些波賽芬妮型女性會發展出狂喜、祕教的女祭司特質。她們沉醉於儀式，感覺神或女神附身。在基督教的背景下，她們可能是「蒙受神恩的人」，當聖靈觸動她們時說出一般人無法理解的「舌音」（靈語）。而在今日，隨著以螺旋舞（spiral dance）召喚女神的女神崇拜的復甦，有些女性白天看起來是普通的波賽芬妮，到了晚上就變成神祕的黑卡蒂或是戴奧尼索斯的狂野追隨者。

發展潛能成為靈媒或通靈者

為想要跟亡靈說話而造訪冥界的凡人們擔任嚮導，比喻上，波賽芬妮的能力之一就類似於降靈法會中讓亡靈透過她們說話的靈媒。她們人格上的散漫，加上普遍接納的心態和缺乏焦點，都有利於她們接收超感官知覺。要發展通靈能力，波賽芬妮型女性必須跨越她的少女認同，找到波賽芬妮與黑卡蒂的元素，不害怕神祕力量，把冥界當成自己的家，而且睿智地明白她自己什麼時候站在危險的十字路口，而且必須尋找較安全的路。

成為地下世界的嚮導

一旦波賽芬妮型女性下降到自己的內心深處，探索原型世界的深層領域，而且不畏懼再度回來重新檢視這個經驗，她就能夠成為日常和非日常現實之間的媒介。她擁有令人驚嘆或驚懼的非理性經驗、靈視或幻覺，或者努祕的靈性接觸。如果她能夠傳遞她因此學習到的智慧，她就可以成為別人的嚮導。例如，在我擔任精神科住院醫師時，一本由「芮妮」（Renee）撰寫的書，《一名精神分裂女孩的自述》（*Autobiography of a Schizophrenic Girl*），就帶給了我栩栩如生的洞察，宛如進入精神病患者的主觀經驗中。[5]同時，曾經深入地下世界然後返回的波賽芬妮型女性，也可以成為治療師和嚮導，她們能夠協助別人連結自己的內心深處，引導她們找到象徵意義，並且了解在那裡的發現。

4 原註：Walter F. Otto, *Dionysus: Myth and Cult*, trans. with an Introd. by Robert B. Palmer (Bloomington: Indiana University Press, 1965), p. 116.

5 原註：*Autobiography of a Schizophrenic Girl*, with analytic interpretation by Marguerite Sechehaye. Translated by Grace Rubin-Rabson (New York: Signet Books/New American Library, published by arrangement with Grune & Stratton, 1970).

第十一章

煉金女神

阿芙蘿黛蒂

阿芙蘿黛蒂，愛與美的女神，我讓她自成一類：煉金女神。這是一個為她量身打造的稱號，因為她獨自擁有蛻變的神奇過程或力量。在希臘神話裡，阿芙蘿黛蒂是令人敬畏的存在，她促使凡人和神祇（三名處女神是例外）墜入愛河，孕育新生命。她幫畢馬龍（Pygmalion）將雕像變成活生生的女人（相反的，雅典娜會把人變成石頭）。她啟發詩歌和動人的演說，象徵愛帶來的蛻變和創造的力量。

雖然她跟處女神和脆弱女神有一些共通的特徵，但她不屬於這兩組女神。身為擁有最多性關係的女神，她絕對不是處女神——儘管她跟阿特米絲、雅典娜和赫絲蒂雅一樣恣意而為。她也不是脆弱女神——儘管她跟赫拉、狄米特和波賽芬妮一樣，跟男性神祇有連結，而且／或者有小孩。不過，跟她們不同的是，阿芙蘿黛蒂從來沒有成為受害者，也從未受苦受難。在她所有的關係裡，渴望的感受是相互的；如果男人對她的熱情是她不想要的，她從來不會淪為受害者。她珍惜與他人的情感經驗，勝過獨立於他人之外（這是處女神的動機）或是與他人永久保有連繫（這是脆弱女神的特徵）。

身為煉金女神，阿芙蘿黛蒂與其他兩類型女神之間有某些相似之處，然而本質不同。對阿芙蘿黛蒂來說，關係是重要的，但不是對別人的長久承諾（這是脆弱女神的特徵）。阿芙蘿黛蒂尋求圓滿並且生育新生命。這個原型可能會透過性交或創作的過程表達出來。她所追求的不同於處女神，不過她跟她們一樣，能夠專注於具有個人意義的事情上，別人無法讓她們轉移注意力，偏離目標。而因為她所看重的純粹是基於主觀，不能用成就或他人認可的角度來衡量，阿芙蘿黛蒂弔詭地跟匿名、內傾的赫絲蒂雅最相像。表面上，赫絲蒂雅是跟阿芙蘿黛蒂最不像的女神。

無論是什麼人（或什麼東西），只要阿芙蘿黛蒂賦予其美麗，就會變得讓人無可抗拒。在雙方之間會產生一種磁性的吸引力，也可說是「化學作用」，他們渴望結為一體，勝過一切。他們感受到強烈的慾望要接近對方，發生性行為，達到圓滿的結合或者「認識」（know）對方，這是聖經的用語。雖然這個動機有可能純粹是關於性，但這股衝動往往是更深層的，象徵了心理和心靈的慾望。交媾和溝通或交流是同義詞，「圓房」（consummation）或許說明了朝向完成或完美的慾望，交合是結合為一體，而「認識」是真正了解對方。想要去認識和讓別人認識自己的慾望，是阿芙蘿黛蒂所引發的。如果這樣的渴望導向肉體的親密，就會發生懷孕並帶來新生命。如果這樣的交合也包括了心智、心靈或精神的層面，那麼在心理、情感或靈性的領域中，就會出現新的成長。

當阿芙蘿黛蒂影響一段關係時，她的效應不只侷限在浪漫或性愛的層面。柏拉圖式戀愛、靈魂的相繫、深厚的友誼、融洽的關係，以及同理的理解，都是愛的表達。每當成長發生時、願景獲得支持時、潛能發展出來時、創造力得到鼓勵迸發時，可能發生在督導、諮商、教養、指引、教學、編輯，以及進行心理治療和精神分析時，阿芙蘿黛蒂都會現身，影響參與其中的雙方。

意識特質：如同「舞台燈光」

與阿芙蘿黛蒂相關的意識特質是獨特的。處女神和聚焦的意識相連結，是讓女性得以專注於她們在乎的事物上的原型。脆弱女神的接納性質等同於發散的意識。然而阿芙蘿黛蒂擁有專屬於自己的意識特質，我稱之為阿芙蘿黛蒂意識。阿芙蘿黛蒂意識是專注的，然而也具有接納性；這樣的意識會吸引受其關注的與受其影響的事物。

與脆弱女神的發散意識相比，阿芙蘿黛蒂意識更專注而且強烈。但是跟處女神的專注意識相比，又更接納和關注意識的焦點。因此，阿芙蘿黛蒂意識既不像客廳的燈是以溫暖柔和的光線照亮它照射範圍內的一切，也不像聚光燈或雷射光。我認為阿芙蘿黛蒂意識類似於劇院的燈光，能夠照亮舞台。在舞台燈光下，我們所看見的一切會強化、戲劇化或放大這個經驗對我們的衝擊。我們吸納我們所聽所見並加以反應。這種特殊的燈光，有助我們在聽一場交響樂時，情感上身臨其境，或者被一齣戲或演講者的言辭感動；從我們內心抽引出感受、感官印象和記憶，回應我們所看所聽。

反過來說，舞台上的人也會受到觀眾的鼓舞，因為感覺到舞台上下相互回饋的氣氛，而充滿能量。

在這「舞台燈光」下的焦點吸引了我們的注意力。我們一瞬間就被吸往我們看到的事物，而且在專注中放鬆。在阿芙蘿黛蒂意識的金光之下，我們無論看見什麼都會深深著迷：一個人的臉孔或個性、關於宇宙本質的想法，或者一個瓷碗的剔透感和形狀。

任何人只要曾經愛上一個人、一個地方、一個想法或者一個物體，都是帶著阿芙蘿黛蒂意識去聚焦和吸納。然而，不是每位運用阿芙蘿黛蒂意識的人都是處於愛戀狀態。阿芙蘿黛蒂是以「愛戀」方式關注對方，彷彿他／她是迷人和美麗的，這是阿芙蘿黛蒂原型化身的女性的特徵，也是許多女性（和男性）自然而然運用來跟別人建立關係和收集資訊的方式；這些女性（和男性）喜歡人們，而且熱心地把自己全副注意力專注在人們身上。

這樣的女性理解接納別人的方式，就像品酒師關注一款有趣新酒的特徵一樣。如果我們要充分領略這個比喻，就要想像一名品酒師享受著認識一瓶未知新酒的愉悅。她／他舉起高腳杯對著燈光，觀察酒的顏色和清澈度。她會吸入香氣，啜飲一小口留在嘴裡，品嘗酒的調性和順滑程度；她甚至會玩味酒的餘韻。不過，就這麼認定她在這杯酒上付出的「愛的關注」和興趣，就意味著這杯酒是特別的、是她重視甚至享受的，則是錯的。

這是當人們回應運用了阿芙蘿黛蒂意識的女性時，經常會犯的錯誤。當人們沐浴在她的焦點籠罩的光輝之下時，會覺得自己既迷人又有趣，因為她主動讓他們暢所欲言，而且以充滿愛意或肯定的方式來回應，而非評價或批評。這是她的風格，無論什麼事物吸引她的興趣，她都會真誠而且短暫地參與其中。如果她的互動方式造成了她著迷或愛上對方的印象，對於對方的影響可能很誘人而且具有誤導性，而其實她並沒有。

阿芙蘿黛蒂意識、創造力和溝通

我自己對於阿芙蘿黛蒂意識的發現，始於觀察到「專注的意識」或「發散的覺察」的說法都無法描述我在進行心理治療時所做的事。在比較過與藝術家和作家進行療程時的筆記後，我發現在創意工作中運作的，是這兩種模式外的第三種模式，後來我稱之為「阿芙蘿黛蒂意識」。

在療程中，我注意到有好幾個過程同時進行著。我全神貫注聆聽我的個案，她們擁有我全心投入的關注和同情。同時，我的腦袋活躍著，心智上連結著我正在聆聽的內容。關於眼前的個案，我對他已有的認識會浮上心頭或許是之前的一場夢，或者是對她家人的認識、先前的一樁事故，或者他或她目前生活中所發生的事件可能產生影響的事件。有時候是浮現某種意象，或者某個比喻迸發出來。或者針對主題或是表達方式，我注意到我可能有自己的情緒反應。我的腦袋積極地運轉著，然而是以一種包容接納的方式，這種方式是因為我全神貫注於對方身上所激發出來的。

在一節的分析療程中，我所回應的訊息就像是一大幅鑲嵌畫的一部分，是一個重要的細節鑲嵌在一幅大得多、然而只有部分完成的圖像裡。這幅圖像描繪出我治療中的個案，在交互作用的過程中，我也參與了個案的人生。如果我們投入轉化工作中，我們之間會產生一個情緒場，它會強大到足以觸動我們雙方。正如榮格所指出的，分析療程會把雙方人格的一切全部捲入其中。醫生和患者身上有意識的態度和無意識的元素，都會參與在這段雙方深受影響的過程鐘：「兩個人格的相遇，就像將兩種不同的化學物質混合：如果出現了任何化合作用，雙方都會因此轉化。」[1]

進行治療時，我逐漸察覺到除了那促進改變和成長的互動、接納的阿芙蘿黛蒂意識以外我也必須保持最適合的情感距離。如果過度同情或者太密切的認同我的個案，我會缺乏必要的客觀性。如果我太疏遠，而且欠缺對患者的關心，我就會失去關鍵的同理性連結；少了同理心的連結，就沒有足夠的轉化能量帶來較深刻的改變。個案她擁有處女神的不受侵犯性，以及脆弱女神的牽涉性，而阿芙蘿黛蒂意識就擁有這兩種特質。

阿芙蘿黛蒂意識會出現在所有創意工作中，包括單獨一人進行的創作。而「關係」交流，則是發生在人和他的作品之間，新的事物會由此產生。舉例來說，我們來觀察畫家使用顏料和畫布投入創作的過程。全神貫注的交流會發生：藝術家回應或接納來自顏料和畫筆的創造性意外；她積極動筆，運用大膽的筆觸、細微的差異和色彩，然後，看看會出現什麼畫面，她再加以回應。這是一種互動、是自發性與技巧的結合。這是藝術家和畫布之間的交互作用，結果前所未有的作品就此被創造出來。

再者，雖然畫家專注於眼前的細節，她的意識裡同時覺察到整張畫布。有時，她會退後幾步，客觀地看看她如此主觀投入創造出來的事物。她全神貫注、全心投入，同時也拉開一點距離，保持客觀。

在良好的溝通和發揮創意的過程中，就產生了互動。舉例來說，人與人的對話有可能乏味、無聊或傷人或者也可以是一種藝術形式，自發、動人而美妙，如同音樂的即興演奏或隨意合奏，靈魂隨音樂飛揚，此刻飄升到狂想的九霄之外，下一刻又探觸到低沉的和弦。互動在形式上是自發的，

---

1 原註：C. G. Jung, "Problems of Modern Psychotherapy" (1931), CW, vol. 16 (1966), p. 71.

然而內涵可能是深刻和觸動人心的。雙方輪流觸發對方靈光一閃的回應，對話者會感到興奮和發現的喜悅。他們共同體驗了阿芙蘿黛蒂意識；這種意識提供了能量場或背景，讓溝通或創造力得以發生。音樂會產生什麼變化，或者對話會如何發展，一開始無人知曉，也沒有計畫好。發現新事物的誕生是創造力和溝通的關鍵元素。

每當阿芙蘿黛蒂意識在場時，就會產生能量：戀人因此容光煥發，洋溢著幸福和高亢的能量；對話火花四射，刺激思想和情感。當兩個人真正契合時，雙方都會從這場相遇接收到能量，感覺比之前更有活力，無論內容是什麼——如果是在治療當中，涉及的主題可能非常令人難受。工作變得賦予我們活力，而不是消耗精力。我們會全神貫注於身邊的人或是我們的工作上，我們會忘了時間的流逝——這是阿芙蘿黛蒂與赫絲蒂雅共有的特徵。

共同承載願景的人

要讓夢想成真，必須先有一個夢想、相信它，而且朝著夢想努力。此外，有一位重要他人相信那個夢想是可及的，常常是不可或缺的因素。那個人是共同承載願景的人，她的信念常常至關重要。丹尼爾・李文森（Daniel Levinson）在《男人的人生四季》（*Seasons of a Man's Life*）裡，描述在年輕男子進入成年世界的過渡階段中，一名「特殊女性」的作用。丹尼爾・李文森聲稱，這名女性跟他的夢想實現有特殊關連。她協助他形塑和活出夢想。她分享夢想，相信他是英雄，給予她的祝福，加入他的旅程，同時提供庇護所，在那裡他可以盡情想像他的宏圖大志，他的希望因此獲得滋養。[2]

這名特殊女性類似於東妮・沃爾夫（Toni Wolf）所描述的「交際花」（hetaira woman[3]，來自「娼妓」的古希臘字，她們受過教育，有文化，就那個時代的女子來說，享有不尋常的自由；在某些方面就像日本的藝妓）這類型女性跟男性的關係兼具性愛和友伴的性質。她可能是他的靈感女神或繆斯。根據沃爾夫的主張，交際花澆灌了男性創造性的那一面使其豐饒，並且幫助他沉浸其中。東妮・沃爾夫是榮格派分析師，曾經是榮格的患者，也是榮格的同事，根據某些人的說法，還是他的情人。她本身可能就是榮格的「特殊女性」，是啟發榮格派理論的交際花。

有時候，一名女性擁有吸引好幾位或好多位男性到她身邊的天賦，他們視她為特殊女性；她有能力看見他們的潛能，相信他們的夢想，激勵他們去完成。例如，露・莎樂美・安德烈亞斯（Lou Salome Andreas）是不少富有創造力的著名男士的特殊女性、繆斯、同事和性伴侶，包括里爾克、尼采和佛洛伊德。[4]

女性跟男人一樣，需要能夠想像她們的夢想是可能實現的，而且需要同時有另一個人以促進成長的阿芙蘿黛蒂意識來檢視她們和她們的夢想。人們猜測，為什麼這麼少著名的女性藝術家，或者偉大的廚師、交響樂團指揮或知名的哲學家——理由之一是，或許女性缺乏共同承載夢想的人。女

2 原註：Daniel J. Levinson, *The Seasons of a Man's Life* (New York: Ballantine Books, published by arrangement with Alfred A. Knopf, 1979), p. 109.

3 原註：Toni Wolff, "A Few Thoughts on the Process of Individuation in Women," *Spring* (1941), pp. 91–93.

4 原註：H. Peters, *My Sister, My Spouse: A Biography of Lou Andreas-Salome* (New York: Norton, 1962).

性會幫助男性培育夢想，而男性普遍來說，不會幫助他們生命中的女性好好培育夢想。

這種狀態有部分是刻板角色導致的結果；刻板角色限制了女性的想像，也扼殺了她們的機會。但是有形的障礙（「婉拒女性應徵」的困境）逐漸減少，女性的角色典範也日漸增多。

畢馬龍效應

我認為共同承載願景的人擁有「綠手指」（green thumb）[5]，他們是治療師、導師、老師或父母，在他們的照料下，人們會綻放，發展天賦以召喚出研究心理學家羅伯·羅森塔爾（Robert Rosenthal）命名的畢馬龍效應。[6]這一詞描述「正面期待的力量對於別人的行為造成的影響」。這個名稱取自於古希臘雕刻家畢馬龍，他愛上了自己所雕刻出來的完美女人，而阿芙蘿黛蒂賦予這座雕像生命，成為加拉蒂雅（Galatea）。同樣的，在蕭伯納的劇作《畢馬龍》（*Pygmalion*，或譯為「賣花女」）中，亨利·希金斯（Henry Higgins）將一名土氣的賣花女改造成高雅的淑女後，自己也愛上了她。艾倫·傑·勒納以蕭伯納（Alan Jay Lerner）的劇本為基礎，創作了百老匯音樂劇《窈窕淑女》（*My Fair Lady*）。

羅森塔爾發現，學生的表現會符合老師對他們的期望高低。他研究那些留在學校的時間越長，學業表現越退步的貧民窟學童。這些小孩的老師往往認定他們學習力差。羅森塔爾設計了一項研究計畫來確認哪個是前因：期待或表現。他的結論是：我們的期待對他人會產生非比尋常的影響力，對此我們經常毫無知覺。

閱讀羅森塔爾的研究時，我想到我的患者珍，她來自說西班牙文的家庭，一開始被認為在學校的學習跟不上。她升上四年級時學業成績落後同學，跟之前的老師一樣，她相信自己不聰明。但是她四年級的老師從不同角度來看她、提攜她，給珍各種她期待珍能夠應對的挑戰。老師的關注讓這名九歲小孩蛻變成頂尖學生，她現在能在班上發言，而且自我感覺良好。多年後，珍也成為啟迪學生的老師，她看得見而且能夠激發出學生的潛力。

阿芙蘿黛蒂的畢馬龍效應，也跟我認為的她的煉金術相關。在中世紀歐洲，煉金術既是一段物理性過程把不同物質匯集在一起，設法將比較低劣的材料轉變成黃金，也是深奧的心理性努力——轉化煉金術士的人格。當我們感覺受到別人吸引而墜入愛河時，我們就是在體驗阿芙蘿黛蒂的煉金術；當我們被她充滿轉化性和創造性的力量所觸動時，我們就會感覺到阿芙蘿黛蒂的煉金術；當我們領略到，自己擁有能力讓我們關注的事物因為充滿了我們的愛，而變得美麗和寶貴時，我們知道，那正是阿芙蘿黛蒂的煉金術。日常生活中的「低劣」材料，無論是什麼平凡和原始的事物，都可以透過阿芙蘿黛蒂那充滿創造力的煉金術影響，轉變成「黃金」；跟畢馬龍的加拉蒂雅雕像經由愛變成活生生的真實女人，是一模一樣的過程。

5 編註：「綠手指」（green thumb）原指擅長園藝的人，在此是隱喻善於照顧他人的人。

6 原註：Robert Rosenthal, “The Pygmalion Effect Lives,” *Psychology Today* (September 1973), pp. 56–62. (Definitive text: Robert Rosenthal and Lenore Jacobson. *Pygmalion in the Classroom: Teacher Expectation and Pupil's Intellectual Development* (New York: Holt, Rinehart, & Winston, 1968).

第十二章

阿芙蘿黛蒂——愛與美的女神；富創造力的女性和戀人

女神阿芙蘿黛蒂

阿芙蘿黛蒂，愛與美的女神，羅馬人稱她為維納斯，是最美麗的女神。詩人訴說她的臉龐與身形的美麗，歌頌她的金色頭髮和閃亮雙眼、柔嫩的肌膚和優美的胸部。對荷馬來說，她是「愛笑的人」，充滿難以抗拒的魅力。她是雕塑家最喜愛的題材，他們描繪她裸體或玉體半露的樣態，來呈現她優雅、性感的肉體；我們透過羅馬人的複製品所認識的米羅的維納斯（Venus de Milo）和克尼多斯的阿芙蘿黛蒂（Aphrodite of Cnidos），是她眾多雕像中最著名的兩座。

「金色」是希臘人描述阿芙蘿黛蒂時最頻繁使用的修飾語——對希臘人來說，金色意味著美麗。而且根據研究阿芙蘿黛蒂的著名學者保羅．弗里德里希（Paul Friedrich）的說法，黃金／蜂蜜、黃金／言說、黃金／精液，在語言學上是相關的，象徵了阿芙蘿黛蒂在生殖以及口語生成方面所具有的深厚價值。[1]跟她被聯想在一起的事物包括：鴿子，那些用鳥喙輕啄對方咕咕低語的愛情鳥；天鵝，牠們以美麗和經常出雙入對聞名；花朵，尤其是玫瑰，這是傳統上送給戀人的禮物；甜美的香氣和果實，尤其是金蘋果和紅澄澄、誘人欲滴的石榴（這是她跟波賽芬妮共有的象徵）。

系譜與神話

關於阿芙蘿黛蒂的誕生和起源的神話有兩種版本。海希奧德和荷馬寫下了兩個彼此矛盾的故事。

在荷馬的版本裡，阿芙蘿黛蒂的出生跟常人無異。她就只是宙斯和海精靈戴奧妮（Dione）的女兒。

而在海希奧德的版本裡，阿芙蘿黛蒂的誕生卻是一樁暴行的結果。克洛諾斯（他後來成為泰坦巨神的統治者，以及第一代奧林帕斯主神的父親）拿了一把鐮刀，切掉他父親烏拉諾斯的生殖器，丟進海裡。精子與海水混合時白色的泡沫擴散開來，由此誕生了阿芙蘿黛蒂，以完全成年的女神之姿從大海的孕育之中浮現出來。

阿芙蘿黛蒂從大海中浮現出來的形象，在文藝復興時期透過波提切利繪製的「維納斯的誕生」——有時候被不敬地稱呼為「半邊貝殼上的維納斯」——成為不朽的意象。波提切利的畫呈現了阿芙蘿黛蒂以優雅柔美的裸體形象站在貝殼上，並在天空灑落的玫瑰花之中，被飛翔的風神們往海岸

1 原註：Paul Friedrich, *The Meaning of Aphrodite* (Chicago: University of Chicago Press, 1978), p. 79.

邊吹拂著。

據說阿芙蘿黛蒂最初上岸的地方如果不是塞瑟島（Cythera），就是賽普勒斯（Cyprus）。然後在愛洛斯（Eros，愛神）和希莫洛斯（Himeros，慾望）的陪伴下，她被護送到諸神的集會中，獲得接納成為他們的一員。

許多神祇震懾於她的美麗，競逐她的青睞，想跟她結婚。不像其他女神無法選擇她們的配偶或戀人（波賽芬妮是遭到綁架，赫拉是受到誘惑，狄米特則遭到強暴），阿芙蘿黛蒂有選擇的自由。她挑中了赫菲斯特斯，這位跛足的工匠之神和主掌鍛造的火神。於是，赫拉排斥的兒子成了阿芙蘿黛蒂的丈夫而且經常被她戴綠帽。

阿芙蘿黛蒂和赫菲斯特斯之間沒有小孩。他們的婚姻或許代表了美與工藝的結合，由此誕生了藝術。

在阿芙蘿黛蒂的交往對象中，她總是與奧林帕斯的第二代男神兒子這一代，而不是宙斯、波賽頓和黑帝斯這些父輩配對。阿芙蘿黛蒂私通的戀愛對象是戰神阿瑞斯，她跟阿瑞斯維持了長久的戀情，生下好幾個小孩。另一位是荷米斯，眾神的使者，他引導靈魂進入冥界，而且是旅人、運動員、小偷和商人的保護神，也是通訊之神、樂器的發明者，以及奧林帕斯山的搗蛋鬼。

阿芙蘿黛蒂和阿瑞斯有三名子女：一名女兒，哈摩尼雅（Harmonia，和諧）；兩位兒子，狄摩斯（Deimos，恐怖）和符波斯（Phobos，恐懼），他們陪伴父親上戰場。阿芙蘿黛蒂和阿瑞斯象徵了兩種最不受控制的激情愛與戰爭的結合，當這兩種激情達到完美的平衡時，可以產生「和諧」。

阿芙蘿黛蒂和荷米斯結合生下的孩子是雙性神荷米芙蘿黛蒂斯（Hermaphroditus），他繼承了雙親的美貌，名字是父母的合體，同時擁有雙方的性徵。做為象徵，荷米芙蘿黛蒂斯可以代表雙性戀（同時受到兩性的性吸引）或者雌雄同體（一個人身上同時存在傳統上認為是男性或女性的能力特質）。

根據一些記載，愛神愛洛斯是阿芙蘿黛蒂的另一個兒子。跟阿芙蘿黛蒂一樣，關於他的神話起源和出現在宇宙的時間，有著各種不一樣的記述。海希奧德說，愛洛斯是創世的初始力量，存在早於泰坦巨神和奧林帕斯眾神。愛洛斯也被視為是阿芙蘿黛蒂從海上浮現時，陪伴她的神祇之一。不過，後來的神話描述她是阿芙蘿黛蒂父不詳的私生子。希臘人通常描繪愛洛斯是陽剛的年輕男子，羅馬人也一樣，他們稱呼他是愛默爾（Amor）。隨著時間長河的流逝，在神話中一開始是初始力量的愛洛斯，甚至更加地弱化，直到今日，他所留下來形象是由包著尿布、手持一把弓和一袋箭的小娃娃為代表，也就是我們熟知的愛神邱比特。

阿芙蘿黛蒂與凡人

在阿芙蘿黛蒂的神話中，她與凡間男子的關係也很重要。在一些神話裡，她會下凡幫助向她祈求的男性。例如，阿芙蘿黛蒂回應希波梅涅斯的祈禱，在他跟亞特蘭塔賽跑的前一夜。阿芙蘿黛蒂賜給他三顆金蘋果，指導他如何使用，不只救了他的性命，也幫他贏得了鍾愛的妻子。

如先前提到的，阿芙蘿黛蒂也出現在賽普勒斯國王畢馬龍的神話裡。畢馬龍用象牙雕刻了一座他心目中理想女性的雕像，然後他越是看著它，就越愛上自己的作品。在榮耀阿芙蘿黛蒂的慶典上，他向她祈求一位就像他的雕像美麗的妻子。稍後，當他親吻象牙雕像時，雕像活過了來。現在，她成為了加拉蒂雅，畢馬龍娶了加拉蒂雅當妻子阿芙蘿黛蒂應允了他的祈禱。

愛與美的女神也跟許多凡間男子私通。例如，阿芙蘿黛蒂看見安奇塞斯（Anchises）在山邊牧牛時，情不自禁對他產生了強烈的慾望（一名凡人擁有「如神一般的肉體」，這是荷馬對他的描述）。阿芙蘿黛蒂假裝是位美麗的少女，用言語撩動他的熱情，誘惑了他。

後來，當他睡著時，她褪去自己的凡人偽裝，喚醒她沉睡的愛人。她透露自己會懷上他們的兒子，伊尼亞斯（Aeneas），他會揚名於世，成為傳說中羅馬的創建者。阿芙蘿黛蒂同時警告安奇塞斯，不要跟任何人透露她是他兒子的母親。據說後來安奇塞斯喝得太醉，吹噓他跟阿芙蘿黛蒂的情事，於是他被閃電擊中而跛腳。

另外一位著名的凡間愛人是阿多尼斯，一名年輕英俊的獵人。阿芙蘿黛蒂為他的性命擔憂，警告他要迴避兇猛的野獸，然而她的忠告不敵打獵的刺激和他無所畏懼的性格。有一天，阿多尼斯出外打獵時，他的獵狗趕出來一隻野豬。阿多尼斯用他的長矛刺傷了野豬，激怒了這頭痛得發狂的野獸，猛烈地攻擊他，殘忍地把他撕成碎片。

阿多尼斯死亡之後，獲准從冥界歸來，一年有部分時間回到阿芙蘿黛蒂身邊（阿芙蘿黛蒂和波賽芬妮共享他的陪伴）。這段死亡與復生的神話循環，是阿多尼斯崇拜的基礎。他每年回到阿芙蘿黛蒂身邊，象徵了生殖能力的恢復。

女性也會受到阿芙蘿黛蒂的強力影響。被迫要遵循阿芙蘿黛蒂的指令，女性都無法抗拒任何阿芙蘿黛蒂所指定的人，不得不受其吸引，凡間女子可能發現自己因此處於極大的危險之中，正如同蜜爾拉（Myrrha）神話所顯示的。

蜜爾拉是一名阿芙蘿黛蒂祭司的女兒，她深情地愛上自己的父親。根據這則故事的各種版本，一說是因為蜜爾拉的母親誇耀自己的女兒美過阿芙蘿黛蒂，另有一說是因為蜜爾拉疏忽了敬奉阿芙蘿黛蒂，使得阿芙蘿黛蒂造成這難以克制的禁忌激情。無論如何，蜜爾拉偽裝自己，在黑暗中去接近父親，成為他的祕密情人。在幾次密會之後，父親總算發現這名誘人的女子是自己的女兒。父親感到滿心的恐懼和厭惡，並受到內心想要懲罰他女兒的想法所驅使，因此試圖殺死女兒。蜜爾拉逃跑。就在父親正要追上她時，蜜爾拉祈求眾神解救她。立刻，她的祈禱獲得應允，她被變成一顆芬芳的沒藥樹。

費德拉（Phaedra）是阿芙蘿黛蒂權勢下的另一名受害者。她是希波利特斯命運乖舛的繼母。希波利特斯是一名英俊的年輕人，他將自願獻身給阿特米絲，打算一輩子獨身。因為他拒絕崇拜愛神阿芙蘿黛蒂和奉行她的儀式，阿芙蘿黛蒂便利用費德拉宣洩她對希波利特斯的不滿。阿芙蘿黛蒂使得費德拉無可救藥地愛上自己的繼子。

在神話裡，費德拉試圖抗拒自己的激情，掙扎於克制自己這社會不容的慾望，於是生了病。終於，一名侍女發現費德拉飽受折磨的原因，並以費德拉名義去找希波利特斯。對於侍女建議他可以和繼母私通，他因此非常憤怒和驚懼，於是，在費德拉聽得見的情況下，他破口大罵，滔滔不絕地譴責她。

受此羞辱，費德拉上吊自殺，留下遺書說謊控訴希波利特斯強暴她。當他的父親忒修斯（Theseus）返家，發現他死去的妻子和遺書時，他憤而召喚海神波賽頓來殺死自己的兒子。在希波利特斯駕著馬車行過海岸道路時，波賽頓派遣大浪和一名海怪來驚嚇他的馬。馬車翻覆，希波利特斯被拖拉至死。就這樣，阿芙蘿黛蒂犧牲了費德拉報仇成功。

賽姬和亞特蘭塔是兩名在阿芙蘿黛蒂的影響下轉變的凡間女子。在愛洛斯和賽姬的神話裡，賽姬之所以不幸，是她因為非常美麗，使得男人稱她為「阿芙蘿黛蒂第二」。所以他們獻給她女神才享有的尊敬和讚嘆，這就冒犯了阿芙蘿黛蒂。

在這則神話裡，賽姬去尋找因她而震怒的女神。阿芙蘿黛蒂給了她四項不可能的使命，每一項使命的難度最初看來都超出她的能力範圍。在意料之外的協助之下，每一項要求賽姬都成功完成了。藉由下達使命，阿芙蘿黛蒂充當了推動轉變的人，透過完成使命，賽姬擁有脆弱女神特徵的凡間女子得以成長。

在亞特蘭塔（被比喻有如處女神阿特米絲的凡間女子）的神話故事裡，阿芙蘿黛蒂也是促進轉變的催化劑。如之前提過的，亞特蘭塔選擇拾起阿芙蘿黛蒂的三顆金蘋果，因此輸了一場賽跑，卻得到一位丈夫。

阿芙蘿黛蒂原型

阿芙蘿黛蒂原型支配了女性在愛與美、性慾與感官方面的愉悅。戀人的國度對許多女性有強大的吸引力。身為一種具有女性人格的強大力量，阿芙蘿黛蒂原型可以跟赫拉和狄米特（另外兩種屬於本能的強大原型）一樣，要求女性順服。阿芙蘿黛蒂驅使女性去履行創造和生育的功能。

戀人

每位與另一個人相思相戀中的女性，在那當下都是阿芙蘿黛蒂原型的化身。她暫時從普通的凡間女子轉變成愛神，覺得自己既迷人又性感；此時她是一名原型的戀人。

當阿芙蘿黛蒂是一名女性的人格中主要的原型時，她很容易也經常墜入愛河。她擁有這類特質——默片明星克拉拉．寶（Clara Bow）以此聞名——也就是性魅力。她擁有個人的磁性，吸引其他人接近進入情慾的電場。這個電場會增強性意識，「電壓」一上升，雙方彼此吸引而接近對方時，都會感覺到自己充滿魅力和活力。

當女性身上的官能性愉悅和性慾都遭到貶抑時——例如在猶太基督教、伊斯蘭教和其他父權文化中，體現阿芙蘿黛蒂戀人原型的女性就會被視為妖婦或妓女。因此，這個原型如果被表現出來，可能讓這名女性偏離道德標準。阿芙蘿黛蒂型女性可能會遭社會放逐。例如，在納撒尼爾．霍桑（Nathaniel Hawthorne）關於新英格蘭清教徒的經典小說《紅字》（*The Scarlet Letter*）裡，海斯特．白蘭（Hester Prynne）被迫戴上一個大大的紅字「A」，意指通姦（adultery）。而女明星英格麗．褒曼（Ingrid Bergman）因為跟義大利導演羅貝托．羅塞里尼（Roberto Rossellini）外遇後跟他結婚，所以遭到輿論譴責被迫離開美國。在聖經時代，這類女性要被丟石頭砸死；而在當代的伊斯蘭國家，這類女性依然會被處死。

墜入愛河

當兩人墜入愛河時，看到的對方都是沐浴在特殊、增強的（阿芙蘿黛蒂金色）光芒之下，於是被對方的美麗所吸引。空氣中洋溢著魔法，發動了一種令人心醉神迷的狀態。兩人都覺得自己美麗、獨特，比較像男神或女神，而非他們平凡的自我。他們之間的能量場充滿了情感，產生了性愛的「來電」，於是又創造出相互的磁性吸引力。在環繞他們的「金色」空間裡，感官印象會增強：他們聽到的音樂變得更清晰，聞到的香味變得更明顯，戀人們的味覺和觸覺都會提升。

不過，當女性所愛上的人沒有回報那份愛時，她會感覺自己因為殘酷的慾望和未能滿足的渴望著了魔。她會一再受到吸引去接近所愛的人，然而一再遭到斷然拒絕。這種激情——當愛獲得回報時，感覺會非常美妙——現在反而放大了痛苦。

啟動阿芙蘿黛蒂

正如同阿芙蘿黛蒂的誕生有兩種神話版本，因此也有兩種方式讓這種原型進入意識層面。

第一種是戲劇性的開場，阿芙蘿黛蒂突然現身，繽紛盛開且令人讚嘆，是來自那無意識的汪洋中居高臨下的存在。當性行為感覺像是本能的回應、跟愛不愛甚至喜不喜歡那個男人沒什麼關係時，那是「脫離」情感親密的性行為。比喻上，這就類似於海希奧德的版本：阿芙蘿黛蒂是在海洋中誕生。

在心理治療的療程中，許多女性述說了意料之外的初次性反應，產生的衝擊是鋪天蓋地的：「我充滿了我甚至不知道自己擁有的慾望，既美妙又嚇人。」一旦她們感覺到阿芙蘿黛蒂的力量，許多年輕女性發現自己受到性親密的吸引。其他女性明白可能會發生的事，反而會迴避接觸。我的兩名女性個案正好提供了例子可以說明這兩種相反的反應。一位想要更多：「我回想起，我是怎麼假裝享受約會，其實我真正想要的是性愛。」另一位則是設下屏障：「我讓自己投入學習，拒絕約會，並且堅持要上女校。我想我得把自己關在某種精神上的修道院裡，直到我安全地結了婚。同時，我最好不要受到誘惑。」初夜之後，這類女性明白，一旦她的身體被喚醒，而且她的注意力受到一個男人情慾方面的吸引，她可能會迫切想要重溫這份體驗，被這念頭拉著去追求性親密。於是，她想要跟男方結合為一，想被激情帶往高潮的釋放，想讓增強的性亢奮推到頂端帶她達到性高潮，此時她的個體性被超越個人的高潮經驗所淹沒。

第二種方式是讓原型在一段關係裡活躍起來。或許可以思考為類似荷馬的平凡版本：阿芙蘿黛蒂以宙斯和海精靈戴奧妮的女兒身分出生然後長大。先是信任和愛的成長，同時逐漸減少對情慾的壓抑，接著在第一次做愛達到高潮，以及對於身體親密感的新慾望，宣告了阿芙蘿黛蒂的降臨或「誕生」。一位已婚女士婚前談過幾次戀愛，婚後兩年才享有性高潮，她驚嘆地表示：「彷彿我的身體現在知道該怎麼做了。」

生殖本能

阿芙蘿黛蒂象徵了確保物種延續的動機。由於原型結合了性衝動和激情的力量，阿芙蘿黛蒂能夠將一名女性轉變成生殖用的容器——如果她沒有採取避孕措施。

受狄米特影響的女性，是因為想要有寶寶才有性行為，而受阿芙蘿黛蒂影響的女性不一樣，她們生小孩是因為她們渴望男人，或者渴望性經驗或浪漫經驗。阿芙蘿黛蒂在她們耳邊低語，不要採取避孕措施，因為會減損此刻的激情，或是讓性交的第一步變成有預謀的行動。聽從女神的指示會增加風險，導致不情願的懷孕。

與生殖本能相符合，有些女性會在排卵期，月經前的十四天性行為最可能導致懷孕的時候，感覺到阿芙蘿黛蒂最強烈的影響。此時她們比較容易產生性反應，而且會做春夢，如果她們身邊沒有性伴侶，這也會是她們最懷念性愛的時候。

創造力

阿芙蘿黛蒂是追求改變的強大力量。透過她，吸引、結合、受精、孵育，以及新生命的誕生等一切在世上川流不息著。當這段過程純粹發生在一男一女的身體層面時，一個寶寶就會被孕育誕生。而其他所有的創造過程也有著相同的順序：吸引、結合、受精、孵育、新的創造物。創造性產物可以是抽象的，例如兩個理念因受到啟發而結合，最終促成了新理論的誕生。

創造性作品來自強烈與熱情的投入幾乎就像是跟戀人在一起，人（藝術家）與「他者」互動，創造出新事物。這個「他者」可以是一幅畫、一種舞蹈形式、一首樂曲、一座雕像、一首詩或一篇手稿、一項新理論或發明，一時之間這些事物會吸引人全部的注意力，讓人深深著迷。對許多人來說，創造也是一段「沉浸於感官愉悅」的過程；那是當下的感官經驗，牽涉到觸摸、聲音、意象、動作，有時候甚至是氣味和味道。藝術家全神貫注於創造的過程，就像戀愛中的人一樣，經常發現她所有感官都變得敏銳了，而且會透過許多不同管道接收知覺印象。當她投入於一個視覺意象、措辭，或者舞蹈動作時，多重的感官印象或許會彼此互動而創造出成果。

就如同身為戀人原型的阿芙蘿黛蒂可能會不停地談戀愛，代表創造力量的阿芙蘿黛蒂會讓一名女性接二連三投入密集發揮創造力的工作。一項計畫結束時，另一項讓她著迷的計畫可能又會出現。

有時候阿芙蘿黛蒂創造和戀愛的兩個層面會同時出現在一名女性身上。於是她投入熱切的伴侶關係中，從一段關係移動到另一段關係，同時全神貫注於她的創作。這樣的女性會追隨讓她迷戀的任何事物與人，或許會過著不同於流俗的生活，比如舞蹈家伊莎朵拉．鄧肯（Isadora Duncan）和作家喬治．桑（George Sand）就是如此。

培養阿芙蘿黛蒂

阿芙蘿黛蒂是與官能或感官經驗最為相關的原型。因此，要培養知覺的敏銳和專注的當下，就需要邀請阿芙蘿黛蒂降臨。戀人很自然就會適應彼此的品味、香味和審美觀；音樂和觸覺刺激會增強他們的愉悅。性愛治療師教導「感官專注」和「享受歡愉」的方法，鼓勵一對伴侶全神貫注於當下，不要擔心能否達成目標，只專注於學習享受愉悅的感官知覺。

內疚和評判的態度，會成為阻擋人們享受做愛或藝術創作的障礙。當人們覺得對於享樂、嬉戲和其他「沒有生產力」的活動，以及對於性愛上有所禁忌時，這樣的障礙就會出現。許多人批判對於愛和美的追求，好一點的情況是被說成輕浮，但在最壞的狀況下就會被視為罪惡。舉例來說，阿特米絲和雅典娜原型聚焦於達成目標，使得這樣的女性偏向貶低阿芙蘿黛蒂的及時行樂。而且阿芙蘿黛蒂經常威脅到赫拉和狄米特原型最看重的事——一夫一妻的伴侶關係或母親的角色，所以後者經常對阿芙蘿黛蒂採取批判的態度。最後，波賽芬妮和赫絲蒂雅原型的內傾特性，使得她們比較不會回應「外在」的吸引力。

當女性看見阿芙蘿黛蒂的價值，並且想要發展自己內心的這個面向時，她們得要在心理上邁開重要的一步去啟動這個原型。然後她們需要給予時間和機會讓阿芙蘿黛蒂發展。一對夫妻或許需要離開小孩去度假，以便在讓人放鬆的環境裡，他們可以好好享受、談天說地以及做愛。或者，一名女性可以學習如何按摩和接受按摩。或者她可以去上課學肚皮舞，藉此對自己的身體感到自在，並且享受自己的身體——這是享受做愛樂趣的先決條件。

培養一項對於藝術、詩詞、舞蹈、或音樂的興趣，都可以在美學領域達到相似的目的。任何人都可以培養讓自己完全浸淫在視覺、聽覺或動覺經驗中的能力。一旦全神貫注，一個人跟美學媒體之間就會產生互動，新的事物可能就此浮現。

阿芙蘿黛蒂型女性

自從女神阿芙蘿黛蒂以她無與倫比的美麗裸體從海上出現，身材玲瓏有致、金髮、性感的女人，例如影后珍·哈露（Jean Harlow）、拉娜·透納（Lana Turner）和瑪麗蓮·夢露（Marilyn Monroe）就成了愛神的化身。有時這種女神類型的女性擁有女神的外貌，金髮以及一切，不過更典型的是，辨認阿芙蘿黛蒂女性的方式是看她的魅力，而不只是外表。阿芙蘿黛蒂原型創造了「個人魅力」（charisma）——一種磁力或電力——加上外型上的條件，才會讓一名女人成為「阿芙蘿黛蒂」。

當阿芙蘿黛蒂是一名相貌普通的女性內心活躍的一部分時，這名女性不會吸引男性從房間的另一頭走到她身邊。不過，那些走近她身邊的人，會發現她充滿迷人魅力。許多擁有阿芙蘿黛蒂特質、然而其貌不揚的女性之所以迷人，在於她們人格中有著讓人想要靠近的溫暖，以及自然不做作的性感。這些「長相親切」的女性似乎生活中總是不缺男人，而她們那些天生麗質、客觀來看更漂亮的姊妹們卻獨守空閨，或是在舞會上當壁花，她們大惑不解：「她有什麼是我沒有的？」

幼年的阿芙蘿黛蒂

孩童時代，小阿芙蘿黛蒂可能是天真無邪的花蝴蝶。她可能已經有一套回應男性的手段，對男性充滿興趣，不自覺地散發風情，讓大人評論她說：「等她長大，她會讓很多男人心碎。」她樂於成為眾人注目的焦點，喜歡穿著漂亮的服飾，讓大家大驚小怪。她通常不是害羞的小孩，甚至有可能被稱為「小童星」，因為她的即興表演，以及其他引人注目的表現，讓她即使在小時候就迷倒了她的觀眾。

到了八、九歲時，許多阿芙蘿黛蒂型女孩會急著長大，打扮自己，而且化妝。她們會迷戀男孩子，會成為性感男歌手或搖滾樂團的粉絲，成為狂熱的「追星少女」。有些年幼的阿芙蘿黛蒂是「性感少女」，她們早熟地意識到自己的性慾，當年長的男性回應她們開玩笑地調情時，她們感受到自己的迷人魅力，樂在其中。

父母

有些父母們會栽培自己漂亮的女兒成為小阿芙蘿黛蒂。他們強調女兒的吸引力，讓她們去親吻大人，送她們去參加兒童選美，而且普遍來說，父母們只重視她們的女性魅力，而非其他的特質和才華。

但是當這名女孩到了青春期，有可能發生性行為時，她的父母可能會以截然不同的態度來回應。父母身上或許會出現一種常見的毀滅性模式：父母隱晦地鼓勵她在性方面變得活躍，卻又因此懲罰她。這種狀況讓父母就像是一邊在偷窺、一邊又手掌道德大旗。

父親可能以各種方式來回應自己的阿芙蘿黛蒂型女兒漸漸萌發的性慾。許多父親藉由不經意以及／或無意識挑起的大吼大叫衝突，來拉開父女之間情感和身體的距離，以回應女兒日漸增長的吸引力。女兒似乎常常在這種吵鬧中配合，以保護雙方不會意識到他們之間近親亂倫的情感。有些父親變得過度嚴格，根本拒絕讓女兒出去約會，或者他們變得侵擾和愛掌控，會「交互詰問」女兒的約會對象，而且任何男性打電話來都會加以「嚴刑拷問」。然而還有些父親會勾引女兒。

面對阿芙蘿黛蒂型女兒，母親也有各種反應。有些母親變得嚴格和愛掌控，即使她們女兒的行為舉止適合青少女的年齡層，母親依然會對於她聽的音樂和穿衣風格反應過度。這樣的母親可能會在她身上強加自己的「衣著規範」，強調全身必須包裹得密不透風、淡化她的吸引力，同時可能會禁止她參與許多活動。她們可能會過濾女兒的朋友，無論性別。或者，正如某位女性所懊悔地述說的，母親可能把她們的女兒或兒子或兩者都看成是「潛在的色情狂」。跟父親一樣，母親也會對她們的阿芙蘿黛蒂型女兒發展出「獄卒心態」。

母親普遍比父親更容易侵擾她們的阿芙蘿黛蒂型女兒。這種侵擾的動機，除了是她有其必要「看好」她們迷人的女兒，有時候，母親是透過女兒替代地活著，想要聽到她們約會的點點滴滴。要取悅這樣的母親，女兒必須在男孩間大受歡迎。

對於女兒身上漸漸浮現的阿芙蘿黛蒂，有些母親會產生競爭性的反應。看到女兒的吸引力感覺受到威脅，而且羨慕她們的青春，這些媽媽輕視女兒，批評女兒比不上別人，跟女兒的男朋友調情，同時用大小手段削弱女兒萌芽的女人味。在童話故事裡，白雪公主的繼母反覆詢問：「魔鏡，魔鏡，誰是世界上最美的女人？」這個童話角色就象徵了感到受到威脅（因此產生敵意）而產生競爭心理的母親。

最有幫助的父母不會過度重視或過度強調阿芙蘿黛蒂的特質，也不會把她們的女兒當成是漂亮的物件來對待。父母雙方都會以相同的正面方式肯定女兒的吸引力，以及他們看重的其他特質，例如聰明、善良、或藝術天分。面對女兒的約會對象，他們也會提供適合女兒年齡和成熟度的指引和限制。把她們對男人的吸引力視為女孩需要覺察（而非該受責備）的事實。

青少年和青年時期

對阿芙蘿黛蒂型女性來說，青少年和青年階段是關鍵時期，她們可能會發現自己卡在阿芙蘿黛蒂在她內心的翻攪和別人對她的反應之間。由於接受了這樣的雙重標準，渴望性經驗的中學女孩，儘管她們的慾望跟滿腦子性的年輕男孩一模一樣的強烈，但卻必須慎重衡量後果如何。如果她根據自己的衝動行事，可能會導致自己惡名昭彰、自尊受損和自我形象低劣。而且「好女孩」們可能會迴避她；雖然心裡想著性的年輕男孩或許會蜂擁過來，但是不認為她「夠好」可以當穩定交往的女友，或是學校舞會的舞伴。

有個不受控的阿芙蘿黛蒂原型還有其他問題。意外懷孕是其中之一。而且活躍的阿芙蘿黛蒂會讓女性暴露在感染性病的風險之中，而且還會有另一個醫學上的併發症，就是將來罹患子宮頸癌的風險較高。

針對該如何掌控駐紮於內心的阿芙蘿黛蒂，年輕女性很少能得到幫助。性表現是個重大選擇，會有嚴重的後果伴隨而來。有些人壓抑她們的性慾，而那些感受到強烈宗教束縛的人可能必然會產生罪惡感，有著「無法容忍」的感受而自責。有些人會在穩定交往的伴侶關係中表現出性慾；如果她的人格中也有強大的赫拉原型，這樣選擇十分妥當，儘管結果可能是早婚。

如果雅典娜和阿芙蘿黛蒂同時是一名年輕女性身上的強大元素，或許她可以結合策略和性慾來自我保護。一名這樣的女性表示：「一旦我知道自己很容易墜入和跳出愛河，而且有強大的性衝動得要滿足，我就不把愛上人看得太認真。我要認真對待的是避孕、了解對方的底細，以及保有這部分生活的隱私。」

阿芙蘿黛蒂型女性去上大學時，社交的面向或許對她是最重要的。她或許會選擇「派對學校」——比較是以社交活動而非學術研究聞名的大學。

她通常不會專注於長期的學術目標或是生涯。一想到要先上那些她不感興趣而且困難的必修課，她對於某個職涯剛萌發的興趣就會消退了。唯有在她著迷於這個科目的情況下，她才能夠積極投入大學課業，最常發生的是在需要與人互動的創意領域。例如，她可能主修戲劇，遊走於不同的角色之中。每一次，她會浸淫在自己的角色裡，挖掘出自己的內在熱情，結果可能變成全校最傑出的戲劇系學生。

工作

阿芙蘿黛蒂型女性無法投入她在情感上不感興趣的工作。她喜歡多樣性和刺激感；重複的工作，例如家事、文書或實驗室的工作，讓她覺得無聊。只有在她可以全神貫注發揮創造力時，她才能夠做好這份工作。因此，我們比較可能在藝術、音樂、寫作或戲劇的領域發現她的身影，或者她樂意為對她來說特別的族群服務，例如，擔任老師、治療師和編輯。結果就是，她要不是痛恨自己的工作，而且大概是做著一份平庸的工作，不然就是熱愛她的工作，一心只想著投入額外的時間和努力。她幾乎總是寧可選擇她覺得有趣的工作，而不是薪酬比較好卻比較沒有吸引力的工作。她可能致力於讓她著迷的事，結果獲得成功，但是跟雅典娜或阿特米絲不一樣，她並沒有設定目標然後去實現。

與男性的關係

阿芙蘿黛蒂型女性受到不一定適合她們或對她們好的男性吸引。除非其他的女神有影響力，她們對男人的選擇常常類似於阿芙蘿黛蒂自己的選擇有創造力、複雜、喜怒無常或情緒化的男人，例如赫菲斯特斯、阿瑞斯和荷米斯。這樣的男人不會追求事業的顛峰或權威的地位，而且他們不想要掌管家務，也不想要做丈夫和爸爸。

內傾、情感激烈的赫菲斯特斯型男性有可能壓抑他的憤怒，將其昇華投入創造性工作中。如同鍛造之神，這類型男性可能既是藝術家，同時在情感的層面是個瘸子。他跟自己父母的關係可能惡劣得如同赫菲斯特斯跟父母的關係。他也可能在沒有達到母親的期待時遭到母親排斥，而且可能被斷絕了跟父親的關係。結果，他可能跟女人有種愛恨交織的關係，他怨恨女人，因為女人對他極為重要又不值得信任。同時他可能覺得跟男性一點都不親近；他常常覺得疏遠，又比不上他們。

一名極為內向傾的赫菲斯特斯型男性，在社交場合經常是不自在的，沒有聊天的本事。因此別人不會逗留在他身邊。阿芙蘿黛蒂型女性可能是那個例外。擁有天賦能夠全神貫注於她遇見的人身上，她可以引導他暢所欲言，發現他很迷人。

赫菲斯特斯型男性因此感覺到自己有魅力，而且也受她所吸引，他會以其激動的性格來回應，於是兩人之間很可能天雷勾動地火，建立起熱情的連結。她因為他感情的激烈而受到吸引，並且以同樣的熱情來回應他那可能會嚇跑其他女人的激動。她擁抱他內心深處可能蟄伏已久的好色天性，伴隨他的憤怒昇華進入他的作品裡。當她喚起他的熱情，兩位戀人可能都會驚嘆他的情感猛然高漲。如果他是名工匠或藝術家，她可能也會受他創作的美麗事物所吸引，如此一來或許又激發了他的創造力。

愛上赫菲斯特斯型男性的問題有很多，取決於他隱藏在內心的感受是什麼性質，以及他的心理健康。有一種極端狀況是，他可能是座壓抑的火山，是潛在的偏執狂，因為他性格孤僻而且充滿敵意，所以總是獨來獨往，作品沒有受到認可。此外，阿芙蘿黛蒂型女性的魅力，或者她對別人的吸引力，可能觸發他內心的憤怒和自卑感，而且擔心失去她。如果男方真的就像赫菲斯特斯，或許會有能力控制住自己的嫉妒。不過在這樣的情況下，待在赫菲斯特斯型男性身邊，就好像住在一座活火山旁，不知道什麼時候一場大爆發會把東西全轟上天。

有些赫菲斯特斯－阿芙蘿黛蒂的組合的結果順風順水。在這種案例中的赫菲斯特斯型男性內傾且具有創意，以他性格上熱烈而自制的方式感受到各種情緒，而不是主要是憤怒。他透過工作以及少數重要的人際關係來表達這些情緒。他深切而且熱情地愛著她，然而不是占有。他的熱烈在情感上支撐她，而且他對女性的承諾，則提供了女性所需要的穩定性。

另外一型通常會受到阿芙蘿黛蒂型女性吸引的，是喜怒無常的男人，像阿瑞斯（戰神，赫拉和宙斯的兒子）。這類型男性的真實人生故事可能會非常類似神話中阿瑞斯的家庭狀況：在父親離開之後，他們由怨懟的母親撫養長大。他是情緒化、熱情和狂暴的男人，有著裝模作樣地「超級大男子氣概」。缺乏在場的父親做為角色模範和訓練他遵守紀律，而且習慣向母親予取予求，他沒有耐心，同時對於挫折的忍受度很低。他喜歡掌管一切，但是在壓力下無法保持冷靜，使得他不能成為優秀的領導人。

阿芙蘿黛蒂－阿瑞斯的組合是易燃的混合物。兩人都有活在當下的傾向。兩人都是反應而非反省；他們先行動後思考的人。每當他們在一起，情慾的火花或火爆的脾氣就會引燃熾烈的互動。他們既做愛又作戰。這個組合造就了床頭吵床尾和的戀人爭吵模式。

阿芙蘿黛蒂和阿瑞斯都無法支撐穩定的伴侶關係。除了情緒火爆，他張揚炫耀的大男人主義常常導致危殆的經濟狀況。他無法思考策略或是謹慎行事；在盛怒之下，他可能說錯話或做錯事讓他丟掉工作。此外，如果這名女性有阿芙蘿黛蒂不忠的傾向或者，僅僅是她的打情罵俏就會進一步威脅到他的男子氣概，因此觸發了他的占有欲。於是他可能變得暴力，而且他的爆發可能是殘忍的，製造驚駭和恐懼。

不過因為他們之間擦出的燦爛火花，某些阿瑞斯－阿芙蘿黛蒂的配對或許可以持久，並且相當和諧。在這樣的配對中，男方有阿瑞斯的人格天性——衝動、極度情緒化和好逞兇鬥狠，然而，只要他出自比較健康的家庭環境，基本上對人沒有敵意。而女方身上有足夠的赫拉特質，可以跟丈夫發展出持久的連繫。

行為舉止像永恆少年的男性也會吸引許多阿芙蘿黛蒂型女性，她們似乎偏好擁有創造潛能的不成熟、複雜、主觀專注的男性。這些男性跟信使神荷米斯相似；荷米斯是最年輕的奧林帕斯神。阿芙蘿黛蒂發覺他的語言才華讓人迷醉，尤其是當他的語言帶有詩意時，而且被他忽高忽低快速移動的能力（情緒上或社交上）迷得七葷八素。荷米斯類型的男性有可能是騙子，有點像是詐騙維生的人，他們熱愛智取「心智遲鈍」的人。他充滿潛能，經常才華洋溢，但是缺乏紀律，魅力十足，不過，他不會承諾獻身於工作上或是女性身上。一般來說，他就像一陣風，吹進她的生活裡又離開。想要把他定在任何事物上面，就像試圖抓住水銀。他總是一邊說著「或許」、一邊玩弄著同居或結婚的幻想。但是女性最好不要信以為真，因為他是最不可能許下承諾的人。跟他做愛充滿變化而且能量十足。他是迷人、體貼的情人，他是愛嬉戲的小飛俠潘彼得，而且可能永遠不會長大。

阿芙蘿黛蒂－荷米斯的組合非常適合某些阿芙蘿黛蒂型女性，因為兩人都有專注於當下的激情，而且不會承諾。不過，如果同時擁有強力的阿芙蘿黛蒂和赫拉原型，這會是非常痛苦的配對。這樣的女性跟荷米斯型男性的連繫很深，同時飽受嫉妒所折磨。兩人之間的性愛是激情的。她癡情專一而且想要結婚，但是通常必須勉強接受安排，以配合他來來去去的需求。

不過，成熟的荷米斯型男性能夠承諾獻身於工作和關係（如之前談到的，他或許會和赫絲蒂雅型的女性結婚）；他很可能從事商業或傳播工作，不再是難以掌握的的永恆少年。如果是這樣的話，阿芙蘿黛蒂與荷米斯的組合可以是非常登對。他們的伴侶關係可以撐過逢場作戲，甚至外遇，因為雙方都不是愛吃醋或占有欲強的人。再者，因為他們享受彼此的陪伴，欣賞對方的風格，使得這段關係可以持久。她跟得上他不停移動的步伐，跟她自己的速度一致。他們可以此刻激情的纏綿，下一刻又各自獨立，這樣的模式對雙方都十分合適。

婚姻

如果阿芙蘿黛蒂是女性身上的好幾個強力原型（包括赫拉）之一，那麼她的存在會以性慾和熱情提升婚姻品質，激發婚姻活力。不過，長久的一夫一妻制婚姻，經常是阿芙蘿黛蒂型女性難以維持的。除非其他女神發揮影響力，把阿芙蘿黛蒂限制在婚姻裡，否則一段婚姻就不過是偶然間的組合，她大概會有一長串關係。例如，女明星伊莉莎白・泰勒（Elizabeth Taylor）[2]，她的公眾形象就是當代的阿芙蘿黛蒂，有著一連串的婚姻關係。

2　譯註：伊莉莎白・泰勒結過八次婚，其中兩次是與同一位丈夫。

與女性的關係：不受信任的女人

阿芙蘿黛蒂型女性或許不會獲得其他女性的信任，尤其是赫拉型女性。她越沒有意識到自己對男性的影響，或者越不願意為此負責，就可能成為破壞力越大的元素。例如，她可能去參加一場派對，跟現場最有趣的男性展開熱烈而且充滿挑逗意味的交談。她會激起了許多女性的嫉妒心、不足感和對失去的恐懼，因為她們看見自己的男人對她的回應更加熱烈，他們雙方之間產生的化學反應，讓他們被籠罩在金色的光環裡。

當女性（尤其是嫉妒心或報復心強的赫拉）對她大發脾氣時，阿芙蘿黛蒂型女性常常感到震驚。她很少對其他女人懷有惡意，因為她本人既沒有占有欲，也不會嫉妒，她經常想不通別人對她的敵意從何而來。

阿芙蘿黛蒂型女性常常擁有圈子很廣的女性朋友（沒有一名是赫拉型女性）和熟人，她們喜愛她的自發性和魅力，樂於有她為伴。其中許多女性跟她有共通的阿芙蘿黛蒂特質。另外的女性似乎是充當她的跟班，如果不是享受她的陪伴，就是透過她代替自己來歷經她的性愛冒險。不過，和她之間的友誼要持久有個條件，就是當她漫不經心地看待她跟朋友說好的計畫時，她的朋友不會覺得自己受到冒犯而放在心上。

身為同志的阿芙蘿黛蒂型女性跟異性戀的同類型女性相較之下，只有性偏好這點不同而已。她也一樣，會把阿芙蘿黛蒂意識帶入伴侶關係裡，然後，輪到她自己去回應自己製造出來的煉金術。她會激情投入關係裡，經常墜入愛河，結果通常擁有一連串的伴侶關係。為了經驗「生命所提供的一切」，常常除了女人以外，她也會跟男人發生性關係。她沒有那種心理需求要去符合男人對女人的期待，她不受此束縛，因此身為同志的阿芙蘿黛蒂或許比她異性戀的姊妹更自由會施展阿芙蘿黛蒂的特權來挑選她的戀人。同志社群提供的另類生活方式，適合她一輩子不守世道。

女同志有時候會透過跟另一位女性的伴侶關係，發現自己內心的阿芙蘿黛蒂，如露絲・佛克（Ruth Falk）在她的著作《女人之愛》（*Women Loving*）裡所描述的。[3]她描述自己注視著另一名女人的美麗，感受到自己的美麗；觸摸另一位女人感覺彷彿觸摸了自己。以她的觀點，每個女人都是一面鏡子，映照了出另一名女人，讓每個女人都能從中發現自己的女性情慾。

子女

阿芙蘿黛蒂型女性喜歡小孩，小孩也喜歡她。孩子能感覺出來這名女性以不批判、而是欣賞的眼光注視著他／她。藉由這樣一種讓孩子感覺自己美麗而且獲得接納的方式，她可以挖掘出孩子的感受或能力。她經常灌輸他人一種獨特感，或許給了孩子信心，幫助孩子發展能力和天賦。她非常容易就能掌握遊戲精神，扮演起不同角色。她似乎能迷住孩子，讓他們變得循規蹈矩，而且無論是什麼讓她感興趣，她都會以她富有感染力的熱情啟發孩子們。上述都是一名母親身上的美好特質。如果同時存在狄米特的特質，阿芙蘿黛蒂型女性的子女不只能茁壯成長，也能發展出自己的個體性。

阿芙蘿黛蒂型母親能讓自己的子女為她著迷，他們眼中的她美麗又有魅力。但是如果（缺乏狄米特）她不考慮子女有情感安穩和恆久不變的需求，她不能夠保持自己的一致性，就會對孩子產生

3 原註：Ruth Falk, *Women Loving* (New York: Random House; and Berkeley: Bookworks, 1975).

負面影響。於是她的孩子此刻因為她的全心關注而歡天喜地，下一刻因為她的注意力轉移他處而感到傷心寂寞。我有位患者的母親是阿芙蘿黛蒂型，她會好長一段時間把她留給管家照顧。她描述母親回家的場景非常特別：「媽媽會衝進房子裡，雙手張開來迎接我。我感覺自己好像是全世界最重要的人。」她的媽媽「身上帶著陽光」，彷彿一位女神歸來。她曾經怨恨媽媽不在家，甚至聽到媽媽返家的消息依舊悶悶不樂，但是這些都不重要了；一旦她沐浴在媽媽魅力十足的阿芙蘿黛蒂光輝之下，一切都可以原諒了。她長大後對自己的才能（事實上非常傑出）缺乏自信，而且必須處理覺得自己沒有價值而憂鬱沮喪的感受，類似她媽媽不在家時那樣。

如果阿芙蘿黛蒂型母親那不一致而強烈的關注是集中在兒子身上，就會影響他未來和女性的關係，並造成他的自尊和罹患憂鬱症的可能性。她在雙方之間營造了特殊的親密感，引誘了在兒子身上開始發育的男人，把他吸引到自己身邊，然後她就把注意力轉移他處了。和兒子爭奪她情感的對手常常是新的男人，有時候是其他的迷戀把她帶走了，留下兒子感覺自卑、受到打擊、無力、憤怒，有時候還覺得屈辱。兒子覺得這是一場個人競爭，而他一再輸給媽媽生活中的男人，這是大多數女兒不會經歷的感受。長大成人之後，他渴望擁有他跟母親在一起時曾體驗過的強烈情感和獨特性，只不過這一次他想要由他掌控。根據他童年時期跟母親的經驗，他不信任女人的忠誠度，而且或許會覺得沒有能力保有她們的情感。

中年

對阿芙蘿黛蒂型女性來說，如果自身的魅力是帶給她滿足的主要來源，那麼無可避免的老化，會是嚴重打擊她的現實。一旦她自覺或者焦慮自己的美貌正在消逝，她的注意力或許會轉移，使得她無法全心關注對方。她或許沒有覺察到，阿芙蘿黛蒂全神貫注的特質才是她吸引人的原因，甚至遠超過她的美貌。

人到中年，阿芙蘿黛蒂型女性也常常會開始不滿意自己的伴侶選擇。她可能會注意到自己經常受到不合乎世道、而且有時甚至是被不合適自己的男人所吸引。現在她或許想要定下來，但過去她可能會輕蔑地拒絕。

不過，對於從事創意工作的阿芙蘿黛蒂型女性來說，中年並不是艱難的時光。一般而言，這樣的女性保持熱情，而且仍然全心投入她們感興趣的工作。現在她們有比較多的經驗來汲取靈感，也發展出比較成熟的技巧來表達自己。

晚年

無論阿芙蘿黛蒂型女性專注於什麼事物或什麼人身上，有些女性會保有看得見其內在美的能力，而且總是會有些愛上它們的感覺。她們優雅而且充滿活力的老去。她們對於別人的興趣或是對創意工作的投入，依然是她們生活中最重要的部分。她們保持年輕的心態，不在意別人的眼光從一個經驗移動到另一個，這個人轉移到那個人，而是著迷於接下來出現的，不管是什麼。一般而言內心始終年輕，她們吸引別人來到身邊，擁有各種年齡的朋友。例如伊摩根·康寧漢（Imogen Cunningham）甚至在她九十幾歲時，依然是個精神矍鑠的攝影師，繼續透過底片捕捉她所看到的美，反過來也吸引別人來拍她。

心理困境

擁有阿芙蘿黛蒂這個動力強大的原型，不是件容易的事。跟隨阿芙蘿黛蒂本能性慾的女性們經常感到左右為難，一邊是她們自身的性慾望，以及她們想引發他人身上性能量的傾向；而另一邊是一種文化，認為女人如果依照慾望行動，就是淫亂，而如果沒有，就是在賣弄風騷。

認同阿芙蘿黛蒂

最密切認同阿芙蘿黛蒂的，常常是外傾的女性，熱愛生活，人格中有著熱情的元素。她喜歡男性，會用她的魅力和對男人的興趣吸引男人到她身邊。她的魅力是誘惑性質的；她讓男人覺得自己很特別和性感。這樣的的關注引發男人身上對等的回應，兩人之間產生性愛吸引力，導向性親密的強烈渴望。如果她認同阿芙蘿黛蒂原型，她會依照這股慾望行動，不考慮後果。但是後果可能是社會的譴責；一連串淺薄的關係，或許會遭到只求跟她上床的男性們所剝削，之後造成她自尊低落。她需要知道如何對阿芙蘿黛蒂原型設限，而在其他情況下又該如何回應、如何明智地選擇「什麼時候以及跟什麼人」，還有如何別讓這原型把她逼進某個毀滅性的情境裡。

她溫暖和關注的連結模式，也可能遭男人錯誤解讀；他們誤以為她對自己特別有興趣，或者在性方面受到自己吸引。於是，當她斷然拒絕他們時，她可能被認為是在玩弄男人或賣弄風騷，並且被指責是在誤導男人。這些男人或許會覺得被耍了因而心存怨恨，或許會變得有敵意和憤怒。在阿芙蘿黛蒂型女性成為不想要的迷戀和憤怒排斥的對象時，她或許會受傷，或許也會生氣，而且可能會困惑自己做錯什麼才會招來這樣的回應。當阿芙蘿黛蒂型女性察覺到這種模式時，她可以學習潑冷水，澆熄男人為她（但她不想要）萌發的熱情。她可以表明對方得不到她，或者在態度上變得比較客氣，保持距離。

否認阿芙蘿黛蒂

如果阿芙蘿黛蒂型女性是在譴責女性性慾的氛圍之中被養大的，她可能會企圖抑制自己對男人的興趣，淡化自己的魅力，並且認為自己有性方面的感覺，是個壞女孩。然而表達自己的阿芙蘿黛蒂天性所造成的罪惡感和內心衝突，會導致她感到憂鬱和焦慮。而且如果她把別人賦予的角色扮演得太好，以至於從意識中切割了她的性慾和感官愉悅，她會跟真實自我的主要部分失去連繫，因此喪失她的活力和自發性。

活在當下的缺點

阿芙蘿黛蒂型女性傾向活在眼前的當下，把生命理解成不過是個感官經驗。因為只限於此時此刻，或許這類女性所採取的回應方式，就彷彿她的行動不會有進一步後果，而且／或者也不會和目前伴侶關係的忠誠有衝突一般。這種取向不只會造成一樁會讓所有相關人等蒙受其害的衝動外遇而已。舉例來說，她或許會去買自己負擔不起的美麗物品，或者習慣性地「放人鴿子」。她滿懷熱情地做好計畫，並且全心全意要履行。但是等到約定時間到了，她可能全神貫注在其他事情或人身上。

儘管教訓是痛苦的，但經驗是阿芙蘿黛蒂型女性最好的老師。她學習到當她對待別人是「看不見就不放在心上」時，別人是會受傷和生氣的。當她沒有先想清楚自己的經濟狀況就衝動買下吸引她目光的物品之時，她會發現信用卡帳單失控，催款郵件不斷上門。她重複著造成自己和他人痛苦的模式，直到她學會抗拒「享受當下」的蠻行，這種行為讓她活得彷彿沒有明天一樣。

等到阿芙蘿黛蒂型女性學會在行動之前省思後果，她的回應就不會那麼衝動了，她對自己的行為會比較負責。不過，情感仍然會優先於實際考量。而且即使她事前深思熟慮過自己的行動方針，她的行為可能依舊會傷害別人，因為她最終還是會恣意行事。

愛情的傷亡者

當阿芙蘿黛蒂型女性「愛過就離開」時，男性就可能成為被害者。她很容易墜入愛河，每次都信誓旦旦自己找到了完美的男人。在那當下的魔力之下，他或許覺得自己是男神，愛上了女神，結果只是遭到拋棄和取代。因此，她在身後留下了一長串受傷、被拒、沮喪和憤怒的男人，他們覺得自己被用過即丟。

阿芙蘿黛蒂型女性可能會經歷一連串激烈的戀情，每一次都被戀愛的魔力（或原型經驗）掃得七葷八素。要終結這個模式，她必須學習愛一個人的「一切包括缺點」一個不完美的男人，而不是神。首先，她必須不再著迷於輕率的迷戀；通常只有經驗能帶來這樣的覺醒。覺醒之後，她才能長久維持一段關係，久到足以接受伴侶和自己身上凡人的缺陷，並且發現愛情的人性層面。

愛情的「詛咒」

女神阿芙蘿黛蒂讓別人墜入愛河的力量，有可能是毀滅性的。例如，她有時候會迫使一名女性愛上一位不會或不能回報她的愛的男人。或者，她會引發令人羞恥或逾越法律的激情，並帶來衝突或羞辱，而且最終會摧毀該女性或她的正面特質。蜜爾拉、費德拉和美狄亞是神話中受到如此詛咒的三位女性。結果，她們因為愛情「病了」。同時，當阿芙蘿黛蒂對賽姬震怒時，她打算讓賽姬愛上「最醜惡的男人」。女神非常清楚：愛情可以帶來痛苦。

當女性因為自己的愛情受到不快樂的束縛時，她可能是阿芙蘿黛蒂的當代受害者。有些人因為她們的不幸求助於精神科。在我的執業經驗裡，出現了兩種典型模式。第一種模式是，女人愛上虧待她或者把她貶得一文不值的男人。她把偶爾從他那裡獲得有如「麵包屑」般微不足道的關注，當成人生最重要的事。她的投入可能只是一段短時間，或者也可能延續好幾十年。特徵是，她被這段關係折磨，而且儘管實情非如她所想，她依然努力讓自己相信對方是真心愛著她，也是痛苦的煎熬。她沮喪、不快樂，然而還是舉棋不定，不確定要不要改變自己的處境。但是要讓自己好轉，她必須放棄這種毀滅性的關係；這種關係讓她上了癮無法自拔。

第二種模式看起來更加令人絕望。女人愛上了明確表示不想要跟她有任何瓜葛的男人。他拚了命在躲著她，覺得自己被她那種不求回報的愛給詛咒了。一樣地，她對他的癡迷可能延續多年，極度地阻礙她發展其他關係的可能性。為了追求他，她可能跟著他到了另一個城市（我有一名患者就是這麼做），或者，可能曾經因為非法入侵遭到逮捕，或是被強制驅離他的家。

要從這類阿芙蘿黛蒂的詛咒得到解放，會相當困難。要改變這點，這名女性必須認清這種依戀的毀滅性，而且自願放棄這段關係。需要極大的努力，該女性才能遠離誘惑不去見對方，不再糾纏著對方。但是，她必須先辦到這點，才能把情感投資在別的地方。

成長之道

關於對自己原型的知識，對所有類型的女性都是有益的資訊，對於阿芙蘿黛蒂型女性而言尤其重要。這些知識幫助她們明白，是她們「由女神賦予」的本性讓她們很容易就愛上別人、體驗到性愛的吸引力，而且擁有其他許多女性沒有的強烈性衝動。這類知識可以幫助阿芙蘿黛蒂型女性擺脫她們就是這種女人的罪惡感。同時，她們必須明白，自己得要留意自己的最佳利益，因為女神不會關注這部分。

雖然其他的女神原型在阿芙蘿黛蒂型女性身上可能不會占有重要位置，她們通常至少會以隱性的形式存在。有了某些人生經驗後，這些原型的影響力會增強，抵消或緩和阿芙蘿黛蒂在女性心靈中的力量。如果阿芙蘿黛蒂型女性培養技藝或獲得教育，阿特米絲和雅典娜的重要性就很可能增加。如果她結了婚有了小孩，赫拉和狄米特可能會發揮讓她安定的影響力。如果她透過冥想發展赫絲蒂雅，或許她就比較容易抗拒性愛吸引的外傾拉力。同時，培養波賽芬妮的內傾特質或許能讓阿芙蘿黛蒂型女性在幻想中、而非現實裡體驗性經驗。

當阿芙蘿黛蒂型女性意識到自己的模式，而且決定稍微調整，讓自己或自己所愛的人不會受到傷害時，就會發生重大轉變。一旦她能夠釐清自己的優先順序，據此行動，就可能做出選擇和改變後果。在賽姬的神話中，描述了她可以追隨的發展路徑。

賽姬的神話：心理成長的隱喻

愛洛斯和賽姬的神話被好幾位榮格分析師用來做為女性心理的類比，其中最著名的，是埃利希・諾伊曼（Erich Neumann）在他的著作《愛神和賽姬》（*Amor and Psyche*）[4]，以及羅伯特・強森（Robert Johnson）在《她：理解女性的心理學》（*She*）[5]書中所做的分析。賽姬是懷孕的凡間女子，她尋求跟丈夫愛洛斯愛神，阿芙蘿黛蒂的兒子團圓。賽姬明白如果她要跟愛洛斯重歸於好的話，她必須屈服於憤怒和敵視她的阿芙蘿黛蒂，因此她把自己交給女神發落。為了測試她，阿芙蘿黛蒂給她四項使命。

阿芙蘿黛蒂交待的四項使命具有重要的象徵意義。每一項都代表女性需要發展的才能。賽姬每達成了一項使命，她就獲得她以前所沒有的能力——等同於榮格心理學裡女性人格之中的阿尼姆斯或男性面向的能力。儘管對於需要努力才能發展這些能力的女性來說，比如賽姬，她們經常感覺這些能力是「屬於男性的」，然而這些能力卻是阿特米絲和雅典娜型女性的天生屬性。

身為神話人物，賽姬是戀人（如同阿芙蘿黛蒂）、妻子（如同赫拉），以及懷孕的母親（狄米特）。再者，在她的神話故事中，她也去了冥界再返回人世（因此也跟波賽芬妮相似）。把人際關

4 譯註：中譯本《丘比德與賽姬》，獨立作家，2014。

5 編註：《她》（*She: Understanding Feminine Psychology*）該書的繁體中文版與《他》（*He: Understanding Masculine Psychology*）合併為一書《他與她：從榮格觀點探索男性與女性的內在旅程》，二〇一一年由心靈工坊出版。

係放在第一優先，而且本能或情緒性地回應他人的女性，需要發展每項使命象徵的能力。之後她們才能評估自己的選擇，根據自己的最佳利益果決地採取行動。

使命一：分類種子。阿芙蘿黛蒂領著賽姬進入一個房間，給她看一堆混雜在一起的種子堆積如山，有玉米、大麥、小米、罌粟、鷹嘴豆、扁豆和大豆，同時告訴她，她必須在夜晚之前把這些種子或穀物分類好，各自堆成一堆。這項使命似乎不可能完成，直到一群低賤的螞蟻前來幫她分門別類，把一粒一粒種子放到所屬的種子堆裡。

同樣地，當一名女性必須做出關鍵性決定時，她常常首先必須理清楚亂成一團的衝突感受和只能從中擇一的忠誠對象。如果阿芙蘿黛蒂插了一手，經常使得狀況特別讓人困惑。因此，「把種子分門別類」是內在的工作，需要這名女性誠實的向內省思，篩檢自己的感受、價值和動機，同時區分什麼事真正重要，什麼事無關緊要。

當一名女性學會停留在困惑的情境裡，直到撥雲見日才行動時，她就學會了信任「螞蟻」。這些螞蟻所比喻的是直覺的過程，是超乎意識控制的運作。或者可以說，只要她有意識地努力針對涉及決定的眾多元素，有系統地或有邏輯地加以評估並排定優先順序，也能夠讓事態變得明朗清晰。

使命二：取得一些金羊毛。阿芙蘿黛蒂接下來命令賽姬從在太陽下吃草的一群可怕金色公羊身上取得一些金羊毛。這些公羊是體型龐大、攻擊性強、長角的野獸，牠們在原野上對撞打架。如果賽姬進入羊群裡試圖取下牠們的羊毛，她一定會遭到踐踏或擠壓。又一次地，這項使命似乎不可能完成，直到一枝綠色的蘆葦來幫助她，建議她等到日落，這時公羊散開去休息了。於是她可以安全的撿拾公羊拂過刺藤叢留下的幾縷金羊毛。

象徵上，金羊毛象徵了權力，那是女性需要取得的權力，但是不能在企圖獲取的過程中遭到摧毀。當阿芙蘿黛蒂型女性（或者脆弱女神的類型）進入外面那個競爭的世界時，在那個人們為了權力地位你爭我奪的世界裡，如果她沒有辨識出危險，就可能受傷或幻滅。她或許會變得心腸硬如犬儒；她那關懷人和信任人的自我可能非死即傷，被人踩在腳底下。全副武裝的雅典娜可以上戰場，直接參與策略和政治，然而像賽姬這樣的女性，最好是觀察、等待，然後以間接的方式逐漸取得權力。

取得金羊毛而不摧毀賽姬這項使命是「取得權力而且依舊保有同情心」的隱喻。在我的精神科執業過程中，我發現把這項使命放在心上，對於每一位學習堅持自我的女性助益非常大。否則，如果只專注於表達自己的需求和憤怒，她的對話就會變成與對方更行疏遠的對抗行為，無助於她達成目的，而且會讓她暴露在刺眼、具有毀滅性的亮光之下。

使命三：裝滿水晶瓶。在第三項使命中，阿芙蘿黛蒂把一個小小的水晶瓶放在賽姬手裡，告訴她必須從一道險惡的川流取水裝滿這個瓶子。這條川流從最高的懸崖頂端的一潭水泉傾瀉而下，流到冥界最低深處，然後又被汲取上來，通過土地再度從水泉裡冒出來。比喻上，這條川流代表循環的生命之流，賽姬必須把手伸入裡面來裝滿她的水瓶。

當她凝視這條深深蝕刻在嶙峋的高崖上、由巨龍守護的冰川時，感覺自己不可能完成這裝滿水瓶的使命。這一次，一隻老鷹飛來幫助她。老鷹象徵了從遠處看清地形，然後俯衝而下攫取目標。這並非過度糾結於自我因而「見樹不見林」的女性（例如賽姬）通常的認知模式。

對阿芙蘿黛蒂型女性來說，與自己的關係保持一點情感距離特別重要，這樣才能看見整體的模式如何，並且從中辨識出重要的細節，讓自己可以掌握那些才算意義重大。接著她可以吸取經驗，塑造她可以採取的生活方式。

使命四：學會說不。第四也是最後一項使命，阿芙蘿黛蒂命令賽姬帶一個小盒子下去冥界，請波賽芬妮裝滿美容膏。賽姬以為這項使命等同於死亡。這次給她建議的，是一座眺望塔。

因為阿芙蘿黛蒂在其中加入了特別艱難的挑戰，讓這項使命不只是關於勇氣和決心的傳統英雄考驗而已。賽姬被告知，她會遇到可憐人請求她幫忙，而她必須三次「硬起她同情的好心腸」，無視他們的懇求，繼續前行。如果她做不到，她就會被永遠留在冥界。

設定目標然後堅持前行，不顧別人的請求幫忙，除了處女神原型的女性以外，對所有女性都是特別困難的事。母親般的狄米特型女性和樂於助人的波賽芬妮型女性最容易回應別人的需求，而赫拉和阿芙蘿黛蒂型女性介於兩者之間。

賽姬這三次說「不」來完成的使命，是在練習如何做選擇。許多女性允許別人把意願強加在她身上，拋下為了自己在做的事。除非她們學會說「不」，她們無法完成自己最初的目標，或者對她們來說最有利的事。無論是需要她們陪伴或安慰的人，還是一段激情關係的吸引力，只要這名女性無法克制自己易受影響的特質、無法說「不」，她就無法決定自己的人生道路。

通過四項使命，賽姬成長了。在她的勇氣和決心受到考驗時，她發展出才華和優點。然而，無論她獲得了什麼，她基本的天性和優先順序仍然不變：她重視伴侶關係，願意賭上一切，而且最後獲得勝利。

第十三章

哪位女神拿到金蘋果？

女神之間的競爭、衝突和結盟就發生在女性的心靈當中——如同奧林帕斯山上也曾上演這套戲碼。這名女性聽從哪位女神？忽視哪位女神？她做了多少抉擇？這些內在人物象徵了強大的原型模式在競爭表現的機會，就像希臘女神曾經爭奪金蘋果一樣——那是由「帕里斯的裁判」所決定的獎賞。

帕里斯的裁判

所有的奧林帕斯神祇——除了厄莉絲（Eris），衝突與不合的女神以外——都獲邀參加色薩利（Thessaly）國王佩琉斯（Peleus）迎娶美麗的海精靈特蒂絲（Thetis）的婚禮。厄莉絲不請自來，現身這個盛大的場合來報復她所受到的輕視。她把一顆上面刻著「給最美的」金蘋果丟到聚集的賓客之間，打斷了慶典。金蘋果滾過地板，赫拉、雅典娜和阿芙蘿黛蒂都立刻來爭奪這顆蘋果。三位女神都覺得理所當然金蘋果應該屬於她。當然，她們無法取得共識誰是最美麗的，於是訴請宙斯來裁決。他拒絕做此選擇，反而指引她們去找牧羊人帕里斯，一名懂得鑑賞美女的凡人，由他來裁判。

三位女神找到帕里斯；他跟一名山林精靈住在伊達山（Mt. Ida）的山坡上，過著田園生活。三位美麗的女神輪流提出賄賂條件企圖影響裁決。赫拉提議給他統治所有亞洲王國的權力，如果帕里斯獎賞她金蘋果。雅典娜承諾他只要出兵打仗戰無不勝。阿芙蘿黛蒂承諾給他人世間最美麗的女子。毫不遲疑，帕里斯宣布阿芙蘿黛蒂最美並授予她金蘋果，於是招來了赫拉和雅典娜對他永久的憎恨。

帕里斯的裁判後來導致了特洛伊戰爭。牧羊人帕里斯是特洛伊的王子。人世間最美麗的女人是海倫，她是一名希臘國王梅涅勞斯（Menelaus）的妻子。帕里斯收取他的報酬，綁架海倫帶她一起回特洛伊。這個舉動挑起了希臘人和特洛伊人之間延續十年戰爭，最後結束於特洛伊的毀滅。

有五位奧林帕斯神站在希臘人這一邊：赫拉和雅典娜由於對帕里斯的憎惡，倒向了希臘英雄的陣營，波賽頓、荷米斯和赫菲斯特斯也加入她們。有四位男神和女神站在特洛伊人陣營：阿芙蘿黛蒂、阿波羅、阿瑞斯和阿特米絲。

帕里斯的裁判也啟發了西方文明某些最偉大的文學作品和戲劇。透過三大經典史詩《伊里亞德》（*Iliad*）、《奧德賽》和《艾尼亞斯紀》（*Aeneid*），以及艾斯奇勒斯（Aeschylus）、索福克里斯（Sophocles）和尤瑞皮底斯（Euripides）所創作的希臘悲劇，讓這次裁判所引發的各項傳奇事跡恆久流傳。

新版「帕里斯的裁判」

當代的每位女性都會面對自己個人的「帕里斯的裁判」。問題跟奧林帕斯山的賓客們被問到的相同：「哪位女神該拿到金蘋果？」，以及「誰當裁判？」

哪位女神該拿到金蘋果？

在神話裡，在場只有三位女神主張蘋果是她們的。這三位是赫拉、雅典娜和阿芙蘿黛蒂。然而，在每位女性的心靈裡存在的競爭者可能不一樣。或許只有兩位競爭金蘋果，或者有三位或四位或七位女神，可能有各式各樣的組合在你爭我搶。在每位女性的內心，活躍的原型經常在爭奪至高權力，或者競爭主導地位。

在原始神話當中，所謂選擇「最美的」，究竟是什麼意思呢？赫拉、雅典娜和阿芙蘿黛蒂相持不下，她們各有什麼優勢可以勝過其他兩位女神呢？在檢視這三位女神的象徵意義後，我恍然大悟，她們可以象徵了一名女性的人生能夠選擇前進的三個主要方向，也就是女性內心經常衝突的三個面向。赫拉把婚姻擺第一；認同赫拉目標的女性也是如此。雅典娜重視的是要盡其所能地發揮才華，推崇她為最美的女性，會將生活重心放在自己的職涯。阿芙蘿黛蒂擁護美、愛和激情、創造力為最高價值，認同她的女性會把她個人生活的活躍優先於持久的伴侶關係和事業成就。

這些選擇根本上不同，因為三位女神分屬不同的類型。赫拉是脆弱女神，雅典娜是處女神，而阿芙蘿黛蒂是煉金女神。在女性的生命裡，這三個類性所象徵的生活方式通常是最為鮮明。

誰來裁判？誰決定哪位女神拿到金蘋果？

在神話中，是由一名凡間男子決定。而在父權的文化裡，是由男性集體做決定。當然，如果是由男性來決定女性的地位，那麼這個選擇就會被侷限在男性的需求上。例如，「3K」Kinder（小孩）、Küche（廚房）、Kirche（教堂）曾經被定義為大多數德國女性的生活範圍。

在個人層面，「哪位女神該拿到金蘋果？」這個問題描述了一場持續進行著的競爭。始於跟她的父母和親友，延伸到跟老師、同學、朋友、約會對象、丈夫，甚至是孩子的「帕里斯裁判」沒完沒了，每個人都會賜予或扣留「金蘋果」，只要女性取悅了他們，他們就以贊同來獎賞她。例如，人格中有安靜、獨來獨往的面向（多虧赫絲蒂雅），還有競爭心強的網球選手（可能是阿特米絲或雅典娜的影響），以及小表弟小表妹會激發她母性特質（狄米特的小女孩，會發現自己做某些事會得到比較多的贊同。她爸爸讚美她，是因為她打了一場出色的網球比賽、還是扮演了稱職的小媽媽呢？她媽媽看重的又什麼呢？這是個內傾的家庭，期待家裡的成員安安靜靜地自得其樂嗎？或者，這是個外傾的家庭，認為想要獨處的人很不尋常嗎？身為女孩，是否應該保留實力，不能表現出她的反手拍有多好，而且每次都得輸給男性呢？考慮到別人對她的期待，她會怎麼做呢？

如果一名女性讓別人來決定什麼對她來說才重要，那麼她就會去實踐父母的期待，而且會去遵從她的社會階層對她預設的行為模式。在她的人生裡，哪位女神會獲得尊崇，是由別人決定的。如果一名女性為自己決定「哪位女神該拿到金蘋果」，這個決定是基於這名女神在她內心的力量，那麼不論她的決定是什麼，對她都是有意義的。她的家庭或文化或許會、或許不會支持，但是這決定感覺是真實的。

陷入衝突的女神：委員會的比喻

在一名女性的內心裡，或許女神們會彼此競爭，或許由某位女神統治。每當這名女性必須做出重大決定時，女神之間可能會有一場爭奪金蘋果的競賽。如果是這樣的話，這名女性是否在相互競爭的優先順序、本能和模式之間抉擇呢？或者她走的道路是被安排好的，且是女神所決定的呢？

約瑟夫·惠爾萊特（Joseph Wheelwright），一名榮格分析師，也是我的導師，曾說過：在我們腦袋裡進行的事情，可以想像成是個委員會，我們人格中的各種面向圍繞著桌子坐著有女有男，有老有少，有人聒噪和苛刻，其他人則安靜和疏離。如果我們夠幸運，會是健康的自我坐在首位，擔任委員會主席，決定什麼時候以及誰應該輪到發言。主席藉由自己是善於觀察的參與者以及有效能的執行者——運作良好的自我會擁有的特質——來維持秩序。當自我運作良好時，就會有合宜的行為表現。

主持委員會不是件輕鬆的任務，尤其是每位女性身上都有多名的女神，她們都有所要求並且主張自己的權力，有時候會互相起衝突。當一名女性的自我無法維持秩序時，某個女神原型可能會介入，接管這個人格。那麼比喻上，就像女神掌控了這名凡人。或者，當同樣強大的原型元素陷入衝突時，就可能發生一場內在的奧林帕斯諸神之戰。

當一個人陷入內在衝突時，結果就取決於當事人的「委員會」和「成員」如何共事。就像所有的委員會一樣，團體的運作取決於主席和成員她們是誰、她們的觀點有多麼堅定、團體的開會過程有多麼合作或是多麼爭論不休，以及主席維持了多少秩序。

井然有序的過程：自我是稱職的主席，而且所有女神有機會獲得傾聽

第一種過程可能井然有序，由觀察力敏銳的自我所主持，能夠根據充足的資訊做出明晰的選擇。這個自我清楚地了解所有參與成員、以及她們的不同需求和動機。這個人格所有相關的面向都會獲得傾聽，現實狀況會經過考慮，女神間的緊張對峙會被包容。由於每位女神代表著這名女性心靈（人格的總和）中特定的本能、價值或面向在發言，因此任何一位女神說話的份量，取決於這個特定的原型有多強大、在這個特定的議程中它參與得多深，以及自我（身為主席）允許這個女神有多少發言時間。

舉例來說，一名女性可能在決定星期天要做什麼。赫絲蒂雅偏愛獨處，提議在家度過安靜的一天。赫拉覺得自己有義務去拜訪丈夫的親戚。雅典娜提醒她，關於資助的一項提案有些工作要完成。阿特米絲則建議她去參加某一場婦女會議。

或者，一名女性的決定可能關係到自己下半輩子要怎麼過。這個決定的結果，可能對於人格中的每一面向、每位女神而言都有自己的既得利益。舉例來說，「既然現在孩子長大了」，是不是結束一樁不滿意的婚姻的時候了呢？此時狄米特可能會讓天平倒向另一邊。她一直以來都跟赫拉結盟，「為了孩子」而留在不快樂的處境裡，現在她會跟阿特米絲聯手，往獨立的方向去嗎？

或者，該是時候回學校讀書或改變職涯嗎？那麼，該要聽從雅典娜或阿特米絲呢？

或者，終於輪到狄米特或赫拉的聲音被聽見了呢？如果以往這名女性將她所有的能量集中於發展職涯或者精通她的專業技能，現在人到中年，或許她已經抵達了目的地，或是處於停滯階段，她是否由於狄米特的影響，突然感覺到母性本能大爆發呢？或者，她是否知道自己很寂寞，羨慕地看

著別人出雙入對，在此之前她一直拒絕赫拉，而現在想要結婚了呢？

或者因為中年帶來了反省和追求靈性價值的需求，而輪到那失蹤的女神，所有女神中最安靜的赫絲蒂雅現身了嗎？

中年或許會帶來新的女神組成，或者某位新的女神會脫穎而出。在每個重大的新人生階段青春期、成年、退休、停經，以及中年都可能發生這樣的轉變。當轉換的時刻來臨，如果自我掌管了一個井然有序、內省、自覺的過程，那麼這名女性會思考優先順序、忠誠、價值和現實等因素。她不會強硬地要解決互相衝突的選擇；解答會隨著問題變得清晰之後而來。在她決定星期天要做什麼的時候，個過程或許只要五分鐘。在她思索重大的人生改變之時，或者可能要花五年時間。

例如，我見過女性掙扎多年想解決「寶寶問題」。這樣的女性想知道怎麼處理她的母性本能，怎麼處理她的職涯。同時如果她先生跟她意見不同——如果一個人想要小孩，另一個人不想要——她該怎麼辦？現在她三十幾歲了，而為人母的可能有時間性，她應該怎麼辦？

上述所有問題都曾困擾過藝術家喬治亞·歐姬芙（Georgia O'Keeffe），她從來沒有生過小孩。從蘿拉·萊爾（Laura Lisle）為她所著的傳記中，我們知道歐姬芙從小就感覺到內心有股想要當藝術家的衝動。我們也知道，她在二十多歲時跟一名朋友坦承：「我就是需要有個寶寶如果沒有，我的生命就不完整。」[1]當她感到「寶寶問題」非常重要時，她也深深愛著艾佛瑞·史蒂格利

1 原註：Lisle, Laura. *Portrait of an Artist: A Biography of Georgia O'Keeffe* (New York: Washington Square Press/Simon & Schuster, 1981), p. 143.

茲（Alfred Stieglitz），她跟史蒂格利茲同居後結婚。他是現代藝術領域最有影響力的人士之一。他的畫廊以及他對藝術和藝術家的意見可以造就藝術家的名聲。史蒂格利茲認為會寶寶分散歐姬芙對繪畫的專注，所以不該成為母親。比歐姬芙大三十歲，而且自子的孩子已經成年，史蒂格利茲也不想要再當爸爸。

關於寶寶問題，她內心裡以及跟丈夫的衝突，始於一九一八年，持續了五年，在兩椿事件傾斜了天平之後，這點才明顯獲得解決。一九二三年，她展出了百幅作品。或許是生平頭一遭，她獲得外界的肯定，證明她實現夢想而成為成功的藝術家是可能的。同一年，史蒂格利茲的女兒生了個兒子，之後陷入嚴重的產後憂鬱，此後再也沒有完全康復。

考慮到史蒂格利茲，考慮到他們之間的關係以及她身為藝術家的生涯，歐姬芙內心的許多面向都浮現出來，共同抗拒了她強烈的母性本能。赫拉、阿芙蘿黛蒂、阿特米絲和雅典娜全部站在同一邊反對狄米特。

儘管女神們聯手加上現實情境使得決定偏向反對生孩子，歐姬芙卻不因必須放棄當媽媽的可能性而感到怨恨，否則這個問題（或任何問題）都不會完全解決。當一個人覺得自己沒有選擇，是因為外在環境或內在衝動，而被迫放棄重要的事物時，她會感覺憤怒、無能和沮喪。怨恨耗損了她的活力，使得她無法完全專注在自己手頭上的事情，無論那項工作多麼有意義。歐姬芙（或者任何女性）在失去了重要事物的經歷之後，要有能力縱身投入創造性工作的話，她的自我不能只是個被動的觀察者，不能只是在那邊統計原型們開出的投票數。她必須積極支持投票結果。要做到這點，一名女性必須能夠說出：「我明白我是誰，也明白情況如何。我肯定這些特質就是我，我接受現實的真相。」唯有如此，被凍結在某個狀況中的能量才能獲得釋放，轉而被運用在其他地方。

像蹺蹺板那樣搖擺不定：自我失能，彼此競爭的女神爭奪主導地位

雖然井然有序的過程是最好的解方，不幸的是，這並非處理內在衝突唯一可能的方式。如果自我只是被動地附隨暫時得勢的一方，就會導致蹺蹺板效應發生，一下這邊「贏」了就選這邊，下次又靠另一邊。

例如，一名已婚婦女對於要結束一樁外遇（她清楚如果不結束外遇，她的婚姻就會完蛋）可能會嚴重的猶豫不決。她內心的衝突可能感覺起來就像特洛伊戰爭一樣，一度看來是無法收拾。自我失能的女性一次次結束外遇，結果只是一次次再度受到誘惑而走回老路。

對於這個情境而言，特洛伊戰爭是非常適切的比喻。海倫被人你爭我奪的獎賞，正如處於「婚姻或外遇」衝突之中的被動自我一般。被動自我就像被挾持的人質，起初被這一邊所有，然後又屬於了另一邊。

希臘軍隊決意要讓海倫回到她丈夫身邊。站在他們這一邊的，是婚姻的擁護者。領頭的是婚姻女神赫拉，她堅持要持續奮戰，直到特洛伊被摧毀，海倫返回丈夫梅涅勞斯身邊。協助希臘人的還有鍛造之神赫菲斯特斯，他為阿奇里斯打造了盔甲。赫菲斯特斯同情希臘人的處境是可以理解的，因為他是阿芙蘿黛蒂戴綠帽的丈夫。另外一名希臘人的盟友是波賽頓，君臨海底世界的父神。還有雅典娜，她擁護父權制的權利，自然是站在合法丈夫這一邊。

這些奧林帕斯神象徵了一名女性內心會力促她去保住婚姻的態度。他們視婚姻為神聖的誓約，

也是合法的體制，他們相信妻子是丈夫的財產，而且同情戴綠帽的丈夫。

阿芙蘿黛蒂，愛情女神，也是金蘋果的贏家，當然是站在特洛伊這一邊。有趣的是，阿特米絲和阿波羅，也是如此。這對一男一女的雙胞胎，或許象徵了非刻板印象的男性與女性角色只有在父權制的權力受到挑戰時，他們才會受到認同。第四位站在特洛伊這邊的神祇是戰神阿瑞斯，他（跟帕里斯一樣）跟人妻上床。阿瑞斯是阿芙蘿黛蒂的情人。

這四位奧林帕斯神象徵了一名女性在發生外遇時，心靈中經常會被共同發生的元素或態度。他們象徵了性激情和愛。他們象徵了自主性堅持她的性慾屬於自己，不歸婚姻或她丈夫所有。這四位神祇反叛傳統的角色，而且衝動。因此他們在一場可以看成是向她丈夫宣戰的外遇中聯手作戰。

如果女性的自我只是被動地附隨於內在衝突以及外部競爭（爭奪她）當下的贏家，她就會像蹺蹺板那樣，在形成三角關係的兩名男人之間來回擺動。這樣的舉棋不定，會同時傷害兩邊的伴侶關係，以及所有相關的人。

委員會陷入混亂：自我被相互衝突的女神壓垮了

當女性的心靈出現激烈衝突，而自我無法維持秩序時，那麼井然有序的過程根本就不可能開始。眾聲喧嘩，導致她內心充斥著嘈雜刺耳的噪音——彷彿女神尖叫著發洩她們的憂慮，每一位都試圖蓋過別人的聲音。這名女性的自我無法釐清她內心的聲音，而同時內在不斷累積巨大的壓力。混亂持續，讓這名女性感到困惑，而且就在她無法保持自己腦袋清楚思考的時候，有著不得不做些什麼的壓力。

我曾經有位四十多歲的患者，在她正準備離開丈夫之際，突然發生這種「委員會陷入混亂」的情況。她沒有別的男人，而且他們夫婦間是別人口中美滿幸福的二十年婚姻。只要她一開始思考和丈夫分開這件事，她就可以聽到許多相持不下的觀點，大致上都是理性的。但是，當她告訴先生自己在考慮要和他分開，而先生讓她自己好好想清楚時，她內心的混亂爆發了。她說感覺好像「腦袋裡有一台洗衣機不停在運作」，或者「在洗衣機裡面」。面對這儘管充滿風險卻真摯的決定，她的自我各個面向，反應出了恐懼和驚慌。

有一陣子她陷入癱瘓狀態——她的自我暫時被壓垮了。但是，她並沒有放棄而回丈夫身邊，她堅持自己的需求來整理思緒，跟朋友待在一起，直到釐清一些頭緒。逐漸地，她的自我重新恢復至平常的地位，同時她聽見並思考過那些驚慌和恐懼的念頭。最後，她離開丈夫。一年後，她終於確定這是正確的決定。

在這樣的情境中，跟其他人談談或者寫下自己內心互相衝突的恐懼和衝動，是有幫助的，這讓你可以展開釐清的過程，解決彼此矛盾的癥結。當一團亂的問題分解成各自獨立的掛慮時，自我或許不會再覺得被壓垮了。

「委員會陷入混亂」常常是暫時的，當人面對認知上陌生且具有威脅性的事務時，一開始會產生混亂反應，接著會造成短期失能。自我不久之後就會恢復秩序。然而，如果自我沒有恢復秩序，心智的混亂可能導致精神崩潰。心裡依舊充滿相持不下的情緒、想法和意象，邏輯思考變得不可能，於是當事人便會停止正常運作。

偏愛以及嚴格審查委員會成員：有偏見的主席會偏愛某些女神，而且拒絕認可其他女神

身為主席，有偏見的自我會只認同特定受寵的某些委員會成員。如果它無法接受其他成員表達的需求、感受或觀點，它會判定她們違反議事規則，使她們無法發聲。它會嚴格過濾它不想要看或聽到的意見，因此表面上看起來沒有衝突。有時候是由少數甚至是只有某位保持「受寵的女神地位」，她們的見解獨霸一方。她們是自我所認同的女神。

同時，失寵女神的看法和優先事項會被壓下。她們或許無法出聲，或者甚至不能出現在委員會。然而，她們的影響是在「委員會的會議室之外」或者意識之外感受到。行動、心身症，以及心情，可能是被排除的女神們的表達管道。

「用行動來表現」是為了緩減衝突的感受造成的緊張，無意識中被啟動的行為。例如，一名已婚女性芭芭拉感到怨恨，因為她先生的妹妹蘇珊總是認定，她，蘇珊，永遠可以搭芭芭拉的便車。芭芭拉無法說不，如果拒絕她就會覺得自私而內疚。她也無法生氣，因為憤怒是不可接受的。因此，她身為主席的自我站在赫拉和狄米特這一邊；這兩位女神堅持她要當好妻子，照顧先生的親戚，並且成為滋養和關照別人的人。內心的緊張不斷累積，她靠著「行動化」來排除。芭芭拉「忘記」約好了要去接蘇珊。處心積慮放蘇珊鴿子，會顯得太有敵意——阿特米絲或雅典娜甚至有可能鼓吹她故意這麼做。不過，藉由「忘記」，芭芭拉「行動化了」她的敵意，抵制了蘇珊的習慣。然而，對於自身的憤怒和肯定自己的獨立，芭芭拉依舊是「無知的」。

關於行動化，另一個意義更顯著的例子，是由我的一名患者提供的。她預定要去試鏡一部重要電影的配角。選角導演見過她，並且認為她可能是這個角色的完美人選，因此請她來試演。這是她

的大好機會。這位三十歲的女演員是一個輪流演出一些固定劇目的小劇院的成員，跟劇院的導演同居。他們有段分分合合的關係，持續了三年。

部分的她知道，對方無法容忍她比較成功。但是她壓抑了這份認知以及其他一些洞察，保護自己不要看清他真實的樣貌。當演電影的機會降臨時，她為試鏡準備，排練到最後一分鐘，而且是如此全神貫注以至於「忘了時間」，讓她錯過了約定好的試鏡。

就這樣，她「行動化了」自己的舉棋不定——儘管她想要這個角色，而且有意識地投入她的心力。阿特米絲給予她野心，阿芙蘿黛蒂幫助她表現自己的才華。但是她潛意識害怕得到這個角色會考驗他們的關係。赫拉把伴侶關係擺在第一位，而狄米特則保護男方不要覺得受到威脅或者自己能力不足。她是在無意識中做出不要去試鏡這個角色的決定。

心身症可能是被排除的女神們的表達管道。例如，從來不要求協助或者看起來從來不需要任何人、擁有雅典娜特質的獨立女性，身上可能會出現氣喘或潰瘍的毛病。或許這是唯一的方法，她的自我可以讓有著依賴性的波賽芬妮獲得一些母性的滋養。或者付出、大地之母類型的女性可能最後會罹患了不穩定型高血壓。經常在她表現得特別大方無私的時候，她的血壓會突然從正常飆高。雖然她可能沒有足夠的阿特米絲原型讓自己專注在個人的優先事項上，但是當自己如此果斷地把別人的需求擺在第一位時，會讓她感覺到緊張和怨恨。

心情也可能反映出那些被過濾的女神。一名幸福的已婚女性在聽到走上不同道路的朋友的消息時，會陷入疏遠、漠然的心情，這或許象徵了處女神的浮現。職業婦女月經來時感覺到若有似無的不悅，可能是不滿足的狄米特作祟。

換檔：女神們「輪流」當家

如果是幾位女神輪流成為主導的影響力量，當事人常常描述自己「身上不只有一個人」。例如，卡洛琳一年賣了超過一百萬美元的保險；她掌握的資料鉅細靡遺，而且積極開發客戶。工作時，她是雅典娜和阿特米絲高效率的混合體。在家裡，她則是老虎變貓咪，事業上的女強人轉變成獨居的溫柔女子，她腳步輕盈，心滿意足的在屋子裡和花園裡走動，如同內傾的赫絲蒂雅享受獨處之樂。

萊絲莉在她的廣告公司裡是理想的員工。她的提案簡報生動又亮眼；她的創造力和說服力使得她成果豐碩。她是阿特米絲和阿芙蘿黛蒂的動態混合體，跟先生在一起時，她又很容易就滑向順服的波賽芬妮。

上述兩位女性都覺察到，她們表現得像是兩個截然不同的人，因為她們會換檔，從她們人格的某一面換成另一面。每天的切換對她們來說十分自然。在每種狀況下，她們都覺得忠於自我或者忠於「輪流」在她們身上獲得表達機會的女神。

許多女性清楚自己人格上的轉換，因此心理類型測驗中的「兩選一」的問題會讓她們困惑或者覺得有趣，她們很清楚答案取決於她們的感受。她們描述的是工作中的我或者私底下的我的反應、是身上的母親或者藝術家、她們自己一人時或是跟伴侶在一起時，是如何反應，都會影響她們的答案。有一種太常見的狀況是，答案以及由此而來的人格側寫，似乎取決於這名女性接受測驗時「哪位女神」在她身上。如一名女性心理學家所說：「我在宴會上非常外向，而且那不只是個人格面具，或者只是我戴上的宴會臉孔，而是我自己享受了一段美好時光！然而，如果你看到我在進行研究，那時的我是截然不同的人。」在某個場景中，她是熱情洋溢的阿芙蘿黛蒂：外向、積極回應對方的情感，並且愛好感官歡愉。另一個她，則是小心謹慎的雅典娜：一絲不苟的執行她已經思考透徹的計畫，現在必須蒐集證據來證明。

如果只有一個主要的女神原型支配了一名女性的人格，她的心理類型測驗通常會符合榮格理論。她會一致地表現為外傾（直接針對外界的事和人產生反應）或是內傾（回應她自己的內在印象）；她會運用思考（權衡的是理性的考量）或是情感（權衡的是價值）來評價人和情境；信任透過五種感官或是直覺所獲得的資訊。有時候她的四種功能（思考、情感、感官、直覺）中，只有其中一種獲得充分發展。

如果有兩個或以上的女神原型主導，這名女性不一定會符合某種特定的心理類型。她可能既內傾又外傾，取決於當時的情境以及占上風的女神為何：外傾的阿特米絲或狄米特或許在某個情境中「擁有金蘋果」，但是在另一個情境下，金蘋果又會落在內傾的赫絲蒂雅或波賽芬妮手上。

根據榮格的理論，思考和情感的作用在於評估，感官和直覺的作用在於認知。當其中某種功能是最發達的，理論上相對的（配對中的另一種）作用，就是最沒有被意識到的作用。如果某個女神原型支撐了整個人格，這種理論就可以成立：雖然雅典娜型女性能夠非常清晰地思考，但是她評估情感價值的能力幾乎不存在，這是她的特點。不過，如果有超過一個的重要女神原型，情況可能就不是如此。例如，如果阿特米絲也作為活躍的原型加入雅典娜的行列，那麼情感跟思考發展的程度可能相等或者近乎相等，這就跟理論相反。

當女性內心裡的女神們彼此合作，而且輪流獲得表現機會時，這麼一來，「哪位女神拿到金蘋果」就取決於當下的情境和她手上的工作。

意識和選擇

一旦女性（透過她的自我觀察）覺察到自己內心的女神原型，而且能夠清楚領略為什麼我們能夠以委員會來比喻內在過程，她就擁有了兩項非常有用的洞察工具。她可以用敏銳的耳朵聆聽自己內在的聲音，辨識出是「誰」在說話，同時覺察到是哪些女神在影響她。當這些女神象徵她的自我中互相衝突的面向，而她必須解決這些衝突時，她可以感受到每位女神的需求和掛慮，然後為自己決定最重要的是什麼。

如果有些女神無法清楚表達自己，而且難以辨識——她們的存在只能透過「行動化」的事件、心身症的症狀或一時的心情來推測她可能需要時間和關注，並覺知到這些女神是誰。如果她對於原型模式具有概念，並且清楚女神的作用範圍，這些或許有助於她確認那些需要辨識的女神原型。

因為所有女神都是每位女性內在固有的模式，所以女性可能會了解到自己有需要對某位特定的女神有更深的認識。這麼一來，她或許可能成功地發展或加強一位特定女神的影響力。例如，黛娜在寫她的論文時，常常很難打起精神去做文獻研究。但是想像自己是狩獵中的阿特米絲，給了她動力去圖書館找出她所需要的文章。自己成為了阿特米絲的意象，激發出她進行這項工作需要的能量。

積極地想像女神，可以幫助女性認識自己內心活躍的原型。她可以在心裡想像一位女神的形象，然後，一旦腦海裡有了鮮活的意象，就看看自己是否能跟這位想像出來的女神對話。運用「積極想像」——這個步驟是榮格所開發出來的——她會發覺自己能夠提問和找到答案。如果她以接納的態度去聆聽那些並非她的意識中創造出來的答案，運用積極想像的女性常常會發現自己彷彿處於真實的對話之中，藉由對話更加認識她自己內在的原型人物。

一旦一名女性能夠感受到自我當中不同的部分，而且能夠傾聽、觀察或是感受到自己不同的優先事項和非得擇一不可的忠誠，那麼她就可以分門別類整理好，衡量它們對自己的重要性。於是她可以做出有意識的選擇：當衝突發生時，她就能夠決定哪些事項優先於其他，以及她將採取什麼做法。結果就是，她的決定解決了內在衝突，而不是掀起了內心的戰爭。一步步地，她就這樣變成有意識做出選擇的人，一再地為自己決定由哪位女神拿到金蘋果。

第十四章

每個女人內在的女英雄

每位女性身上都有一位潛在的女英雄。她是自己人生故事的女主角；這趟人生旅程始於她的誕生，延續了一輩子。當她在自己獨特的道路上前行時，毫無疑問會遭遇苦難；感受寂寞、脆弱、不確定；而且認識限制。她也可能尋找意義、發展品格、體驗愛跟恩典，同時學習智慧。

藉由她的選擇、她去信仰與愛人的能力、她從經驗中學習和給予承諾的能力，形塑出她這個人。當困難出現時，如果她以符合自己的價值和感受的方式來評估自己能做什麼、決定自己會做什麼，而且據此行事，她就演出了自己神話中的「女英雄主人翁」。

儘管人生充滿了無法選擇的情境，但是總是會有必須下決定的時刻；決定事件或改變角色的關鍵點。要當個女英雄走上自己的英雄之旅，一名女性必須首先具備「我的選擇非常重要」的態度（即使一開始是「假裝」）。以此前提來生活的過程中，改變發生了：這名女性成為了做抉擇的人；一位塑造自己未來樣貌的女英雄。根據她所採取的行動，以及她保持的態度，她可能會有所成長，要不然就是變得委靡。

我的個案教會我，不只是發生在她們身上的事塑造了她們是誰，發生在她們內心的事也造成了這些改變。她們的感受，以及她們內在和對外的反應，決定了她們會變成什麼樣的人，其影響遠超過她們遭遇到多艱難的逆境。例如，我遇過一些人，她們熬過充斥著貧困、殘酷、毆打或性虐待的童年。而且，她們沒有變得（正如會被預期地）就像那些虐待她們的大人。儘管她們經驗過那一切苦難，她們依然會同情別人，彼時跟此時都一樣。創傷經驗會留下印記，她們不是毫髮無傷，然而信任的本質，愛和希望的能力，以及自我意識保存下來了。我在推測原因時，開始了解到女主角和受害者的差異。

童年時期，這些人把自己看成是一齣爛戲的主角。每個人都有一則內在的神話、某種幻想的生活，或是想像的同伴。某位女性曾被虐待成性的父親毆打和羞辱，而憂鬱的母親沒有保護她，當她回想起小時候，她跟自己說，她跟這個文盲、位於窮鄉僻壤的家庭沒有關係，她其實是位公主，正在接受這些磨難的考驗。另外一名遭到毆打和性猥褻的小孩，她逃入自己逼真的想像人生中，那是一個跟現實大不相同的人生。長大之後，她並沒有套入同一個模子裡（被打的孩子，到頭來也會打自己的小孩）。第三位女孩則把自己想成是戰士。這些孩子們事先思考並計畫，等到她們夠大時要怎樣才能逃離她們的家。她們選擇在家的時候要如何反應。其中一位說：「我絕對不會讓任何人看見我哭。」（而是走到山腳下的小丘，在沒人看見的地方哭泣）。另外一位說：「我想我的心離開了我的身體。當他開始碰我的時候，我的心就會到別的地方去。」

這些小孩是女英雄和做出抉擇的人。除了不能選擇她們受到的對待，她們保持了自我意識。她們評估狀況，決定當下要如何反應，並且為未來做計劃。

身為女英雄，她們不是像阿奇里斯或赫丘力士那樣強壯有力的半神半人——他們在希臘神話裡比單純的凡人（比如漫畫的超級英雄或是約翰・韋恩的角色）強壯，受到更多保護。這些小孩是早熟的人類女英雄，比較像是「糖果屋」裡的漢賽爾與葛麗特（Hansel and Gretel），當他們被拋棄在森林裡的時候，或者當巫婆要把漢賽爾養胖了大快朵頤時，他們運用自己的機智。這些小孩就像是理察・亞當斯（Richard Adams）的小說《瓦特希普高原》（*Watership Down*）[1]裡的兔子一樣，他們跟隨某個願景去尋找新家。他們又小又無力，靠著內心的神話支持著：只要他們堅忍不拔，繼續前行，之後便會成功抵達更美好的地方。

愛拉，她的英雄旅程貫穿了珍・奧爾（Jean M. Auel）的小說《愛拉與穴熊族》（*The Clan of the Cave Bear*）[2]與《野馬河谷》（*The Valley of Horses*）[3]，她是史前冰河時代生存於歐洲的神話女英雄。儘管時代和細節不同且充滿戲劇性，然而主題卻跟當代人類女英雄所面對的課題驚人地相似。一次又一次，在面臨對立或危險時，愛拉必須決定她的下一步。她是新石器時代的一名孤兒，在克羅馬儂人的文化下養大，因為她是女性，這個文化輕視她而且限制她的行為。她的外表、溝通和叫喊的能力、她的勇氣和思考的技能，全部都不利於她生活在這個文化裡。但是在回應她身不由己的情境時，她燃起了勇氣。在小說《野馬河谷》裡演變成「奧德賽之旅」的那趟旅程，一開始並不是一段英雄之旅（男性英雄的典型旅程），而是一段找到其他跟她自己一樣的人的旅程。同樣的，在人類女性的真實人生故事裡，如同在女英雄的神話裡，與別人的情感連繫或從屬關係是關鍵元素。女英雄是懂得愛或學習去愛的人。在她的追尋中，她要不是跟另一個人或一些人一起旅行，就是尋求結盟或團聚。

路徑

每條路上都有關鍵的岔口，需要做出決定。該走哪一條路呢？該朝著哪個方向呢？繼續走在與自己原則一致的道路上，還是追隨別人的腳步呢？要誠實以對或者加以欺騙呢？該上大學或去工作呢？該生下小孩或墮胎呢？該離開一段關係或留下來呢？該答應婚或拒絕求婚呢？胸部發現硬塊時該立刻就醫還是拖延呢？該輟學或辭職，看看有什麼別的發展嗎？該冒著失去婚姻的危險去外遇嗎？該放棄或堅持呢？該做哪個選擇呢？該走哪條路呢？會付出什麼樣的代價呢？

我回想起在大學經濟學課堂上學到的一則活生生的教訓，經過這麼多年，我發現它適用於精神醫學上：任何事物的真正代價，是我們為了擁有而放棄的東西。那是我們沒有選擇的路。承擔做選擇的責任至關重要，而且我們並非每次都能輕易做出選擇。女英雄的定義，就是她可以辦到這點。

對比之下，不是女英雄的女性會順從別人的選擇。不主動決定這是否是她想要做的事，她會半推半就地默認。經常的結果，就是成為自作自受的受害者，事後說：「我不是真心想要做這件事。是你的主意。」（「我們會陷入這個麻煩，或是搬家到這裡，或者我不快樂，都是你的錯。」）或者她覺得受害，於是控訴說：「我們總是做你想要做的事！」卻不承認自己從來沒有採取立場或是

1 譯註：《瓦特希普高原》（*Watership Down*），中文版高寶出版，2010。

2 譯註：《愛拉與穴熊族》（*The Clan of the Cave Bear*），中文版由貓頭鷹出版，2007。

3 譯註：《野馬河谷》（*The Valley of Horses*）中文版由貓頭鷹出版，2008。

堅持立場。從最簡單的問題：「你今天晚上想要做什麼？」她的回答是：「你想要做什麼都好。」她順從的習慣可能會一直擴大，直到她的人生不再由她自己掌控。

還有另一種非女英雄的模式。那是躑躅於十字路口的女性的生活模式；她不清楚自己的感受，或是對於做選擇感到不自在，或者不願意做選擇，因為她不想要放棄任何選項。她經常是聰明、有才華、迷人的女人，遊戲人間，關係變得太認真她就退出，或者退出需要付出太多時間或努力的職涯。她的「不決定」姿態當然事實上是一種不行動的選擇。她可能花了十年時間在十字路口空等，才覺察到自己的人生正在流逝。

因此，女性需要成為做出抉擇的女英雄，而不是保持被動，成為受害者和受難者，或是淪為他人或者命運移動的棋子。對於內心由脆弱女神原型支配的女性來說，成為女英雄是一種啟蒙，會出現新的可能性。對於向來順服如波賽芬妮的女性，或者像赫拉那樣把她們的男人擺第一位的女性，還有如狄米特一般照顧每個人的需求的女性，堅持自己的立場是一項英雄任務。要做到這點，女性也要反抗她們被養育的方式。

再者，成為一位抉擇者與女英雄，其必要性對許多女性而言是個震撼，她們誤以為自己已經是了。身為處女神類型的女性，她們或許心理上一直像雅典娜那樣「全副武裝」，像阿特米絲那樣不甩男人的意見，或者像赫絲蒂雅那樣自立自強且獨自生活。她們的英雄任務是冒險去與人親近，或者在情感上變得脆弱。對她們來說，需要勇氣的抉擇是信任某個人，或者需要某個人，或者對某個人負責任。為自己發聲或者到外面的世界去冒險，對這樣的女性來說，可能是容易的事情。對她們而言，結婚和生兒育女才是需要勇氣的事。

每當來到十字路口，而且必須決定下一步時，女英雄與抉擇者必須重複賽姬的第一項任務：「分類種子」。她必須停下來釐清她的優先順序和動機，以及這個情境中的各種可能性。她需要看清楚自己有什麼選擇、可能要付出哪些情感代價、這些決定會帶她去哪裡、直覺上她最在乎的是什麼。在她是什麼樣的人以及她具備什麼知識的基礎上，她必須決定自己要走哪一條路。

這裡我重溫了我第一本著作《心理學之道》（*The Tao of Psychology*）發展的主題：選擇一條「心之所繫的路」的必要性。我覺得一個人必須先深思熟慮後再採取行動，必須用理性思考掃描過每一個人生選擇，然而之後要根據自己是否有心於此來做決定。沒有其他人能告訴你，你是否有心，邏輯也無法提供答案。

女性經常在面對那些會劇烈影響自己人生的二擇一問題一時，有人會催促她趕快下定決心：「結婚！」、「生小孩！」、「賣房子！」、「換工作！」、「辭職！」、「搬家！」、「答應！」、「拒絕！」。屢見不顯，一名女性必須下定決心時，她的心會落入旁人缺乏耐心所製造出來的壓力鍋裡。要做個抉擇者，她必須堅持以自己的步調來做決定，清楚這是自己的人生，而且是自己去承擔後果並生活下去。

為了要讓自己豁然開朗，她也需要抵抗要自己倉促決定的內在壓力。起初，阿特米絲或阿芙蘿黛蒂、赫拉或狄米特，可能以她們典型的激烈或本能回應來主導情勢。她們可能試圖排擠赫絲蒂雅的感受、波賽芬妮的內省，或雅典娜的冷靜思考。但是後面這一批女神如果獲得傾聽，就能提供更完整的概念，並且讓女性能夠把自己的所有面向納入考慮來做決定。

旅程

一名女性展開英雄之旅時，她會接下使命、遭遇障礙和危險。她如何回應以及她所做所為會改變她。一路上，她會發現自己最在乎的是什麼，她是否有勇氣根據她所知一切的來行動。她的品格和同情心會遭受考驗。她會見識到自己人格中黑暗、陰影的面相，有時候是在她的優勢比較明顯、她的自信增強的時候，有時候則是在恐懼襲擊她的時候。她大概會認識什麼是悲傷，正如同她經驗了失去、限制或挫敗。女性的英雄之旅是一段發現和成長的旅程，也是將自己的各個面向整合為完整卻又複雜人格的旅程。

取回蛇的力量

每位女英雄都必須取回蛇的力量。要了解這項使命的本質，我們需要回溯到女神身上，並且探討女性所做的夢。

赫拉的許多雕像身上都呈現出有蛇纏繞她的長袍，而關於雅典娜被描繪的形象，則是蛇環繞著她的盾牌。蛇曾經是上古歐洲前希臘時期的大母神象徵，後來也成為象徵性的紀念物（或被遺留下的風格），代表了女性神祇們曾一度擁有的力量。有一尊著名的早期神像（克里特島，西元前二千至一千八百年）是位裸胸的女神，雙臂張開，兩手各抓著一條蛇。

當女性開始意識到，她可以堅持掌控左右自己人生的權力時，蛇常常出現在她的夢裡，成為一種未知而令人敬畏的象徵，做夢的人小心翼翼地接近。例如，曾有位三十歲的已婚婦女即將跟先生分居獨立生活，她做了一場夢：「我在一條小徑上，我向前看，看見我走的這條路會經過一棵大樹之下。一條巨大的母蛇靜靜的盤繞在最低矮的枝幹上。我知道牠沒有毒，我也不覺得厭惡事實上，牠很美麗，不過我遲疑了。」許多像這樣的夢浮現我的腦海，作夢者感到敬畏或是覺察到蛇的力量，而非害怕牠是危險的：「我的桌子底下盤繞著一條蛇……」、「我看見一條蛇盤繞在門廊……」、「三條蛇在房間裡……」

每當女性開始要求擁有自己的權威；或是開始做決定；或者清楚自己擁有新的意識，認知到自己的政治或心靈或個人的力量時，就很常夢見蛇。蛇似乎象徵了新的優勢。做為象徵，蛇象徵女神曾經擁有的力量，也代表陰莖或男性的力量，是阿尼姆斯特質的代表。常常，做夢的人會意識到那是一條公蛇或母蛇，這點有助於闡明這條蛇象徵哪一種力量。

跟這些夢同時發生的是，在清醒的生活中，做夢者可能在處理她承擔的新角色而處於權威或自主地位之後所引發的問題；例如：「我的執行力夠強嗎？」、「這個角色會如何改變我？」、「如果我很強，人們還會喜歡我嗎？」以及「這個角色會威脅我最重要的關係嗎？」之前從來不曾意識到自己有力量的女性所做的夢，似乎是在傳達，這些女性必須小心翼翼地接近權力，如同她們接近未知的蛇。

我認為，總算意識到自己的力量與權威的女性是「取回蛇的力量」；在父權制宗教剝奪了女神的力量和影響力、把蛇塑造成伊甸園裡的邪惡元素、而且讓女性淪為次等性別時，女性的神祇和人類的女性喪失了這種力量。然後，我想到有個形象為我呈現出女性會帶著力量、美麗和滋養能力重新現身的可能性。這個形象就是一座赤陶雕塑（一般認為它象徵了狄米特，收藏於羅馬的國家博物館），呈現出一名美麗女子或女神從大地升起，每隻手中拿著一束小麥、花朵和一條蛇。

抗拒熊的力量

女英雄與抉擇者，和跟她相應的男性不同，有可能受到母性本能壓倒性的引力所威脅。一名女性如果抗拒不了阿芙蘿黛蒂和／或狄米特，她可能在不適宜的時刻或不利的環境中懷孕。當這種事發生時，她可能會改弦易轍，脫離所選擇的路，抉擇者因此成了自己本能的俘虜。

舉例來說，一名女研究生覺得自己陷入想要懷孕的強烈慾望中。她已婚，當她執迷於生孩子的念頭時，也正在攻讀博士學位。這段期間，她做了個夢。在夢裡，一隻身形龐大的母熊用牙齒咬住她的手臂不肯鬆開。這名女性試圖掙脫，沒有成功。於是她請求一些男性幫忙，但是他們幫不上忙。在夢中她四處漫遊，直到來到一座母熊帶著熊寶寶的雕塑前它讓人想起布法諾（Bufano）位於舊金山醫學中心的雕像。當她把手放在雕像上時，熊把她放開了。

當她思索這個夢時，她覺得熊象徵了母性本能。真實世界的熊是超級好媽媽，撫育而且凶猛地保護脆弱的幼崽。等到小熊長大要獨自生活時，母熊強硬地堅持趕走牠那不情願離開的小熊，要牠進入外面的世界照料自己。這個母性的象徵一直牢牢抓住作夢者不放她走，直到她接觸到一隻母熊的意象。

對作夢者來說，夢的訊息非常清楚。如果她能夠承諾，當她拿到學位時（只需要再兩年）依然有生小孩的意圖，或許她非現在懷孕不可的執念就會消失了。果然，在她跟先生決定要有小孩，而且她在自己內心承諾只要拿到學位，就會盡快懷孕之後，執念煙消雲散。她能夠再度專注於自己的學業，不會受到懷孕念頭的干擾。只要她保有這個意象，本能就失去掌控的力量。她知道，如果她想要兼顧職涯與家庭，她必須持續抗拒熊的力量，直到她拿到博士學位。

原型存在於時間之外，不在乎一名女性的現實生活或是需求。當女神發揮影響力，身為女英雄的女性必須應允或拒絕這項要求，或者說「不是現在」。如果她不做出有意識的抉擇，那麼本能或原型模式就會接手。一名女性如果陷入母性本能的掌控時，她需要「抗拒熊的力量」，然而同時得尊崇它的重要性。

抵禦死亡與毀滅

在英雄的神話裡，每位主角必然會在前行的道路上遇見可能摧毀她的毀滅性或危險的事件。這也是女性的夢裡非常普遍的主題。

例如，一名女律師夢見，就在她剛踏出她童年時期的教會時，她遭到兩隻兇猛的黑狗攻擊。牠們撲上來，試圖咬她的脖子「感覺好像是牠們要攻擊要害。」當她抬起手臂來阻擋攻擊時，她從惡夢中醒過來。

話說從頭，自從她開始在律師事務所工作，對她遭受的對待越來越憤懣。男士們常常把她想成是個秘書。甚至在他們知道她的身分後，她依然常常感覺遭到輕視或忽視。結果，她變得好批評、有敵意。

一開始，這個夢在她看來是誇大地演繹出她的感受一直在「遭受攻擊」。然後，她思索是否自己身上有任何地方像那兩隻兇猛的狗。她仔細思考在這份工作上發生在她身上的事情，對於自己的洞察感到震驚和難過：「我變成一個充滿敵意的婊子！」她回想起跟她的童年教會連結在一起的關愛態度和較快樂的時光，知道自己「踏出了」那個地方。這個夢產生了巨大影響。作夢者的人格陷入真正的危險，她感受到的敵意以及她把敵意導向別人，這正在摧毀她的人格。她變得犬儒，滿懷敵意。現實中跟夢裡一樣，是她自己陷入了危險，而不是她怨懟的對象們。

同樣地，一名女神的負面意象或其陰影可能是具有毀滅性的。赫拉嫉妒、想要報復或怨恨的那一面可以毒害人。一名女性受到這些感受掌控，心裡也清楚，在想要報復和驚駭於自己的感受和作為之間擺盪。女英雄在跟女神鬥爭的時候，她可能會作夢夢見自己被蛇攻擊（顯示牠們象徵的力量對作夢者是危險的）。在這樣的一場夢裡，一條毒蛇飛速衝向做夢者的心臟；另一場夢，一條蛇用牠的尖牙狠狠咬住作夢者的腿，不肯鬆口。在現實生活裡，兩位女性都努力要釋然於背叛（「草中的蛇」，意指背刺的行為），同時面對被惡毒的感受所淹沒的危險（如同遭惡犬攻擊的夢，這個夢有兩層意涵；這隱喻了發生在她身上及內心世界的事）。

如果作夢者面對的危險是以人的形體出現，如攻擊她或凶神惡煞般的男人或女人，危險常常是來自敵意的批評或某個具有破壞性的角色（而動物似乎常常是象徵了感受或本能）。舉例來說。一名女性在她的小孩上小學之後，就回去大學就讀，她夢見「一位身形龐大的女獄卒」擋住她的路。這道阻擋她的身影，似乎是她母親對她的負面評論以及她所認同的母親角色擬人化之後的形象。這個夢顯示出：這樣的身分認同，就形同監禁一般。

來自內心人物的充滿敵意的評論經常是具有破壞性；例如：「你辦不到，因為你（不好、難看、無能、愚蠢、沒有才華）。」無論其嘮嘮叨叨的陳述所具體指涉是什麼，都是在表示：「你沒有權利追求更多。」而且傳達出來的訊息可以讓一名女性感到挫敗，扼殺她的信心或美好意圖。這些攻擊她的批評者們，在她夢裡的形象經常是具有威脅性的男人。內心的那些批評，通常類似於這名女性在她的環境中遭遇到的反對或敵意；批評者只是鸚鵡學舌，複述她的家庭或文化給她的訊息。

從心理學的觀點來看，在夢裡或神話中，一位女英雄所面對的每一位敵人或惡魔，都象徵了人類心靈中破壞性、原始、未開發、扭曲或邪惡的部分，企圖凌駕她和打敗她。夢見兇猛的狗和危險的蛇的女性們明白，她們的夢境象徵她們正在努力對抗別人加諸她們的傷害或敵意行為，同時，他們也一樣地受到發生在內心世界的狀況所威脅的威脅。敵人或惡魔可能是自己心靈負面的部分，威脅要打垮她內心的同情和才能的一個暗影元素；敵人或惡魔也可能是在其他人的心靈裡面，這些人想要傷害、支配、羞辱或控制她；或者經常出現的狀況是，她可能同時受到上述兩者的危害。

舉例來說，在《愛拉與穴熊族》當中，愛拉的才能激起了殘忍和傲慢的部落領袖布勞德的憎恨，他羞辱她而且強暴了她。在《瓦特希普高原》當中，拓荒的兔子們必須面對「將軍」，一隻瘋狂追求權力、法西斯獨裁、獨眼的兔子。還有《魔戒》中，腳上佈滿毛髮、兒童身材的勇敢哈比人挺身反抗魔多的索倫和他恐怖的戒靈所代表的邪惡力量。

撐過失去與悲傷

失去與悲傷，是女性生命中和女英雄神話裡的另一個主題。女性這一路上總會有誰死亡或者必須拋下誰繼續前行。在女性的人生中，關係的失去具有重要的影響力，因為大多數女性用關係而不是成就來界定自己。因此當有人過世、離開她們、搬走或形同陌路，結果就是雙重失去：失去關係本身，以及失去做為認同來源的關係。

許多在關係中向來是依賴者的女性，唯有在因失去受苦時，才會發現自己踏在女英雄的路上。例如，懷孕的賽姬遭到丈夫愛洛斯拋棄。在她尋求團圓的過程中，她承擔了任務，透過這些使命，她獲得了成長。任何年齡的離婚和守寡女性，或許是人生中第一次必須做決定和自力更生。例如，戀人同伴的過世，促使亞特蘭塔回到父親的王國，著名的徵婚賽跑就是在那裡舉行。這類似於女性在失去一段關係之後，展開她的生涯的人生道路。而愛拉是被迫離開穴熊族，不能帶著兒子杜爾克一起走，只能帶著她的記憶與悲傷。

比喻上，每當我們被迫放棄什麼東西或什麼人，而且必然為失去而悲傷時，就會發生一次心理上的死亡。死去的或許是我們的某個面向、舊的角色、之前的地位，或是現在已然消逝並且需要為之哀悼的美貌或其他青春的特質；或者一個不再擁有的夢想。或者，可能是一段關係，由於死亡或距離而終結，留給我們無限的悲傷。

女性內在女英雄會出現或是撐過失去嗎？她能夠在悲傷的同時繼續前行嗎？或者她會放棄、變得怨毒或是陷入憂鬱嗎？她會在此刻中止她的旅程嗎？如果她繼續前行，她就是選擇了女英雄的路。

通過黑暗和窄徑

大多數女英雄的旅程中必須穿越一塊黑暗之地——通過山區的洞穴、地下世界，或者迷宮般的通道，最終現身進入光亮之中。或者這些旅程可能需要跋涉過杳無人煙的荒地或沙漠，然後抵達一片綠地。這段旅程類似於經歷一段憂鬱時期後走出來。在神話裡如同在生活裡，旅行者需要持續前進、持續工作、完成必要之事，跟同伴攜手合作或者單打獨鬥，不停下腳步，不放棄（即使在她覺得自己迷失的時候），在黑暗中保持希望。

黑暗或許是代表那些陰暗、壓抑的感受（憤怒、沮喪、怨恨、責怪、報復心、背叛、恐懼，以及內疚）；如果要擺脫憂鬱，當事人必須經歷這些感受走出來。這是靈魂的黑夜，缺少了亮光和愛的人生似乎毫無意義，是天大的笑話。悲傷和原諒通常是出路，之後，活力和光亮或許會回來。

當女性領悟到在神話裡和夢裡，死亡和重生隱喻了失去、憂鬱和復元，對女性而言會有幫助。追溯起來，許多這樣的黑暗時期最終成為了過渡儀式，成為一段讓女性學到了寶貴事物並獲得成長的艱難時光。或者，她可能會有段時間就像波賽芬妮在冥界那樣，成為暫時的俘虜，後來又成為其他人的嚮導。

喚起超驗功能

在典型的英雄神話裡，啟程走上追尋之旅，遭遇和克服危險、擊敗惡龍並穿越黑暗之後，主角必定會受困，無法前進也無法後退。或許無論前後都有不可能通過的障礙。或者，她可能需要解開謎題，通路才會打開。現在，當她意識中擁有的知識已經不足時、或者當她心理掙扎太劇烈，舉棋不定時、還有當她陷入進退兩難的困境時，她該怎麼辦才好呢？

當女英雄與抉擇者發現自己的處境不明朗，每條路或選擇中似乎都埋伏著災難，或者最好的狀況就是條死巷時，她所要面對的第一個考驗，就是忠於自己。在每次的危機裡，女性都會受到誘惑而成為受害者，而不是繼續當個女英雄。如果她忠於自己身上的女英雄，儘管她知道自己處境艱難，有可能被打敗，但是她仍堅信改變有可能會發生。如果她轉變成受害者心態，她會責怪別人或詛咒命運，喝酒或嗑藥，用貶低的批評攻擊自己，或者完全放棄，甚至想要自殺。或者，她有可能放棄不再當女英雄，因為她失去了行動能力，或是變得歇斯底里或恐慌發作，行事衝動或是不理性，直到別人接管她的職責。

無論是在神話或生活當中，當女英雄陷入兩難時，她所能做的就是保持本色，忠於原則和謹守忠誠，直到有意料之外的狀況來幫她一把。不逃離，期待答案會出現，內心為榮格所說的「超驗功能」（the transcendent function）做好準備。榮格的意思是，從無意識中浮現的事物，可以解決問題或者為自我（或女英雄）指點迷津。這個自我，需要來自本身之外（或者她內心世界）的協助。

例如，在愛洛斯和賽姬的神話裡，阿芙蘿黛蒂交付賽姬四項使命，這些使命對於賽姬的能力要求，超過她自己已知的範圍。每次使命一開始，她都感到茫然無措，然後協助或建議就來了透過一群螞蟻、一根綠蘆葦、一隻老鷹和一座燈塔。同樣的，希波梅涅斯知道，因為他愛亞特蘭塔，他必須跑贏比賽才能迎娶她。但是他也清楚，自己跑得不夠快贏不了，這麼一來，他就會失去這輩子努力想要得到的一切。比賽前夕，他向阿芙蘿黛蒂祈求協助，阿芙蘿黛蒂幫助他贏得了比賽和亞特蘭塔。當《瓦特希普高原》裡那群勇敢的兔子陷入困境時，聒噪的海鷗克哈爾在千鈞一髮之際趕到——如同魔法師甘道夫拯救哈比人那樣。上述所有故事是同一套情節的變體，如同在經典西部片裡，當勇敢但是寡不敵眾的一群人突然聽到號角聲響起時，他們就知道，是騎兵隊來拯救他們了。

這些「救援會來」的情節是原型情境。這種救援的主題說出了一則人類的真理：身為女英雄的女性需要聽從。當她內心陷入危機，手足無措時，她必須做到不放棄，也不會因為恐懼而妄動。在意識中維持這兩難的困境，等待新的洞見浮現或是外在環境改變，同時冥想或禱告尋求心思澄明，這些都是在邀請來自無意識的解答，以求超越僵局。

例如，夢見熊的女士處於個人危機之中：她在唸博士的過程中，產生了想生兒育女的強烈慾望。母性本能之前受壓抑，現在就像來報仇一樣地對她死纏爛打。做夢之前，她陷入二擇一但是都不圓滿的情境裡。要改變這個情境，需要當事人本身感覺到解答，而不是從邏輯思考得到結論。只有當夢境在原型的層面上留給她印象，而且她絕對清楚自己會堅持生小孩的意圖時，她才能夠自在地將懷孕計畫延後。這場夢是來自她無意識的答案，幫她解決了這兩難困境。當這個象徵性的經驗加深了她的理解，而且提供她直覺感受到的洞見時，衝突就消失了。

超驗功能也可以透過共時性事件（synchronistic events），那些內在心理情境和外在事件之間富有意義的巧合來傳達。當共時性發生時，可能感覺就像是奇蹟，讓人背脊一陣戰慄。例如，幾年以前，我有一名患者發起一個女性自助課程。如果她在某個期限籌到一筆指定的金額，就可以從某基金會獲得對等的基金，這麼一來就可以維持該課程計畫的存續。當截止日期接近時，她仍然沒有募到必要的金額。然而她知道自己的計劃很重要，所以她沒有放棄。然後，在郵件中，她收到了一張支票，剛好是她所需要的金額，分毫不差。這筆預料之外的款項，再加上利息，是她遺忘已久、兩年前就被她當成壞債勾消了的一筆借出款項的還款。

大多數的共時性事件不會提供這麼具體的答案來解決兩難困境。實際上，它們通常是透過釐清情緒或提供象徵性洞見，來幫助當事人解決問題。例如，我受到先前出版社的壓力，請別人重寫這本書，他的任務是大幅縮短篇幅、並且以比較受歡迎的風格來傳達書中的理念。我一直接收著「書不夠好」的訊息長達兩年，心理上備受打擊，我累了。部分的我（感覺像是乖順的波賽芬妮）準備好讓別人來接手，只是為了讓書可以完成。而且我受到自己一廂情願的想法所影響，相信結果會很好。在關鍵的那一週——之後這本書就會交給那位寫手——一件共時性事件發生了。有位英國作者來訪，他的書也曾在類似的情況下經由這同一位寫手重寫，就在那一週，他剛好跟我的一位朋友說起這次經驗。他說了我從來沒有宣之於口，然而直覺上知道會發生的狀況：「我的書被抽掉了靈魂。」當我聽到這句話，我感覺自己獲贈了一份充滿洞見的禮物。他代言了我的書所會遭遇的狀況，因此化解了我的猶豫不決，讓我獲得解脫，果斷地採取行動。我雇用了自己的文字編輯，靠自己繼續完成這本書。

我響亮且清晰地聽見那共時性事件所帶來的訊息。提供進一步洞見或協助的事件隨後到位。我很感激我有幸獲得這寶貴的一課，我想起古希臘有句格言表達了對共時性和超驗功能的信念：「學生準備好了，老師就會來。」

創造性洞見的功能也類似於超驗功能。在創造性的過程中，如果某個問題還沒有已知的解答，「藝術家－發明家問題的解答者」會相信答案一定存在，而且堅持留在這個狀況下，直到解答出現。創造者常常處於高度緊張的狀態。他能夠做到或想到的每一件事，都已經完成了。之後，當事人便信任從孵育的過程中會出現新的事物。經典的例子就是化學家凱庫勒，他是苯分子結構的發現者。他苦思索這問題但始終不得其解，直到他夢見一條蛇用嘴咬住自己的尾巴。他直覺地明白這個意象在提示他解答碳原子排列成環形。於是他進行實驗，結果證明了這個假設為真。

從受害者到女英雄

在思索女英雄的旅程時，我見識到戒酒無名會（Alcoholics Anonymous organization，AA）如何讓酗酒者從受害者蛻變為女英雄或英雄，深受震撼。戒酒無名會喚起了超驗功能，而且實質上提供了課程讓人學習如何成為一位抉擇者。

一開始，酗酒者先接納了自己正處於一個絕望的兩難困境當中：她不能繼續喝酒，而她無法停止喝酒。這時，絕望的她加入某個團體，團體成員互助合作、一起踏上相同的旅程。她被告知，她必須籲請一個比她本身強大的力量，幫助她脫離這個危機。

戒酒無名會強調，我們需要接納無法改變的事，以改變我們能夠改變的事，以及清楚兩者之間的差別。教導當事人日子一天一天過，戒酒無名會的原則顯示了，當一個人情緒狀態不穩定、無法看清前路時，她需要的是什麼。一步一步地，酗酒者逐漸變成做出抉擇的人。她發現隨時可以從比自己更強大的力量獲得協助。她發覺，人們可以互相幫助，而且原諒彼此。同時她發現，自己是有能力，並且對別人有同情心。

同樣地，女英雄的旅程是個人的追尋。沿著這條路上前進，女英雄會找到、失去，並且重新發現什麼來說對她意義重大，直到在面對考驗她的各種情況時，她都能堅守這些價值。直到喪失自己自性的危險終於結束之前，她或許會一再遭遇那些威脅著要打垮她的事物。

在我的辦公室，我有一幅畫，是鸚鵡螺貝殼的內側，那是我許多年前畫的。畫中強調了貝殼的螺旋圖案，正好用來提醒我們所走的路往往是螺旋形的。我們在既定的模式中打轉，反覆把我們帶回強大的敵人附近，我們必須面對它並且加以制伏。常常那是某位可以掌控我們的女神身上負向的一面：容易陷入狄米特或波賽芬妮的憂鬱的脆弱情感；赫拉的嫉妒和不信任的問題；成為淫蕩的阿芙蘿黛蒂或是肆無忌憚的雅典娜或無情的阿特米絲的誘惑。人生再三給我們機會去面對我們所恐懼的、我們需要覺知的，或是我們需要駕馭的事物。每一次我們繞著螺旋的路徑前進，來到帶給我們困難的處境中，但願我們能獲得更多覺知，而且下一次能夠更明智地加以回應，直到我們終於能夠和平地通過敵陣，和諧持守自己最深的價值，不再受到任何負面影響。

旅程的終點

在神話的結尾發生了什麼事呢？愛洛斯與賽姬團圓了，他們的婚姻在奧林帕斯山獲得祝福。而且賽姬生了一個女兒名叫「喜悅」（Joy）。亞特蘭塔選擇了蘋果，輸掉賽跑跟希波梅涅斯結婚了。愛拉穿越歐洲大草原去尋找跟自己一樣的人；她在野馬河谷結束了她這一部分的冒險故事，喬達拉成為她的伴侶，其他人微笑著承諾接納她。注意，在證明自己的勇氣和才能之後，女英雄並沒有像原型的牛仔英雄那樣獨自騎馬奔向夕陽。結合、團圓和家庭是她旅程結束的地方。

個體化的旅程——心理上追求完整的旅程——結束於對立的統合；人格中「男性」和「女性」的面向彼此結合（內婚），可以藉由東方的意象來加以象徵：陰和陽包容在一個圓形裡（太極）。說得更抽象而且不指涉性別的話，邁向完整的旅程最終的結果是擁有能力：既主動又接納、自主且親密、去工作也去愛人。這些是我們自身的部分，這些是我們可以透過人生經驗去認識的自我身上的部分，是我們所有人與生俱來的部分。這是我們賴以起步的人類潛能。

在《魔戒》（*The Lord of the Rings*）的最後幾章，戴上魔戒的最終誘惑被克服了，權力之戒永遠被摧毀。這回合的鬥爭勝利了，他們的英雄任務完成了，哈比人回到夏爾的家。《瓦特希普高原》裡的那群兔子也撐過了他們回家的英雄旅程，建立了他們和平的新社區。T．S．艾略特在他的《四重奏四首》（*The Four Quartets*）中寫道：

我們不應停止探索

而所有探索之末
將抵我們啟程之處
而初識此地

上述似乎都是相當平淡無奇的結局——正如真實人生一般。康復的酗酒者可能下了地獄歷劫而返，如今重為清醒的平凡人。抵禦惡意攻擊、爭取權力、和女神搏鬥的女英雄，可能看起來同樣地平凡與自己和平相處。不過，就像哈比人在夏爾的家裡一樣，她不知道是否或何時新冒險會再上門來召喚、挑戰她。

當我和個案一起努力完成治療工作、該說再見時，我把自己想成陪伴了她們走過人生中一段困難而意義非凡的旅程。現在她們該獨自繼續前行了。或許就在她們進退維谷時，我加入了她們與之同行。或許我幫助她們找到她們遺失的路。或許我在黑暗的通道中陪她們待了一段時間。最主要地，我協助她們看得更清楚，做出自己的選擇。

在我完成撰寫，抵達本書結尾時，我希望或許自己陪伴了你一段時光，跟你分享了我的所知所學，幫助你在自己獨特的旅程中，成為一位做抉擇的人。

愛你們。

女人如何活出神性？
——博倫《尋找內在女神》臺灣版序

李孟潮（心理學博士、精神科醫師、個人執業）

邑居衛師，如轉蓬時，居之凶危。

——《焦氏易林．晉之未濟》

1. 引言

榮格學派的精神分析師和佛洛伊德學派的精神分析師，有一大區別，就在於榮格派的人大多會寫幾本自助書，其中不少成為了暢銷書籍，此書就是風靡一時的熱銷之作。這是因為榮格本人就會很鼓勵個案們自力更生、艱苦奮鬥，靠著自助助人的精神來完成自性圓滿的心路歷程。

在眾多榮格派自助書中，此書還有另外一個特點，就是它是一部女性主義著作。

中國女性主義運動其中一個標誌性事件，就是一九二四年三月八日，何香凝女士宣佈，中國女性要過「三八婦女節」，日後這個節日一直成為了中華民國和中華人民共和國的公眾假期。[1]然後在一九九四年，海峽兩岸這個節日就兵分兩路了，在臺灣，婦女節和四月四日的兒童節合而為一，據說如此安排，婦女們和小朋友一起放假，可以回家帶小孩，這個倡議假設女性都結婚育兒了，還假設這些家庭主婦很樂意放假的時候陪孩子玩耍，而不是去高島屋購物。

在大陸，人們假設女性在婦女節是熱衷於購物的，尤其是熱衷於男人為女性買單，女人們遭到升格，被尊稱為「女神」、「女王」；在商家的銷售廣告中，在社交媒體的膜拜祝福中，她們不得不，或哀怨或悲憤地怒目圓睜，望向萎縮在女神陰影中的男人們，男人們或猥瑣、或油膩、或用情不專、或稍遜風騷。

男人們面色陰鬱，不得不服從這商品拜物教的馬克思主義式異化和佛洛伊德主義式閹割；他們終將學會寂靜地存在，與無情之物為友。

女人的欲望是明顯的——她需要發展、發展自身的神性，或者說，圓滿自身的神性，再或者說，她們本具神性，只是烏雲蔽日，未曾醒悟。

如果一個女人，真的能夠成神，如同電影《超體》（*Lucy*）[2]裡面時髦女郎，她化學成佛，修通宿命，穿越時間，回到人類進化的起點，三百八十萬年前的東非草原，與南方古猿Lucy，人類遠祖，心手相連。

她是否會發出一對對後女性主義的疑問：對一隻猿猴而言，牠會把自己定義為女性嗎？牠心中具有「女性」和「男性」這樣的性別概念嗎？還是這只是我們人類，根據自己投射，把猩猩社會劃分出了猩猩老爸、猩猩老媽、猩猩老公、猩猩老婆，也就是我們把人性投射給了獸性社會？

如果三次世界大戰打響，互射核彈百年之後，人類退化回原始社會，從零開始，人類還會逐漸演化出母權社會、父權社會、平權社會嗎？在這社會演化的過程中，人類會再次創造出各種神話嗎？也就是說，人類仍然需要借助神性，來整合發展人性和獸性嗎？在佛洛伊德的心性學說中，他把獸性、人性、神性這三個部分，分別命名為為本我、自我和超我。佛洛伊德學派的總體傾向，是希望解放獸性、放低神性、活出人性。

所以民間流傳的佛洛伊德的人生觀是這樣的：人類應該解放愛本能，再把解放後的愛本能持續地投入到「愛」與「工作」這兩件事情上。「愛與工作」這種人生信條，有一點清教徒的味道，更接近儒家公務員的「修身、齊家、治國、平天下」四部曲。總體上來說，它是一種強烈世俗主義的宗教信仰。

而佛洛伊德及其後續者們，似乎根本不願想也不敢想，愛欲解放之後，可以用來煉丹修仙，修行成佛。如果一個女人號稱修煉成「女神」，就更讓他們懷疑了，究竟應該如何診斷這種心態？是

1 作者註1：何香凝，是香港茶葉富商之女，國民黨創立的元老，她和宋慶齡等人都是中國女性主義的先鋒。女性主義運動和共產主義有諸多聯繫，據說一九二四年婦女節的倡議，就是在蘇聯顧問鮑羅廷（Mikhail Borodin）夫人建議下，何香凝舉辦的。她和孫中山夫妻關係甚密，和蔣介石第三任夫人陳潔如關係甚好，但是反對蔣介石和宋美齡結婚。在後來的歲月中，她和宋慶齡結為同盟，強烈反抗蔣介石。在中華人民共和國建立後，她和宋慶齡共同成為了共和國的領導人。她還是一位優秀的畫家，寫作了很多詩詞。

2 編註1：台灣將此電影譯為《露西》。

神經症性的自戀幻想，還是精神病性的自戀妄想呢？

但是這個世界上的確又非常多的人都相信，人類確實可以像張三豐道長或者蓮花生大士那樣，把本我的能量修煉為神性的存在，乃至最終超越本我－自我－超我這種人格結構，乃至無意識都可以被完全意識化，也就是所謂的夢醒同一。

不過，這在深信精神分析和科學心理學的世俗主義者看來，實在太扯淡了。他們會對這種信仰展開精神分析——精神分析的目標是讓人從神經症的衝突轉化為日常的不快，因此他們會認為這種幻想是對日常不快的否認和逃避、這是一種烏托邦式的逃避不快。

雖然可能承擔如此罵名，佛洛伊德的朋友榮格還是在偷偷摸摸地進行這種修煉神性的實驗。他躲進小樓成一統，閱讀了各種修煉祕笈，自得其樂地發明了一種冥想方法，並激發出自己各種幻覺和小小神通。那個冥想方法被他稱為「積極想像」，而那小小神通，則被稱為「共時性現象」。

榮格知道這些靈魂煉金術在那個年代是典型的怪力亂神，所以他小心守護這些祕密，把它們記錄在《紅書》這本修行日記中，《紅書》直到他死後四十八年，才公諸於世。

但是在日常生活中，榮格及其追隨者們還必須把榮格打扮成一個比佛洛伊德更加科學的科學主義者。由於扮演科學家的榮格太入戲了，榮格自己好像也忘記了，除了虔誠信仰科學的精神科醫師，他同時還有另外一個身份——靈魂煉金術士。他在故鄉的塔樓中，在劈啪作響的火爐邊，一字一句地刻畫那與神溝通、與鬼對話的療癒日記。走向神性的他，日漸遠離人性、更加孤獨，如荒原上獨自遊蕩的一匹戰狼。

榮格死後二十三年，時代不同了，科學和靈性可以並行不悖了，來自舊金山的精神科醫生博倫

（Jean Shinoda Bolen）可不用躲躲藏藏自己對靈性的喜愛，她揮筆寫下此書，書中回歸西方文化的根源——古希臘羅馬的神話故事——把其中的各位女神逐個提煉出來，變成了一個個的原型意象，供讀者們識別、命名、分析和認同。此書出版後旋即成為暢銷書，連帶著作者的其他書也暢銷全球。這些書構成了一個系列，可以稱為榮格派女神理論。

這篇文章首先會粗略地介紹一下博倫的女神理論思想，再以她的系列著作為基礎，針對女神理論對於當今女性的應用，進行簡要論述。[3]

2. 博倫及其理論簡介

琴・篠田・博倫（Jean Shinoda Bolen, MD）是美國加州的精神科醫師、榮格分析師和環保人士、女性運動推動者。她出生於醫學世家，於一九五八年進入加州柏克萊大學和加州大學洛杉磯分校學醫，一九六二年成為醫學博士，開始住院醫實習。實習期間她發現自己和精神科的病人特別談得來，又發現自己實習的精神病院是全美國唯一一所教授榮格理論的精神病院，從而決定成為精神科醫師和榮格分析師。

此後的多年內，她參與了多個精神醫學協會和榮格協會的組織和教學工作，在職業生涯的後

3 作者註2：本書的大陸版和臺灣版幾乎是同時翻譯的，大陸版首先出版。本文是在為大陸版所寫的推薦序之基礎上，修改而成，感謝大陸的編輯郭光森老師，授權使用本文。

期，她開始從事女性主義和環保主義的活動。因為她這些領域的傑出貢獻，得到了諸多獎項。具體可以參考其個人網站 https://www.jeanbolen.com/。迄今為止，她寫了十三本書籍、少數幾篇論文，發表了大量的演講，這些演講在 Youtube 等平台可以看到。

下面簡要概述一下她十三本書籍的內容：

1) *The Tao of Psychology: Synchronicity and the Self* (Harper Collins 1979, 25th anniversary edition, 2004)（《心理學之道：共時性和自性》），這是一本一百零三頁的小書，以散文的筆調寫就。她以「道」這個中國文化概念，來論述共時性現象的意義，甚至有一章專門論述《易經》，還有一章提出心理分析的過程就類似阿嘉莎・克莉絲蒂的偵探小說，非常有趣。

2) *Goddesses in Everywoman: Powerful Archetypes in Women's Lives* (Harper Collins 1984, 20th anniversary edition, 2004, 30th anniversary edition, 2014)（《尋找內在女神：從神話原型看見女性的生命召喚》，即是本書。這是她的成名作，也是最暢銷的著作，本書內容編排的結構清晰，以多個女神故事為範本，來論述這些原型意象如何影響女性的一生，並形成女性的性格特質，此書閱讀的關鍵點在於原文書後附錄的女神表格，尤其是它與 MBTI 的關係值得探索。

3) *Gods in Everyman: Archetypes that Shape Men's Lives* (Harper Collins 1989, 25th anniversary edition, 2014)（《尋找內在男神：從神話原型看見男性的生命召喚》），是「女神」這本書的姊妹篇，論述了影響男人的八個男神原型，尤其突出論述了父權制度對於男性身分認同的影響。

4) *Ring of Power: Symbols and Themes in Wagner's Ring Cycle and in Us* (HarperCollins 1992, Nicolas-Hays 1999)（《權力指環：瓦格納《指環》和我們心中的象徵與主題》），這本書專門探

索了權力情結，以瓦格納的《尼伯龍根的指環》四部歌劇為分析文本，探索了其中的家庭角色配對——自戀、獨裁的父親、憤怒抱怨的母親、討好委屈的女兒、自戀且英雄化的兒子等。權力情結，對於中國人，尤其是家族企業的臨床工作，也很有啟示。

5) *Crossing to Avalon: A Woman's Midlife Quest for the Sacred Feminine* (HarperCollins 1994)（《穿越阿瓦隆：中年女子追尋神聖女性之旅》），這本書相當於博倫本人的中年危機療癒日記。她在離婚一年後的紀念日，恰好收到邀請去歐洲的各處聖地，因而展開了靈性之旅。博倫因此行有不少領悟。遺憾的是，該書行文卻沒有用到多少她自己的女神理論。[4]

6) *Close to the Bone: Life Threatening Illness as a Soul Journey* (Scribners 1996, Simon & Schuster 1998, Red Wheel/ Conari, Revised Edition, 2007)（《痛徹骨髓：威脅生命的疾病開啟靈魂之旅》），這本書介紹了人們如何面對致死性疾病，其中運用了不少女神理論，比如波賽芬妮、賽姬等人的神話故事。最感人的，是書中也講述了博倫自己的生命經歷：她的兒子患病去世了。在兒子患病時，博倫自己的母親還有其他朋友也接二連三的患病。除了打動人心外，本書也有不錯的技術討論，比如對祈禱技術的描述，既有研究依據，又有榮格心理學深度。

7) *The Millionth Circle: How to Change Ourselves and the World* (Conari Press 1999)（《百萬個朋友圈：如何改變我們，改變世界》），這是一本女性主義運動的小手冊，七十頁左右，為「百萬

---

4 作者註3：傳說阿瓦隆四周為沼澤、樹林和迷霧所籠罩，只能透過小船才能抵達。在亞瑟王傳說中，阿瓦隆象徵來世與身後之地，是彼世中神祕的極樂仙境，由九位擅長魔法的仙後守護著。

個朋友圈」這個組織所寫。這個組織是她和幾個朋友在參加了聯合國婦女大會後提出的創意，正如男權社會的男人們形成了各種圈子，從而具有了各種權力一樣，女性也需要形成一個圈子。一個個女性的圈子發展下去，就成為百萬個圈子，從而世界為之改變。這本手冊鼓勵女性的圈子風格，不是以金錢和權力為基礎，而是以心靈共鳴、心靈成長為目標。整本手冊大多數語言都是詩歌一樣的抒發情感，其中也應用了一些禪宗和榮格心理學的理念，比如認為女性的圈子形成一個中心、一個曼陀羅時，具有自性原型的功能。這本書似乎很值得當年的宋氏三姐妹和何香凝女士閱讀。

8) *Goddesses in Older Women: Archetypes in Women over Fifty* (Harper Collins 2001)（《年長女性心中的女神：五十歲以上的女性原型》，這本書極大補足了《尋找內在女神：從神話原型看見女性的生命召喚》的不足，並串聯起了之前數本書的內容，其重要性主要體現在它增加了女神理論的廣度和深度，尤其是對智慧女神進行了細緻劃分，包括實用智力女神、密修靈性智慧女神、直覺精神智慧女神、禪修智慧女神等。和智慧女神對應的，則是另增三組的「慈悲」類女神，包括轉化性忿怒女神、療癒性大笑女神和慈悲女神。對於之前闡述過的女神，本書也進行了進一步深化，尤其描述了這些女神原型在中老年期的變化。除此之外，她也補足了之前女神理論的不足——之前的論述只有發展心理學、人格心理學描述，沒有具體的療癒技術，而這一次增加了很多觀想技術、積極想像技術。

9) *Crones Don't Whine: Concentrated Wisdom for Juicy Women* (Red Wheel/Conari 2003)，《老婦不牢騷：有趣女性的濃縮智慧》，這本小書也只有九十頁，而且字體超大，更接近於一篇長文。透過抒情的散文、詩歌筆調，全書強調了老年女性仍然可以有充實、有趣的人生；老婦人可以培養自己的十三個心靈特質，包括「不牢騷」、「有趣」、「熱愛自然」、「用心選擇自己人生道路」、「帶著慈悲說出真相」等等。

10) *Urgent Message from Mother: Gather the Women, Save the World* (Conari Red Wheel 2005)，《來自偉大母親的警訊：召集女性，拯救世界》，這本書可看作是女性主義的宣言，其中總結回顧了女性主義運動的歷史，批判了父權社會、男權社會從政治、文化到教育、經濟等方面的惡行，火力尤其集中在文化批判，特別是批判一神教（基督教等）的劣根性，最後還提出了各種榮格心理學技術幫助女性覺醒，當然還包括了建立女性朋友圈的倡議，乃至號召大家把這本宣言的每一章當作女性朋友圈每週學習的材料。書中居然還提供了不少心理學研究證據，證明男性和女性的差異。不過，作為宣言，此書實在太長也太學術化了。歷史老人告訴我們，任何宣言如果長度和深度超過《共產黨宣言》（14,914個字），其號召群眾「幹就對了」的拉岡式爽快度，都必然大打折扣。

11) *Like a Tree: How Trees, Women, and Tree People Can Save the Planet* (Red Wheel/ Conari, 2011)，《如樹一般：樹木、女性和愛樹人如何拯救星球》，這本書的選題和目錄非常吸引人，它是繼榮格在其英文文集第十三卷（*Alchemical Studies*）寫作了《哲學家之樹》（*The Philosophical Tree*）後，唯一一本研究「樹」這個原型意象的書。書中試圖研究討論「樹」這個原型意象的各個側面，號召人們如樹一般站立、如樹一般給予、如樹一般生存、如樹一般具有靈性、如樹一般具有神聖性，如樹一般具有智慧。但是，全書各個章節和段落之間，缺乏足夠的聯繫性，閱讀時跳躍感很明顯，雖然有大樹禪修的段落，但是類似這樣的操作性內容比較稀少；作者列出了不少參考文獻，但是這些參考文獻和文中的對應關係也有些稀鬆。全書既像一本榮格生態心理學著作，又像一本女性生態主義的宣言。

12) *Moving Toward the Millionth Circle: Energizing the Global Women's Movement* (Red Wheel/Conari, 2013)，《邁向百萬朋友圈運動：賦能全球女性運動》，這本是一九九九年那本宣言的續作。除了之前的內容外，本書增加了一些有關共時性和中老年女性的討論；在結尾處的詩歌中，她意識到東西方女性差異，並提出西方女性，相較之下，具有更多的權力，故而在女性解放運動中，也具有更大的責任。

13) *Artemis: The Indomitable Spirit in Everywoman* (Red Wheel/ Conari, 2014)，《阿特米絲：女性心中不可征服的靈魂》，這本書看書名和章節標題，是讓人比較興奮和期待的，因為阿特米絲，作為狩獵女神和月亮女神，是獨立女性、職場女性、成功女性的守護神，當然也是我們心理治療的主要客戶群，正如佛洛伊德時代，家庭主婦是典型女性客戶群一樣，如今的心理諮詢師們，不太可能不遇到阿特米絲附體的成功白富美女性，尤其是在EAP（Employee Assistance Programs，公司員工支持系統）中工作時。而且博倫自己，作為女性主義的宣導者，應該也是經常被阿特米絲這個原型意象驅動的。但實際上這本書看下來多少有些令人失望，大多數的文筆不過是用於闡述另外一個神話故事，只有少數篇幅用於論述如何就阿特米絲展開工作。阿特米絲原型是造就單身女性的驅動力之一；人類社會現已進入單身時代，博倫也意識到了這個社會現象，而對於心理諮詢領域的挑戰，她還引用了艾里．克里南伯格（Eric Klinenberg）的力作——《單身社會》（*Going Solo*）一書（Klinenberg，2012），但其解決之道，顯然不如大洋彼岸的上野千鶴子教授來得帶勁和徹底——上野教授告訴單身女性同胞們要抱著孤獨終老的準備，只有一個人死在東京的公寓裡，才是

一種體面優雅的死法、才配得上孤清孤傲的月亮女神範兒。（上野千鶴子，2022）

3. 女神療癒與女神發展

在這一部分，本人意圖簡要評述一下女神理論的優點和不足，並提出我們如何結合當今的社會文化，將這個理論於心理成長上運用得更好。

心理諮詢有三大問題，分別是：是什麼？為什麼？怎麼辦？

其一，這是什麼心理問題？心理問題也就是詳細描述、瞭解一個心理現象的認知、情感、需要等各方面後進而命名問題的過程。在命名它之後，我們有望在前人的研究那裡得到這個問題的解答，或者，我們發現這是前人沒有研究過的心理問題，從而也會借此術語和同行交流，打造好共同的語言平臺，供後人研發。

其二，為什麼會出現這個心理問題？透過瞭解心理問題的原因，一是幫助我們找到對應治療的手段，而不僅僅是對症治療，二是幫助我們形成「無條件自我接納」的態度，比如說單身女性這個現象，我們如果瞭解它的成因有很大一部分來自於社會演化，也是工業化、城市化過程的必然結果，就自然能夠幫助個案接受這個現象，而不是拼命自我譴責，從而開始充滿活力地選擇豐富多彩的人生，不再把「結婚」標定為「正常」，也不把「單身」標定為「變態」。畢竟，臨床心理學裡面並沒有「單身型人格障礙」這種診斷，更沒有「孤獨的人是可恥的」這種集體主義迷思。

其三，這個心理問題怎麼辦？也就是找到對問題的處理方式，一般來說，大多數心理問題的解決，都是「接納」和「改變」這兩種心態的平衡，就像中醫是陰陽平衡一樣。但是實際要如何辯證平衡，就涉及數百種心理治療技術的調配，這就像一副中藥，要從成千上萬中藥材裡面調配選擇一樣。

基本上每個心理治療的流派，都會對這三個問題做出回答，我們評價一個流派優劣，也往往根據它對這三個問題回答的程度，就像人們根據語文、數學和外語三門功課來評價高考考生一樣，比如認知行為治療在「怎麼辦」這門功課得到了高分，存在人本主義卻比較注重「是什麼」，而精神分析則專攻「為什麼」這個獨門絕技，每個心理現象都能找到七、八種解釋，讓人豁然開朗，頓悟人生的荒謬與無常。

博倫的女神理論，屬於精神分析中的榮格分析這一分支，其比較突出研究「是什麼」和「為什麼」這兩個模組。這兩種模組偏重於分析、覺知各種女神的原型意象，並分析它們對人的影響。某種程度上，可以看作是榮格的心理類型學的發展，和 MBTI 有異曲同工之處。

與 MBTI 比較起來，它的特點在於使用了歐洲文化的女神系統，來命名各種心理類型，這有諸多優勢：

一是讓整個理論的語言風格，呈現出古雅和優美的特色；二是讓人們自然而然地對這些心理類型，產生出一種神聖的情感連結，進而在這種敬畏的神聖情感作用下，人們如果再使用她推薦的各種觀想和祈禱技術，就容易產生頓悟感、依歸感，有時也會引發各種共時性事件；第三，如果一個人熟悉希臘神話，這一套女神系統也是很容易引發人們的文化共鳴的，比如我們說一個人是孤獨的月亮女神阿特米絲，就比起 INFP 這四個 MBTI 的字母縮寫，更加讓人覺得形象生動。

本書的不足大約有以下幾方面：

首先，這本書是女神理論系列著作之一，所以讀者們如何想要系統完整地自助，最好把其他幾本也納入閱讀書目，尤其是 *Goddesses in Older Women: Archetypes in Women over Fifty* (Harper Collins 2001)，《年長女性心中的女神：五十歲以上的女性原型》。另外，我還會經常推薦另外一個作者茉琳．莫德克（Maureen Murdock）的兩本書與博倫的書配套，一本名為 *The Heroine's Journey: Woman's Quest for Wholeness*，《女英雄的旅程：透視女性生命的自性力成，活出最獨特的你》，另外一本是 *The Heroine's Journey Workbook: A Map for Everywoman's Quest with Guided Image, Dreamwork & Creative Exercises*（《女英雄的旅程工作手冊：每個女人追尋之路的地圖（配有引導想像、夢工作及創造性練習）》）。該書女英雄的這個意象，看起來是介於女人和女神之間的過渡性客體。作者透過女英雄的理論以及十個步驟，講述了女性的自我實現次第，尤其它配套的工作手冊技術豐富多樣（Murdock，1990，1998）。

其次，本書呈現出一定的時代局限性。它是在美國女性主義高峰時期所出版。有人認為女性主義有三波浪潮，逐步從激進女性解放走向了全人類的解放，但是它娘胎裡就自帶性別主義特色，也就是說，它建立在這樣的假設上：1)「男性」和「女性」是涇渭分明的兩種身份認同；2)「女性」的心理發展和心理特色必然有其獨一無二的特色。這樣的假設當然有一定道理，尤其是社會心理學等研究也支持其假設的合理性。

但是實際生活中，我們遇到的都具個別性，而並非共通性，都是一個個具體的男人和女人，而不是統計學報告上的男性數據2，或女性數據1。比如對林黛玉來說，她愛的是賈寶玉這個人的作為男人的共通性，還是賈寶玉這個人的個別性呢？如果她愛的是共通性，那就是任何一名被命名為「人類」雄性哺乳動物她都愛，無論這只動物叫做「寶玉」還是「薛蟠」。

走進心理諮詢室，我們更不難發現，張三這個東北大漢，居然也受到各種女神原型意象的支配，李四那個江南女子，也受到各種男神意象的控制。何況現在還有不少人的性別身分認同，既是男性又是女性，既不是男性又不是女性。

女性主義，作為一種社會運動、一種政治理念，其發力處和著眼點，可能更多還是各種促進立法、促進投資的社會組織，比如博倫自己參加的聯合國婦女大會，以及自己組建的「百萬個朋友圈」所舉辦的活動。心理諮詢中可以採納部分女性主義的理念，促進對女性們被壓抑的社會無意識的理解。

第三，它具有強烈而鮮明的歐洲傳統文化和美國文化色彩。顯然是為加州舊金山的知識份子群體而寫。書中大量的美國文化例子，對於不了解美國文化的人來說，難免有生疏感。而歐洲的傳統神話，也並非所有中國與台灣人都了熟於胸，雖然《希臘古典神話》等書籍也是中國大陸中學生語文教學的選讀書目。不過現實生活中，有些人忙於刷題，沒有時間來讀選讀書目；有些人讀過也就遺忘了，就像他們遺忘了那中學校園的參天榕樹和那樹下靜坐讀書的白衣少年一樣。

最後，也是最重要的，本書的寫作就像伍迪・艾倫的電影一樣，默認讀者有較高的文化水準，已經瞭解精神分析的本能理論、情結理論、發展心理學理論。

但是這顯然並不符合大多數讀者和來訪者的實際情況，所以為了幫助讀者們更好地使用女神理論自助，接下來會簡要地介紹一下女神理論的基礎理論，並討論一下西方女神中對應的東方女神系統，以及簡單的心理自助技術。

這些理論總結為附錄的「情結原型發展表（女神版）」，在鄙人拙著《榮格的30個夢》中，有對此表更加詳細的介紹。（李孟潮，2022）

首先，我們需要瞭解的是，女神系統它屬於「原型意象」。原型，相當於心理的 DNA，它們必然被表達；DNA 表達出來的第一個產物，就叫做「原型意象」，原型意象再進一步地在母嬰關係、家庭關係、社會文化中進行投射和認同，從而形成了各種各樣的「情結」。這些情結驅動著人們產生各種心態和行為。根據驅動力的發展方向，它們被區分為愛本能和死本能。

根據艾瑞克森等精神分析師、發展心理學家等研究，我們可以把驅動我們終生發展的情結總結為八種情結，分別是自戀情結、控制情結、三角情結、學習情結、青春情結、名利情結、家國情結和生死情結。根據馬斯洛等人的論述，它們體現為八種需要。為了實現這八種需要，人類的自我需要動用八種心理功能。

引導這八需要、八功能和八情結的，就是八組原型配對，它們就像 DNA 鹼基配對一樣相反相成。這八組原型配對在表達的時候，就形成了八套女神原型意象。其實在八套女神原型起作用的時候，必然有八套男神系統也被啟動，這些男神意象會被投射到外界、投射到客體關係八老（老爸老媽、老哥老弟、老闆老師、老公老小）上面，然後被他們認同，形成我們的人際關係，所以女性讀者們其實也有必要閱讀、瞭解本書作者的書 *Gods in Everyman: Archetypes that Shape Men's Lives* (Harper Collins 1989, 25th anniversary edition, 2014)（《尋找內在男神》）瞭解你身邊的男人們。

正因為人的內心天生就產生這樣二元對立，也就是相反相成的原型系統、本能系統和自體－客體關係系統，所以人類心理的本質就是分裂的，就像一個細胞，必然會發生分裂一樣。有分裂才有增生、才有生命，沒有分裂，生本能就會停止作用；當然，若分裂過度、增生過度了，那就形成了腫瘤乃至癌症。這種分裂的傾向投射到人際關係、社會情結中，就形成相反相成的八種心理衝突。

而心理諮詢的目標，就是識別並瞭解目前我正在經歷什麼樣的心理衝突（是什麼？），分析是哪些原型、哪些情結、哪些心理功能，哪些原型意象，誘發了我的心理衝突（為什麼？），以及最後，我應該如何來整合這些衝突，讓我更好地度過這個人生階段（怎麼辦？）。

因為原型如此的神奇、神祕莫測、支配一切，就被人類稱之為「神力」，與之配套的原型意象，就被人類命名為「神性」。它們對人生的影響具體描述如下：

第一階段，自戀情結，這是人們從出生到斷奶（一歲或一歲半）形成的情結，也是諮詢工作中最常見的情結。艾瑞克森把這個階段的發展描述為「安全感vs懷疑感」的整合。一個自戀整合良好的人，他首先對自己和別人，具有安全感，並體現出正性的自戀情結，也就是說，他眼中的別人，都是能夠提供三種自戀需求給他的：第一種自戀需求叫做鏡映欣賞感，也就是感覺到別人都是能夠看到我的，就像我看鏡子中的我自己一樣，而且別人看我的眼神都是充滿欣賞的。第二種自戀需求叫做理想他人感，就是這個人感覺到自己的客體關係八老——老爸老媽、老哥老妹、老師老闆、老公老小，都是挺理想的、足夠好的，所以我也是挺理想的、足夠好的。第三種自戀需求，叫做孿生連體感，就是感覺到別人，至少一部分別人，與我血脈相連，同呼吸共命運，是我的靈魂伴侶。這三大自戀需求，可以被簡稱為「自戀三求」：求欣賞、求理想、求共鳴。生命中缺乏這三大自戀需求滿足，就會「不斷外求」而非「不假外求」，形成負性自戀情結，也就是貪婪地追求三大自戀需求，如同饑荒時期的嬰兒。我們不難看出，這三大自戀需求，來自母嬰相互融合的身心相互聯繫，正如大衛・夏夫（David E. Scharff）在《性與家庭的客體關係》（*The Sexual Relationship: An Object Relations View of Sex and the Family*）一書中所總結的，這種身心一體感，來自嬰兒投射了偉大母親原型給自己的照料者，而照料者認同了偉大母親這一原型意象（Scharff, 1998）。

這種偉大母親－神聖嬰兒的原型互動，在畫家拉斐爾的一系列聖母－聖嬰畫像中得到了生動表現。在博倫的女神原型中，則是使用少女之神和冥后波賽芬妮來代表這一種原型力量；在東方的神話中，與之對應的是地藏菩薩。在地藏菩薩的故事中，地藏菩薩也是一個女孩、也是和母親形成一體相連的關係、也是為了拯救母親而下沉到地獄中，這種母女同心、類似母嬰一體的狀態，說明雙方產生了自戀融合。若要療癒這個創傷、修通這個情結，就可以藉由博倫的波賽芬妮的祈禱和觀想來進行。當然喜歡東方文化的人們，就可以使用地藏菩薩的修法來進行。

聽到心理諮詢師居然可以鼓勵個案去參加宗教活動，估計會讓我們某些同行不寒而慄，尤其是中國大陸的同行已深受二十世紀初的科學主義世界觀的影響，佛洛伊德就是秉持這種無神論知識份子代表。不過，事到如今，哪怕是標榜自己「最科學」的美國心理治療界，也不但不排斥宗教靈性，相反會整合宗教靈性成為心理治療的組成成分。

比如美國心理學會的大刊 *Psychotherapy* 最近專門出了一期專刊，討論心理治療中宗教靈性整合的研究證據，這讓人驚奇地看到：這方面研究如此之多，而且居然有元分析了。具體可以參考P・斯科特・理查茲理查茲（P. Scott Richards）和麥克・巴克姆（Michael Barkham）所寫的文章〈推進靈性整合治療的循證實踐：進展到實踐為證據基礎的典範〉（*Enhancing the evidence base for spiritually integrated psychotherapies: Progressing the paradigm of practice-based evidence*），該篇文中總結了不少靈性心理治療的研究證據，號召大家「科學地」在臨床實踐中運用靈性心理治療的模組（Richards & Barkham, 2022）。

第二階段，權威情結，或者說控制情結。權力情結從嬰兒斷奶和直立行走開始，一直到大小便訓練完成，大約是一歲半到三歲左右。學步的幼兒在此期間學會了定時定點大小便，這是他融入社會生活的第一步，也是他走出原始自戀的標誌。一個原始自戀的嬰兒，萬事萬物以我為核心，當然不會讓大小便這種事情聽從外界安排。

也因此父母作為權威，其不可推卸的責任就要控制嬰兒、管理嬰兒。這時候也是幼兒父親原型投射的關鍵期，即便是暖男奶爸，也會被幼兒視為有力的、敬畏的對象，這說明人們內心的父親原型總是傾向於陽剛威武的。這樣的父親原型的投射和認同，形成了幼兒早期的一種自我克制和自我壓抑，從自我克制隨地大小便的衝動開始，他學會克制各種各樣不為社會所容的個人欲望，這就是個人陰影的來源。

這個時期的心理衝突，體現為一個人可能變得比較獨立自主，如果他敬畏權威，或者不希望被權威控制。當然如果權威和他形成了溺愛關係，或者他恐懼自己有獨立性，會被權威嚴厲懲罰，他就有可能變得依賴權威。

在女神系統中，充分體現這一時期特徵的是月神與狩獵神：阿特米絲，她代表著非常強的獨立性和自主性，在東方神話中，和她類似的女神是嫦娥；嫦娥奔月的故事在傳統文化的理念下，她拋夫棄子，似乎有點大逆不道，但是從女性解放和女性獨立的角度，似乎又是值得贊許的。

尤其是在心理治療中，獨身主義的女性越來越多，她們大多數需要和這樣的女神建立連結。當然，在中國民間，已經很少有嫦娥崇拜的女神儀式和系統了。可以替代的可能是道教中的太陰星君，或者叫做月光娘娘；有些地方佛道合一，也稱之為月光菩薩。有人可能對於把月神和權力意識連接起來，感覺不舒服，似乎女性天生就應該遠離權力和政治，但是其實，權力鬥爭早已貫穿愛情、婚姻和家庭的所有生命週期，所以愛情心理學家們會把愛情分為三個時期：浪漫幻想期、權力爭奪期和整合承諾期，如果一位女性被月神這樣的獨立女神精神附體，難免走上嫦娥奔月、拋夫棄子的女權革命之路。

心理發展的第三階段會形成三角情結，也就是佛洛伊德說的伊底帕斯情結。因為伊底帕斯情結的本質，說到底還是兩個客體和一個自體的關係，它的雛形是好客體－壞客體－自體的三角關係，在伊底帕斯期被投射為父親－母親－孩子的愛恨情仇，所以命名為「三角情結」更為貼切。這個時期大概從孩子自主排便開始，到她和父母分床，獨立入睡結束，一般來說是三歲到六歲期間。好多人把伊底帕斯情結稱為「戀母情結」或者「戀父情結」，這是因為這個時期的主題表現為孩子就像愛上了父親或母親一樣，比如會嫉妒父母可以睡在一起、仇恨不再和自己睡在一起的父母。他／她憤怒地發現，原來父母之間的愛情，比和自己的親情更加親密、更加重要。一個能夠度過三角情結的女孩，她會琢磨：既然我媽能夠戰勝我，擁有我爸，那麼她必然有超過我之處，我就要認同我媽，變得和她一樣，以後長大後嫁給一個我爸那樣的男人。這種情況被稱為正性伊底帕斯情結的解決；俄狄浦斯情結有正性、負性、倒錯性三種，這裡只論述一下最常見的正性伊底帕斯情結，其他幾種可以參考夏夫的書籍（Scharff，1998）。

女孩之所以在這個時候對於和父親結合、睡在一起融為一體，特別感興趣，表面上看起來類似於一種自戀融合，但是伊底帕斯情結的內核，並不是母親－嬰兒無性別差異的融合，而是女孩明確地意識到自己是女性，以女性的身分和男性融合，所以它體現的是一種陰陽融合的本能，被稱之為化合原型。化合的意思，就是兩種對立的元素產生化學作用，合二為一。這種化合的驅動力，被佛洛伊德命名為性本能；原始的性本能，就體現為動物一樣的交配，無所謂君臣父女，儘管亂倫禁忌，而在人類社會中，這種本能必須被壓抑，所以它成為了一種人類集體的陰影。還有另外一種本能歷史更加悠久，那就是殺戮和攻擊的本能，這種本能受到壓抑的歷史，可能要回溯到古代猿人時期，所以有人認為這種集體陰影原型可能有上百萬年的歷史。

女性伊底帕斯情結的解決，就在於女孩認同母親的角色；認同母親的功能若要能發揮，那麼在大部分文明時期中，這個理想的母親角色，稱為「賢妻良母」。在女神系統中，爐灶女神（赫絲蒂雅）是最能引導人們認同賢妻良母。賢妻良母之賢良，在農業文明中，就體現在操持家務、整理廚房、為種田勞作一天的丈夫和子女，奉獻出熱氣騰騰、美味可口的飯菜，畢竟，人們交流愛的方式，主要還是在一起吃飯，然後才是在一起做愛，這種口欲母親的痕跡仍然存在於比較保守的文化中，比如美國電視劇《人人都愛雷蒙》（*Everybody Loves Raymond*）[5]中，雷蒙的媽媽就是以廚藝作為自身價值、自身魅力的主要來源。唐朝詩人王建的《新嫁娘詞．其三》有如此描述，「三日入廚下，洗手作羹湯。未諳姑食性，先遣小姑嘗。」也是描述了農業文明下女性的正性伊底帕斯情結，會以認同母親廚藝為表現。

與赫絲蒂雅對應的中國廚神，就是道教和民間崇拜的灶王奶奶，不少地區還保留著小年夜祭拜灶王奶奶、灶公灶母的習俗。但是認同母親的廚藝，在某種程度上，其實是退行到嬰兒期（口欲期）的表現。修通伊底帕斯情結的女孩，還需要認同母親的性魅力，也就是像母親一樣，為父親這個悅己者容，梳妝打扮的漂漂亮亮的，就像同唐代詩娘人朱慶餘描述的新娘：「洞房昨夜停紅燭，待曉堂前拜舅姑。妝罷低聲問夫婿，畫眉深淺入時無？」[6]

追求化妝打扮，並用性魅力來贏得愛情，這是美神和愛神的功能。對愛神的崇拜遍佈於西方文化中，尤其是夫妻之愛，被認為是基督教修行者的核心內容。在東方的儒家文化中，愛神的地位沒有那麼顯赫，但是人們還是發明出了東方愛神和美神，最有名的應該是洛神，雖然其他女神比如嫦娥、西王母、何仙姑等，也都以美貌聞名，但是洛神的美麗卻是廣為流傳，這其中的文學名篇《洛神賦》厥功甚偉，可惜的是，洛神的觀想祭拜儀式已經很少傳承於民間，甚至連洛神廟也所剩無幾了。而佛教中的綠度母，則具有眾多化身和功能，她在唐卡中經常以美麗少女樣貌展示出來，可以做為東方美神的替代者。

伊底帕斯期也是兒童認知功能開始發展的時期，之後人們就進入發展的第四階段，形成學習情結，在六歲到十二歲之間發生，此時人們把生命力都主要投注於學習之中，學習成為了人生意義所

5 編註3：台灣譯為《大家都愛雷蒙》。

6 作者註4：朱慶餘這首詩歌《近試上張水部》，其實是寫給科舉考官試探討好的。朱把自己的試卷比喻為新娘，被獻詩的張籍回了一首《酬朱慶餘》：「越女新妝出鏡心，自知明豔更沉吟。齊紈未足人間貴，一曲菱歌敵萬金。」這個故事，如果是出於同性戀者之間互通心曲，那麼可以用倒錯性伊底帕斯情結來解釋，否則，該考慮如此假設——愛欲投射到了學習和名利中，形成了學習情結和名利情結。

在。中國人對此應該說非常熟悉，比如儒教，就是一種學習的宗教，學習就是儒生的修行。而主宰學習之神，在西方文化中的當然就是智慧女神，父親的女兒雅典娜。中國的學習之神是孔子，一個和父親關係有點疏遠的兒子；在各地的孔廟中，受供奉的基本上都是男性——孔子及其學生。翻開儒教的歷史，也幾乎沒有女性的位置，好在還有道教和佛教做補充。

每年高考人們為了子女學業祈禱時，除了去孔廟祭拜孔聖人及其弟子，也經常去祭拜文殊菩薩，文殊菩薩可男可女；在漢傳佛教中，她的造像和觀音一樣，突出的是女性特徵，可以說是人們在文化無意識中，試圖彌補儒教過於陽剛的取向，是儒家文化中男權主義傾向的矯正。佛教中還有許多其他女性化的智慧女神原型意象，比如般若佛母等等。

在學習女神的領導下，女孩們試圖整合「勤奮孩童」和「散漫孩童」這兩個自我意象。勤奮孩童多多少少是一種人格面具的雛形，因為幾乎任何社會，都會要求孩童們開始學習勞動與生產技能，故而大部分社會會有法律規定的義務教育年限，畢竟學習與教育若是一種快樂的本能，就像吃飯、做愛一樣，何須要法律規定強制執行呢？所以可以說，這個時候的成人是被自己的這個人格面具這個原型所主宰的，因此成人也希望兒童形成足夠強大的人格面具。

所謂人格面具原型的功能，就是它會要求人們適應社會要求、服從社會安排，精神分析中有一個美國派別叫做自我心理學，這個派別就特別強調要幫助人們適應社會，我們就可以說這個派別就是受到人格面具驅動的。

與人格面具相對抗的，就是文化陰影這種原型。比如說，好學的勤奮孩童是儒教文化的人格面具，那麼，貪玩的散漫孩童，就是它的文化陰影。最典型的例子，就是《紅樓夢》中，賈政和賈寶玉的衝突。賈政越是希望兒子寶玉變成好學勤奮好學者，兒子越是成了散漫好玩者，與流氓表哥薛蟠打成一片。直到賈政回想起自己年輕時也貪玩散漫，才開始收回人格面具投射，父子關係才稍有緩解。

孩子們接受了學習規訓六年後，迎來了人格發展的第五個階段，這個階段形成了「青春情結」。青春期是指一個人從性成熟到生活獨立於父母之間的這段時期。以前一般認為是十二至十八歲，但是現在也有人認為是從十歲到二十二歲，把這個時段擴展了很多。大體的看法是，在古代是沒有青春期一說的，人們一旦性成熟就行成人禮，但是現代社會，讓初來月經、開始遺精的少男少女，就生活獨立、結婚生育，是不太可能的。

佛洛伊德把這個時期稱為「第二伊底帕斯期」，此時期戀父殺母的主題，隨著少男少女的性成熟，才真正的顯露出來。六歲小女孩妒忌母親，她有什麼可以和母親競爭呢，只是「可愛」二字而已。而十六歲少女則不然，她們具備了和母親匹敵的性魅力；想像人類要是成為東非草原上的黑猩猩，那麼作為中年油膩男的黑猩猩爸爸，牠會選擇與十六歲青春活潑的黑猩猩女兒交配，還是與人老珠黃的黑猩猩媽媽做愛呢？其實進化心理學答案很可能是：它們大概沒有「父、母、女」這樣的概念和家庭結構，只是聽從發情期性激素的安排，逮誰算誰，只要保持足夠種群數量，不被鬣狗、獅子實施種族滅絕就可以。

西方的愛神和美神維納斯，具有典型的性感特徵，顯然是非常符合青春期的永恆少女特質，而東方的愛神，有月下老人、和合二仙、太陰星君、紅鸞星神、天喜星神，但是猶如維納斯一般美麗動人的，似乎只有佛教中的紅度母，還有一些雙修的佛像，讓人們產生對青春愛情的嚮往和追求。

在青春情結後，我們的心理發展進入到了第六個階段，稱為青年成人期，它從少年們學習畢業、進入社會、財務獨立開始，一直到完成社會任務、成家立業終止，大約是二十二歲到四十歲這段期間。青年成人期形成的是「名利情結」。說到名利二字，很多人可以覺得未必低俗了一些，但是其實對名和利的追求，可以說是愛本能、生本能發展的主旋律，比如說，前文說到的嬰兒期自戀三求——求欣賞、求理想、求共鳴，這就體現為青年期對「名聲」的追求，而我們知道幼兒期的控制情結，其核心就在於追求控制感。請問：對一個剛剛買入社會的青年來說，他會發現什麼東西可以顛倒眾生，控制人們的？答案必然是青年馬克思發現的——金錢。連《周易》也如此教導古代帝王將相：「何以守位？曰仁。何以聚人？曰財。理財正辭，禁民為非曰義。」難怪中國人覺得馬克思主義深得我心。

有人可能問，那愛情呢，難道沒有人在乎愛情嗎？非也，愛情和名利，並非勢同水火的關係，它們都是愛欲在不同時期的投射和認同形成的境界。佛洛伊德所說的愛欲發展的三階段，可以如此簡要概括為：人生，無非是求名、求利、求愛。口欲期和肛欲期形成了對名和利的追求，伊底帕斯期則在超越自戀和控制的基礎上，形成了對愛的追求。「愛、名、利」三者，在潛伏期（latency），就體現為以學習換取「名利」、換取父母和老師的「愛」。到了青春期，就是愛佔據了主題，名利放在後面，愛神戰勝了財神。

到了青年成人期，人們發現高中時期那種純純的愛情不存在了，榕樹下的白衣男孩，要是沒有白花花銀子給彩禮，生活究竟也還是艱難困苦的。男孩們也領悟到，最性感的事情還是「名利雙收」，雙收之後，性愛雙修、詩歌與遠方才是浪漫的，否則就變成失業民工在四處流浪。

名利是婚姻的基礎，至少在階級社會中，對於中下階層而言，這是不言自明的事實。馬克思和恩格斯，對階級社會的這種愛情狀況非常不滿意，所以提出婚姻的基礎應該是愛情，但是這種純粹的愛情，要等到共產主義社會才能全面實現。共產主義的前提，又是社會財富的充足供給，所以說到底還是名聞利養。

主管名利的神仙，在西方大多數都是男性。大概是因為求名求利的愛欲，造就了男權社會吧。西方有一位女神，具有財神的內涵，那就是豐收之神席瑞絲（Ceres），但不知道為何，博倫系統中對這位女財神沒有太多描述。畢竟無論女性主義、女權主義還是女拳主義，都贊同女性獨立，而其首要條件就是財務獨立，否則就是一句空話。7

東方人似乎很瞭解女性對於名聞利養的重要性，於是有不少豐富多彩的女財神出現。尤其佛教中，有主管五穀豐登的尊勝佛母、有招財進寶的佛眼佛母、有掌管權力和愛的作明佛母（她似乎對於度過愛情權力爭奪期也有作用），還有觀音菩薩的多個化身，比如如意輪觀音、千手觀音、准提觀音、綠度母等，都具有讓人不缺財富的功能。除此之外，還有吉祥天母、妙音天女、給薩財神、黃色財續母等等，輔助廣大佛教徒發家致富。

7　作者註5：feminism 最早在中國被翻譯為「女權主義」，突出其權力鬥爭的色彩，近年來發現這是誤譯，恢復準確譯名為「女性主義」。女性主義經歷了多個階段，從最初的單方面要求解放女性、男女平等，到現在的追求男性、女性共同解放，各司其職。但是女性主義在西方，主要抗爭對象是政府和社會機構，它傳到日本再播散到中、韓等國後，女性反抗的對象演變成了男性家長，也就是老爸和老公，其中的極端主義者被諷刺為「女拳主義」者，也就是以一種義和拳的暴力手段，來對抗所有男性，本質上是一種「厭男綜合症」的表現。

青年成人期和學齡期一樣，主要驅動人們發展的還是人格面具這個原型，人格面具其實就是人的社會本能、人類的社會化屬性。正因為人類天生是一種社會化動物，所以人類天生需要戴上面具，以克制獸性本能、融入社會，換句話說，人格面具就是引導一頭東非的黑猩猩邁向人性、走向神性的力量。

在大多數的世俗社會，都會期待學齡期的兒童成為一個勤奮好學的兒童，而期望一個青年人成為一個渴望親密的青年，接著結婚生子、傳宗接代、愛國愛人、投生的社會建設的滾滾洪流中。與此同時，與世隔絕這種性格極度內傾的傾向，就是不受歡迎的，它可能成為一個人攜帶的文化陰影。

比如說，賈寶玉，作為一個古代的貴族子弟，革命傳人紅三代，他就不被允許具有一點點與世隔絕的傾向，哪怕是看《莊子》這樣的名著，也會被他老婆薛寶釵勸告。有些極度內傾者，就以為自己可以透過削髮為僧，出家做和尚來了斷塵緣，但是其實僧人也是要融入僧團的集體生活、社會生活的。

名利情結的最終目標，還是導向人口再生產，大白話就是結婚生子。在女神系統中，婚姻之神赫拉，可以被看做是引導這個時期的終極原型力量。中國神話中，承擔起婚姻之神的角色，分別是女媧、織女和紅鸞星，女媧同時也是大母神，而紅鸞本來是玉皇大帝的女兒，後來也演變成婚姻之神，甚至可以在八字中算出她什麼時候降臨到命運之中。

表面上看起來非常迷信，但在實際生活中這的確具有心理療癒作用。比如說某個案白富美、獨身多年的女性，總是東挑西揀，對追求自己的男性百般挑剔，但是又不甘心就此孤獨終老，心理諮詢的目標當然不可能設定為「讓她嫁人」或者「讓她獨身」，而是不斷地分析和理解驅動她「嫁人－獨身」衝突的各種情結——自戀情結、控制情結、三角情結、學習情結、青春情結、名利情結。但是諮詢多年多次，最後還是算命先生一句話讓她拿定主意。算命先生告訴她：今年你紅鸞入命，有婚運，之後就再無婚運、孤獨終老。

然後果真，她就實現了這個預言、這個宿命，她開始看一個男孩越看越順眼，越看越覺得他就是真命天子、他就是靈魂伴侶。雖然這個男孩也具有她之前看不上的諸多缺點，不夠高、不夠帥、不夠富等等。[8]

中國的另外一位婚神，織女，或者說七仙女，則是在社會上仍然具有強大生命力的女神。尤其是七夕節，被商家們炒作為「中國情人節」後。七仙女與董永的故事，在現實生活中其實也不斷上演，七仙女看起來就像是一個家族企業的第二代女兒，她具有害羞性自戀人格的特質，以及強烈的「下嫁」情結，每每覺得自己德不配位，不配擁有這萬貫家財和千頃良田，只有下嫁給董永那樣一貧如洗的鳳凰男乃至野雞男，才覺得自己落地生根了，不安全的依戀模式接地氣了。

最後又往往受制於家族中長輩的約束，尤其是母親的約束，和老公分道揚鑣或者天各一方、長期分居、隱性離婚。這種情結可以命名為「董永情結」或者「下嫁情結」，表面上來看，它是一種負性的「名利情結」，但是其內核往往是一種女性的負性的自戀情結。

---

8 作者註6：算命是古代起到心理療癒作用的活動，心理諮詢師對此一般保持中立態度，既不鼓勵也不反對。根據個案的需求來分析，「命運」作為一種原始背景客體，起到什麼樣的心理功能，最終幫助個案整合有關命運的三種心態：聽天由命、逆天改命和樂天知命。它們對應著客體關係學派所說的偏執－分裂心態，抑鬱心態和超越心態（李孟潮，2017，Bollas，2018）。

當然有時候這種「嫁下不嫁上」行為也可能是被「三角情結」驅動的，因為家族企業中往往容易形成「母系恨男聯盟」，也就是女人們聯合到一起，貶低男人、攻擊男人，當然所謂「蒼蠅不叮無縫的蛋」，家族企業的男人們也多多少少會沾染上「吃喝嫖賭抽」五大惡習，有些是因為認同長輩，有些是因為工作需要。這樣環境下長大的女孩，環顧四周，就幾乎找不到一個「愛男人」的賢妻良母作為模範認同，自然也無法形成正性戀父情結，往往是和母系的女人們形成復仇者聯盟對抗父親。有時候下嫁鳳凰男，是為了攻擊父親，偏偏不嫁父親給她安排好的金龜婿，有時候是她假設鳳凰男看起來很老實，絕對不會有父親叔伯的五大惡習。

度過青年期後，人們來到中年期，它起始於子女長大，終止於自己退休，大多數人這個時期是四十歲到六十歲，有些人希望青春永駐，就說中年期是六十歲到八十歲，這種心態大概本身就是中年危機的表現。

中年期主要發展任務是整合繁衍感和停滯感兩種心態。正常的繁衍感就是在工作上幫帶、培養新人，感受到自己的事業後續有人，在家庭中則是欣喜於孩子們都已經長大成人，長江後浪推前浪，前浪可以幸福地死在沙灘上了。正常的停滯感，就是能夠愉快地接納自己已經到達更年期，需要學會健康老化，不但沒有必要跟年輕女孩們爭奇鬥豔、爭名奪利，相反應該祝福她們的美麗和成就。

中年的繁衍感過強，就可能是被永恆少年原型佔據，變成油膩中年人，反之，如果停滯感過強，可能是被智慧老人佔據了，提前進入了老年期，變成老氣橫秋的中年人。

中年人的愛欲，容易投注到家國故園，形成家國情結。引導中年家國情結的女神之一，就是母神狄米特，雖然女性從基因來說，他們天生具備母性，也就是從生育兒童的第一天，便自然地成為了生物學母親，但是女性要成為一個心理學意義上的母親，實在是需要經歷漫長的心路歷程，而艱辛的英雄之旅，往往要到中年期，四十歲左右，孩子進入青春期了，女性才穩定地認同了母親這個角色，要是認同不穩定，就很難順利度過孩子的青春期危機。

其實所謂孩子的青春期身分認同危機，有一大半是和老父親老母親的中年危機交叉重疊、相互傳染，就像病毒，只有拿捏好分寸，掌握好火候，才能動態清零、身心和諧。青春期的孩子要整合的是穩定和混亂的身分認同，中年期的父母要整合繁衍和停滯的感受，而中年期父母往往在這個時候青春期舊傷復發，又開始不穩定了、開始混亂迷惑了，眼看自己半截身子入土了，不甘心就這樣活下去進入老年期。

充滿慈悲的母神當然是對治更年期危機的良方妙藥。中國文化中母神崇拜非常發達，比如觀音菩薩就被國人改造成了母神，乃至出現了送子觀音這樣的造型，我有一次參觀寺廟，看到了送子觀音像，就讚歎道，你們也很有創新啊，負責人笑一笑給我做科普，送子觀音這種造型雖然在佛教經典中沒有直接依據，但是也是隨順眾生、慈悲為懷的體現，然後他又引用了幾句經文，向我和其他聽眾證明，觀音菩薩完全可以一馬當先，與時俱進，並根據先進文化、先進生產力的方向調整自己的造型，從而最大程度地滿足最廣大有情眾生的根本利益。

媽祖，則是另外一個流傳甚廣的母神，甚至有些國家和地區領導人還率眾供奉祭祀她。她是一個孝女，具有地藏王菩薩特點，很能滿足儒家的正性家國情結。她本人又是獨身女性，具有女性解放色彩，類似月神。她還是海神，對於借海洋文明發財的商旅人士來說，也是財神中的財神，難怪臺商郭台銘會在參選前夢到媽祖托夢。

在經歷了自戀衝突、權力爭奪、三角之愛、學習成年、青春夢醒、名利追逐、家國故園這七個情結後，人生終於到了最後一個階段，老年期，從一個人退休到死亡，大約是六十歲到八十歲之間，當然人類有逼近百歲的可能性。這個階段的心理發展，主要是整合「統整感」和「絕望感」。一個統整的老人，會覺得自己已過了心滿意足的一生，可以整合起過去七個階段的愛恨情仇，所以有人把六十至八十歲稱為「樂齡期」，的確，這個階段甚至可能比幸福的童年還要快樂。

具有正常統整感的老人，往往也具有正常的絕望感，也就是能夠愉快接受以下兩點：第一，我作為老人，能力最終會歸零；第二，我作為老人，可愛程度最終也會歸零。也就是說，他可以愉快地接受自己成為一個「老廢物」、擁抱死亡、含笑而死，他會在一定時間就停止各種延長壽命的活動，靜靜等待死亡的來臨。

否則，這個老人要是整合不好，就會發生心理退行，如果她退化到中年期，就變成老來一枝花，到站不下車、到點不退休，比如說她是一個藝術家，她就說自己要死在藝術舞臺上，讓觀眾花錢花時間去看到了她藝術家的屍體，雖然有點晦氣，但至少損失不大，更可怕的是，她要是一位老醫生，她說要死在手術臺上，而她的病人被開膛破肚，結果醫生一頭紮進自己的腹腔而含淚歸天，這種醫療事故就不是倒楣而是悲慘了。

如果老人退行到了嬰兒期和幼兒期，那就更加讓子女們痛心疾首了，這位白髮蒼蒼的老人，會找兒孫輩滿足嬰兒期需求——求欣賞、求理想、求共鳴。兒孫們好不容易欣賞了她，扮演了她想要的孝子賢孫、無條件關愛父母，天天共情理解支持肯定她，結果發現她來到了幼兒期，追求全能控制感，甚至要求醫院能夠全能控制死神的步伐，這往往就造成傾家蕩產的結果。

有些家族企業，就是在這種愚忠愚孝文化的支配下，讓一個已經大腦退化、心理退行的老人主持企業，最後造成了家族企業的滅亡。有些封建王朝的覆滅，也是因為老人專制、老人獨裁。比如說莎士比亞的《李爾王》，就描述了一個昏庸的老人，為了在子女身上尋求自戀滿足，愚忠愚孝，最終引發王國的分崩離析，不少精神分析師喜歡分析這一部戲劇。比如說武漢的中美精神分析培訓班的老師，傑弗瑞．斯特恩（Jeffrey Stern）就專門寫了一篇文章〈King Lear: The Transference of the Kingdom〉（李爾王：王國的移情），從自戀的角度探索了李爾王在老年的生死情結無法化解，如何退行回到家國情結和自戀情結（Stern, 1990）。

老年人要在貪生怕死，還是捨生向死之間做選擇，所以稱為「生死情結」。引導老年期的女神，當然應該是具足慈悲和智慧、整合生本能與死本能、超越女性與男性的女神，在博倫寫作《尋找內在女神》之時，她其實並沒有找到這麼一個神，而是把愛神放到了核心的位置。但是在後來的著作中，博倫就發現了這一類自性圓滿的女神。比如千手千眼的觀音，她既是救苦救難的生命之神，又是西方極樂世界的三聖之一，接引死者，所以是一位可親的死神。她的化身之一，綠度母，則統率了二十一個度母，更能滿足人們那急於求成的心態。榮格分析師瑞秋．伍頓（Rachel Wooten）則把佛教的二十一度母修法賦予了現代心理學意義，寫作一本書，名為 *Tara: The Liberating Power of the Female Buddha*（《度母：女性佛陀的解放力量》）（Wooten，2020）[9]。

---

9 作者註7：這本書對於有佛教信仰的個案來說，是非常有益的自助書，但此書佛教色彩太強烈，更接近於一個心理學化的佛教

4. 結語

博倫屬於女性主義的榮格分析師，而女性的主義的核心內容就在於解放兩字。談到「解放」，我們難免會聯想起紅色革命的陽剛力量，我們常有的錯覺是，中國革命的百年征程似乎都是受到陽性原型驅動的，比如太陽神這樣的偉大父親原型。

但是實際上，女神原型也經常附體於當年一眾女性青年，從宋慶齡到何香凝，從張愛玲到呂碧城[10]。還有她們同時代的文藝男青年郭沫若，早在一九一九年，郭沫若——這個當時的優秀的文藝青年、日本九州帝國大學的醫學留學生、後來的忠誠的共產黨員、毛澤東的崇拜者和惺惺相惜的好友——就體會到了女神原型的驅動力，他在短短數月的時間，詩神附體，幾乎每天都寫詩，這些詩後來結集初版，命名為《女神》，立即被認定為中國現代白話詩的開端，乃至後來多本中國文學史，都要把他寫進去，雖然後來他就很少寫詩。

他埋頭寫詩的那年，榮格也在埋頭寫作他的《紅書》，同時發表了《本能與無意識》一文，文中開始使用「原型」這一概念。清瘦英俊的郭沫若在詩歌《女神之再生》中，描述了多個女神，她們彼此合作，宣稱「我們要去創造個新鮮的太陽，不能再在這壁龕之中做甚神像！」最後，她們果真創造出來了新的太陽——「我們欲飲葡萄觥，願祝新陽壽無疆。」

在這整個創造新太陽的過程中，點綴了歌德對永恆女性的讚美，《列子》的古文，穿插於全寺首尾的，卻是兩個男神共工和顓頊之間的世界大戰。而郭沫若本人，正是在世界大戰的陰影之中，踏上日本國土，立志學醫，要從白衣少年變成白衣天使，救死扶傷，那一年是一九一四年。

在離郭沫若不遠的江戶，老年人高島呑象正準備解決自己的生死情結，他為自己準備好靈牌，在靈牌上寫下自己死期，接著他回顧自己的一生：從自己曾經入獄，到自己因為《周易》占卜成名，王公將相上門參訪；從自己創辦家族企業「高島屋」，到自己親家伊藤博文不聽自己占卜勸告，奔赴哈爾濱後被刺殺身亡。

在他臨終的記憶流中，自然也會呈現二十年前的一個清晨，他和陸軍大佐福原實，準備去謀築兵營，福原說，「方今我國形勢，前途未可知，請試一占。」，高島凝神閉氣，用中國商周時期傳下的大衍筮法，得到了《晉》卦，九二爻變，變化為《未濟》卦。

高島看著千年之前周公寫下的爻辭，「晉如愁如，貞吉。受茲介福，於其王母。」[11]展開了聯想。見「於其王母」四字時，赫然出現了一個女神原型意象，這讓這兩個日本男人遲疑了一下；日本這個國家，立國於日神崇拜，太陽這個原型父親籠罩著明治維新以來的所有日本人，他們對於陰柔的王母神性已經頗為陌生。

高島最終聯想到了太后，說：當日三條公以下諸位大臣，秉正謀國，不特受知於皇上，且為太后所信任也，此即爻辭所謂「受茲介福，於其王母」是也。

那是一八九四年，那一年，郭沫若兩歲，毛澤東一歲，兩位革命戰士都還處於嬰兒期，自然聽

修行法本，應該是專門為佛教徒寫作的，心理諮詢師對其他個案使用時則需要謹慎，避免發生價值觀偏倚。

10 作者註8：呂碧城與蕭紅、石評梅、張愛玲被稱為「民國四大才女」，在四大才女中，她的心理發展最成熟，個人命運也最圓滿。

11 作者註9：《周易》有多種版本，各種版本的斷句不同。

不到中日甲午海戰的隆隆炮聲，當時北洋水師船堅炮利，超過日本，但是海戰結果居然被全殲。

中國人開始醒悟，可能不是器物不如他人，而是中國的制度出了問題，中國人的思想出了問題，革命的百年征程開始啟航。

晉卦中明明擺著一個坤卦，是大母神的原型，高島也並非沒有看到，所以他說，「宜柔順上行，不宜剛健躁進，蓋取《坤》之順而在下，尤必取《離》之明而在上，君子自昭明德，胥是道也。武功必先文德，上爻之『伐邑』，知亦不得已而用之耳。」

可惜，伐邑之戰還是發生了，話說回來，自昭明德的晉卦之德，又豈是常人能做到的，正所謂百年風雨百年路，一川明月一河山，遙想英豪望碧空，煙波浩淼天翻覆。

參考文獻

李孟潮（2017）. 天命觀與筮儀. 武漢：中國第五屆精神分析大會。

李孟潮（2022）.《榮格的 30 個夢》. 臺北：心靈工坊出版社。

李孟潮（2023）.《女人如何活出神性》，見【美】簡・篠田・博倫（Jean Shinoda Bolen）著，張鈞馳譯.《女人如何活出自我：女性生命中的強大原型（*Goddesses in Everywoman: Powerful Archetypes in Women's Lives*）》. 上海：東方出版社。

【日】上野千鶴子著，廖榮發譯.（2022）.《在熟悉的家中向世界告別》. 南京：譯林出版社。

Bollas, C. (2018). Forces of destiny: Psychoanalysis and Human Idiom. Routledge.

Klinenberg, E. (2012).Going Solo: The Extraordinary Rise and Surpring Appeal of Living Alone. New York, NY: Penguin. 中文版見，【美】艾瑞克・克里南伯格著，沈開喜譯 .《單身社會》. 上海：上海文藝出版社。

Murdock，M.(1990). *The Heroine's Journey: Woman's Quest for Wholeness.* Boulder: Shambhala Publications.

Murdock，M.(1990). The Heroine' s Journey Workbook: A Map for Every woman's Quest with Guided Image, dream-work & creative exercises. Boulder: Shambhala Publications.

Richards, P. S., & Barkham, M. (2022). Enhancing the evidence base for spiritually integrated psychotherapies: Progressing the paradigm of practice-based evidence. Psychotherapy. Advance online publication.

Scharff, D. E. (1998).*The Sexual Relationship: An Object Relations View of Sex and the Family*. New York: Jason Aronson Book.【美】大衛・夏夫著，李迎潮、聞錦玉翻譯，李孟潮審 . (2009).《性與家庭的客體關係觀點》，北京：世界圖書出版公司。

Sterrn, J. (1990). King Lear: The Transference of the Kingdom. *Shakespeare Quarterly, Vol. 41, No. 3* (Autumn, 1990), pp. 299-308.

Wooten, R. (2020). *Tara: The Liberating Power of the Female Buddha.Boulder*: Sounds True.

補充資料

情結原型發展表（女神版）

情結	需要與功能	原型	原型意象：女神	心理衝突
自戀情結	內傾感知覺（生理需要）	偉大母親原型－兒童原型	少女之神與冥后（波賽芬）；地藏菩薩	安全嬰兒－懷疑嬰兒
權威情結	外傾感知覺（安全需要）	父親原型－個人陰影原型	月神與狩獵神（阿特米絲）；嫦娥	自主幼兒－依賴幼兒
三角情結	內傾情感（愛與歸屬需要）	化合原型－集體陰影原型	爐灶女神（赫絲蒂雅）；灶王奶奶；愛神與美神（維納斯）；洛神、綠度母（少女相）	主動孩童－內疚孩童
學習情結	外傾思維（認知與瞭解需要）	人格面具－文化陰影原型	智慧女神（雅典娜）；般若佛母；文殊菩薩	勤奮兒童與青少年－散漫兒童與青少年
青春情結	外傾情感（美感需要）	永恆少年原型－智慧老人原型	愛神與美神（維納斯）；紅度母（作明佛母）	穩定少年－混亂少年
		阿尼瑪－阿尼姆斯原型		

情結	需要與功能	原型	原型意象：女神	心理衝突
名利情結	外傾直覺（尊重需要）	人格面具－愚弄者原型	豐收之神：席瑞絲（Ceres）、婚姻女神（赫拉）；女媧、織女、紅鸞星	渴望親密青年－與世隔絕青年
家國情結	內傾思維（自我實現需要）	智慧老人－永恆少年原型	母神：狄米特（Demeter）；聖母、觀音（送子）、媽祖。	繁衍中年－停滯中年
生死情結	內傾直覺（超自我實現需要）	自性原型	千手千眼觀音、二十一綠度母	統整老人－絕望老人

附錄二

每章參考文獻

希臘神話人物簡介

Zimmerman, J. E. *Dictionary of Classical Mythology.* New York: Bantam Books, by arrangement with Harper & Row, 1964. Source for pronunciation of names.

前言　女神就活在每個女人心底

Lerner, Harriet E. "Early Origins of Envy and Devaluation of Women: Implications for Sex Role Stereotypes." *Bulletin of the Menninger Clinic* 38, no. 6 (1974): 538–553.

Loomis, Mary, and Singer, June. "Testing the Biopolarity Assumption in Jung's Typology." *Journal of Analytic Psychology* 24, no. 4 (1980).

Miller, Jean Baker. *Toward a New Psychology of Women.* Boston: Beacon Press, 1976.

Neumann, Erich. *Amor and Psyche: The Psychic Development of the Feminine.* Translated by Ralph Manheim, Bollingen Series 54. New York: Pantheon Books, 1956.

第一章　以女神為內在意象

Jung, C. G. "Archetypes of the Collective Unconscious" (1954). *CW,* vol. 9, part 1(1968), pp. 3–41.

Jung, C. G. "The Concept of the Collective Unconscious." *CW,* vol. 9, part 1, pp. 42–53.

Marohn, Stephanie. "The Goddess Resurrected." *Womenews* (published by the Friends of the San Francisco Commission on the Status of Women) 8, no. 1 (June 1983).

Mayerson, Philip. *Classical Mythology in Literature, Art, and Music.* New York: Wiley, 1971.

Spretnak, Charlene, ed. *The Politics of Women's Spirituality: Essays on the Rise of Spiritual Power Within the Feminist Movement.* New York: Doubleday, 1982.

Stone, Merlin. *When God Was a Woman.* New York: Harvest/Harcourt Brace Jovanovich, by arrangement with Dial Press, 1978.

第三章　處女神——阿特米絲、雅典娜，及赫斯蒂雅

Gustaitis, Rasa. “Moving Freely through Nighttime Streets.” *Pacific News Service,* 1981. Syndicated article (found, for example, in *City on a Hill Press,* University of California, Santa Cruz, April 9, 1981).

Harding, M. Esther. “The Virgin Goddess.” In *Women's Mysteries.* New York: Bantam Books, published by arrangement with Putnam's, 1973, pp. 115–149.

Kotschnig, Elined Prys. “Womanhood in Myth and Life.” *Inward Light* 31, no. 74 (1968).

Kotschnig, Elined Prys. “Womanhood in Myth and Life, Part 2.” *Inward Light* 32, no. 75 (1969).

第四章　阿特米絲——狩獵與月之女神、競爭者及姐妹

Guthrie, W. K. C. “Artemis.” In*The Greeks and Their Gods.* Boston: Beacon Press, 1950, pp. 99–106.

Kerenyi, C. “Leto, Apollon and Artemis.” In *The Gods of the Greeks.* Translated by Norman Cameron. New York: Thames & Hudson, 1979. (Originally published 1951.)

Kerenyi, Karl. “A Mythological Image of Girlhood: Artemis.” In *Facing the Gods,* edited by James Hillman. Irving, Texas: Spring, 1980, pp. 39–45.

Mayerson, Philip. “Artemis.” In *Classical Mythology in Literature, Art, and Music.* New York: Wiley, 1971, pp. 150–169.

Moore, Tom. “Artemis and the Puer.” In *Puer Papers.* Irving, Texas: Spring, 1979, pp. 169–204.

Malamud, Rene. “The Amazon Problem.” *Spring* (1971), pp. 1–21.

Otto, Walter F. “Artemis.” In *The Homeric Gods.* Translated from the German by Moses Hadas. New York: Thames & Hudson, published by arrangement with Pantheon Books, 1979, pp. 80–90.

Schmidt, Lynda. “The Brother-Sister Relationship in Marriage.” *Journal of Analytical Psychology* 25, no. 4 (1980): 17–35.

Zabriskie, Philip T. “Goddesses in Our Midst.” *Quadrant* (Fall 1974), pp. 41–42.

第五章　雅典娜——智慧與工藝女神：策略家和父親的女兒

Downing, Christine. “Dear Grey Eyes: A Revaluation of Pallas Athene.” In *The Goddess.* New York: Crossroad. 1981, pp. 99–130.

Elias-Button, Karen. “Athene and Medusa.” *Anima* 5, no. 2 (Spring Equinox, 1979): 118–124.

Hillman, James. “On the Necessity of Abnormal Psychology: Ananke and Athene.” In *Facing the Gods.* Edited by James Hillman. Irving, Texas: Spring, 1980, pp. 1–38.

Kerenyi, C. “Metis and Pallas Athene.” In *The Gods of the Greeks.* Translated by Norman Cameron. New York: Thames & Hudson, 1979, pp. 118–129. (Originally published 1951.)

Kerenyi, Karl. *Athene: Virgin and Mother.* Translated by Murray Stein. Irving, Texas: Spring, 1978.
Mayerson, Philip. "Athena." In *Classical Mythology in Literature, Art, and Music.* New York: Wiley, 1971, pp. 169–175; pp. 431–433.
Otto, Walter F. "Athena." In *The Homeric Gods.* Translated by Moses Hadas. New York: Thames & Hudson, by arrangement with Pantheon Books, 1979, pp. 43–60.
Rupprecht, Carol Schreier. "The Martial Maid and the Challenge of Androgyny." *Spring* (1974), pp. 269–293.
Stein, Murray. "Translator's Afterthoughts." In Kerenyi, Karl, *Athene: Virgin and Mother.* Translated by Murray Stein. Irving, Texas: Spring, 1978, pp. 71–79.

第六章　赫絲蒂雅——爐灶與寺廟女神：智慧女性和獨身姑姑

Bradway, Katherine. "Hestia and Athena in the Analysis of Women." *Inward Light* 151 (1978), no. 91: 28–42.
Demetrakopoulos, Stephanie. "Hestia, Goddess of the Hearth." *Spring* (1979), pp. 55–75. This article was my major source for the mythology and rituals of Hestia.
"The Hymn to Hestia" and "The Second Hymn to Hestia." In *Homeric Hymns.* Translated by Charles Boer. Rev. ed. Irving, Texas: Spring, 1979. pp. 140–141.
Jung, C. G. "The Spirit Mercurius: Part 2: no. 3, Mercurius as Fire." *CW,* vol. 13, pp. 209–210.
Jung, C. G. "The Spirit Mercurius: Part 2: no. 8, Mercurius and Hermes." *CW,* vol. 13, pp. 230–234.
Kirksey, Barbara. "Hestia: A Background of Psychological Focusing." In *Facing the Gods.* Edited by James Hillman. Irving, Texas: Spring, 1980, pp. 101–113.
Koltuv, Barbara Black. "Hestia/Vesta." *Quadrant* 10 (Winter 1977), pp. 58–65.
Luke, Helen M. "Goddess of the Hearth." In *Woman: Earth and Spirit* (New York: Crossroad, 1981), pp. 41–50.
Mayerson, Philip. "Hestia (Vesta)." In *Classical Mythology in Literature, Art, and Music.* New York: Wiley, 1971, pp. 115–116.
Mayerson, Philip. "Hermes (Mercury)." In *Classical Mythology in Literature, Art, and Music* (New York: Wiley, 1971), pp. 210–226.

第八章　赫拉——婚姻女神：承諾者和妻子

Downing, Christine. "Coming to Terms with Hera," *Quadrant* 12, no. 2 (Winter 1979).
Kerenyi, C. "Zeus and Hera" and "Hera, Ares and Hephaistos." In *The Gods of the Greeks.* Translated by Norman Cameron. New York: Thames & Hudson, 1979, pp. 95–98, 150–160. (Originally published 1951).
Kerenyi, C. *Zeus and Hera: Archetypal Image of Father, Husband and Wife.* Translated by Christopher Holme. Bollingen Series 65. Princeton, N.J.: Princeton University Press, 1975.

Kerenyi, Karl. "The Murderess—Medea." In *Goddesses of Sun and Moon.* Irving, Texas: Spring, 1979, pp. 20–40.

Mayerson, Philip. "Hera (Juno)." In *Classical Mythology in Literature, Art, and Music.* New York: Wiley, 1971, pp. 94–98.

Mayerson, Philip. "Medea." In *Classical Mythology in Literature, Art, and Music.* New York: Wiley, 1971, pp. 346–352.

Stein, Murray. "Hera: Bound and Unbound." *Spring* (1977), pp. 105–119. This article was my most important source for the archetype of Hera. Stein's article associates the mating instinct with Hera, and describes her three phases.

Zabriskie, Philip. "Goddesses in Our Midst," *Quadrant* (Fall 1974), pp. 37–39.

第九章　狄米特——穀物女神：撫育者與母親

Demetrakopoulos, Stephanie. "Life Stage Theory, Gerontological Research, and the Mythology of the Older Woman: Independence, Autonomy, and Strength." *Anima* 8, no. 2 (Spring Equinox 1982): 84–97.

Friedrich, Paul. "The Fifth Queen: The Meaning of Demeter" and "The Homeric Hymn to Demeter." In *The Meaning of Aphrodite,* Chicago: University of Chicago Press, 1978, pp. 149–180.

"The Hymn to Demeter." In *The Homeric Hymns,* translated by Charles Boer. 2nd ed., rev. Irving, Texas: Spring, 1979, pp. 89–135.

Jung, C. G. "Psychological Aspects of the Mother Archetype" (1954). *CW,* vol. 9, part 1 (1968), pp. 75–110.

Kerenyi, C. *Eleusis: Archetypal Image of Mother and Daughter.* Translated by Ralph Manheim. New York: Schocken Books, published by arrangement with Princeton University Press, 1977. Previously printed in the Bollingen Series (1967).

Luke, Helen M. "Mother and Daughter Mysteries." In *Woman: Earth and Spirit.* New York: Crossroad, 1981, pp. 51–71.

Zabriskie, Philip. "Goddesses in Our Midst." *Quadrant* (Fall 1979), pp. 40–41.

第十章　波賽芬妮——少女與冥后：善於接納的女性和媽媽的女兒

Dowling, Colette. *The Cinderella Complex: Women's Hidden Fear of Independence.* New York: Summit Books, 1981. The Cinderella Complex describes a Persephone pattern. The book provides an excellent understanding of how family and culture reinforce this archetype with "apprehensive oversolicitude" and inhibition of assertiveness and independence.

Downing, Christine. "Persephone in Hades." *Anima* (1977) no 1., (Fall Equinox): 22–29.

"The Hymn to Demeter" (the Abduction of Persephone). In *The Homeric Hymns,* translated by Charles Boer. 2nd ed., rev. Irving, Texas: Spring, 1979, pp. 89–135.

Kerenyi, C. *Eleusis: Archetypal Image of Mother and Daughter,* translated by Ralph Manheim. New York: Schocken Books, reprinted by arrangement with Princeton University Press, 1977. Previously printed in The Bollingen Series (1967).

第十一章　煉金女神

Tennov, Dorothy. *Love and Limerence: The Experience of Being in Love.* New York: Stein & Day, 1979.

第十二章　阿芙蘿黛蒂——愛與美的女神：富創造力的女性和戀人

Friedrich, Paul. *The Meaning of Aphrodite.* Chicago: University of Chicago Press, 1978. This was my chief source for the mythology and symbolism of Aphrodite.

Kerenyi, Karl. "The Golden One—Aphrodite." In *Goddesses of the Sun and Moon.* Translated by Murray Stein. Irving, Texas: Spring, 1979, pp. 41–60.

"The Hymn to Aphrodite," "The Second Hymn to Aphrodite," and "The Third Hymn to Aphrodite." In *The Homeric Hymns,* Translated by Charles Boer. 2nd ed., rev. Irving, Texas: Spring, 1979, pp. 69–83.

Johnson, Robert. *She: Understanding Feminine Psychology.* New York: Harper & Row, 1977. (Originally published 1976.)

Mayerson, Philip. "Aphrodite (Venus)." In *Classical Mythology in Literature, Art, and Music.* New York: Wiley, 1971, pp. 182–210.

Neumann, Erich. *Amor and Psyche: The Psychic Development of the Feminine.* Translated by Ralph Manheim. (Bollingen Series 54) New York: Pantheon, 1956.

Otto, Walter F. "Aphrodite." In *The Homeric Gods,* translated by Moses Hadas. New York: Thames & Hudson, published by arrangement with Pantheon Books, 1979, pp. 91–103.

Zabriskie, Philip. "Goddesses in Our Midst." *Quadrant* (Fall 1979), pp. 36–37.

第十三章　哪位女神拿到金蘋果？

Jung, C. G. "Psychological Types." *CW,* vol. 6.

Mayerson, Philip. "The Trojan War." In *Classical Mythology in Literature, Art, and Music.* New York: Wiley, 1971, pp. 375–422.

第十四章　每個女人內在的女英雄

Adams, Richard. *Watership Down.* New York: Avon Books, published by arrangement with Macmillan, 1975.

Auel, Jean M. *The Clan of the Cave Bear.* New York: Bantam Books, by arrangement with Crown Publishers, 1981.

Auel, Jean M. *The Valley of Horses.* New York: Crown Publishers, 1982.

Tolkien, J. R. R. *The Fellowship of the Ring Trilogy.* New York: Ballantine Books, by arrangement with Houghton Mifflin, 1965.

T. S. Eliot. *Four Quartets* (New York: Harcourt Brace Jovanovich, no date), p. 59.

附錄三

其他參考文獻

本書參考文獻繁多，有意參閱者，請上心靈工坊官網（https://www.psygarden.com.tw/）搜尋「尋找內在女神」書籍介紹頁面，或掃描以下 QR Code。

心靈工坊 PsyGarden

Holistic 162

尋找內在女神：從神話原型看見女性的生命召喚

Goddesses in Everywoman: Powerful Archetypes in Women's Lives

琴・篠田・博倫（Jean Shinoda Bolen, MD）——著　王慶蘋、林熒——譯

出版者—心靈工坊文化事業股份有限公司
發行人—王浩威　總編輯—徐嘉俊
責任編輯—饒美君　特約編輯—王聰霖
封面設計—兒日　內頁排版—龍虎電腦排版股份有限公司
通訊地址—10684 台北市大安區信義路四段 53 巷 8 號 2 樓
郵政劃撥—19546215　戶名—心靈工坊文化事業股份有限公司
電話—02）2702-9186　傳真—02）2702-9286
Email—service@psygarden.com.tw　網址—www.psygarden.com.tw

製版・印刷—中茂製版印刷股份有限公司
總經銷—大和書報圖書股份有限公司
電話—02）8990-2588　傳真—02）2290-1658
通訊地址—248 新北市五股工業區五工五路二號
初版一刷—2024 年 12 月　ISBN—978-986-357-4149 定價—730 元

Goddesses in Everywoman: Powerful Archetypes in Women's Lives
Copyright © 1984 by Jean Shinoda Bolen, M. D.
Introduction to the Twentieth-Anniversary Edition copyright © 2004 by Jean Shinoda Bolen, M. D. Introduction to the Thirtieth-Anniversary Edition copyright © 2014 by Jean Shinoda Bolen, M. D.
Chinese translation copyright © 2024 by PsyGarden Publishing Company
(through arrangement with Brockman, Inc.)

ALL RIGHTS RESERVED

版權所有・翻印必究。如有缺頁、破損或裝訂錯誤，請寄回更換。

國家圖書館出版品預行編目資料

尋找內在女神：從神話原型看見女性的生命召喚 / 琴・篠田・博倫 (Jean Shinoda Bolen, MD) 著；王慶蘋、林熒 譯 . -- 初版 . -- 臺北市：心靈工坊文化事業股份有限公司，2024.12
面；　公分 . --（Holistic ; 162）
譯自：Goddesses in Everywoman: Powerful Archetypes in Women's Lives
ISBN 978-986-357-414-9（平裝）

11.CST: 女性心理學 2.CST: 性格 3.CST: 羅馬神話

173.31　113018921

心靈工坊 PsyGarden 書香家族 讀友卡

感謝您購買心靈工坊的叢書，爲了加強對您的服務，請您詳塡本卡，
直接投入郵筒（免貼郵票）或傳眞，我們會珍視您的意見，
並提供您最新的活動訊息，共同以書會友，追求身心靈的創意與成長。

書系編號—Holistic 162　　書名—尋找內在女神：從神話原型看見女性的生命召喚

姓名　　是否已加入書香家族？ □是 □現在加入

電話 (O)　　(H)　　手機

E-mail　　生日　　年　　月　　日

地址 □□□

服務機構　　職稱

您的性別—□1.女 □2.男 □3.其他

婚姻狀況—□1.未婚 □2.已婚 □3.離婚 □4.不婚 □5.同志 □6.喪偶 □7.分居

請問您如何得知這本書？

□1.書店 □2.報章雜誌 □3.廣播電視 □4.親友推介 □5.心靈工坊書訊
□6.廣告DM □7.心靈工坊網站 □8.其他網路媒體 □9.其他

您購買本書的方式？

□1.書店 □2.劃撥郵購 □3.團體訂購 □4.網路訂購 □5.其他

您對本書的意見？

□ 封面設計　1.須再改進 2.尚可 3.滿意 4.非常滿意
□ 版面編排　1.須再改進 2.尚可 3.滿意 4.非常滿意
□ 內容　1.須再改進 2.尚可 3.滿意 4.非常滿意
□ 文筆／翻譯　1.須再改進 2.尚可 3.滿意 4.非常滿意
□ 價格　1.須再改進 2.尚可 3.滿意 4.非常滿意

您對我們有何建議？

□本人同意＿＿＿＿＿＿（請簽名）提供（真實姓名/E-mail/地址/電話/年齡/等資料），以作為心靈工坊（聯絡/寄貨/加入會員/行銷/會員折扣/等之用，詳細內容請參閱http://shop.psygarden.com.tw/member_register.asp。

廣　告　回　信
台北郵政登記證
台北廣字第1143號
免　貼　郵　票

心靈工坊 PsyGarden

10684台北市信義路四段53巷8號2樓
讀者服務組　收

免　貼　郵　票

（對折線）

加入心靈工坊書香家族會員
共享知識的盛宴，成長的喜悅

請寄回這張回函卡（免貼郵票），
您就成爲心靈工坊的書香家族會員，您將可以——

⊙隨時收到新書出版和活動訊息

⊙獲得各項回饋和優惠方案